변호사와 노무사가

콕 집어준 노동실무

배수득 김담희 공저

- Q&A 형식의 내용으로 가독성 높임
- 법적 근거를 포함한 해설로 이해도 향상
- 중요한 사항은 사례·판례 예시

고시계사

Preface

취업불황이 어제 오늘의 일이 아니지만, 힘들게 얻은 일자리를 통해 보람을 찾기는 더욱 어렵습니다. 본인이 얼마를 받는지도 제대로 알지 못한 채 근무하는 근로자도 있고, 법을 잘 몰라 주먹구구식으로 근로자를 채용했다가 나중에 법적 책임을 져야 하는 사용자도 있습니다. 채용에서부터 퇴사에 이르기까지 사용자가 지켜야할 법률이 너무나 많습니다. 따라서 일하는 즐거움은 근로자와 사용자가 근로내용에 대해 정확히 계약하는 것에서부터 시작합니다.

요즘 이슈인 일자리 문제를 보면 1997년 김종필 전 총리가 신년휘호로 쓴「啐啄同時(줄탁동시)」라는 말이 생각납니다. 이 말은 알에서 깨어 나오기 위해 알 속의 병아리가 부리로 껍질을 쪼는 것을 啐이라 하고 어미닭이 그 소리를 듣고 밖에서 쪼는 것을 啄이라 하는데, 이 두 가지가 동시에 이루어지지 않으면 알이 부화가 안 됨을 의미합니다. 이러한 啐啄同時의 정신을 노동 분야에 적용시켜 보면, 요즘과 같은 세계 경제 불황 속에서는 근로자와 사용자가 서로 신뢰하고 협조하여야 선순환 구조로 나아갈 수 있음을 의미합니다.

그 동안 많은 노무 상담과 노동사건 수행을 통해 여러 근로자와 사용자의 어려움을 피부로 느꼈습니다. 노동 분야에 노동조합과 대기업의 사이의 첨예한 대립만 있는 것이 아닙니다. 작은 분식집의 사장님은 근로자가 관할 고용노동관서에 진정을 내서야 주휴수당과 근로계약서에 대해 처음 알았다고 하시며, 우리가 이렇게 어려운 노동법을 어떻게 아냐고 하소연을 했습니다. 퇴직금을 받지 못한 근로자는 저희와 상담을 하면서 미처 생각지도 않았던 연차유급휴가까지 구제받았습니다. 이처럼 당연히 알아야 하는 것을 알지 못해서 법적 분쟁을 겪기도 하고, 사는 게 바빠서 미처 권리를 찾지 못하는 사람도 있습니다.

근로자와 기업의 인사담당자들과 상담을 진행하고, 여러 번 강의를 하면서 저희가 가진 지식과 경험이 조금이라도 이러한 법률분쟁을 예방하는데 도움이 되었으면 하는 바람이 생겼습니다. 그리고 실제 노동현장에서 궁금해 하시는 부분과 헷갈리는 내용을 중심으로 실무형 자료를 요구하시는 분들이 많아 이번 책을 출간하게 되었습니다.

편집체제는 Q & A 형식으로 구성하여 가독성을 높였으며 발췌독이 가능하도록 하였습니다. 단순한 결론뿐만 아니라 법적 근거를 포함한 해설을 하여 이해도를 높였습니다. 또한 구체적인 예시가 필요한 부분에 대한 예제와 필요한 양식을 부록에 산입하였습니다. 이 책을 통해 노동실무에서 어려움을 겪는 근로자와 사용자의 궁금증이 조금이나마 해소되길 바랍니다.

이번에 노동관련 책을 만들면서 노동은 개인의 삶 그 자체라는 생각을 하게 됩니다. 혹자는 인생이 BCD라고 합니다. 즉, 인생이란 B(birth, 출생)와 D(death, 죽음)사이에서 끊임없이 C(choice, 선택)하는 거라고 합니다. 저희는 그 선택의 자리에 도전(Challenge)과 기회(Chance)를 넣어보고 싶습니다. 여러분의 사업장에 좋은 변화를 이끌 도전을 선택하여 새로운 기회를 얻어 보시기 바랍니다.

일하는 근로자라면 누구나!
사업하는 사업주라면 누구나!
모두가 즐겁게 일하는 사업장이 많아지기를 기대합니다.
나아가 살고 싶은 세상, 원하는 세상을 만들어야 합니다.

2017. 8

변호사 **배 수 득**
공인노무사 **김 담 희** 드림

CONTENTS

제 1 장 개별적 근로관계

I. 근로계약 및 채용

II. 임금 및 퇴직금

III. 근로시간 및 휴게

IV. 휴일 및 휴가

V. 모성보호

VI. 징계 및 인사권

VII. 취업규칙, 산재, 기타

II. 단체교섭과 단체협약

III. 쟁의행위와 조정

IV. 기간제 등 기타

부 록

Q&A

제 1 장 개별적 근로관계

I. 근로계약 및 채용

II. 임금 및 퇴직금

III. 근로시간 및 휴게

IV. 휴일 및 휴가

V. 모성보호

VI. 징계 및 인사권

VII. 취업규칙, 산재, 기타

제 1 장 개별적 근로관계

Ⅰ. 근로계약 및 채용

서울 시내 분식집 알바 절반은 근로계약서 못 받았다.

서울시, 7개 업종 10인 미만 사업장 3천400여 곳 조사
편의점·분식집, 타 업종보다 상대적으로 직원 보호 취약

서울 시내 분식집과 김밥 전문점 가운데 절반 가까이가 근로계약서 작성·교부를 하지 않은 것으로 나타나 직원 보호에 취약한 것으로 나타났다.

20일 서울시가 지난해 5~11월 시내 커피전문점·편의점·미용실 등 7개 업종의 10인 미만 소규모 사업장 3천481 곳을 대상으로 한 '근로인식 설문조사' 결과에 따르면 조사 대상의 78.3%가 근로계약서를 작성하고 받았다고 밝혔다. 근로계약서를 작성하지 않았다는 응답은 7%, 작성은 했지만 받지 못했다는 응답은 13.4%였다.

특히 분식·김밥 전문점의 경우는 조사 대상 427명 가운데 근로계약서를 작성하고 받았다는 사람은 215명으로 50.4%에 불과했다. 절반 가까운 48.7%가 근로계약서를 작성하지 않거나, 작성했더라도 받지 못했다는 것으로 다른 업종에 비해 노동자 보호가 취약하다는 뜻으로 읽힌다. 최저임금 준수 여부와 관련해서는 조사 대상 3천481명 가운데 대부분인 3천385명인 97.2%가 제대로 지키고 있다고 답했다. 최저임금 이하를 받는다는 응답은 77명으로, 2.2%에 그쳤다.

업종별로 살펴보면 편의점 4.4%, 통신기기소매업 2.6%, 분식·김밥 전문점 2.3%에서 최저임금을 지키고 있지 않다고 답해 다른 업종에 비해 상대적으로 열악한 것으로 나타났다.

주휴수당·초과수당·연차휴가·퇴직금 등에 대해서는 알고 있다는 답변이 전체 평균 83%로 조사됐다. 그러나 업종별로는 편의점 20.5%, 분식·김밥 전문점 27%에서 각각 '모른다'고 답했다. 서울시는 이번 조사 결과를 바탕으로 소규모 업소 노동자가 노동관계법과 자신의 권리를 스스로 지킬 수 있도록 지속해서 홍보할 계획이다.

서울=연합뉴스 이태수 기자 tsl@yna.co.kr
2017/04/20 11:15 송고
출처 :http://www.yonhapnews.co.kr/bulletin/2017/04/20/0200000000AKR20170420058800004.

Q 01 일하는 사람은 다 같은 근로자 아닌가요?

고용형태에 따라 다양한 법률관계를 갖는데, 사용종속관계가 있어야 노동법의 적용을 받을 수 있는 근로기준법상의 근로자이다.

A

최근 판례에 따르면 은행의 채권추심업무를 위탁받아 수행하는 채권추심원, 신용카드사와 영업위촉계약을 체결하고 카드론을 판매하는 텔레마케터, 백화점 위탁판매원은 근로자에 해당할 수 있다고 판시했다. 반면, 이른바 '야쿠르트 아줌마'는 근로기준법(이하 '근기법'이라 한다)상 근로자에 해당하지 않는다고 보아 퇴직금을 지급하지 않아도 된다고 판단했다. 주의할 것은 판례는 개별 사건에 대한 평가이므로 하나의 참고 자료일 뿐이며 개별 사건마다 결과는 달라질 수 있다.

고용노동부가 대체로 근로자로 인정 하는 사례는 ① 고용허가제에 의한 외국인근로자, ② 불법취업외국인이 있고, 대체로 근기법상 근로자성을 부정하는 사례는 ㉠ 골프장 캐디, ㉡ 보험설계사, ㉢ 등기임원, ㉣ 지입차주, ㉥ 퀵서비스 배달원 등이 있다. 건설현장 십장(소위 '오야지')은 형식상 도급계약을 체결하였다고 하더라도 도급인의 지휘·감독을 받고 급여를 제공받기로 한 자에 불과하다면 근로자에 해당하나, 건설현장에서 재하도급 받아 자신의 책임 하에 공사를 수행하는 개인건축업자는 근로자가 아니다.

노동관계법이 적용되어야하는 근로자인지 여부에 대한 판단은 ① 근무에 대한 응락 또는 거부자유 유무, ② 근무장소 및 근무시간의 지정 유무, ③ 노무공급의 대체성 유무(근로의 전속성 유무), ④ 업무수행 과정에 있어 사용자의 지휘·명령 유무, ⑤ 비품, 원자재, 작업도구의 소유관계, ⑥ 보수가 근로제공의 대가로 지급되는 것인지 여부, ⑦ 업무의 내용이 사용자에 의해 정해졌는지 여부, ⑧ 기타 기본급의 보장 유무, ⑨ 근로소득세 원천징수 여부, ⑩ 사회보장제도에 관한 법령적용 여부 등을 종합적으로 고려하여 판단하고 있다.

판례	근로자성 판단지표
	근로기준법상의 근로자에 해당하는지 여부는 계약의 형식이 고용계약인지 도급계약인지보다 그 실질에 있어 근로자가 사업 또는 사업장에 임금을 목적으로 종속적인 관계에서 사용자에게 근로를 제공하였는지 여부에 따라 판단하여야 하고, 여기에서 종속적인 관계가 있는지 여부는 업무 내용을 사용자가 정하고 취업규칙 또는 복무(인사)규정 등의 적용을 받으며 업무 수행 과정에서 사용자가 상당한 지휘·감독을 하는지, 사용자가 근무시간과 근무장소를 지정하고 근로자가 이에 구속을 받는지, 노무제공자가 스스로 비품·원자재나 작업도구 등을 소유하거나 제3자를 고용하여 업무를 대행케 하는 등 독립하여 자신의 계산으로 사업을 영위할 수 있는지, 노무 제공을 통한 이윤의 창출과 손실의 초래 등 위험을 스스로 안고 있는지, 보수의 성격이 근로 자체의 대상적 성격인지, 기본급이나 고정급이 정하여졌는지 및 근로소득세의 원천징수 여부 등 보수에 관한 사항, 근로 제공 관계의 계속성과 사용자에 대한 전속성의 유무와 그 정도, 사회보장제도에 관한 법령에서 근로자로서 지위를 인정받는지 등의 경제적·사회적 여러 조건을 종합하여 판단하여야 한다. 다만, 기본급이나 고정급이 정하여졌는지, 근로소득세를 원천징수하였는지, 사회보장제도에 관하여 근로자로 인정받는지 등의 사정은 사용자가 경제적으로 우월한 지위를 이용하여 임의로 정할 여지가 크기 때문에, 그러한 점들이 인정되지 않는다는 것만으로 근로자성을 쉽게 부정하여서는 안 된다(대법원 2006. 12. 7. 선고 2004다29736 판결).

Q 02 노동관계법의 적용을 받을 수 있는 근로자성 판단기준은 어떻게 되는지?

근기법상 '근로자성'은 고용형태에 관계없이 임금을 목적으로 사용자의 지휘·명령 아래에 근로를 제공하는지 여부에 따라 판단한다.

A

근로자란 직업의 종류와 관계없이 임금을 목적으로 사업이나 사업장에서 근로를 제공하는 자를 말한다(근기법 제2조 제1항). 근로자성 표지의 핵심은 '사용종속성'인데, 특히 사업의 독립성 여부와 업무수행에 대한 감독 및 평가는 중요한 판단 요소이다. 계약의 형식보다는 그 '실질'이 중요하기 때문에 위탁계약서를 쓰고 4대보험이 아닌 사업소득세(3.3%)를 공제한다고 해서 반드시 근기법상 근로자가 아니라고는 볼 수 없다.

법원의 판단기준도 ① 요구되는 지휘·감독 정도가 종전 판례에 비하여 '구체적'에서 '상당한'으로 완화되었고, ② 근로자와 구별되기 위해 사용자성에 대한 징표를 제시(예시 : 독립하여 자신의 계산으로 사업을 영위할 수 있는지, 노무제공을 통한 이윤의 창출과 손실의 초래 등 위험을 부담하는지) 하였으며, ③ 사용자가 경제적으로 우월한 지위에서 임의로 정할 여지가 큰 요소(예시 : 기본급 존부, 근로소득세 원천징수여부)는 부차적 판단요소로 비중을 줄였다. 특히 근로계약과 유사한 위임계약도 업무특성에 따라 업무 수행에 대한 일반적 지시는 가능하다. 다만 일반적인 지시 수준에서 더 나아가 업무 수행 방식 등에 대한 구체적인 지휘·감독이 존재하고 그에 대한 평가나 제재가 있다면 근로자성이 인정될 가능성이 높아진다.

[사용종속관계의 구체적 판단기준]

① 채용 : 회사가 면접 등 전형을 주관하여 채용여부를 결정하는 경우
② 근로자관리 : 근로자명부를 만들어 근태관리를 하는 경우
③ 교육 : 회사가 주관하여 직무교육을 실시하는 경우
④ 시간적 구속 : 출퇴근시간을 정하는 경우
⑤ 장소적 구속 : 사용자가 근무장소를 지정하는 경우
⑥ 업무의 전속성 : 근로자가 2개 이상의 사업장에서 겸업이 불가능한 경우
⑦ 업무내용의 결정 : 사용자가 업무 내용을 정하거나 근로자가 사용자의 업무지시를 거부할 수 없는 경우
⑧ 업무수행 상 지시·감독 : 근로자가 업무내용과 수행방법에 관하여 사용자의 상당한 지휘를 받은 경우, 업무의 성격이 단순하거나 업무수행자가 그 내용을 알고 있어 구체적인 지시가 필요 없는 경우
⑨ 일반적 지시·감독 : 사용자가 예정되지 않은 업무를 수행하도록 명령할 수 있고 근로자가 거부할 수 없는 경우
⑩ 징계 : 도급·위임에 있어 업무수행 중 지휘·감독을 따르지 않았다는 이유로 업무를 맡기지 않는 경우
⑪ 작업복, 복리후생 제공 : 제복, 통근버스가 사용자의 부담으로 제공되는 경우
⑫ 법정 근로조건의 명시 : 근로조건인 퇴직금, 연차유급휴가를 정하는 경우
⑬ 독자성·사업자성이 배제 : 업무수행자가 근로의 대가로 현저히 높은 보수를 받거나, 업무수행 상 위험을 부담하는 경우가 아닌 경우
⑭ 다른 법령 : 사회보장법령에 의해 근로자로 인정되는 경우에는 사용종속관계가 인정되어 근로기준법상 근로자에 해당할 가능성이 높아짐

[근로자성 여부 판단 예시]

판단기준	LPG가스배달원	퀵서비스배달기사
① 업무내용 지정 여부	O	O
② 취업규칙 적용여부	× (무단결근 또는 작업거부 시 별도의 징계는 없고 근로계약 해지사유가 됨)	× (지각, 결근 시 제재 없이 3회 무단결근 시 계약해지)
③ 업무수행 지휘감독	O	×
④ 근무시간, 장소구속	O (출퇴근시간이 정해져 있고, 회사 측에서 지정한 장소에서 대기)	△ (근로시간이 형식적으로 정해져 있을 뿐 이에 엄격하게 구속되지 않고, 다만 회사 사무실에서 대기)
⑤ 업무 대체성	O	–
⑥ 보수의 대상성	O (근로계약서상 근로자성 및 임금성을 인정)	×
⑦ 기본급 유무	× (기본급 없이 실적에 따라 지급)	×
⑧ 사용자에의 전속성	O	O (사직서 제출)
⑨ 다른 법령 상 근로자성	×	×
⑩ 비품·원자재·작업도구 소유관계	△ (차량은 배달원 소유이고, 계약 상 소요경비를 배달원이 부담토록 하고 있으나, 근로계약 시 차량유지비를 포함하여 단가를 책정)	× (오토바이는 배달기사의 소유이며, 배달수행 상 소요경비 및 사고에 대한 책임도 부담)
종합적 판단	근로자성 인정	근로자성 부정

03 보험대리점과 위촉계약을 한 보험설계사가 근로자인가요?

법원에서 보험설계사의 근로자성을 부정한 사례가 있으나 개별사업장의 실질적인 운영형태에 따라서 근로자성이 인정될 수 있다

A 기본급이나 고정급 없이 보험설계사가 실적에 따른 수수료만을 지급 받았고, 개인사업자로 등록해 사업소득세와 부가가치세를 개별적으로 납부한 사실만을 고려하여 근로자성을 부정하지는 않는다. 그러나 ① 보험설계사가 다른 지역의 업무수행이 금지되는 것도 아니고, ② 보험계약 입력을 위해 보험사가 불가피하게 작업 도구를 제공하고 있을 뿐이고, ③ 상품교육 등은 위촉계약에서 위임된 업무이행을 위해 필요한 최소한의 지시로 보아 개별사건에서 특수고용형태인 보험설계사를 그 실질이 위촉계약상 수임인이지 근로자가 아니라고 본 사례가 있다.

그렇다면 사업장에 따라서는 보험설계 위임계약에서 겸업·재위탁을 인정하고, 최소한의 신규상품 교육 및 정보보안 교육 실시 관행이 있지만 불참 시 불이익은 없으며, 편의상 담당 지역을 지정해 주고 있으나 다른 지역에서 행한 실적도 산입되는 경우에는 근기법상의 근로자가 아닐 것이다.

이렇게 근로기준법상 근로자가 아닌 보험설계사라면 노동관계법이 적용되지 않는다. 그렇다고 해서 이러한 보험설계사의 권리가 없는 것은 아니다. 즉, 지방노동관서에서 노동관계법상 위반으로 형사처벌을 통한 합의시도는 불가능하나, 일반 민사채권으로 법원에 당사자의 권리를 청구할 수 있다. 법령의 해석질의에 대한 답변, 진정사건이나 처리결과 통보 등은 그 자체로 국민의 권리의무에 영향을 미치는 것이 아니므로 행정소송법상의 처분이 아니다. 따라서 지방노동관서에서 보험설계사의 근로기준법 관련 진정에서 근로자로 인정받지 못하더라도 이를 두고 행정소송을 제기할 수는 없다.

판 례	보험모집인의 근로자성을 부정한 사례

원고는 위에서 본 조회나 석회에 참석의무가 있다고 할 수 없고, 조회, 석회 자리에서 이루어지는 보험상품의 내용이나 판매기법 등에 관한 교육이나 실적확인은 참가인 회사가 위탁자의 지위에서 행하는 보험모집인의 수탁업무의 원활한 수행을 위한 교육과 최소한의 지시에 불과하며, 원고는 위촉계약에서 수탁한 업무만을 수행하고 제공한 근로의 내용이나 시간과는 관계없이 보험모집인 제 수당 지급규정에 의하여 오로지 자신의 노력으로 체결된 보험계약의 계약금, 수금액 등 실적에 따라 그 지급항목 및 지급액이 결정되는 수당을 지급받고, 위 규정에 정해진 실적에 미치지 아니하면 기본수당도 지급받지 못하며, 법률(보험업법 제148조 제2항)에 의하여 다른 보험회사를 위한 보험의 모집은 할 수 없지만 참가인 회사의 보험모집인으로 활동하면서 다른 종류의 영업에 종사하는 것이 금지되어 있는 것도 아니고 또 그것이 사실상 곤란한 것도 아니며, 타인의 노동력의 이용 등 업무수행방식에 제한이 없고, 한편 업무수행과정에서 아무 때나 임의로 이탈할 수 있으며 실제로 참가인 회사 보험모집인의 영업활동일수는 월 평균 15일 정도임을 알 수 있다. 사정이 이와 같다면, 원고가 제공하는 노무는 참가인 회사의 사업의 중요한 부분에 속하고, 또 보험모집인의 업무수행이 개인의 자율과 능력에 달려 있는 것이어서 그 업무수행에 관한 참가인 회사의 지시감독은 간접적인 형태로 이루어질 수밖에 없다는 특성을 감안하더라도, 원고의 근로시간 및 근로내용이 참가인 회사에 의하여 지배, 관리된다고 볼 수는 없으므로 원고가 참가인 회사와 종속적인 관계에서 노무를 제공하였다고 할 수 없다. 따라서 원심이 원고는 참가인 회사에 대하여 종속적 근로관계에 있었다고 할 수 없다는 이유로 근로기준법상 근로자에 해당하지 않는다(대법원 2000. 1. 28. 선고 98두9219 판결).

04 전무, 상무 등과 같은 임원은 근로자가 될 수 있나요?

상법상 업무집행권을 가진 등기임원은 특별한 사정이 없는 한 근로기준법상 근로자가 아니다.

A 이사는 주주총회에서 보통결의에 의하여 선임되므로(상법 제382조 제1항), 주주총회에서 선임하지 않은 자는 상법상의 이사가 아니다. 다만, 주주총회결의가 바로 선임된 자에 대한 청약의 효력을 가지는 것은 아니므로, 선임된 자가 이사의 지위를 취득하기 위해서는 회사와 별도의 임용계약 또는 위임계약을 체결하여야 한다.

등기임원·미등기임원 모두 근로자성 판단에 있어서 통상적인 근로자의 경우와 달리 '독자적인 업무집행권(업무대표권)의 존부'가 핵심이고, 명칭이 아닌 '실질'에 따라 판단한다. 근로기준법상의 근로자라 함은 직업의 종류를 불문하고 임금을 목적으로 근로를 제공하는 자를 말하는 바, 주식회사의 이사 등의 지위에 있는 자는 원칙적으로 업무집행권을 가진 자로서 사업주와 사용종속관계가 없다고 보아 근로자로 보지 아니하나, 법령, 정관 등의 규정에 의하여 업무집행권을 가진 자의 감독을 받아 사실상 노무에 종사하고 그 대가로 임금을 지급받고 있는 경우에는 근로자로 인정될 수도 있으므로 월급직 임원에 대하여는 위 기준에 따라 근로자여부를 판단한다(안정 68307-203, 2001. 3. 23.). 근로자가 아닌 이사 등 임원에 대한 퇴직금은 법률상 퇴직금이 아니라 재직 중의 직무집행에 대한 대가로 지급되는 보수이다. 따라서 소멸시효 기간은 임금채권 3년 시효가 아니라 일반채권 소멸시효의 적용을 받는다(대법원 1988. 6. 14. 선고 87다카2268 판결).

상법 제64조는 상행위로 인한 채권은 5년의 상사소멸시효를 정하고 있다. 일방적 상행위 또는 보조적 상행위로 인한 채권도 상사소멸시효가 적용되는 상사채권에 해당한다. 한편, 상인이 그의 영업을 위하여 근로자와 체결하는 근로계약은 보조적 상행위에 해당한다고 하더라도, 근로자의 근로계약상의 주의의무 위반으로 인한 손해배상청구권은 상거래 관계에 있어서와 같이 정형적으로나 신속하게 해결할 필요가 있다고 볼 것은 아니므로 특별한 사정이 없는 한 5년의 상사 소멸시효기간이 아니라 10년의 민사 소멸시효기간이 적용된다(대법원 2005. 11. 10. 선고 2004다22742 판결). 근로계약이나 단체협약이 보조적 상행위에 해당하므로 단체협약에 기한 근로자의 유족들의 회사에 대한 위로금채권에 5년의 상사소멸 시효기간이 적용된다(대법원 2006. 4. 27. 선고 2006다1381 판결).

판 례	등기이사의 경우 근로자로 보지 않은 사례

주식회사의 업무집행권을 가진 이사 등 임원은 회사로부터 일정한 사무처리의 위임을 받고 있는 것이므로(상법 제382조 제2항 회사와 이사의 관계는 「민법」의 위임에 관한 규정을 준용한다. 사용자의 지휘 감독 아래 일정한 근로를 제공하고 소정의 임금을 지급받는 고용관계에 있는 것이 아니며, 따라서 일정한 보수를 받는 경우에도 이를 근로기준법 소정의 임금이라 할 수 없고, 회사의 규정에 의하여 이사 등 임원에게 퇴직금을 지급하는 경우에도 그 퇴직금은 근로기준법 소정의 퇴직금이 아니라 재직 중의 직무집행에 대한 대가로 지급되는 보수의 일종이며, 한편 새마을금고법 제24조는 주식회사와 이사의 관계에 대하여 위임에 관한 규정을 준용하도록 한 위 상법 제382조 제2항의 규정을 새마을금고의 임원에 다시 준용하도록 규정하고 있으므로 새마을금고의 이사장의 퇴직금 역시 근로기준법상의 임금에 해당하지 않는다(대법원 2001. 2. 23. 선고 2000다61312 판결).

05 법인 등기부 등재 여부가 근로자성 여부의 판단에 영향을 주나요?

원칙적으로 회사로부터 일정한 사무처리의 위임을 받은 등기이사는 근로자에 해당하지 않는다.

A 근로자인지 여부는 계약의 형식에 관계없이 그 '실질'에 있어서 임금을 목적으로 종속적 관계에서 사용자에게 근로를 제공하는지 여부에 따라 판단하는데, 정관·취업규칙 등 제 규정, 입사경위, 직무수행 형태, 업무 지휘·감독 여부, 보수의 대가성 등을 종합적으로 판단한다. 통상 민법에 따라 법인 이사의 임면에 관한 사항을 정관에 기재하고, 이를 법인등기부에 명시하는 것은 업무대표권과 업무집행권을 공적으로 증명하고 제3자에게 이를 알리기 위한 것이다.

원칙적으로 등기이사의 경우에는 회사로부터 일정한 사무처리의 위임을 받고 있는 것이므로 근로자가 아니고, 비등기임원의 경우에는 등기임원과 업무수행권한에 있어 차이가 나기 때문에 근로자성에 달리 판단할 여지가 있다.

예컨대, 감사는 상법에 위임관계로 명시되어 있지 않고, 민법상 등기 의무도 없다. 그러나 상법 제409조, 제410조를 살펴보면 주식회사의 감사는 주주총회에서 선임한다고 규정하고 있고, 감사의 임기에 대해 3년을 기준으로 명시하고 있으므로 감사 본래 업무만 한다면 사용종속관계가 없어 근로자가 아닐 것이다. 통상적으로 감사의 경우는 사용종속관계 없이 법인의 회계 상태 등을 점검하는 업무를 한다는 점을 감안할 때 법인과 위임관계에 있는 것이지 근로자가 아니다. 다만 총회에서 감사를 둘 때 임기를 부여하고 있는지, 감사업무 외에 다른 업무를 겸하는지 등 구체적인 사실관계에 따라 근로자 여부를 판단해야 한다.

한편, 임원의 근로자성 여부에 대해서는 애매하여 법상 다투어 항쟁함이 필요한 경우에 해당할 것이다. 또한 임권의 근로자성이 인정되면 이에 대한 퇴직금과 지연손해금 채권은 채무자회생법상의 공익채권에 해당한다(대법원 2011. 6. 24. 선고 2009다38551 판결).

퇴직일부터 소멸시효가 기산되고, 지연이자가 발생한다. 근로자의 임금과 퇴직일시금에 대해서는 퇴직 후 14일 지난 다음날부터 완제 시까지 특별지연이자 20%가 부과된다. 근로자에 대한 임금, 퇴직일시금 외 금품이나 임원에 대한 보수는 체불 시부터 소장부본 송달일까지는 상사이자 6%가 적용되고, 소장부본이 송달된 날의 다음날부터 완제 시까지는 소촉법 상 15%가 적용된다. 다만, 근로자성이 애매한 경우는 항쟁함이 상당한 경우는 체불 시부터 판결선고일까지는 6%, 판결선고일 다음날부터 다 갚는 날까지 15%이자가 발생한다. 한편, 근기법 위반으로 형사처벌을 위해서는 퇴직 후 14일이 지나야 함은 당연하다.

Q 06

직원으로 입사해서 임원으로 승진한 경우 임원에 대해서도 법정 퇴직금이 발생하는지요?

임원은 실질이 근로자인지 여부를 우선 판단하여야 한다. ① 임원에 대해 근태관리를 하지 않고, ② 임원으로 승진 시 연차유급휴가미사용수당과 퇴직금을 정산했고, ③ 독자적인 업무영역을 가지고 있다면 해당 임원은 근로자가 아니다. 따라서 법정 퇴직금은 발생하지 않는다.

A 임원은 그 실질이 근로기준법상 근로자에 해당하는지 여부가 우선 판단되어야 한다. 근로자성 여부의 핵심지표인 사용종속관계와 업무집행권 존부는 모순관계에 있다. 통상적으로 '부사장', '전무'는 자신의 업무를 자기 권한으로 집행하고, 주요 경영계획을 수립하는 등 전반적인 사업경영담당자로 볼 수 있기 때문에 근로자가 아니다.

임원정년제도 시행가부는 해당 임원이 근로자인지 여부에 달려 있는 만큼 임원의 '업무집행권'을 충분히 보장해야 장래 분쟁을 예방할 수 있다. 따라서 기업인사담당자는 ① 임원에 대해 인사복무규정을 적용하거나 근태관리를 하지 않는지, ② 임원으로 승진 시 연차유급휴가미사용수당, 퇴직금 등을 정산했는지, ③ 독자적인 업무영역을 가지고 있는지, ④ 실질적 업무집행권을 보장해주고 있는지 확인할 필요가 있다.

한편, 일반 근로자의 경우 퇴직금은 일반 근로소득과 달리 별도의 세율을 적용하여 세금 부담을 완화시켜주고 있으나, 임원의 경우에는 정관에 그에 관한 규정이 있는 경우에만 일정한 한도 내에서 세금 부담이 완화된다. 따라서 임원의 경우 정관의 규정을 확인해보고 정관의 규정이 없다면 상여금에 준하여 근로소득세율이 적용된다. 또한 이러한 근로자가 아닌 임원의 퇴직금은 법정 퇴직금이 아니라 민사상 상여금에 해당하므로 임금에 적용되는 단기소멸시효도 3년이 아니라 일반채권에 적용되는 10년의 소멸시효의 적용을 받는다.

판 례	임원의 근로자성을 인정한 사례
회사의 이사 또는 감사 등 임원이라고 하더라도 그 지위 또는 명칭이 형식적·명목적인 것이고 실제로는 매일 출근하여 업무집행권을 갖는 대표이사나 사용자의 지휘·감독 아래 일정한 근로를 제공하면서 그 대가로 보수를 받는 관계에 있다거나 또는 회사로부터 위임받은 사무를 처리하는 외에 대표이사 등의 지휘·감독 아래 일정한 노무를 담당하고 그 대가로 일정한 보수를 지급받아 왔다면 그러한 임원은 근로기준법상의 근로자에 해당한다 할 것이다(대법원 2003. 9. 26. 선고 2002다64681 판결).	

판 례	대표이사의 근로자성을 인정한 사례
주식회사의 대표이사로 등기되어 있는 자라고 하더라도 대표이사로서의 지위가 형식적·명목적인 것에 불과하여 회사의 대내적인 업무집행권이 없을 뿐 아니라 대외적인 업무집행에 있어서도 등기 명의에 기인하여 그 명의로 집행되는 것일 뿐 그 의사결정권자인 실제 경영자가 따로 있으며, 자신은 단지 실제 경영자로부터 구체적·개별적인 지휘 감독을 받아 근로를 제공하고 경영성과나 업무성적에 따른 것이 아니라 근로 자체의 대상적 성격으로 보수를 지급받는 경우에는 예외적으로 산업재해보상보험법상의 근로자에 해당한다고 할 것이다(대법원 2009. 8. 20. 선고 2009두1440 판결).	

Q 07

특정 업무를 수행하기 위해 교육프로그램을 자발적으로 이수하는 경우에도 근로자인지요?

교육 프로그램이 없거나, 교육 내용이 단순·반복적인 것으로 상시업무를 대체하는 경우라면 근로자라고 보아야 한다.

A 원칙적으로 업무수행을 위한 기술교육의 참가자의 경우에는 근로자가 아니다. 반면, 「일 경험 수련생 가이드라인」(고용노동부, 2016. 2. 1. 시행)에 따르면 교육 참여자가 교육·훈련의 목적으로 업무를 경험하는 경우라 하더라도, ① 교육 프로그램이 없이 업무상 필요에 따라 수시로 지시하는 등의 방식으로 노동력을 활용하는 경우, ② 특정시기 또는 상시적으로 필요한 업무에 근로자를 대체하여 수련생을 활용하는 경우, ③ 교육·훈련내용이 지나치게 단순·반복적인 것이어서 처음부터 노동력의 활용에 그 주된 목적이 있는 경우라면 근로자로 판단될 수 있다.

[일 경험 수련생의 보호를 위한 합리적 운영 권고]

주요 내용		권고 취지
모집 인원	상시 근로자의 일정비율(예: 10%내외)을 초과해서 모집 불가, 단 업종별 규모별 특성 고려 가능	교육·훈련의 효율성을 제고하고 상시적 노동력 활용을 방지할 수 있도록 기본 원칙 제시
수련 기간	6개월을 초과 금지, 단 업무 난이도가 낮은 경우 2개월 초과 금지	기간이 지나치게 길어질 경우 교육적 효과보다는 노동력 활용의 기회로 변질될 우려가 있음을 감안, 전문가·관계자 의견수렴을 통하여 합리적 기간 제시
수련 시간	1일 8시간, 주 40시간 준수, 연장·야간·휴일수련 원칙적 금지	일반근로자의 통상근로시간을 기준으로 하되, 교육·훈련의 목적 및 취지상 연장·야간·휴일근로를 원칙적으로 금지하여 장시간 교육·훈련 방지
관리 방식	담당자 지정을 통한 수련생 관리, 학습일지 작성	체계적인 교육·훈련을 위하여 교육·훈련 담당자 지정이 필요, 담당자를 통한 교육·훈련 수행 체계 확립으로 수시 업무지시 등 근로자로 활용할 가능성 배제
산업 안전	위험하거나 유해한 수련훈련은 배제, 민간 보험 등 적절한 재해보상 성희롱 예방을 위한 교육, 관리·감독	교육·훈련 목적이라도 사업장의 안전보건 체계에 포함토록 하여 일반근로자에 준하는 산업안전보건 및 성희롱 보호

08 근기법상 근로자와 노조법상 근로자의 차이가 무엇인지요?

실업자는 노조법상 근로자는 될 수 있어도, 근기법상 근로자는 될 수 없다. 또한 해고된 근로자가 부당노동행위의 구제신청을 한 경우에는 중앙노동위원회의 재심판정이 있을 때까지는 노조법상 근로자로는 인정된다.

A 근기법상 근로자와 노동조합 및 노동관계조정법(이하 '노조법'이라 한다)상 근로자의 개념에 차이가 있다. 근기법은 현재 사용자와 근로계약을 맺고 있는 취업근로자만을 그 적용대상으로 하는데 비하여, 노조법은 근로자의 정의를 '임금·급료 기타 이에 준하는 수입에 의하여 생활하는 자'라고 하여 현재 사용자에게 근로를 제공하는 근로자는 물론 일시적으로 실업상태에 있는 자나 구직중인 자도 모두 포함한다.

특히, 해고된 근로자가 부당노동행위의 구제신청을 한 경우에는 중앙노동위원회의 재심판정이 있을 때까지는 노조법상의 근로자로는 인정된다(노조법 제2조 제4호 라목 단서). 즉, 근기법상의 근로자로는 인정되지 않고, 부당해고 구제신청을 한 경우에도 인정되지 않는다. 이 규정은 해고의 효력을 다투는 근로자 개인의 근로계약관계를 인정하는 것이 아닌 노동조합의 설립 및 존속을 보호하고 노동조합의 구성원이 될 수 있는 자격에 관하여 규정한 입법취지에 따라 노조법상 근로자성에 대한 규정으로 제한적으로 볼 수 있고, 근기법상 근로자성인 사용자와 근로자의 개별적인 근로계약 일반에 효력을 확대할 수 없다.

또한 중앙노동위원회에서 부당노동행위로 판정하였으나 고등법원에서 이를 번복하는 경우가 발생되더라도 법원의 판결이 확정될 때까지 조합원 또는 임원의 자격은 유지되며, 해고된 근로자가 중앙노동위원회의 부당노동행위 판정 후 조합 간부로서 한 단체협약 체결은 유효하다. 반대로 중앙노동위원회에서 조합원자격이 없다는 기각결정이 내려졌으나 고등법원에서 이를 번복하는 경우라도 법원의 확정판결이 있을 때까지는 중앙노동위원회의 판정효력이 지속되어 조합원 자격이 인정되지 않게 된다.

판 례	노조법상 근로자 범위

근로기준법은 "현실적으로 근로를 제공하는 자에 대하여 국가의 관리 · 감독에 의한 직접적인 보호의 필요성이 있는가"라는 관점에서 개별적 노사관계를 규율할 목적으로 제정된 것인 반면에, 노동조합및노동관계조정법(이하 '노조법'이라 한다)은 "노무공급자들 사이의 단결권 등을 보장해 줄 필요성이 있는가"라는 관점에서 집단적 노사관계를 규율할 목적으로 제정된 것으로 그 입법목적에 따라 근로자의 개념을 상이하게 정의하고 있는 점, 일정한 사용자에의 종속관계를 조합원의 자격요건으로 하는 기업별 노동조합의 경우와는 달리 산업별 · 직종별 · 지역별 노동조합 등의 경우에는 원래부터 일정한 사용자에의 종속관계를 조합원의 자격요건으로 하는 것이 아닌 점에 비추어, 노조법 제2조 제4호 (라)목 단서는 '기업별 노동조합'의 조합원이 사용자로부터 해고됨으로써 근로자성이 부인될 경우에 대비하여 마련된 규정으로서, 이와 같은 경우에만 한정적으로 적용되고, 원래부터 일정한 사용자에의 종속관계를 필요로 하지 않는 산업별 · 직종별 · 지역별 노동조합 등의 경우에까지 적용되는 것은 아닌 점 등을 근거로, 노조법 제2조 제1호 및 제4호 (라)목 본문에서 말하는 '근로자'에는 특정한 사용자에게 고용되어 현실적으로 취업하고 있는 자뿐만 아니라, 일시적으로 실업 상태에 있는 자나 구직중인 자도 노동 3권을 보장할 필요성이 있는 한 그 범위에 포함된다. 따라서 지역별 노동조합의 성격을 가진 원고가 그 구성원으로 '구직중인 여성 노동자'를 포함시키고 있다 하더라도, '구직중인 여성 노동자' 역시 노조법상의 근로자에 해당한다(대법원 2004. 2. 27. 선고 2001두8568 판결).

09 외국인을 자유롭게 채용할 수 있나요?

패스트푸드점 아르바이트와 같이 단순노무직 분야에서는 재외동포(F-4)는 채용이 불가하고, 영주권자(F-5)나 복수국적자는 채용이 가능하다.

A 외국인은 법무부 출입국관리사무소에서 발급한 외국인 등록증을 소지하고 있어 체류자격을 확인할 수 있다. 고용노동부 허가 비자는 방문취업(H-2)와 비전문취업(E-9)비자이다. ① 복수국적자는 대한민국 국민과 동등한 지위를 누리므로 취업에 제한이 없다. ② 재외동포(F-4)는 단순노무행위를 하는 경우를 제외하고는 취업활동에 제한을 받지 않는데, 한국표준직업분류에 따르면 패스트푸드원은 단순노무직 근로자의 취업분야에 해당하여 취업이 제한된다. ③ 영주권자(F-5)는 자유롭게 채용할 수 있다. ④ 유학(D-2)은 취업활동을 할 수 있는 체류자격이 아니지만 출입국관리사무소에서 시간제 취업허가를 받을 수 있다.

[외국인 채용관련 참조 법령]

· 국적법 제11조의2조 (복수국적자의 법적 지위 등) ① 출생이나 그 밖에 이 법에 따라 대한민국 국적과 외국 국적을 함께 가지게 된 자[이하 "복수국적자"라 한다]는 대한민국의 법령 적용에서 대한민국 국민으로만 처우한다.

· 외국인근로자의 고용 등에 관한 법률 제2조 (외국인근로자의 정의) 이 법에서 "외국인근로자"란 대한민국의 국적을 가지지 아니한 사람으로서 국내에 소재하고 있는 사업 또는 사업장에서 임금을 목적으로 근로를 제공하고 있거나 제공하려는 사람을 말한다. 다만, 「출입국관리법」 제18조제1항에 따라 취업활동을 할 수 있는 체류자격을 받은 외국인 중 취업분야 또는 체류기간 등을 고려하여 대통령령으로 정하는 사람은 제외한다.

· 출입국관리법 제18조 (외국인 고용의 제한) ① 외국인이 대한민국에서 취업하려면 대통령령으로 정하는 바에 따라 취업활동을 할 수 있는 체류자격을 받아야 한다.② 제1항에 따른 체류자격을 가진 외국인은 지정된 근무처가 아닌 곳에서 근무하여서는 아니 된다.

출입국관리법 시행령 제23조 (외국인의 취업과 체류자격) ① 법 제18조제1항에 따른 취업활동을 할 수 있는 체류자격은 별표 1 중 9. 단기취업(C-4), 19. 교수(E-1)부터 25. 특정활동(E-7)까지, 25의3. 비전문취업(E-9), 25의4. 선원취업(E-10) 및 31. 방문취업(H-2) 체류자격으로 한다. 이 경우 "취업활동"은 해당 체류자격의 범위에 속하는 활동으로 한다. ③ 별표 1 중 28의2. 재외동포(F-4) 체류자격을 가지고 있는 사람은 제1항에도 불구하고 다음 각 호의 어느 하나에 해당하는 경우를 제외하고는 별표 1의 체류자격 구분에 따른 활동의 제한을 받지 아니한다. 다만, 허용되는 취업활동이라도 국내 법령에 따라 일정한 자격이 필요할 때에는 그 자격을 갖추어야 한다.

1. 단순노무행위를 하는 경우

④ 별표 1 중 28의3. 영주(F-5)의 체류자격을 가지고 있는 사람은 제1항에도 불구하고 별표 1의 체류자격 구분에 따른 활동의 제한을 받지 아니한다.

⑤ 별표 1 중 30. 관광취업(H-1) 체류자격을 가지고 있는 사람이 취업활동을 하는 경우에는 제1항에 따른 취업활동을 할 수 있는 체류자격에 해당하는 것으로 본다.

⑥ 제3항 각 호의 구체적인 범위는 법무부령으로 정한다.

출입국관리법 시행규칙 제27조의2 (재외동포의 취업활동 제한) ①영 제23조제3항제1호의 "단순노무행위"라 함은 단순하고 일상적인 육체노동을 요하는 업무로서 한국표준직업분류(통계청고시)에 의한 단순노무직 근로자의 취업분야를 말한다.

〈한국표준직업분류(통계청고시)〉

분류코드	분류명	설 명	비 고
95210	패스트푸드원	패스트푸드점에서 햄버거를 굽거나 용기에 담는 등 단순 반복적인 작업을 수행하는 자를 말한다.	그외 기타 서비스관련 단순노무자 : 91509

10 근로계약서는 반드시 작성하여 교부해야 할까요?

사용자는 근로자의 요구가 없더라도 근로조건을 서면으로 명시하여 근로자에게 교부하여야 한다.

A 구두로 근로계약을 체결하고 근로조건을 명시하지 않았더라도 근로계약 자체는 유효하게 성립한다. 그러나 사업주는 근로자와 근로계약을 체결할 때 근기법 제17조 사항(정규직 근로자), 기단법 제17조 사항(기간제 · 단시간근로자)을 서면으로 명시하여, 그 서면을 근로자에게 교부하여야 한다. 특히 단시간근로자의 경우 「근로일 및 근로일별 근로시간」을 반드시 기재하여야 한다. 다만, 근로조건 서면명시 및 교부의무 규정은 단속규정이므로 사용자가 이를 위반한 경우에도 근로계약 자체는 유효하다. 과거에는 '근로자가 요구 시 교부'였으나, 사용자는 2012. 1. 1.부터 근로자의 요구가 없더라도 근로계약서 서면을 교부하여야 한다. 다만 변경의 경우에는 근로자가 요구할 때 교부하면 된다. 기간제법에는 근기법 제17조 제2항과 같은 교부의무에 관한 명문의 규정은 없으나, 해석상 근기법상 교부규정이 적용된다. 서면명시사항 범위에 관해 정규직 근로자와 기간제근로자 사이에 차이가 있다. 예컨대, '취업장소와 종사업무 내용' 관련 사항은 ① 정규직 근로자의 경우 근로자에게 교부될 서면명시 사항은 아닌 반면, ② 기간제 또는 단시간근로자의 경우에는 근로자에게 교부될 서면명시 사항이다.

기간제근로자가 '임금' 사항이 빠진 근로계약서를 교부 받은 경우를 살펴보자. 이 경우에는 ① 기단법 제17조 위반(과태료), ② 근기법 제17조 제2항 위반(벌금)이 적용된다. 다만, ③ 근기법 제17조 제1항 위반(벌금)이 병과 될 수 있을지 문제된다. 근기법 제17조 제1항의 위반은 '벌금'형으로 규정하고 있어 과태료와 벌금은 병과 할 수 있기 때문에 근기법 제17조 제1항의 명시의무 위반도 적용된다고 보는 견해가 있으나, 기단법 제17조는 근기법 제17조 제1항보다 명시 사항이 넓고, 과태료는 행정청이 즉시 부과가 가능한 점을 보면 입법적으로 벌금 규정을 과태료 규정으로 전환하였다고 보인다. 실무상으로도 즉시 과태료 부과로 처리하고 있다(부산지방법원 2016. 7. 6. 선고 2016고정665 판결). 형벌인 벌금과 달리 과태료는 행정법상 의무위반에 대한 제재이며, 서면명시 1개호 당 각각 과태료를 부과하고 위반한 근로자 수만큼 부과하고 있다.

질서위반행위규제법 제11조는 법인의 대표자가 업무에 관하여 법인에게 부과된 법률상의 의무를 위반한 때 그 '법인'에게 과태료를 부과하는 것이므로, 법인에게 부과하여야 할 과태료를 법인의 대표자에게 부과할 수는 없다. 법인은 '해산'이 아닌 '청산절차'가 종결되어야 완전히 소멸하게 된다. 따라서 법인이 해산 후 청산종결 전까지는 본래의 법인이 청산법인으로서 민법 제81조에 따라 청산의 목적범위 내에서 권리능력을 가지고 있어, 해당 법인에 과태료 부과가 가능하다. 또한, 실무상 14일 내에 시정하는 경우에는 1/2을 감경해주고 있다. 행정청의 과태료 부과에 불복하는 당사자는 과태료 부과통지를 받은 날부터 60일 내에 해당 행정청에 서면으로 이의제기를 할 수 있고, 이의제기가 있는 경우 행정청의 과태료 부과처분은 그 효력을 상실하게 된다(질서위반행위규제법 제20조).

[과태료의 부과기준] (기단법 시행령 제6조 [별표3] 관련)

1. 일반기준

가. 위반행위의 횟수에 따른 과태료 부과기준은 최근 2년간 같은 위반행위로 과태료를 부과받은 경우에 적용한다. 이 경우 위반행위에 대하여 과태료 부과처분을 한 날과 다시 같은 위반행위를 적발한 날을 각각 기준으로 하여 위반횟수를 계산한다.

나. 고용노동부장관은 다음의 어느 하나에 해당하는 경우에는 제2호에 따른 과태료 금액의 2분의 1의 범위에서 그 금액을 감경할 수 있다. 다만, 과태료를 체납하고 있는 위반행위자의 경우에는 그러하지 아니하다.

1) 위반행위자가 「질서위반행위규제법 시행령」 제2조의2제1항 각 호의 어느 하나에 해당하는 경우
2) 위반행위자가 자연재해 · 화재 등으로 재산에 현저한 손실이 발생하거나 사업여건의 악화로 사업이 중대한 위기에 처하는 등의 사정이 있는 경우
3) 위반행위가 사소한 부주의나 오류 등 과실로 인한 것으로 인정되는 경우
4) 위반행위자가 위법행위로 인한 결과를 시정하거나 해소한 경우
5) 그 밖에 위반행위의 정도, 위반행위의 동기와 그 결과 등을 고려하여 감경할 필요가 있다고 인정되는 경우

2. 개별기준

위반행위	근거 법조문	과태료 금액(만원)		
		1차	2차	3차 이상
나. 법 제15조제1항(법 제15조의2제4항 및 제15조의3제2항에 따라 준용되는 경우를 포함한다)을 위반하여 정당한 이유 없이 고용노동부장관의 이행상황 제출요구에 불응한 경우	법 제24조제2항제1호	200	400	500
다. 법 제17조를 위반하여 근로조건을 서면으로 명시하지 않은 경우	법 제24조제2항제2호			
1) 법 제17조제1호, 제3호 또는 제6호를 명시하지 않은 경우		50 (서면명시사항 1개 호 당)	100 (서면명시사항 1개 호 당)	200 (서면명시사항 1개 호 당)
2) 법 제17조제2호, 제4호 또는 제5호를 명시하지 않은 경우		30 (서면명시사항 1개 호 당)	60 (서면명시사항 1개 호 당)	120 (서면명시사항 1개 호 당)

[근로계약 체결 시 근로조건 명시규정 및 교부, 처벌규정]

구 분	일반근로자 (근기법 제17조, 동법 시행령 제8조)	기간제 및 단시간근로자 (기간제법 제17조)
근로계약서상 명시 대상 근로조건	1. 임금(구성항목, 계산방법, 지급방법) 2. 소정근로시간 3. 휴일(주휴일) 4. 휴가(연차유급휴가) 5. 취업장소와 종사업무 6. 취업규칙의 필요적 기재사항 7. 기숙사 규칙사항(기숙에 한함)	1. 근로계약기간 2. 근로시간, 휴게 3. 임금(구성항목, 계산방법, 지급방법) 4. 휴일, 휴가 5. 취업장소와 종사업무 6. 근로일, 근로일별 근로시간(단시간근로자에 한함)
서면명시 대상	위의 1, 2, 3, 4	위의 전부
근로계약서 교부의무	교부의무 ○	교부의무 ○ (기간제법상 명문의 규정은 없음)
적용대상	1인 이상 사업장 (근로시간, 휴가는 상시 5인 이상 적용)	상시 5인 이상 사업장 적용 (휴게, 휴일, 취업장소와 종사업무는 상시 4인 이하 적용)
위반 시 벌칙	500만 원 이하 '벌금' (1차 시정지시 후 미이행 시 벌금부과)	500만 원 이하 '과태료' (시정지시 없이 즉시 과태료 처분)

Q 11

근로계약서 작성 시 담당업무를 경비로 계약하였는데, 경비업무뿐만 아니라 청소업무까지 하라고 하는데 어떻게 해야 하죠?

근로자는 근로계약으로 정하지 않은 업무는 거부할 수 있고, 근로조건 변경으로 손해가 발생한 경우 즉시 계약을 해제하거나 지방노동위원회에 손해배상을 청구할 수 있다.

A 근로자가 근로계약 시 업무의 내용을 특정했다면 근로계약으로 정하지 않은 업무지시는 거부할 수 있다. 만약 근로자가 부당한 업무지시를 거부했다는 이유로 사용자가 징계나 해고 등의 불이익을 주면 부당징계나 부당해고가 된다. 이에 대해서 근로자는 관할 지방노동위원회에 구제신청을 할 수 있다. 또한 근로자는 근로조건이 다를 경우 즉시 근로계약을 해제할 수 있고, 이와 같은 근로조건을 위반으로 손해가 발생하였다면 지방노동위원회에 손해배상을 청구할 수 있다. 다만, 노동위원회에 손해배상청구 및 부당해고 등 구제신청 관련 규정은 상시 5인 이상 사업장에 적용된다.

손해배상은 사용자가 명시된 근로조건을 이행하였더라면 근로자가 받게 될 이익과 그 조건을 이행하지 않았기 때문에 발생된 상태와의 차액이다. 여기에 근로자가 취업을 위해 생활 거주지를 옮겨야 할 때 필요한 귀향여비도 포함된다. 이러한 귀향여비는 근로의 대가가 아니므로 임금에는 해당되지 않지만, 퇴직 시 청산해야할 금품에는 포함된다.

그러나 노동위원회에 대한 손해배상 신청은 근로계약 체결 시 명시된 근로조건을 위반한 경우에만 할 수 있는 것이지, 부당해고로 입은 손해배상까지 노동위원회에 신청할 수 있는 것은 아니다. 부당해고로 입은 손해배상은 일반 민법상 채무불이행의 법리로 보아 민사소송으로 다툴 성질의 것이다.

근기법 제19조가 근로계약 체결 시 명시된 근로조건이 사실과 다를 경우 근로자는 즉시 근로계약을 해제할 수 있다고 하여 즉시해제권을 둔 취지는 취업 초기에 근로자가 원치 않는 근로를 강제당하는 폐단을 방지하고 근로자를 신속히 구제하려는데 의의가 있다. 따라서 근로자가 사용자의 부당한 업무지시를 오랫동안 이의 없이 수행하였다면 묵시적 동의로 보아 근로조건의 변경이 이루어졌다고 볼 수 있으므로 이런 경우에는 반드시 이의제기를 하여야 한다. 다만, 업무 범위가 다소 포괄적이어서 사회통념상 담당업무에 부수하는 업무로 포함될 수 있는 경우에 근로자는 사용자의 정당한 업무지시를 거부할 수 없다.

12

구인광고에 적어놓은 임금보다 적은 금액으로 근로계약서를 작성할 수 있나요?

근로조건은 '채용공고 내용'이 아니라 '근로계약서에 작성된 내용'이나, 채용공고상 근로조건을 정당한 이유 없이 근로자에게 불리하게 변경하는 경우 처벌 대상이 될 수 있다.

A

채용공고내용과 근로계약서 내용이 다른 경우이다. 법률상 채용공고는 민법상 청약의 유인에 불과하고, 근로계약서가 청약 내용이고 이에 대해 근로자가 서명·날인하면 근로계약서 내용대로 근로조건이 성립하는 것이 원칙이다. 다만, 상시 30인 이상 사업장의 경우 거짓 채용광고를 내서는 안 되며, 정당한 사유 없이 채용광고상 근로조건을 구직자에 불리하게 변경하면 처벌될 수 있다(채용절차의 공정화에 관한 법률 제4조). '정당한 사유'란 교통 편의성 제고를 위한 시험장소의 변경 등과 같이 사회통념상 채용광고의 내용을 변경할 만한 합리적이고 타당한 이유가 있다고 인정되는 경우를 말하고, 근로자에게 유리하게 변경하는 것은 언제나 가능하다.

최근 법원은 기간제근로자를 채용하면서 '실적우수자는 무기계약직으로 전환한다'고 채용공고를 냈으나 근로계약서 작성 시에는 그러한 내용을 삭제한 경우에 1심에서는 무기계약직으로 전환하지 않아도 된다(서울중앙지법 2015. 10. 13. 선고 2015가합524454 판결)고 하였으나, 제2심에서는 근로자들이 채용공고상의 요건을 충족하였음에도 무기계약직으로의 전환을 거절한 것은 부당하다고 판시하여(서울고법 2016. 9. 28. 선고 2015나2062553 판결) 묵시적 근로조건을 인정하였다.

[채용절차 관련 참조 법령]

· 채용절차의 공정화에 관한 법률 제4조(거짓 채용광고 등의 금지)
① 구인자는 채용을 가장하여 아이디어를 수집 하거나 사업장을 홍보하기 위한 목적 등으로 거짓의 채용광고를 내서는 아니 된다.
② 구인자는 정당한 사유 없이 채용광고의 내용을 구직자에게 불리하게 변경 하여서는 아니 된다.
③ 구인자는 구직자를 채용 한 후에 정당한 사유 없이 채용 광고에서 제시한 근로 조건을 구직자에게 불리하게 변경 하여서는 아니 된다.
④ 구인자는 구직자에게 채용서류 및 이와 관련한 저작권 등의 지식재산권을 자신에게 귀속하도록 강요하여서는 아니 된다.
· 동법 제16조(벌칙) 제4조제1항을 위반 하여 거짓의 채용광고를 낸 구인자는 5년 이하의 징역 또는 2천만원 이하의 벌금에 처한다.
· 동법 제17조 (과태료) ① 다음 각 호의 어느 하나에 해당하는 자에게는 500만원 이하의 과태료를 부과한다.
1. 제4조제2항 또는 제3항을 위반하여 채용광고의 내용 또는 근로조건을 변경한 구인자
2. 제4조제4항을 위반하여 지식재산권을 자신에게 귀속하도록 강요한 구인자.
· 직업안정법 제34조(거짓 구인광고 등 금지)
① 제18조·제19조·제28조·제30조 또는 제33조에 따른 직업소개 사업, 근로자 모집 또는 근로자공급사업을 하는 자나 이에 종사하는 사람은 거짓 구인광고를 하거나 거짓 구인조건을 제시하여서는 아니 된다.

Q 13

채용 당시 근로계약서로 연봉제를 선택한 근로자가 호봉제 단체협약을 갖는 노동조합에 가입한 경우는 어떻게 되는지요?

연봉제가 근로자에게 유리하거나 근로자의 개인의사 존중 및 금반언 원칙을 고려하면 입사 당시 약정한 연봉제가 적용된다.

A 근로기준법 제96조와 제97조를 살펴보면, 단체협약, 취업규칙, 근로계약서 순으로 효력의 우선순위를 정하고 있다. 따라서 근로계약이나 취업규칙 변경 등을 통해 신입사원 초임삭감 또는 연봉제를 적용했는데, 해당 근로자가 입사 후에 노동조합에 가입하면 근로계약과 단체협약이 충돌하는 문제가 생긴다.

연봉제는 호봉제에 비해 유·불리를 판단하기 곤란하다는 점에서 판례나 행정해석은 (ⅰ) 연봉제가 개별 근로자에게 더 유리(노동조합과-207, 2004. 1. 26.)하거나, (ⅱ) 근로자의 개인의사 존중, (ⅲ) 신의칙·금반언 원칙(노조 68107-1101, 2001. 9. 28.), (ⅳ) 단체협약 적용이 예상되지 않는 자 등을 이유로 근로자가 사후 노조에 가입하더라도 입사 당시 약정한 연봉제가 적용된다는 입장이다.

단체협약을 적용받는 근로자란 '당해 조합원'이며, 단체협약의 적용이 예상되는 근로자까지 포함된다. 따라서 단체협약 적용이 예상되지 않는 근로자까지 당연 적용된다고 볼 수는 없다. 예를 들면 SR체계(성과급 위주) 직원들은 노조 가입 후 계속적으로 CM체계(고정급 위주) 적용으로 교섭 요구했고, 단체협약 상 임금의 구성부분이 CM체계(고정급 위주) 근로자들의 임금체계를 전제로 한 것이다. 취업규칙 변경을 통해 임금체계를 개편하고 개별 근로계약을 체결하였다면, 특별한 사정이 없는 한 당연히 근로계약 및 취업규칙 등에 의해 근무조건이 규율되는 것이다. 개인의 의사에 따라 SR 체계(성과급 위주)로 계약한 근로자가 이후 노동조합에 가입하였다고 하여, 단체협약 상 임금체계로 곧바로 변경되는 것은 아니다(인천지법 2009. 8. 25. 선고 2009나2545 판결; 대법원 2009. 12. 24. 선고 2009다76713 판결).

하급심 판례에서는 비정규직이 노조에 가입한 사례에서 "단체협약 상의 근로조건을 근로제공의 성질이 상이한 비정규직에게까지 확대 적용하려고 하였던 것은 아니라고 해석하여야 할 것이다"라고 판시한 바 있다(서울중앙지법 2010. 10. 14. 선고 2010가합12932 판결). 그러므로 경우에 따라서는 단체협약보다 근로계약서 내용을 우선 적용하게 되는 사례가 있다.

14 정규직 아닌 일용직인데도 4대 보험을 들어야 하나요?

4대 보험은 일반 보험과 달리 법적인 강제사항이므로 적용대상자가 희망하지 않는다고 하더라도 가입해야 한다.

A 산재 보험에 미가입된 근로자가 업무상재해를 당해 근로복지공단에 산재신청을 하면 근로자는 산재보험 가입여부와 상관없이 보호를 받을 수 있다. 반면, 사업주는 산재보험 미가입 중의 재해에 대한 제재로 1년간 근로자에게 지급하는 보험급여액의 50%를 추징당할 수 있다. 따라서 사업주는 근로자의 입·퇴사 등 사유가 발생하면 4대 보험 자격 취득·상실에 관한 신고를 해야 한다. 또한 4대 보험료는 근로자에게 지급되는 근로소득 중 비과세 근로소득을 제외한 나머지 금액인 보수를 기준으로 산정된다. 따라서 만약 이를 축소 신고한 것이 향후 적발될 경우 보험료 3년분 소급추징 및 과태료 처분이 처해질 수 있다.

[4대 보험 보험료 요율표] ※ 2017년도 기준

국민연금 요율		
기 준	근로자	사업주
기준소득월액	4.5%	4.5%

건강보험 요율			
구 분	보험료율	근로자	사업주
건강보험료 (보수월액기준으로 책정)	6.12%	3.06%	3.06%
장기요양보험료 (건강보험료 기준으로 책정)	6.55%	가입자부담 50%	사업주부담 50%

고용보험 요율			
구 분		근로자	사업주
실업급여		0.65%	0.65%
고용안전, 직업능력 개발사업	150인 미만 기업	-	0.25%
	150인 이상 우선지원 대상 기업	-	0.45%
	150인~1,000인 미만 기업	-	0.65%
	1,000인 이상 기업/국가지방자치단체	-	0.85%

산재보험 요율(전액 사업주 부담)			
업종분류	보험료율	업종분류	보험료율
1. 광업	7.1~32.3%	6. 임업	9.0%
2. 제조업	0.7~4.2%	7. 어업	3.6%
3. 전기가스/상수도업	1.0%	8. 농업	2.6%
4. 건설업	3.9%	9. 기타의 산업	0.7~3.1%
5. 운수/창고/통신업	0.9~2.8%	10. 금융 및 보험법	0.7%

출처 :http://www.4insure.or.kr/ins4/ptl/data/calc/forwardInsuFeeMockCalcRenewal.do#this

15 일용근로자는 언제 4대 보험 상실신고를 하나요?

신고기한은 국민연금, 고용보험, 산재보험은 자격상실 사유 발생한 날의 다음달 15일까지, 건강보험은 상실일로부터 14일 이내이다.

A 근로자들 중에는 신용불량이나 세금에서 유리한 부분 때문에 4대 보험 적용을 희망하지 않는 경우도 있다. 그러나 4대 보험은 법적 강제사항이므로 반드시 가입하여야 한다. 일용근로자의 경우라도 고용보험, 산재보험은 대체로 적용되고, 신고의 편의를 위하여 별도의 취득, 상실 신고 대신에 일용근로자를 사용한 다음달 15일까지 근로내용확인신고서를 작성하여 제출하도록 하고 있다.

원칙적으로 일용직근로자나 1개월 미만의 기한을 정하여 사용되는 근로자인 경우라도 월 소정근로시간이 60시간 이상 근무자인 경우에는 국민연금에 가입해야 하고, 1개월 이상의 기간 동안 고용되는 일용근로자는 건강보험 취득신고를 해야 한다. 고용보험도 월 소정근로시간 60시간 미만(1주간의 소정근로시간이 15시간 미만인 자를 포함)인 자와 65세 이후에 고용된 자 등을 제외하고는 모두 신고대상이다(고용보험법 제10조). 산재보험은 근로자를 사용하는 모든 사업 또는 사업장에 적용한다(산업재해보상보험법 제6조).

신고기한은 국민연금, 고용보험, 산재보험은 자격상실 사유 발생한 날의 다음달 15일까지, 건강보험은 상실일로부터 14일 이내이다(국민건강보험법 제10조 제2항). 이러한 취득·상실신고를 하지 않으면 각 법률에 따라 과태료 처벌 대상이다.

[유형별 4대 보험 적용여부 판단]

구분	고용		산재	건강	연금	비고
	실업급여	고용안전				
65세 이후에 고용된 근로자	×	○	○	○	×	65세 이전에 취직하여 근로를 계속한 경우에는 실업급여 가능
월 60시간 미만 근로자	×	×	○	×	×	생업목적 3개월 이상인 경우 고용, 연금 적용
일용직근로자	○	○	○	×	×	1개월 이상 근로하는 경우 건강, 연금 적용
법인 대표이사	×	×	×	○	○	

Q16 같이 일한 사람이 5인 미만이어서 연차유급휴가가 없다는데 무슨 말인가요?

근로기준법은 상시 근로자수에 따라 준수해야 할 규정이 달리 정해져 있으며, 원칙적으로 상시 5명 이상의 근로자를 사용하는 사업에 적용하고 있다.

A 근로기준법 기타 노동관계법령은 사업 또는 사업장의 상시 근로자를 기준으로 법 적용여부를 판단한다. 주로 문제되는 사항으로 주휴일, 퇴직금, 최저임금 규정은 인원수에 관계없이 모든 사업장에 적용되지만, 부당해고 구제신청, 연차유급휴가, 연장근로가산수당 규정은 5인 이상의 사업장에 적용된다.

[상시근로자 수에 따른 적용 규정]

항목	상시 근로자수								관계법령
	1~	5~	10~	30~	50~	100~	300~	500~	
근로계약서 작성	○	○	○	○	○	○	○	○	근기법 제17조
해고제한 (정당한 이유)		○	○	○	○	○	○	○	근기법 제23조제1항
해고제한 (특별한 경우)	○	○	○	○	○	○	○	○	근기법 제23조제2항
해고예고(수당)	○	○	○	○	○	○	○	○	근기법 제26조
근로자명부 작성	○	○	○	○	○	○	○	○	근기법 제41조
휴업수당		○	○	○	○	○	○	○	근기법 제46조
임금대장 작성	○	○	○	○	○	○	○	○	근기법 제48조
주휴일	○	○	○	○	○	○	○	○	근기법 제55조
연장·야간·휴일근로수당		○	○	○	○	○	○	○	근기법 제56조
연차유급휴가		○	○	○	○	○	○	○	근기법 제60조
야간·휴일근로 제한		○	○	○	○	○	○	○	근기법 제70조제1항
생리휴가		○	○	○	○	○	○	○	근기법 제73조
출산전후휴가	○	○	○	○	○	○	○	○	근기법 제74조
재해보상의무	○	○	○	○	○	○	○	○	근기법 제8장
취업규칙 작성·신고			○	○	○	○	○	○	근기법 제93조
최저임금	○	○	○	○	○	○	○	○	최저임금법 제3조
보육시설 설치							○	○	보육령 제20조
건강진단	○	○	○	○	○	○	○	○	건보령 제25조
퇴직금	○	○	○	○	○	○	○	○	근퇴법 제8조
국가유공자 고용			△ (20인)	○	○	○	○	○	유공자법 제30조
장애인 고용					○	○	○	○	장애인고촉법 제28조
장애인 고용 분담금						○	○	○	장애인고촉법 제33조
고령자 고용							○	○	고령자령 제10조
채용절차공정				○	○	○	○	○	채용절차법 제3조
노사협의회 설치				○	○	○	○	○	근참법 제4조
고충처리위원 선임				○	○	○	○	○	근참법 제26조
성희롱 예방교육	○	○	○	○	○	○	○	○	고평법 제13조
육아휴직	○	○	○	○	○	○	○	○	고평법 제19조
적극적 고용개선 조치								○	고평령 제4조제2항

Q 17

「상시 5명」 충족 여부를 판단하는 사업(장) 판단기준은 어떻게 되나요?

통상적으로는 ① 한국표준산업분류(통계청고시)상 산업(대분류)이 다른지 여부, ② 서로 다른 단체협약, 취업규칙을 적용받는지 여부, ③ 노무관리, 재정, 회계 등이 독립적으로 운영되는지 여부가 판단 기준이다.

A 근로자들이 근로를 제공하는 장소와 사업의 독립성 여부를 기준으로 판단하여야 한다. 본사, 지점, 공장 등이 같은 장소에 있다면 이를 각각 나누지 않고 1개의 사업으로 보는 것이 원칙이나, 물리적으로 같은 장소에 있더라도 실질적인 근로형태가 현저히 다른 부분이 있고 그 부분을 분리하여 취급할 수 있을 정도의 독립성이 있다면 별개의 사업 또는 사업장으로 보아야 한다.

법인 내 있는 수 개의 사업장 · 사업부서는 모집·채용 등의 인사 노무관리에 있어 일정부분 재량권이 위임되어 있다 하더라도 전사적인 방침이나 목표 등에서 제약이 있는 것이 일반적이므로 기업의 일부에 해당한다. 따라서 경영주체인 법인체는 하나이므로 모든 사업장 및 사업부서의 각각의 근로자수를 모두 합산하여 이 법 적용 여부 및 시행시기를 판단하여야 한다. 다만, 하나의 법인체라 하더라도 각 사업장별로 근로조건의 결정권이 있으며, 단체협약 또는 취업규칙 등이 별도 적용되고, 인사(모집·채용 등), 노무관리, 회계 등이 명확하게 구분되는 등 각각의 사업장이 독립성이 있는 경우에는 별개의 사업 또는 사업장으로 본다(근기 01254-13559, 1990. 9. 26.).

[동일 사업장 여부 판단 예시]

1. 하나의 사업(장)으로 볼 수 있는 경우
   ① 원칙적으로 사업을 기준으로 근로자 수 산정
   ▷은행의 지점, 수 개의 공장·지점(영업소)·사무소 등이 장소적으로 독립되어 있으나 하나의 법인인 경우 ⇒ 각 공장 · 지점 등의 근로자수를 모두 합한 전체 근로자 규모에 따라 적용 여부 및 시행일 판단.
   (예시) "갑" 사업에 본사(근로자 20명) 및 A공장(근로자 100명), B공장(근로자 50명), C공장(근로자 150명)이 있으나 각 공장을 별도의 사업(장)으로 볼 수 없는 경우
   ② 사업장별로 근로자 수를 산정하는 경우
   ▷하나의 법인이나 법인 내 각 사업장별로 근로조건의 결정권이 있고, 단체협약 또는 취업규칙 등이 별도 적용되고, 인사노무관리(모집 · 채용 등), 회계 등이 독립적으로 운영되는 경우 ⇒ 각 사업장별로 근로자 수 규모에 따라 각 사업장별로 적용 여부 및 시행일 판단
   (예시) 의료법인에 요양병원(근로자 70명), 일반병원(근로자 250명)이 있고, 각 병원별로 근로조건 결정권이 있으며 모집· 채용 등 인사 노무관리를 독립적으로 운영하는 경우

2. 하나의 사업(장)으로 볼 수 없는 경우
   ▷ 백화점, 호텔 등 동일그룹 계열사이나 각 별도의 법인체인 경우
   ▷ 본사와 공장, 공장과 영업장 등 업무 관련성은 있으나 각 별도의 법인인 경우
   ▷ 대표이사 또는 경영진은 동일하나 각 별도의 법인인 경우

18 근로자수가 매번 증감 변동하는데, '상시' 의미와 산정 방법은 어떻게 되나요?

'상시'라 함은 상태적으로 판단하므로 때때로 근로자수가 5인 미만이 되더라도 상시 근로자수는 5인 이상이 될 수 있다.

A 상시란 상태적으로 보아 때때로 근로자수가 5인 미만이 되더라도 상시 근로자수는 5인 이상이 될 수 있다. 연인원이란 어떠한 일에 동원된 인원수와 일수를 계산하여, 그 일이 하루에 완성되었다고 가정하고 일수를 인원수로 환산한 총 인원수이다. 다섯 사람이 열흘 걸려서 완성한 일의 연인원은 50명이다. 상시 근로자수 산정 시 우선 법 적용 사유 발생일 전 1개월(산정기간)간 근로자 연인원을 가동일수로 나누어 산정하고, 다시 일별로 근로자수를 파악한 후 법 적용 기준에 미달한 일수가 1/2 이상 여부를 판단한다.

예를 들면, 2017년 4월 3일에 법적용 사유가 발생하고, 산정기간(3월 3일 ~ 4월 2일)동안 사용연인원 119명, 사업가동일수 22일, 5명 이상인 날이 10일, 5명 미만인 날이 12일인 경우 → 사용연인원 ÷ 사업가동일수 = 5.4명이기는 하나, 5명 미만인 날이 12일(법 적용 기준에 미달하는 일수가 2분의 1 이상)이어서 법 적용 대상에서 제외된다.

특히, 휴일에 사업장의 일부 근로자만 일할 경우 가동일수 및 근로자 연인원이 문제된다. 원칙적으로 휴일은 가동일수에서 제외되나 휴일에 사용자의 지시에 의하여 당해 사업장의 주된 업무 수행이 이루어졌을 경우에는 가동일수에 포함된다. 예를 들면, 상용직 4명이 일요일에 근무를 하지 않았더라도, 아르바이트나 일용직 등 3명이 투입되어 일을 하였을 경우 해당일의 연인원수는 7명으로 계산한다. 근기법은 부칙 제2조에 따라 이 법 시행 후 최초로 개시되는 채용절차부터 적용하므로, '채용광고 또는 구인공고를 낸 날'을 '법 적용 사유 발생일'로 보고 이전 1개월 동안 사용한 근로자의 연인원을 같은 기간의 가동 일수로 나누어 산정한다.

판 례	근로기준법상 상시 근로자 수의 의미는 상태적인 것이라는 사례

근로기준법의 적용범위를 정한 동법 제10조, 동법시행령 제1조 단서 소정의 "상시 5인 이상의 근로자를 사용하는 사업 또는 사업장"은 상시 근무하는 근로자의 수가 5인 이상인 사업 또는 사업장을 뜻하는 것이 아니라 사용하는 근로자의 수가 상시 5인 이상인 사업 또는 사업장을 뜻하는 것임이 법문의 문리상 명백하고 그 경우 상시라 함은 상태라고 하는 의미로 해석하여야 할 것이므로 근로자의 수가 때때로 5인 미만이 되는 경우가 있어도 상태적으로 보아 5인 이상이 되는 경우에는 이에 해당한다 할 것이고 이 경우 근로자라 함은 근로기준법 제14조에 규정된 근로자로서 당해 사업장에 계속 근무하는 근로자뿐만 아니라 그때그때의 필요에 의하여 사용하는 일용근로자를 포함한다(대법원 2000. 3. 14. 선고 99도1243 판결).

[상시 근로자 수 판단 기준에 대한 특례]

※ 상시 근로자 수 = 채용광고를 낸 날 이전 1개월 동안 사용한 근로자의 연인원 ÷ 채용광고를 낸 날 이전 1개월 동안의 가동 일수

① 법 적용 사업 또는 사업장으로 보는 경우 : 상기 상시 사용하는 근로자 수 산정방법에 따라 해당 사업 또는 사업장의 근로자 수를 산정한 결과 법 적용 사업 또는 사업장에 해당하지 않는 경우에도 산정기간에 속하는 일(日)별로 근로자 수를 파악하였을 때 법 적용 기준에 미달한 일수(日數)가 2분의 1 미만인 경우 (예시) 아래와 같이 2014. 12. 1. ~ 12. 31. 기간 중 사용한 근로자의 연인원이 6,555명이고 가동 일수가 22일인 경우로, 상시 사용하는 근로자수(= 연인원/가동 일수)는 약 297.9명, 가동 일수 22일 중 300명 이상인 날 13일(미만인 날 9일) → 평균 297.9명이나 미달한 일수가 1/2 미만이므로 상시 사용하는 근로자 수 300명 이상으로 봄

2014년 12월	일	월	화	수	목	금	토
일		1	2	3	4	5	6
근로자 수(명)		310	305	300	288	280	〈휴무〉
일	7	8	9	10	11	12	13
근로자 수(명)	〈휴일〉	295	305	301	300	308	〈휴무〉
일	14	15	16	17	18	19	20
근로자 수(명)	〈휴일〉	275	275	285	293	292	〈휴무〉
일	21	22	23	24	25	26	27
근로자 수(명)	〈휴일〉	310	312	318	〈휴일〉	305	〈휴무〉
일	28	29	30	31			
근로자 수(명)	〈휴일〉	300	300	298			

② 법 적용 사업 또는 사업장으로 보지 않는 경우 : 상기 상시 사용하는 근로자 수 산정방법에 따라 해당 사업 또는 사업장의 근로자 수를 산정한 결과 법 적용 사업 또는 사업장에 해당하는 경우에도 산정기간에 속하는 일별로 근로자 수를 파악하였을 때 법 적용 기준에 미달한 일수가 2분의 1 이상인 경우 (예시) 아래와 같이 2014. 12. 1. ~ 12. 31. 기간 중 사용한 근로자의 연인원이 6,611명이고 가동 일수가 22일인 경우로 상시 사용하는 근로자 수(= 연인원/가동 일수)는 300.5명, 가동 일수 22일 중 300명 이상인 날 10일(미만인 날 12일) → 평균 300.5명이나 미달한 일수가 1/2 이상이므로 상시 사용하는 근로자 수 300명 미만으로 봄

2014년 12월	일	월	화	수	목	금	토
일		1	2	3	4	5	6
근로자 수(명)		310	305	300	290	280	〈휴무〉
일	7	8	9	10	11	12	13
근로자 수(명)	〈휴일〉	295	305	301	298	308	〈휴무〉
일	14	15	16	17	18	19	20
근로자 수(명)	〈휴일〉	295	295	298	298	297	〈휴무〉
일	21	22	23	24	25	26	27
근로자 수(명)	〈휴일〉	310	312	318	〈휴일〉	305	〈휴무〉
일	28	29	30	31			
근로자 수(명)	〈휴일〉	295	298	298			

※「근로기준법 시행령」 제7조의2제2항 참조

19 상시 '근로자'를 계산할 때 아르바이트 근로자도 포함하나요?

아르바이트와 같이 시간 및 기간제근로자도 소정근로시간 비율에 상관없이 근로자 수 계산에 포함된다.

A 근로자라 함은 근로기준법상 근로자(근로기준법 제2조 제1항 제1호)로서 상용(常用)근로자뿐만 아니라 일용근로자, 외국인 근로자, 기간제 근로자, 임시직 근로자, 도급직 근로자, 사립학교 교직원연금법 적용 교직원 등으로서 사용종속관계에 있는 근로자 모두 포함하는 개념이다.

다만, 하청업체 근로자, 파견근로자, 해고된 근로자는 제외된다. 구체적으로 살펴보면, ① 업무집행권을 가지는 임원의 경우는 근로자 범위에 제외되고, 전무·상무·이사 등의 직함을 사용하더라도 업무집행권이 없다면 근로자이다. ② 팀장 등 중간관리자의 경우에도 근무평정권한 등 업무집행권한을 가지고 있다면 근로자의 범위에서 제외될 수 있다. ③ 단시간 및 기간제 근로자도 소정근로시간 비율에 상관없이 근로자수 계산에 포함된다.

한편, 사업주 입장에서 아르바이트를 고용할 때 청소년의 '출입'은 허용되지만, '고용'은 금지되는 업소가 있으니 주의해야 한다. 예를 들면, ① 숙박업, ② 이용업, ③ 목욕장업 중 안마실 설치영업하거나 개실로 구획하여 영업, ④ 주류판매 목적의 소주방, 호프, 까페, ⑤ 비디오물 소극장업, ⑥ 만화대여업, ⑦ PC방 등이다. 청소년 고용금지 위반 시 3년 이하 징역 또는 3천만원 이하 벌금 또는 과징금이 부과되니 주의를 요한다.

[상시 근로자 수 판단 범위]

포함	불포함
- 통상 근로자 - 기간제 근로자 - 단시간 근로자 - 외국인 근로자(불법체류자 포함) - 고용형태를 불문하고 근로하는 모든 근로자(아르바이트, 임시, 일용, 상용 등 모두 포함)	- 파견 근로자 - 하청업체 소속 근로자 - 「근로기준법」상 근로자가 아닌 자

20 수습만료 후 재수습기간을 두는 것이 가능한지요?

시용(수습)기간의 연장 또는 갱신은 원칙적으로 허용될 수 없다.

A 근로기준법시행령 제16조의 규정은 해고예고의 적용제외가 되는 근로자의 수습기간을 정한 것인 바, 취업규칙에 3월을 초과하여 수습기간을 정하더라도 법에 위반되는 것은 아니다. 그러나 수습기간의 부당한 장기화로 인한 근로자의 불이익 예방차원에서 가능한 한 수습기간을 3월 이하로 정하도록 행정지도하여야 할 것이다(근기 01254-14914, 1991. 10. 10.).

시용기간의 연장을 제한하는 규정은 없다. 그러나 시용기간의 장기화는 근로자의 불안정한 지위를 장기화하는 것이므로 이러한 시용기간의 연장 또는 갱신이 무제한으로 인정될 수 없다. 시용기간의 연장은 근로자의 법적 지위에 중대한 영향을 미치고, 근로계약의 중요한 일부를 이루는 사항이므로 최소한 시용기간 연장은 그에 대하여 근로자가 동의하거나 근로자에게 통보되어야 그 효력이 있다(서울행법 2006. 9. 26. 선고 2006구합20655 판결).

다만, 채용 당시에는 예견할 수 없었던 질병 또는 휴업 등의 사유에 의해 근로자의 적격성을 평가할 수 없었던 경우에는 근로자의 동의 또는 근로자에 대한 통보를 전제로 시용기간을 연장할 수 있다. 특히 실무담당자는 정식채용 전인 법률상 시용과 달리 정식채용 후인 수습의 경우 재수습에 관해 더욱 엄격하게 운용해야 한다.

따라서 시용기간 연장에 있어서는 ① 시용기간의 연장에 관하여 명문의 규정을 취업규칙 등에 둔 경우, ② 장기간에 걸친 회사의 관행으로 시용기간을 연장하는 제도가 있을 경우, ③ 본인의 승낙이 있는 경우, ④ 근로자의 적격판단에 의문이 있어 합리적 평가기간이 필요한 경우에 한해 허용된다. 특히 시용기간의 연장이 허용되더라도 시용기간을 반드시 확정하여 연장하여야 할 것이다.

21 Q

시용, 수습, 채용내정은 어떤 차이가 있나요?

수습은 이미 정식채용이 되었고, 본채용 여부를 결정하는 적정성 평가가 별도로 예정되어 있지 않다는 점에서 시용과 구별된다.

A '시용'이란 정식채용 전에 일정기간 동안 정식근로자로서의 적격성 유무 및 본채용 가부를 판정하기 위한 시험적 사용을 의미하며 통상적으로 회사의 인턴제도가 시용에 해당한다. 이와 구별하여 '수습'이란 정식채용 이후 근로자의 직업능력에 대한 양성·교육을 목적으로 설정된 기간을 의미한다. 수습은 이미 정식채용이 되었고, 본채용 여부를 결정하는 적정성 평가가 별도로 예정되어 있지 않다는 점에서 시용과 구별된다. 실무상 수습과 시용은 구별되지 않고 혼용하여 사용하고 있으나, 판례는 필요한 경우에 양자를 구분하고 있다.

한편, '채용내정'이란 정식채용 상당기간 전에 채용할 자를 미리 결정하여 두는 것을 의미하므로, 현실적인 근로제공이 행해지지 않았다는 점에서 시용과 구별된다. 채용내정자는 아직 사업장에 근로를 제공하지 않고 있으므로 근기법상의 근로자라고 보기 어려운 점이 있다. 특히 계약의 명칭이나 형식에 관계없이 실질적으로 교육·실습 등 본래 목적에 맞게 학습·체험위주 활동은 근로 자체가 아니다. 그러나 판례는 채용내정의 경우에도 해약권을 유보한 근로계약이 성립하는 것으로 보고 이러한 해약권의 행사에 의한 채용내정의 취소는 해고로 본다(대법원 2000. 11. 28. 선고 2000다51476 판결).

수습기간 중에 있는 근로자에 대해서는 근로기준법이 적용되나, ① 3개월 이내의 수습근로자는 해고예고(근로기준법 제35조, 동법 시행령 제16조)가 적용 되지 않고, ② 수습기간은 평균임금 산정 기준이 되는 기간과 임금 총액에서 제외(동법 시행령 제2조)되며, ③ 수습기간에 대해서는 최저임금의 10/100 감액 지급이 가능(최저임금법 제5조 제2항 제1호 및 동법 시행령 제3조)하다. 다만, 1년 미만 근로계약을 체결한 근로자에 대해서는 수습기간 중 최저임금 감액할 수 없다(동법 제5조 제2항 제1호 단서).

[취업규칙에서 혼용하여 사용하는 사례]

제0조 (수습기간)
① 학교 직원으로서 적성과 자질을 갖추기 위하여 일정 기간의 수습을 거쳐 정규 채용하며 수습기간을 3개월 이내로 한다.
② 수습기간 종료와 동시에 계속 근무가 부적당하다고 인정되는 자는 정규채용하지 않는다.
※ 위 경우, 적정성 평가를 통해 정기채용 여부 결정을 예정하고 있으므로 여기의 '수습'은 '시용'의 의미임

22 시용으로 근로하였는데 정식 근로계약 체결을 거부하면 어떻게 해야 하나요?

시용도 근로계약의 성립은 인정되므로 정식채용의 거절은 해고에 해당하므로 근로기준법 상의 요건을 갖추지 못한 경우에는 부당해고 구제신청이 가능하다.

A 시용관계는 사용종속관계를 전제로 하므로 근로계약으로 인정되지만 채용의 적격성이 없다고 판단되는 경우에는 본채용을 거절할 수 있는 해약권이 유보된 근로계약이다. 따라서 사용자가 본채용을 거부하는 것은 '해고'에 해당하므로 근기법 제23조 제1항에 따른 정당한 이유가 있어야 하고, 당연히 근로기준법 제27조의 해고서면통지 또한 준수해야 한다(대법원 2005. 7. 15. 선고 2003다50580 판결). 다만, 시용 근로관계의 특성상 해고의 정당한 사유의 범위는 상대적으로 넓게 해석될 수 있으나, 업무적격성 판단에 기초를 두어야 하며 객관적이고 '합리적인 이유'가 있어야 한다. 예를 들어, 시용기간 중 엔진과열사고가 피징계자의 근무태만과 경험부족을 원인으로 한 것으로 보아 업무 부적격자로 보아 해고한 것은 합리적 이유가 있다고 보았다(대법원 1999. 2. 23. 선고 98두5965 판결).

일반적으로 시용기간 중 근무성적, 건강상태, 업무태도 등의 사유로 인하여 회사의 근로자로서 부적격하다고 인정한 경우 및 제출한 서류의 허위가 밝혀진 경우 등과 같이 신뢰관계를 해친 경우 본채용 거부의 해고사유가 될 수 있다. 특히 경력사칭을 이유로 한 징계해고의 경우, 경력을 사칭한 사정이 '채용당시'가 아니라 '해고시점'을 기준으로 사회통념상 고용관계를 계속할 수 없어야 한다(대법원 2013. 9. 12. 선고 2013다110316 판결). 시용기간이 만료되었음에도 사용자가 본채용을 위한 근로계약 체결 없이 근로자를 사실상 계속 근로시키는 경우에는 업무적격성이 없다는 이유로 본채용을 거절할 수 없다. 또한 근로계약, 취업규칙 및 단체협약으로 시용기간이 적용된다고 명시된 경우에만 시용으로 인정되며, 그렇지 않은 경우 시용이 아닌 정식 근로계약이 체결된 것으로 보아야 한다(대법원 1999. 11. 12. 선고 99다30473 판결). 수습기간을 몇 개월로 정한 규정은 없으므로 수습기간이 3개월을 초과하였다는 이유만으로 근기법 위반이 되지는 않으나 업무의 내용에 비추어 합리적 기간이어야 한다(근기 01254-221, 1993. 2. 9.).

[시용·수습·채용내정의 구별]

구 분	시 용	수 습	채용내정
근로계약의 성립 여부 (계속근로기간)	○	○	○
정식채용 여부	×	○	×
정식채용 여부에 대한 적정성 평가	○	×	일정한 채용내정 취소 사유가 존재
해고의 정당성 판단	통상의 해고보다 넓게 인정	통상의 해고와 동일한 기준 적용	통상의 해고보다 넓게 인정

Q 23 채용 시 근로자에게 성범죄경력조회회신서, 범죄·수사경력조회회보서 등 범죄경력에 대한 서류를 요청할 수 있는지요?

채용 단계에서 범죄경력조회 확인서를 요청하는 것은 법령에 규정이 있거나 근로자의 별도 동의가 있어야 가능하다.

A 최근의 개인정보에 대한 법률개정 및 인식이 강화되고 있어 입사지원자의 개인정보에 대한 각별한 주의가 요구된다. 근로자의 신원 및 범죄 관련 사항은 민감한 개인정보에 해당하기 때문에 개인정보보호법에 따라 수집·이용해야 한다. 원칙적으로 근로자(정보주체)의 동의를 받거나 법률에 특별한 규정이 있는 경우에만 요청할 수 있다. 근로자의 범죄경력을 알 수 있는 서류로는 ① 아동·청소년 또는 성인대상 성범죄에 대한 사항이 적시된 성범죄경력조회회신서와 ② 범죄경력유무가 명시된 범죄경력·수사경력조회회보서가 있다. 범죄경력은 개인의 민감한 정보이기 때문에 법률에서 규정한 직업(유치원·학교·체육시설·어린이집 등 종사자, 청소년상담복지사, 결혼중개업 종사자, 의료기관 종사자 등)에서 회사가 근로자에게 범죄경력자료를 제출할 것을 요구할 수 있고, 그렇지 않은 채용의 경우에는 근로자의 동의가 필요하다.

회사가 범죄경력 요구에 대한 근로자의 동의를 받을 때에도 ① 개인정보의 수집·이용 목적, ② 수집하려는 개인정보의 항목, ③ 개인정보의 보유 및 이용 기간, ④ 동의를 거부할 권리가 있다는 사실 및 동의 거부에 따른 불이익이 있는 경우에는 그 불이익의 내용을 고지해야 하고, 다른 개인정보의 처리에 대한 동의와 별도의 동의를 받아야 한다.

[참조 법령]

· 개인정보보호법 제15조(개인정보의 수집·이용)
① 개인정보처리자는 다음 각 호의 어느 하나에 해당하는 경우에는 개인정보를 수집할 수 있으며 그 수집 목적의 범위에서 이용할 수 있다.
1. 정보주체의 동의를 받은 경우
2. 법률에 특별한 규정이 있거나 법령상 의무를 준수하기 위하여 불가피한 경우
3. 공공기관이 법령 등에서 정하는 소관 업무의 수행을 위하여 불가피한 경우
4. 정보주체와의 계약의 체결 및 이행을 위하여 불가피하게 필요한 경우
5. 정보주체 또는 그 법정대리인이 의사표시를 할 수 없는 상태에 있거나 주소불명 등으로 사전 동의를 받을 수 없는 경우로서 명백히 정보주체 또는 제3자의 급박한 생명, 신체, 재산의 이익을 위하여 필요하다고 인정되는 경우
6. 개인정보처리자의 정당한 이익을 달성하기 위하여 필요한 경우로서 명백하게 정보주체의 권리보다 우선하는 경우. 이 경우 개인정보처리자의 정당한 이익과 상당한 관련이 있고 합리적인 범위를 초과하지 아니하는 경우에 한한다.

② 개인정보처리자는 제1항제1호에 따른 동의를 받을 때에는 다음 각 호의 사항을 정보주체에게 알려야 한다. 다음 각 호의 어느 하나의 사항을 변경하는 경우에도 이를 알리고 동의를 받아야 한다.
1. 개인정보의 수집·이용 목적
2. 수집하려는 개인정보의 항목
3. 개인정보의 보유 및 이용 기간
4. 동의를 거부할 권리가 있다는 사실 및 동의 거부에 따른 불이익이 있는 경우에는 그 불이익의 내용

· 채용절차의 공정화에 관한 법률 제13조 (입증자료·심층심사자료의 제출 제한) 구인자는 채용시험을 서류심사와 필기·면접 시험 등으로 구분하여 실시하는 경우 서류심사에 합격한 구직자에 한정하여 입증자료 및 심층심사자료를 제출하게 하도록 노력하여야 한다.

Q 24

면접에서 종교를 묻더니, 종교를 이유로 채용이 거절된 것 같은데 구제방법이 없나요?

고용정책기본법 제7조는 근로자를 모집·채용할 때 합리적인 이유 없이 성별, 신앙, 연령, 신체조건, 사회적 신분, 출신지역, 학력, 출신학교, 혼인·임신 또는 병력 등을 이유로 차별을 금지하고 있다. 종교를 이유로 채용을 거부하면 민사상 손해배상을 청구할 수 있을 것이나, 경향기업 등의 경우 합리적 이유를 인정받을 소지도 있다.

A 근로기준법 제6조는 "국적, 신앙 또는 사회적 신분을 이유로 근로조건에 대한 차별적 처우를 하지 못한다."고 규정하고 있다. 그러므로 채용 후에는 종교를 이유로 한 차별은 근기법상 균등처우 위반이 된다. 그런데 면접 등의 채용과정은 '근로조건'이 아니므로 특정 신앙을 이유로 채용하지 않더라도 근기법 위반은 아니다.

다만 회사의 자유로운 근로자채용 결정권도 무제한적으로 인정되는 것은 아니고 법률에 따른 제한이 있다. ① 고용정책기본법 제7조는 근로자를 모집·채용할 때 합리적인 이유 없이 성별, 신앙, 연령, 신체조건, 사회적 신분, 출신지역, 학력, 출신학교, 혼인·임신 또는 병력 등을 이유로 차별을 금지하고 있다. 그러나 본조 위반에 대한 벌칙 또는 과태료가 없어 실효성을 담보하기 어렵다. ② 남녀고용평등법 제7조 및 제37조 제4항 제1호는 근로자를 모집·채용하는 경우에 남녀를 차별하여서는 아니 되며, 여성근로자를 모집·채용할 때 직무수행에 필요하지 않은 용모·키·체중 등 신체적 조건, 미혼 등의 조건을 제시하거나 요구하여서는 안된다고 규정하고 있다(위반 시 500만 원 이하 벌금). ③ 장애인고용촉진및직업재활법 제5조는 근로자가 장애인이라는 이유로 채용 등에 있어 차별대우를 금지하며 사업주에게 의무고용률을 준수하도록 정하고 있다. 장애인 의무고용률은 2017년 1월 1일부터 2018년 12월 31일까지는 2.9%, 2019년 이후는 3.1%이다. ④ 고령자고용촉진법 제4조의4, 제23조의3 제2항은 모집·채용에서 합리적 이유 없이 연령차별을 금지하고 있다(위반 시 500만 원 이하 벌금). 다만, 직무의 성격에 비추어 특정 연령기준이 불가피하게 요구되는 경우나 법률에 따라 특정 연령집단의 고용유지 또는 촉진을 위한 지원조치를 하는 경우는 연령차별로 보지 않는다(고령자고용촉진법 제4조의5). ⑤ 최근 채용절차의공정화에관한법률 시행으로 2017년 1월 1일부터 상시 30인 이상의 모든 사업장에 거짓의 채용광고 금지 및 채용광고 내용 변경 금지, 구직자의 지원서류 반환, 채용과정 중에 대한 고지의무 등을 준수해야 한다.

산업안전보건법 상 사업주의 근로자 채용 시 건강진단 실시의무를 2006년부터 폐지하였으므로 단순한 질병을 이유로 채용을 거부할 수 없다. 예를 들면, 식품위생법 제54조 제2호는 감염병환자는 조리사 면허를 받을 수 없다고 하면서도 B형 간염환자는 제외하고 있다. 따라서 사업주는 근로자가 B형 감염환자라는 이유로 조리사 업무채용을 거부해서는 안 된다. 또한 업무에 따라서는 근로자에 대한 신원보증을 요구할 수 있다. 신원보증계약은 그 성립일로부터 2년을 초과할 수 없고 이보다 장기간으로 정한 경우에는 그 기간은 2년이 되나, 신원보증계약은 갱신할 수 있다(신원보증법 제3조). 최근 국가인권위원회도 호텔 단기근로자 채용 시 대머리를 이유로 한 고용차별에 대해 시정 권고했다(2016. 8. 31. 16진정0389800).

[모집 채용상 성차별 사례](고용노동부, 2015.11)

□ 모집·채용에서 여성 배제하는 경우

① 모집·채용 시 남성만을 그 대상으로 하는 경우 : (위반) 남성 선반공 → (개선) 선반공, (위반) 연구직(남성) → (개선) 연구직, ② 모집광고에는 남녀 모두를 뽑는 것으로 되어 있으나 내부방침에 의해 채용 시에는 여성을 배제하는 경우, ③ 남성 환영, 남성 적합 직종 등으로 표시하는 경우 : (위반) 굴삭기 운전(남성 환영) → (개선) 굴삭기 운전, ④ "병역필한 자에 한함"으로 표시하는 경우, ⑤ 『세일즈맨』,『웨이타』 등 남성을 표현하는 명칭으로 모집하는 경우 : (위반) 웨이터 → (개선) 웨이터(남녀) 또는 웨이터·웨이트리스

□ 모집·채용 시 여성만을 대상으로 하는 경우

① 사무직, 일반직, 고등학교 졸업자, 파트타임 등의 모집 및 채용에서 여성만을 그 대상으로 하는 경우 : (위반) 여성 비서→ (개선) 비서, ② 여성만을 표현하는 직종의 명칭으로 모집하는 경우 : (위반) 웨이트리스 → (개선) 웨이터(남녀) 또는 웨이터·웨이트리스, ③ 여성 환영, 여성 희망, 여성 적합 직종 등으로 모집광고를 하는 경우: (위반) 미용사(여성 환영) → (개선) 미용사(남녀)

□ 남녀를 직종별로 분리모집하거나, 모집인원을 다르게 정하는 경우

① 직종별로 남녀를 분리모집 : (위반) 관리·사무직 남자 ㅇㅇ명, 판매직 여자 ㅇ명 → (개선) 관리·사무직 ㅇㅇ명, 판매직 ㅇ명, ② 남녀별 채용 예정인원수를 다르게 명시해 모집 : (위반) 대졸남성 100명, 대졸여성 20명 → (개선) 대졸 120명, ③ 특정 성에만 채용 최저인원수를 정하고 모집 : (위반) 남녀사원 20명 모집(남성은 10명 이상) → (개선) 남녀사원 20명 모집

□ 학력·경력 등 자격이 같음에도 불구하고 특정 성을 낮은 직급·직위나, 불리한 고용형태로 채용하는 경우 : (위반) 3급 사원 : 4년제 대졸 남자, 4급 사원 : 4년제 대졸 여자 → (개선) 동일한 직급으로 채용

□ 직무 수행상 필요하지 않은 채용조건을 부과하는 경우 : (위반) 여성 : 키 160cm 이상, 체중 50kg 미만인 자 → (개선) 신체기준 삭제

□ 특정 성에 대해서만 다른 조건을 부여하는 경우

① 여성에 대해서만 미혼일 것을 조건으로 제시하는 경우 : (위반) 판매원(여성은 미혼자에 한함) → (개선) 판매원, ② 『여성은 미혼 우선』,『여성은 자택 통근자 우선』등의 조건을 갖춘 여성을 우선시하는 조건을 제시하는 경우 : (위반) 관리직(여성은 경험자 환영) → (개선) 관리직(남녀), ③ 용모단정, 부양가족이 없는 자에 한함 등 기타 여성에만 조건 부과

□ 모집·채용에 관한 정보를 제공함에 있어 성별로 다르게 취합하는 경우

① 회사에 대한 안내 등의 자료를 특정 성에게만 송부하고 다른 성에게는 제공하지 않는 경우, ② 회사안내 등의 자료를 제공하면서 내용을 달리하여 한 성에게는 단순 자료만 제공하고, 다른 성에는 상세한 자료를 제공하는 경우

□ 채용시험 등에서 성별 차등 적용하는 경우

① 어느 한 성만 채용시험을 실시하는 경우, ② 남녀 공통시험을 치른 후 어느 한 성만 별도 시험을 치르는 경우, ③ 면접 중 『결혼 후에도 직장생활을 계속할 것인지』등 특정 성에게만 개인적 질문을 하는 경우, ④ 채용시험의 합격기준을 남녀를 다르게 정하는 경우, ⑤ 채용의 기준을 만족하는 사람 중에서 어느 한 성을 우선적으로 채용하는 경우 ※다만, ④, ⑤의 경우 현존하는 차별을 해소하기 위해 잠정적으로 특정성을 우대하는 조치는 차별이 아님

25 포괄임금제로 근로계약을 하는 것이 가능한가요?

근로자가 동의하고 근로자에게 불리하지 않으며 업무의 성질상 필요한 경우에 포괄임금제로 근로계약을 체결하는 것이 가능할 수 있다.

A 사용자는 원칙적으로 미리 기본임금을 결정하고 이를 기초로 시간외수당 등 제 수당을 가산하여 임금을 지급한다. 이와 달리 포괄임금제는 기본임금을 미리 산정하지 아니한 채 각종 수당을 합한 금액을 월 급여액이나 일당임금으로 정하거나 기본임금을 정하고 매월 일정액을 각종 수당으로 지급하는 임금계약이다.

최근 판례는 "감시·단속적 근로 등과 같이 근로시간의 산정이 어려운 경우가 아니라면 달리 근로기준법상의 근로시간에 관한 규정을 그대로 적용할 수 없다고 볼 만한 특별한 사정이 없는 한 근로기준법상의 근로시간에 따른 임금지급의 원칙이 적용되어야 할 것"이라고 판시한 바 있다(대법원 2010. 5. 13. 선고 2008다6052 판결). 따라서 실무상 포괄임금제를 사용해야 하는 경우 단체협약이나 근로계약 등에서 근로자의 동의를 받고, 법을 준수하며 근로자에게 불리하지 않게 급여체계를 설계하여 노사분쟁을 방지해야 한다.

포괄임금제를 시행하더라도 법적용이 배제되는 것은 아니므로 최저임금 준수 여부에 대해 최저임금법에 따라 근로자가 수령한 보수 가운데 최저임금 산정 기준에 포함되는 임금만 가지고 판단하며, 근기법 제53조 제1항에 따라 1주 12시간의 연장근로 제한을 위반할 수 없다. 다만, 감시·단속적 근로로 승인 받거나 근로시간 규정의 적용이 배제되는 근기법 제59조에는 1주 12시간을 넘어서 연장근로를 할 수 있다. 또한 포괄임금제로 지급되는 고정급이 당해 근로자의 실제근로시간에 따른 법정 연장·야간 및 휴일근로 수당보다 적을 때는 그 차액으로 지급해야 유효한 포괄임금제가 된다.

연차유급휴가미사용수당을 포괄 산정하여 미리 지급하더라도 근로자의 자유로운 연차유급휴가 사용을 제한할 수 없다. 만약 연차유급휴가 사용을 미리 산정해준 수당치보다 더 많이 한 경우에는 초과 지급된 연차유급휴가미사용수당은 반환될 수 있다. 포괄임금제 근로계약을 근로시간 산정이 곤란한 경우로 엄격하게 인정하는 견해에서 보면 연차유급휴가는 포괄임금과 무관하며, 연차유급휴가가 사전에 특정되어 있지 않은 상태에서 연차유급휴가 미사용보상금을 지급하는 것은 사전매수의 의미가 있어 휴가제도가 무의미해진다.

판 례	포괄임금제 유효성 판단기준

근로시간, 근로형태와 업무의 성질 등을 참작하여 계산의 편의와 직원의 근무의욕을 고취하는 뜻에서 근로자의 승낙 하에 기본임금을 미리 산정하지 아니한 채 시간외 근로 등에 대한 제수당을 합한 금액을 월급여액이나 일당임금으로 정하거나 매월 일정액을 제 수당으로 지급하는 내용의 이른바 포괄임금제에 의한 임금지급 계약을 체결하였다고 하더라도 단체협약이나 취업규칙에 비추어 근로자에게 불이익이 없고 제반 사정 상에 비추어 정당하다고 인정될 때에는 그 계약은 유효하다(대법원 1997. 4. 25. 선고 95다4056 판결).

통상임금, 여전히 혼란

법 정비 안돼… 대법 판결후 47건 소송

2013년 12월 통상임금에 관한 대법원 전원합의체 판결이 내려졌지만 산업현장에서는 통상임금과 관련한 혼란이 여전한 것으로 나타났다.

8일 전국경제인연합회가 현재 통상임금 소송이 진행 중인 25개 기업(500인 이상)을 대상으로 설문조사를 한 결과, 총 86건의 소송 중 47건(54.7%)이 전원합의체 판결 이후 시작됐다. 86건 중 판결이 확정되거나 소송이 취하된 경우는 7건(8.1%)이었고, '1심 계류'가 51건(59.3%)으로 가장 많았다. 기업들은 통상임금 소송이 발생한 이유에 대해 '법 규정 미비'(36.0%)와 '불명확한 지침 운용'(34.0%)을 가장 많이 꼽았다.

대법원은 2012년 3월 금아리무진 통상임금 소송에 대한 판결에서 "분기별로 지급되는 정기상여금이더라도 통상임금으로 볼 여지가 있다"고 판시했다. 통상임금과 관련한 논란이 커지자 2013년 12월 갑을오토넥에 대한 전원합의체 판결을 통해 통상임금 판단 기준을 구체적으로 제시했다.

송원근 전경련 경제본부장은 "대법원 전원합의체 판결 이후 2년 5개월이 지났지만 여전히 산업현장에서는 통상임금 갈등으로 홍역을 치르고 있다"며 "통상임금 범위를 명확히 하기 위해서라도 조속한 근로기준법 개정이 필요하다"고 말했다.

동아일보 김창덕 기자 drake007@donga.com

입력 2016-05-09 03:00

출처:

http://news.donga.com/3/all/20160508/77987341/1#csidx40758dd52e2e80d9f7a917115e42622

26 사업주가 다음 달부터 임금 일부를 주식으로 주겠다는 경우 어떻게 해야 되나요 ?

임금지급 4대 원칙의 하나인 통화지급원칙에 위반되므로 관할 고용노동청에 신고할 수 있다.

A 임금체불이란 사용자가 재직 중인 근로자에게 근로기준법상 임금지급 4대원칙(직접, 전액, 통화, 정기지급 원칙)을 위반하거나, 사용자가 퇴직근로자에게 금품청산 기간이 도과 되었음에도 임금을 지급하지 않고 있는 것을 말한다. 사용자가 손해배상 운운하면서 급여를 전액 지급하지 않는 것은 임금체불에 해당되며 처벌 받게 된다.

임금은 매월 지급하기로 한 날짜에 주어야 한다. 따라서 매일, 매주 지급하는 것은 가능하나, 2달에 한 번씩 임금을 지급하는 것은 불가하다. 반드시 근로자 본인에게 임금을 지급해야 하고, 직접 현금으로 주거나 근로자의 계좌로 이체할 수 있다. 임금은 우리나라 돈으로 주어야하지, 상품권이나 제품으로 갈음하여 지급할 수 없다. 설사 근로자가 회사에 끼친 손해가 있더라도 그 손해배상금을 임금에서 공제할 수 없다. 또한 근로자가 근로계약기간 중간에 갑자기 그만 둘 경우에 대비하기 위해 임금 일부분을 빼고 지급하는 것은 위법이다. 다만, 사업주는 법령상 허용하는 근로소득세나 각종 보험료는 원천징수하고 근로자에게 지급할 수 있다.

[임금지급의 4대원칙]

구 분	주요 내용
① 직접지급원칙	근로자의 임금채권도 근로자가 스스로 타인에게 양도할 수 있지만, 사용자는 근로자에게 직접 임금채권을 지급하여야 한다. 가족이나 채권자에게 대신 지급할 수 없습니다. 또한 채권양수인도 사용자에 대하여 양도된 임금을 본인(채권양수인)에게 직접 지급을 청구할 수 없다. 그러나 법원의 판결 등으로 임금채권이 압류된 경우나 전부명령 등에 의하여 제3자에게 지급하는 것은 직접지급원칙에 위반되지 않는다(민사집행법 시행령 제3조).
② 전액지급원칙	임금은 전액 근로자에게 지급되어야 하고, 임금의 일부 공제는 법령 또는 단체협약에 특별한 규정이 있어야 한다. 법령상 공제가 인정되는 것은 갑종근로소득세, 주민세, 국민건강보험료, 국민연금보험료 등이 있고, 단체협약 상 인정되는 것은 조합비 일괄공제 약정이 있다. 퇴직금청구권 등 청구권 발생하기 전에 미리 포기하는 약정은 무효이며, 최저임금 이하로 당사자가 합의하는 경우에도 최저임금 미달액은 보장된다.
③ 통화지급원칙	임금은 법령, 단체협약에 특별한 규정이 있는 경우를 제외하고는 국내에서 강제 통용력이 있는 화폐(한국은행법 제48조)로 지급되어야 한다. 임금을 주식으로 지급하는 것은 위법하나, 성과급을 주식으로 지급하는 것은 가능하다.
④ 정기지급원칙	임금은 매월 1회 이상 정기에 지급해야하므로 사용자가 정기지급원칙을 위반하여 월급 지급일을 1일이라도 지나면 근기법 위반이 된다. 다만, 사업장에 따라서는 당월의 임금을 매월 20일에 주는 경우와 같이 미 발생된 임금도 미리 주는 경우에는 당월 말까지는 임금체불 자체가 아니다.

27 갑자기 아내가 수술하게 되었는데 가불 신청이 가능한가요?

출산, 질병, 재해, 혼인 등 비상시에 근로자가 임금 지급을 신청하면 사용자는 이미 제공한 근로에 대한 임금은 지급해야 한다.

A 임금은 매월 1회 이상 일정한 날짜를 정하여 지급하여야 한다. 그러므로 연봉제 계약을 한 근로자라고 하더라도 매월 일정액을 분할하여 지급하여야 하는 것이 원칙이다. 이는 임금이 지나치게 장기간에 걸쳐서 지급되는 데에서 오는 생활불안을 방지하기 위함이다. 취업규칙에도 반드시 임금지급시기를 명시하도록 하고 있다(근기법 제93조 제2호).

예외적으로 임시로 지급되는 임금, 수당 그밖에 이에 준하는 것과 대통령령으로 정하는 임금에 대하여는 정기지급 원칙이 적용되지 않는다(근기법 제43조 제2항 단서). 예를 들면, 1월을 초과하는 기간의 출근성적에 의하여 지급하는 정근수당, 1월을 초과하는 일정 기간의 계속근로에 대하여 지급되는 근속수당, 1월을 초과하는 기간에 걸친 사유에 의하여 산정되는 상여금, 기타 부정기적인 제수당이 있다(근기법 시행령 제23조).

특히, 임금의 비상시 지급도 정기지급의 예외에 해당한다고 볼 수 있다. 위급한 상황이란 출산, 질병, 재해, 혼인, 사망, 부득이한 경우로 1주일 이상 귀향하는 경우이다(근기법 제45조). 근로자 본인뿐만 아니라 근로자의 수입에 의해 생계를 유지하는 자에게 위급한 상황이 발생한 경우에도 비상 지급 신청이 가능하다. 다만, 한 달 전체 월급액을 지급해야 하는 것은 아니고, 이미 근로한 부분에 대한 임금만 비상지급이 가능하다. 비상시 지급 사유를 충족했음에도 이미 제공한 근로에 대한 임금을 지급하지 않으면 1천만원 이하의 벌금에 처하게 된다. 그러나 근로를 제공하지 않은 부분에 대한 가불 신청은 비상시 지급 사유가 있더라도 사업주는 가불을 해줘야 할 의무는 없다.

판례	급여와 함께 퇴직금의 가불조로 일정 금원을 지급하였다고 하더라도 중간정산으로 인정되지 않는 이상 퇴직금 지급으로서의 효력이 없다는 사례

사용자인 피고인이 근로자가 퇴직하였음에도 그 지급사유가 발생한 날부터 14일 이내에 퇴직금을 지급하지 아니하였다는 범죄사실로 기소되었는데, 피고인은 근로자의 요구로 급여와 함께 퇴직금을 미리 지급하였으므로 퇴직금을 지급할 의무가 없다고 주장하는 바, 피고인이 근로자에게 급여와 함께 퇴직금의 가불조로 일정 금원을 지급하였다고 하더라도 그것이 근로자퇴직급여 보장법 소정의 퇴직금 중간정산으로 인정받기 위한 요건을 갖추지 못하여 퇴직금 지급으로서의 효력이 없고, 제반 사정에 비추어 피고인에게 퇴직금 지급의무의 존부 및 범위에 관하여 다툴 만한 근거가 있어 피고인이 퇴직금을 지급하지 아니한 데에 상당한 이유가 있는 경우라고 볼 수 없어 피고인에게 위 법 제44조제1호, 제9조 소정의 퇴직금의 기일 내 지급의무 위반죄에 관한 고의가 있다(대구지법 2015. 4. 16. 선고 2014노2079 판결).

28 근로자가 퇴직한 경우에 퇴직금은 언제까지 받을 수 있는지요?

마지막 근무일 다음날부터 14일 이내에 지급해야 한다.

A 근로자가 사망 또는 퇴직한 경우 사용자는 그 지급사유가 발생한 때부터 14일 이내에 임금, 보상금 그 밖에 기타 일체의 금품을 지급하여야 한다(근로기준법 제36조). 금품청산 기간인 14일 계산은 역일에 따라 계산하는데 근로를 제공한 날은 고용종속관계가 유지되는 기간이므로 마지막 근무일 다음날부터 14일이 지나야 법위반이 된다. 그러나 이러한 근기법 제36조 규정은 법률상 장애사유가 아니므로 소멸시효는 사망 또는 퇴직한 다음날부터 바로 기산한다.

예를 들면, 마지막 근무일이 2017. 1. 10.이라면 퇴직일은 1. 11.이고, 퇴직일부터 14일 내인 1. 24.까지 금품을 청산해야 한다. 금품을 미지급하면 1. 25.부터 법위반이고 진정을 제기할 수 있으며, 금품청산 대상 중 '임금'과 '퇴직급여일시금'에 한해서 지연이자 20%가 가산된다(근기법 제37조).

퇴직금, 연말정산환급금, 연차유급휴가미사용수당은 근기법 제36조의 금품청산의 대상이나, 지연이자 20% 적용은 미지급된 임금(제18조) 및 퇴직금(제34조)에 적용되며, "보상금 기타 금품"에는 적용되지 않는다. 다만, 상인이 그의 영업을 위하여 근로자와 체결하는 근로계약은 보조적 상행위에 해당하므로 퇴직금 등은 상사채무이므로 상법 제54조의 6% 법정이자가 적용된다.

다만, 2011년 8월 1일 이후부터 고용한 외국인 근로자의 경우에는 출국만기보험에 의무적으로 가입되어 있으므로 출국만기보험에서 퇴직금을 받는다.

[임금에 대한 이자율 적용 예시]

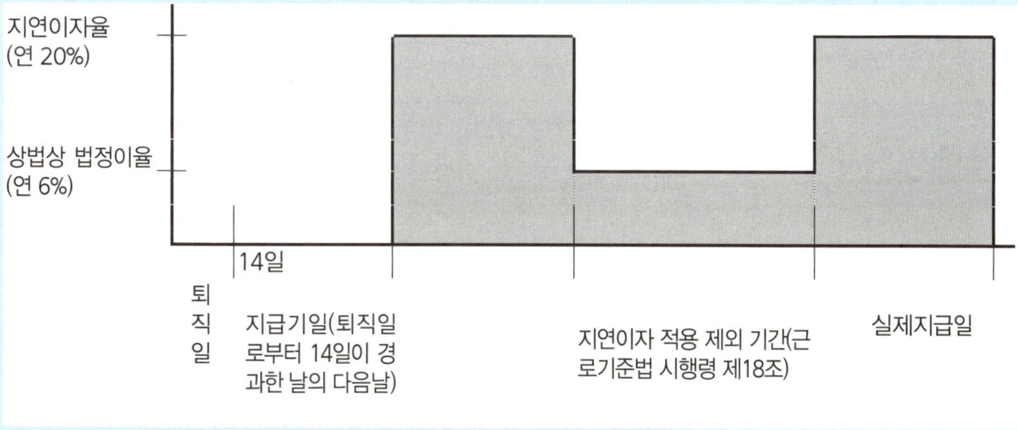

29

마지막 근무일이 2017. 1. 10.인 근로자(퇴직일 1. 11.)에 대해 퇴직금을 지급하지 않은 경우 어떻게 처리할 수 있는지요?

2017. 1. 11.부터 3년의 소멸시효가 진행되고, 2017. 1. 25.부터 지연이자 20%가 가산되고 형사처벌 대상이 된다.

A '퇴직금'을 지급하지 않는 경우, ① 근기법 제37조에 따라 마지막 근무일 다음날부터 14일 지난 2017. 1. 25.부터 20% 지연이자가 가산된다. ② 또한 마지막 근무일 다음날부터 14일 지난 2017. 1. 25.부터 근기법 36조의 3년이하의 징역 또는 2천만원 이하의 벌금의 형사처벌 대상이 된다. ③ 그러나 소멸시효는 마지막 근무일 다음날인 2017. 1. 11.부터 근기법 제49조에 따른 3년의 적용을 받는다.

만약 회사 경영실적에 따라 임의적으로 정해지는 '경영성과급(임금이 아닌 것 상정)'을 지급하지 않는 경우라면 어떨까? ① 경영성과급도 근기법 제36조의 기타 금품으로 보아 2017. 1. 25.부터 상사채무 6% 일반지연이자가 발생하고 소제기를 하면 소장 부본 송달일 다음날부터(경우에 따라서는 애매하여 다투는 것이 타당하다면 판결선고일 다음날부터) 다 갚는 날까지 소촉법 상 15% 지연이자가 발생한다. ② 또한 소멸시효는 2017. 1. 11.부터가 아니라 경영성과급 지급받아야 하는 날을 기준으로 민법에 따라 금원의 개별적 성격을 판단하여 1, 3, 10년 등의 소멸시효를 적용받거나 보조적 상행위로 인정되는 경우에는 상법 제64조에 따른 5년의 적용을 받게 된다.

[임금의 범위에서 제외되는 금품]

▲ 휴업수당, 해고예고수당 ▲ 관례적으로 지급한 사례가 없고, 기업이윤에 따라 일시적·불확정적으로 사용자의 재량이나 호의에 의해 지급하는 경영성과배분금, 격려금, 생산장려금, 포상금 등 ▲ 출근일수에 따라 변동적으로 지급하거나 일부 근로자에게 지급하는 통근수당, 차량유지비, 사택수당, 급식비 등 ▲ 생활보조적, 복리후생적으로 보조하는 축의금, 조의금, 의료비, 재해위로금, 피복비 ▲ 실비변상으로 지급되는 출장비, 정보활동비, 업무추진비, 작업용품 구입비 등 (통상임금산정지침 예규 제476호 참조)

판 례	근기법 제36조가 지급의무의 이행을 유예한 것으로 볼 수 없어 소멸시효의 진행에 법률적 장애사유가 되지 않는다는 사례

소멸시효의 기산점인 '권리를 행사할 수 있을 때'라 함은 권리를 행사함에 있어서 이행기 미도래, 정지조건 미성취 등 법률상의 장애가 없는 경우를 말하는 것인데, 근로기준법 제36조 소정의 금품청산제도는 근로관계가 종료된 후 사용자로 하여금 14일 내에 근로자에게 임금이나 퇴직금 등의 금품을 청산하도록 하는 의무를 부과하는 한편, 이를 불이행하는 경우 형사상의 제재를 가함으로써 근로자를 보호하고자 하는 것이지 사용자에게 위 기간 동안 임금이나 퇴직금 지급의무의 이행을 유예하여 준 것이라고 볼 수는 없으므로, 이를 가리켜 퇴직금 청구권의 행사에 대한 법률상의 장애라고 할 수는 없고, 따라서 퇴직금청구권은 퇴직한 다음날부터 이를 행사할 수 있다고 봄이 타당하다(대법원 2001. 10. 30. 선고 2001다24051 판결).

Q 30 근로자들이 값비싼 교육만 받고 관둬버리는 경우가 종종 발생하는데, 근로계약서에 의무재직기간을 두고 위반 시 회사에 교육비용을 반환하라고 약정할 수 있나요?

근로자가 부담하여야 할 업무상 필요한 역량을 위해 교육을 회사 비용으로 제공한 경우 일정한 의무재직기간을 설정하는 것은 교육비용 반환채무의 면제기간을 정한 것으로 유효하다. 다만, 단순히 근로계약 불이행에 대한 위약금이나 손해배상의 예정을 하는 것은 불가하다.

A 근기법은 제20조는 근로자의 근로계약 불이행시 회사가 손해발생 여부 및 실제 손해액과 관계없이 위약금이나 손해배상금을 청구할 수 없도록 규정하여 근로자의 의사에 반하는 강제근로를 금지하고 있다. 따라서 무단결근 시 30만원을 지급해야하는 손해배상으로 계약하더라도 이는 무효이고, 이러한 계약을 한 것만으로도 사용자는 500만원 이하의 벌금에 처해질 수 있다. 그러나 경업금지에 대한 약정을 하면서 근로계약 불이행에 따른 위약금 또는 손해배상액을 예정한 것이 아니라 퇴직 후 유사업종에 종사함으로써 영업 비밀 유출에 대한 위약금 또는 손해배상액을 예정한 것이라면 근로기준법 제20조 위반은 아니다(근로개선정책과-2396, 2013. 4. 18.). 다만, 경업금지의 약정이 과다하다면 민법상 신의성실원칙에 위반되어 감액될 소지가 있다.

한편, 근무 중 근로자의 고의, 과실로 인해 회사에 손해를 입혔다면 사용자는 그 손해액만큼 근로자에게 청구할 수 있다. 다만, 무조건 실제 손해액 전부를 배상해야 하는 것은 아니고, 지휘감독체계, 업무상 권한과 책임, 과실의 정도, 임금액 등을 비교하여 정해진다.

기업체에서 비용을 부담하여 직원에 대하여 위탁교육훈련을 시키면서 이를 이수한 직원이 교육수료일자부터 일정한 의무재직기간 이상 근무하지 아니할 때에는 기업체가 지급한 '임금'이나 해당 '교육비용'의 전부 또는 일부를 상환하도록 하되 의무재직기간 동안 근무하는 경우에는 이를 면제하기로 약정한 경우, ① 교육비용의 전부 또는 일부를 근로자로 하여금 상환하도록 한 부분은 근로기준법 제27조에서 금지된 위약금 또는 손해배상을 예정하는 계약이 아니므로 유효하지만, ② 임금 반환을 약정한 부분은 기업체가 근로자에게 근로의 대상으로 지급한 임금을 채무불이행을 이유로 반환하기로 하는 약정으로서 실질적으로는 위약금 또는 손해배상을 예정하는 계약이므로 근로기준법 제27조에 위반되어 무효이다(대법원 1996. 12. 6. 선고 95다24944, 24951 판결).

또한 법원은 "의무재직 기간은 근로계약기간이 아니라 교육비용반환채무의 면제기간을 정한 것"으로 보면서, "교육비반환채무면제 약정의 필요성이 인정된다면서, 주로 사용자의 업무상 필요와 이익을 위하여 원래 사용자가 부담하여야 할 성질의 비용을 지출한 것에 불과한 정도가 아니라 근로자의 자발적 희망과 이익까지 고려하여 근로자가 전적으로 또는 공동으로 부담하여야 할 비용을 사용자가 대신 지출한 것으로 평가되며, 약정 근무기간 및 상환해야 할 비용이 합리적이고 타당한 범위 내에서 정해져 있는 등 위와 같은 약정으로 인하여 근로자의 의사에 반하는 계속 근로를 부당하게 강제하는 것으로 평가되지 않는다면 근기법 위반이 아니"라고 판시하였다(대법원 2008. 10. 23. 선고 2006다37274 판결).

Q 31

퇴직금은 세전금액기준으로 주나요? 세후금액기준으로 주나요?

사용자가 근로자에게 지급하는 임금 중 법령에 근거하여 그 일부를 공제하여 원천징수하는 경우에는 '세금 공제 전 금액'까지 임금에 포함되므로 이를 기준으로 퇴직금을 지급해야 한다.

A 근로기준법상의 임금과 소득세법상의 근로소득은 입법 목적에 차이가 있다. 근로소득을 기준으로 소득세를 납부하고, 임금을 기준으로 평균임금, 통상임금을 산정한다. 회사 매출이나 경영실적에 따라 지급되는 은혜적인 성과급은 임금이 아니지만, 근로소득에는 포함된다. 따라서 근로소득의 범위가 임금의 범위보다는 넓다.

즉, 임금이면 근로소득이지만, 모든 근로소득이 임금에 해당하는 것은 아니다[근로소득 = 임금 + 성과급]. 다만, 근로소득 중 임금에 속하는 것이 비과세소득인 경우가 있다. 예를 들면, 소득세법 제12조 제3호 더목에 월정액급여 150만원 이하로서 직전 과세기간의 총급여액이 2,500만원 이하인 근로자(일용근로자를 포함한다)가 연장근로, 야간근로 및 휴일근로로 인하여 통상임금에 가산하여 받는 급여 중 연 240만원 이내의 금액의 범위 내에서는 비과세소득으로 인정되는 차이도 있다.

근로자가 사회보험법령에 따라 부담하는 건강보험, 국민연금, 고용보험의 보험료, 소득세법상의 근로소득세는 근로자의 임금이며, 사업주가 원천징수한 것에 불과하다. 다만, 사업주가 4대보험을 들겠다고 근로자로부터 원천징수한 금원을 다른 용도로 사용한 경우에는 형사상 횡령죄를 검토할 수 있으나, 임금체불진정은 불가하다. 한편, 산재보험료는 사용자가 전적으로 부담하는 것이므로 임금이 아니다. 그러나 사업장에 따라서는 취업규칙에 의해 법령상 근로자가 부담하여야 하는 건강보험료를 회사가 납부하고 그에 해당하는 금액을 계속적·정기적으로 근로자에게 지급해 온 경우라면 이는 근로의 대가로서 임금에 해당한다(근로기준정책과-3623, 2015. 8. 10.). 노동위원회의 구제명령으로 근로자가 원직에 복직되면서 사용자로부터 지급받는 부당해고기간의 임금 상당액은 「소득세법」 제20조 제1항 제1호의 근로소득에 해당된다(법제처 10-0075, 2010. 4. 23.).

[유사 개념 비교]

종 류	내 용
소 득	- 소득이란 일정 기간의 근로, 사업 등에서 얻은 수입 전부를 의미 - 과세를 기준으로 근로소득, 퇴직소득, 기타 소득으로 구분
보 수	- 보수란 소득 중에서 비과세 소득을 제외한 것을 의미 - 특별 성과급과 같은 보수는 임금은 아님
임 금	- 임금이란 소득 중에서 임금이 아닌 것을 제외한 것을 의미 - 식대와 같은 임금은 비과세 대상이므로 보수는 아님

32 못 받은 임금을 받을 수 있는 방법이 있나요?

근로자가 임금을 못 받은 경우에는 사업장 소재지 관할 지방고용노동관서에 임금체불사건으로 진정·고소를 제기할 수 있다.

A 근로자는 임금이 체불된 경우 근로기준법 제104조의 규정에 따라 체불사실을 지방고용노동관서에 신고할 수 있으며 인터넷 신고도 가능하다. 사건관할은 범죄지인 '근무한 사업장 주소'에 있는 관할 고용노동관서이지, 근로자의 주소지 기준이 아니다. 진정은 밀린 임금을 지급받을 수 있도록 해 달라고 요구하는 것이고, 고소는 사용자를 근로기준법 위반으로 처벌해 달라는 요구이다. 진정사건은 25일 이내에 처리되고, 고소, 고발, 인지사건은 접수 또는 인지한 날로부터 통상 2월 이내 처리된다. 퇴직한 경우 임금, 퇴직금은 근기법 제36조에 따라 '14일'이 지나야 진정제기가 가능하고, 재직 중 임금체불은 노사가 정한 임금지급기일이 지나면 진정할 수 있으며, 해고예고수당은 근기법상 임금이 아니므로 근기법 제43조를 유추하여 해고 즉시 지급해야 한다. 무고죄에 있어서의 범의는 반드시 확정적 고의임을 요하지 아니하므로 신고자가 진실하다는 확신이 없는 사실을 신고함으로써 무고죄는 성립하고 그 신고사실이 허위라는 것을 확신할 것까지는 필요하지 않다. 따라서 진정인이 피진정인을 상대로 고용노동부에 함부로 허위의 내용으로 진정을 내었다면, 진정서에 그 진정내용이 진실하다는 확신이 없음을 미리 밝혔다고 해도 무고죄가 성립할 수 있다.

[진정·고소 순서도]

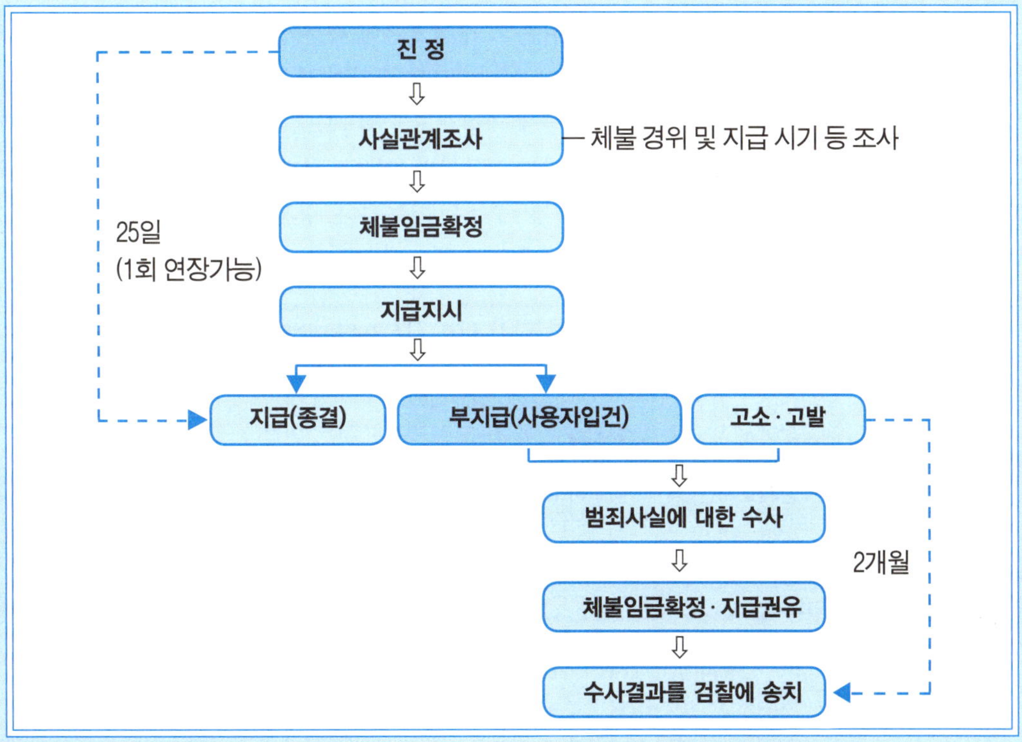

Q 33 퇴사했는데 임금체불 진정은 언제까지 낼 수 있나요?

임금채권은 3년 이내에 행사해야 한다.

A 임금채권은 채권을 행사할 수 있는 날로부터 소멸시효가 진행한다. 예를 들어, 월 임금은 정기지급일, 연차유급휴가미사용수당은 연차사용기간인 1년이 지난 청구권이 발생한 날, 상여금은 상여금에 관한 권리가 발생한 날, 퇴직금은 마지막 근무한 다음날(퇴직일)부터 기산한다. 임금채권의 소멸시효 중단사유에 대하여는 청구, (가)압류, 가처분, 승인이 있는데, 임금체불에 대해 진정, 고소, 고발을 제기한 것만으로는 시효 중단사유가 되지 않으므로 채권 소멸시효가 완성되기 전에 미리 구제받아야 한다. 다만, 민사사건과 형사사건은 구별되는데, 임금채권의 소멸시효 3년과는 별개로 임금체불 사건의 공소시효는 형사소송법 제249조에 따라 5년이다. 따라서 민사상 채권소멸시효 3년이 완성되었다 하더라도 공소시효가 남아 있는 경우에는 형사 처벌이 가능하고, 공소시효는 완성되었더라도 소멸시효 중단으로 임금채권의 소멸시효가 완성되지 않았다면 민사청구는 가능하다. 고용노동관서에 진정, 고발 및 고소를 하는 것으로는 시효중단이 되지 않는다.

예를 들면, 2013. 1월분 임금 300만원(지급일은 2013. 2. 5.)을 받지 못하고 2016. 12. 31.까지 마지막 근로를 한 퇴직일이 2017. 1. 1자인 근로자가 2017. 1. 16. 문제제기하는 경우를 살펴보자. 근로기준법 제43조 위반행위와 동법 제36조 위반행위는 그 구성요건이 다른 별개의 범죄이므로 실체적 경합관계에 있다. 2017. 1. 16. 현재는 공소시효 5년 이내이므로 근기법 제43조 위반행위로 2018. 2. 4.까지 형사처벌이 가능하다. 또한 2013. 1월분 임금에 대해서도 민법 제167조에 따라 소멸시효 3년이 적용되어 2016. 2. 4.로 완성되어 채권은 소멸되더라도 근기법 제36조 위반으로 처벌이 가능하다. 결국 3년의 소멸시효가 완성된 임금체불에 대한 진정·고소는 가능하나, 형사처벌만 이루어질 뿐 임금을 청구할 수는 없다.

헌법재판소	임금 및 퇴직금채권에 대한 단기소멸시효 3년을 정한 것은 합헌이라는 결정

임금 및 퇴직금채권에 대한 단기소멸시효의 설정은 기업거래의 안전과 법적 안정성을 도모하기 위한 것으로서 그 입법목적의 정당성이 인정되며, 소멸시효기간을 3년으로 제한한 것은, 민법상 일반채권에 대한 소멸시효기간인 10년보다는 짧으나 민법상 급료채권 기타 1년 이내의 기간으로 정한 금전 또는 물건의 지급을 목적으로 하는 채권의 소멸시효기간 3년과 동일하고, 노역인 · 연예인의 임금 및 그에 공급한 물건의 대금채권의 소멸시효기간 1년보다 긴 점, 임금 내지 퇴직금채권에 대한 단기소멸시효기간이 1974. 12. 24. 개정으로 2년에서 3년으로 늘어난 점, 근로자명부 기타 근로계약에 관한 중요한 서류의 보존기간을 3년으로 규정하고 있는 점, 민법 제165조가 단기소멸시효에 걸리는 채권이라도 확정판결을 받은 경우에는 10년으로 시효소멸되도록 규정하고 있어 필요한 경우 근로자가 소를 제기함으로써 그 소멸시효기간을 연장할 수 있는 점 등을 종합하면 특별히 짧다거나 불합리하다고 할 수 없으며, 따라서 입법재량의 범위를 현저히 일탈하였다거나 다른 일반채권들에 비하여 근로자에 대해서만 특별히 차별대우를 하고 있다고 볼 수 없다(헌법재판소 1998. 6. 25. 선고 96헌바27 결정).

Q 34 사업주가 체불된 임금을 주겠다고 약속하며 취하서를 내달라는데 써줘도 되는지요?

임금체불 진정사건에서 사업주 처벌을 원치 않는다고 진정 취하 시 재진정이 불가하므로 신중한 판단을 요한다.

A 근기법 제36조(금품청산), 제43조(임금지급), 제44조(도급사업에 대한 임금지급), 제44조의2(건설업에서의 임금지급 연대책임), 제46조(휴업수당), 제56조(연장, 야간, 휴일근무)의 규정을 위반한 경우는 근로자가 처벌을 희망하지 않는 경우에는 사업주를 처벌할 수 없다(근기법 제109조 제2항). 만약 근로자가 체불임금을 받아 처벌불원의 의사표시를 하는 경우에는 ① 진정사건은 내사종결하고 고소, 고발사건 등은 불기소의견으로 검찰에 송치(반의사불벌죄)하게 되며, ② 재진정, 재고소, 재고발은 불가하다.

특히 피해근로자가 행위자처벌을 희망하지 않는 명시적인 의사표시를 하면 사업주의 처벌이 제한되고 동일 사건에 대해서 재신고(진정, 고소, 고발)도 불가능함을 주의해야 한다. 따라서 근로자가 임금을 실제 지급받지 않은 상태에서 사업주의 약속만 믿고 임금체불 진정을 취하를 하게 되면 사업주를 처벌할 수 없게 된다. 그러한 경우 근로자는 진정피해자처벌불원의 '진정취하서'가 아니라, 진행의사가 없다는 의미의 행정종결을 요청하는 '진정 종결 요청서'를 제출하거나 '진정취하서'에 사업주가 체불임금을 미지급 시 재진정하겠다는 내용을 포함시켜 추후 임금 미지급 시 재신고 가능성을 열어두어야 한다.

[임금체불사건과 부당해고사건 비교]

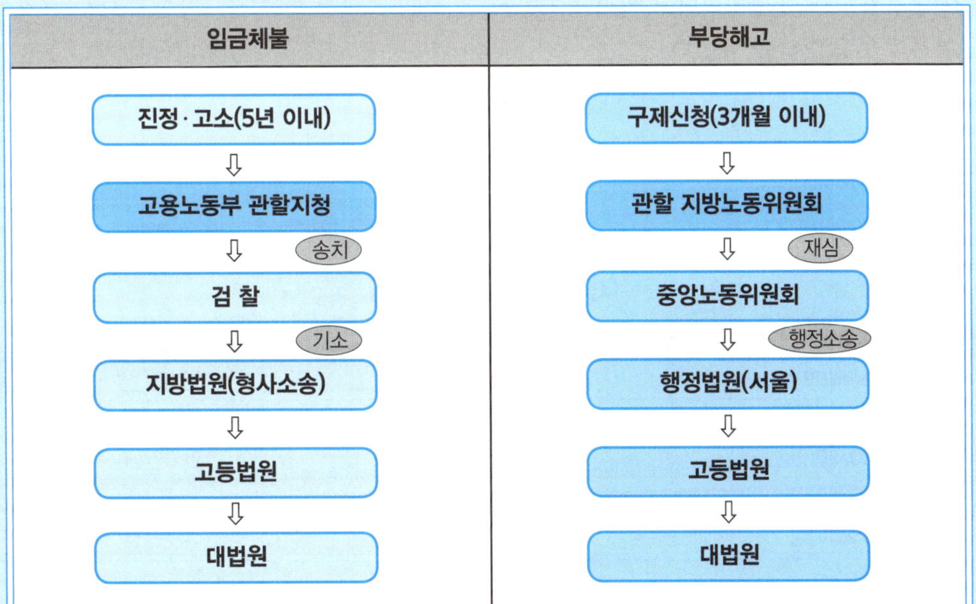

35 사업주가 임금체불로 형사처벌을 받겠다며 돈을 안주는데 어쩌지요?

체불금품확인원을 발급받아 민사소송이나 체당금제도를 통해 구제받을 수 있다.

A 사업장을 관할하는 고용노동청은 임금체불이 확인되면 사용자에게 지급지시를 한다. 만약 사용자가 지급지시에 따르지 않으면 고용노동청의 근로감독관은 특별사법경찰관으로서 사업주를 형사 처벌한다. 실무적으로 임금체불로 징역형까지 부과되는 사례는 드물고, 초범인 경우 체불된 임금액의 10~20% 정도의 벌금형으로 약식 기소되는 경우가 대부분이다. 다만, 사업주가 형사 처벌 받는다고 해도 사업주의 임금지급의무가 소멸되는 것이 아니므로 근로자는 지방고용노동관서에서 '체불금품확인원'을 발급받아 민사소송을 진행할 수 있다. 만약 체불 당시 최종 3개월분의 월평균임금이 400만원 미만인 근로자라면 대한법률구조공단에서 무료법률구조신청을 할 수 있다.

또한 회사가 파산·도산해버린 경우에는 체당금제도가 있어 임금채권보장법에 따라 기업의 도산으로 인하여 임금, 휴업수당 및 퇴직금을 지급받지 못하고 퇴직한 경우 국가가 사업주를 대신하여 체불 임금 등을 지급한다. 지급사유는 법원의 파산선고·회생절차 개시 결정과 같은 재판상 도산이나, 지방고용노동관서장이 300인 이하 사업장에 대하여 하는 사실상 도산이 있다. 지급 요건은 사업주는 산재보험 적용대상이 되는 6개월 이상 사업을 한 후에 도산한 경우라야 하고, 근로자는 사실상 도산인정 신청일 기준 1년 전부터 3년 이내에 그 사업장에서 퇴직한 경우라야 한다. 체당금 지급액은 퇴직 당시 연령을 기준으로 최대 1,800만원까지로 제한된다. 체당금에 관해 조력지원제도가 있는데 상시근로자수가 10인 미만이고 월평균 250만원 이하의 보수를 받는 근로자는 무료로 변호사 또는 노무사의 도움을 받을 수 있다.

[체당금의 월정 상한액]

구분 (퇴직 당시 연령임)	임금(1월분), 퇴직금(1년분)	휴업수당(1월분)
30세미만	180만원	126만원
40세미만	260만원	182만원
50세미만	300만원	210만원
60세미만	280만원	196만원
60세이상	210만원	147만원

[일반체당금 산정례]

〈예시〉 ① 퇴직당시 연령 만 38세, ② 체불임금 등 : 5월분 임금(200만 원), 6월분 임금(200만 원), 7월분 휴업수당(140만 원), 최종 2년간 퇴직금(200만 원으로 가정)

① 체불임금에 대한 체당금(체불임금 200만 원과 30세~40세 미만의 상한액 260만 원 중 적은 금액) : 200만 원 × 2개월 = 400만 원
② 체불휴업수당에 대한 체당금(체불휴업수당 140만 원과 30세~40세 미만의 상한액 182만 원 중 적은 금액) : 140만 원 × 1개월 = 140만 원
③ 체불퇴직금에 대한 체당금 : 200만 원 × 2년 = 400만 원
⇨ 따라서 총 체당금 지급액은 940만 원

[일반체당금과 소액체당금 비교]

구 분	일반체당금	소액체당금
지급범위	– 최종 3월분 임금, 휴업수당 – 최종 3년분 퇴직금	– 최종 3월분 임금, 휴업수당 – 최종 3년분 퇴직금
상한액	– 연령별 차등(최대 1,800만 원)	– 최대 400만 원 ※2017.7.1.부터
지급사유	– 파산선고의 결정, 회생절차개시의 결정 – 지방고용노동관서의 사실상 도산인정(사업이 폐지 또는 폐지과정, 임금지급능력 無 또는 현저한 지급곤란)	– 확정된 종국판결 등
지급대상 근로자	– 파산(도산) 신청일 기준 1년 전부터 3년 이내 퇴직한 근로자	– 퇴직한 다음 날부터 2년 이내에 소송을 제기한 퇴직근로자
사업주 기준	– 해당 사업 6개월 가동 – 파산 또는 도산	– 퇴직일 기준으로 해당 사업 6개월 가동 – 사업주가 건설업 무면허자의 경우에는 직상 수급인을 기준으로 적용
청구기간	– 파산(도산) 선고일(인정일)부터 2년 이내	– 확정된 종국판결일 등으로부터 1년 이내
양자 중복시	– 이미 지급한 소액체당금액이 있다면 일반체당금 지급액에서 공제	– 이미 일반체당금을 받았다면 소액체당금은 수령 불가

36 월 고정 시간외근무수당은 통상임금에 산입될까요?

연장근로는 소정근로시간 外 근로이므로 연장근로수당은 통상임금에서 제외된다.

A ‘통상임금’이란 근로자에게 정기적·일률적·고정적으로 소정근로 또는 총 근로에 대하여 지급하기로 정하여진 시간급·월급 등을 말한다. 통상임금에 포함되기 위해서는 ① 근로계약에 명시된 근로에 대한 대가이고, ② 정기적 지급(정기성), ③ 모든 근로자에게 일률 지급(일률성), ④ 사전에 확정된 금액(고정성)이라는 요건을 갖춰야 한다.

따라서 기본급뿐만 아니라 직책수당, 기술수당, 위험수당, 근속수당 등 정기적·일률적·고정적으로 지급되는 것은 통상임금에 산입된다. 그러나 연장·야간·휴일근로에 대한 임금, 일정한 업적 및 성과를 올린 자에게만 지급되는 성과급 등 실제 근로내용에 따라 변동되는 임금은 소정근로시간에 대한 대가가 아니므로 통상임금에서 제외된다. 또한 소정근로시간 외의 근로인 월 고정 OT수당도 통상임금이 아니다. 다만, 실제 사업장에서 연장근로가 전혀 없이 단순히 임금항목만 고정 OT라고 하여 지급한 경우라면 통상임금에 해당할 수 있다. 그동안 상여금 및 각종 수당의 경우 고용노동부의 통상임금산정지침에 따라 통상임금에 포함되지 않았으나, 대법원은 2013. 12. 18. 정기상여금을 통상임금에 포함시키는 등 통상임금의 범위에 관해 판시하였다.

[통상임금에 대한 판단 근거]

통상임금 해당한다는 근거	·포인트의 용도 및 기간 제한 등 사용상 제한이 있다고 해도 포인트의 처분권은 근로자가 가짐. ·임금2분할설을 인정할 수 없으며 현실적으로 근로제공의 대가임. ·퇴직 후 환수하더라도 연초에 일괄지급 받았으므로 임금성을 부정할 수 없음.
통상임금 해당하지 않는다는 근거	·일정액의 포인트를 배정한 것에 불과하지, 근로자가 곧바로 복지포인트 상당의 금전을 수수한 것으로 볼 수 없음(관념적 수치인 포인트 지급은 근기법상 ‘통화’ 개념에 부합하지 않음). ·사용자는 장차 근로자가 정해진 용도에 맞게 사용할 것, 근로자가 사용자에게 대체결제를 신청할 것이라는 두 가지 ‘조건’이 성취되었을 때 비로소 지급의무가 발생함으로 일률성, 고정성을 인정하기 어려워 금전지급이 확실히 예정된 것이라고 볼 수 없음.

[복지포인트 관련 하급심 판결]

회사명	법 원	선고일	판단 결과
서울메트로	서울중앙지법(1심)	2016. 1. 29	통상임금 O
근로복지공단	서울남부지법(1심)	2016. 5. 26	통상임금 O
대구도시철도공사	대구고법(2심)	2015. 10. 21	통상임금 X
국민건강보험공단	서울고법(2심)	2016. 1. 15	통상임금 X

[사내 복지포인트의 통상임금성]

어떤 급여가 통상임금에 속하는지 여부는 그 임금이 소정근로의 대가로 근로자에게 지급되는 금품으로서 정기적·일률적·고정적으로 지급되는지를 기준으로 그 객관적인 성질에 따라 판단하여야 하는 것이지 임금의 명칭이나 그 지급주지의 장단 등 형식적 기준에 따라 판단하는 것은 아니다(대법원 2013. 12. 18. 선고 2012다89399 판결).

최근 공공기관 복지포인트가 통상임금에 해당하는지를 놓고 법원별로 판결이 엇갈리고 있다. 주요 쟁점은 경영상황을 고려하여 노사합의를 통해 배정되고 사용범위에 제한이 있는 등 복지포인트의 특성이 단순히 '사용방법의 제한'에 불과한지, '통상임금성을 탈락'시키는 요소인지 여부이다.

특히 문제되는 경우는 복지포인트가 회사 예산에서 지출되는 경우인데, 주요 특성으로는 ① 매년 노사합의로 포인트 배정금액을 결정하고, ② 사용목적·사용처가 제한(건강관리, 자기계발, 여가활용, 가정친화 등)되고, 일정 목적으로는 사용이 금지(사행성 지출, 유가증권 구매 등)되며, ③ 잔여포인트 이월·양도 및 금전으로 청구할 수 없고, ④ 퇴사자는 퇴직 시점을 기준으로 잔여포인트를 환수한다.

[통상임금인지 문제되는 임금유형별 사례 정리]

임금명목	임금의 특징	통상임금 해당여부
기술수당	기술이나 자격보유자에게 지급되는 수당 (자격수당, 면허수당 등)	통상임금 ○
근속수당	근속기간에 따라 지급여부나 지급액이 달라지는 임금	통상임금 ○
가족수당	부양가족 수에 따라 달라지는 가족수당	통상임금 × (근로와 무관한 조건)
	부양가족 수와 관계없이 모든 근로자에게 지급되는 가족수당 분	통상임금 ○ (명목만 가족수당, 일률성 인정)
성과급	근무실적을 평가하여 지급여부나 지급액이 결정되는 임금	통상임금 × (조건에 좌우됨, 고정성 인정 ×)
	최소한도가 보장되는 성과급	그 최소한도만큼만 통상임금 ○ (그 만큼은 일률적, 고정적 지급)
상여금	정기적인 지급이 확정되어 있는 상여금 (정기상여금)	통상임금 ○
	기업실적에 따라 일시적, 부정기적, 사용자 재량에 따른 상여금 (경영성과분배금, 격려금, 인센티브)	통상임금 × (사전 미확정, 고정성 인정 ×)
특정시점 재직 시에만 지급되는 금품	특정시점에 재직 중인 근로자만 지급받는 금품 (명절귀향비나 휴가비의 경우 그러한 경우가 많음)	통상임금 × (근로의 대가 ×, 고정성 ×)
	특정시점 되기 전 퇴직 시에는 근무일수 비례하여 지급되는 금품	통상임금 ○ (근무일수 비례하여 지급되는 한도에서는 고정성 ○)

Q 37

해외근무라는 특수한 상황 때문에 생활기반이 전혀 없는 직원에게 해외체류비, 해외주재수당 등의 명칭으로 지급하는 이른바 해외파견수당도 퇴직금 산정의 기초가 되는 평균임금인지요?

통상적으로 해외근무자에 대한 주재수당 및 주택수당 등 해외파견수당은 평균임금에 포함되지 않는다.

A 근기법 제2조에서 임금이란 사용자가 근로의 대가로 근로자에게 임금, 봉급, 그 밖에 어떠한 명칭으로든지 지급하는 일체의 금품을 말한다. 그러므로 일반적으로 임금은 일의 대가로 주는 금품을 말하기 때문에 현지에서 일하면서 추가로 소요되는 비용인 현지정착지원비, 차량유지비 등을 보상하기 위한 실비변상적인 금품은 임금이 아니다. 이렇게 현지근무보조비가 실비변상적인 금품으로 임금이 아니라면 퇴직금 등 급여 산정기준이 되는 평균임금에 포함되지 않게 된다.

하급심 판례는 "해외주재원으로 근무하는 자에게 지급되는 주재수당 및 주택수당은 해외근무라는 특수한 근무조건에 따라 임시로 지급되는 임금이라 할 것이므로 위 주재수당 및 주택임대료 상당액은 근로의 대상으로 지급된 금원에 해당되지 않으므로 퇴직금산정의 기초가 되는 평균임금에 포함되지 않는다"라고 판시한 바 있다(서울지법 1996. 11. 22. 선고 96가합2298 판결, 임금 68207-389, 1994. 7. 1.). 따라서 주재수당 및 주택수당 등 해외근무라는 특수한 근무에 따라 임시로 지급된 임금인 해외파견수당은 퇴직금 산정의 기초가 되는 평균임금에 해당되지 않을 수 있다.

원칙적으로 평균임금 산정의 기초가 되는 임금총액에는 사용자가 근로의 대상으로 근로자에게 지급하는 일체의 금품으로서, 근로자에게 계속적·정기적으로 지급되고 그 지급에 관하여 단체협약, 취업규칙 등에 의하여 사용자에게 지급의무가 지워져 있으면 그 명칭 여하를 불문하고 모두 포함되는 것이고, 비록 현물로 지급되었다 하더라도 근로의 대가로 지급하여 온 금품이라면 평균임금의 산정에 있어 포함되는 임금이 될 수 있다.

또한 근로자의 귀책사유로 인한 결근기간과 징계처분으로서의 직위해제, 대기발령, 정직, 출근정지, 감봉의 기간의 경우 이 기간 중 지급된 임금을 포함하여 평균임금을 산정한다. 따라서 근로자 입장에서는 평균임금의 계산이 불리해질 수 있다. 따라서 근로자는 사직의 의사를 표시한 후 사용자의 승낙을 얻지 않은 채 출근하지 않을 경우 무단결근으로 처리될 수 있으므로, 사직서 제출 시에는 반드시 사용자의 승낙을 얻어야 퇴직금 계산에서 불리해지지 않을 수 있다.

38 택시기사인데 기본급 없이 일급제 방식으로 받는 게 가능한가요?

가능하나, 최근 대법원이 월급제가 아닌 도급 택시 근로자에게도 최저임금 권리를 인정해 업계에 큰 영향을 미칠 것으로 보인다.

A 택시여객자동차 운송 사업자인 피고와 일급제방식(택시 기사들이 매일 총 운송수입금에서 회사에 납입하고 나머지운송 수입금은 개인에게 귀속하되, 별도의 월 기본급여는 지급 받지 않는 제도)의 근로계약을 체결한 경우가 있다. 최저임금법 제6조 제5항은 일반택시 운송사업의 운전업무에 종사하는 근로자들에게 대하여 최저임금을 따로 정하고 있다. 이는 사납금제도로 인해 근로자의 임금액의 변동이 심하여 택시 운전 근로자들의 임금체계에 대한 반성에서 비롯된 규정으로서 헌법재판소도 당사자의 계약의 자유를 침해하지 않는다며 합헌결정을 한 바 있다(헌법재판소 2011. 8. 30. 선고 2008헌마477 결정).

최저임금법 제6조 제5항은 "일반 택시운송사업에서 운전업무에 종사하는 근로자의 최저임금에 산입되는 임금의 범위는 생산고에 따른 임금을 제외한 대통령령으로 정하는 임금으로 한다"고 규정하고 있다. 총운송수입금에서 사납금을 제외한 '기준 운송수입금 초과금'은 생산고에 따른 임금이므로, 최저임금에 산입되는 임금에 포함되지 않는다(대법원 2016. 11. 24. 선고 2015다220429, 2015다220436 판결).

즉, 도급제 택시 기사도 최저임금이 보장되므로 기본급 없이 총운송수입금에서 사납금을 공제한 나머지 수입금을 전액 기사에게 주더라도 최저임금법에 위반될 수 있다. 택시여객자동차 운송사업자는 기사들이 자의로 기본급 없는 일급제를 선택하였다며 신의칙 위반을 주장하였으나, 법원은 사용자가 우월적 지위에서 운영상 편의를 위해 일급제가 도입되었고 최저임금에 관한 내용은 강행규정으로 보아 신의칙에 반한다고 보기 어렵다고 판시하였다.

또한 택시근로자의 생활보조와 복리후생을 위하여 지급되는 부가세 경감세액도 최저임금에 포함될 수 없다(서울고법 2012. 9. 5. 선고 2011누45346 판결). 또한 고용노동부는 택시운송사업자가 정부로부터 환급받은 부가세감면액은 구 조세감면법에 의거한 근로자의 처우개선과 복지후생을 위해 사용됨을 근거로 부가세감면액을 근로자에게 직접 지급할 수 있도록 단체협약 등에 명시한 경우가 아닌 이상 근기법 제36조 상의 기타 금품으로 볼 수 없다고 본 바 있으며, 유류보조금에 대해서도 부가세감면액과 동일하게 금품청산의 대상으로 보지 않아서 '일반 민사사건'이지 체불사건이 아니라고 보았다.

[통상임금·평균임금·최저임금의 구체적인 산입 범위]

※ 일반적인 경우이며, 구체적인 사실관계에 따라 달라질 수 있음

	평균임금	통상임금	최저임금
개념적 판단 기준	① 근로의 대상성(금품 지급의무 발생이 근로 제공과 직접적으로 관련되거나 밀접하게 관련된 것을 의미함, 특수하고 우연한 사정에 따라 좌우되는 것은 제외)	① 임금의 성질을 갖는 급여일 것 ② 근로자에게 지급하기로 정하여진 것일 것 ③ 소정근로의 대상(對償)일 것 ④ 정기적·일률적으로 지급하기로 한 고정적 급여일 것	① 단체협약, 취업규칙 또는 근로계약 임금항목으로서 지급근거가 명시되어 있거나 관례에 따라 지급하는 임금 또는 수당 ② 미리 정해진 지급조건과 지급률에 따라 소정근로(도급제의 경우에는 총 근로)에 대하여 매월 1회 이상 정기적·일률적으로 지급하는 임금 또는 수당
구체적 판단 기준	① 영업직의 실적수당처럼 1건당 지급되는 수당(O) / 월 몇 건 이상 달성하면 지급되는 인센티브(X)	① 특정시점에 재직 중인 근로자만 받는 금품(X) / 특정시점에 퇴직 시 일할계산 지급하는 금품(O), ② 근무실적에 따라 지급여부가 달라지는 성과급(x) / 최소한도가 보장되는 성과급 중 그 최소한도 성과급(O)	① 매월 지급하는 고정 상여금(O) / 1월을 초과하는 기간에 걸친 해당 사유에 따라 산정하는 상여금(X) ② 복리후생적 성질의 금품(X)
산정 사유	퇴직금 휴업수당 연차유급휴가수당 재해보상금 감급액	해고예고수당 시간외근로수당 휴업수당 연차유급휴가수당 출산휴가수당 출산전후휴가급여 육아휴직급여	1년 이상 기간을 정한 근로자 중 수습 3개월 내의 기간을 제외하고 전부 적용
주요 항목	• 기본급(○)	• 기본급(○)	• 기본급(○)
	• 직책·직무·자격수당(○)	• 직책·직무·자격수당(○)	• 직책·직무·자격수당(○)
	• 통신비(○)	• 통신비(○)	• 통신비(×)
	• 차량유지비(○)	• 차량유지비(○)	• 차량유지비(×)
	• 식대(○)	• 식대(○)	• 식대(×)
	• 당직수당(○)	• 당직수당(×)	• 당직수당(×)
	• 시간외수당(○)	• 시간외수당(×)	• 시간외수당(×)
	• 임시적으로 지급되는 지급사유가 불확정적인 것으로 복리후생비, 해외근무수당(×)	• 임시적으로 지급되는 지급사유가 불확정적인 것으로 복리후생비, 해외근무수당(×)	• 임시적으로 지급되는 지급사유가 불확정적인 것으로 복리후생비, 해외근무수당(×)

39 최저임금은 월급 총액으로 계산하는지요?

최저임금은 월급 총액에서 식대, 시간외수당 등을 제외하고, 기본급과 직무·자격수당 등으로 최저임금 이상을 지급하여야 한다.

A 최저임금은 모든 사업장에 적용되는데 매년 적용되는 금액이 다르다. 최저임금에는 미리 정해진 지급 조건에 따라 매월 1회 이상 정기적으로 지급되는 임금만 최저임금에 포함된다. 따라서 최저임금 위반 여부는 월급 총액에서 시간외수당, 식대, 교통비, 통신비 등을 제외하고 기본급과 직무·자격수당 등으로 판단한다.

또한 최저임금에 대해 '1년 이상 사용'하기로 하고 근로계약서 상에 '수습기간을 명시'하여 근로계약을 체결한 근로자에 대해서는 '수습기간 3개월간'은 최저임금의 90%까지 지급 가능하다. 그러므로 1년 미만의 기간으로 채용한 아르바이트, 기간제근로자들에 대해서는 수습기간이라도 법정 최저임금에 대한 감액은 불가능하다.

2017년 주 40시간제 사업장에서 기본급 130만 원, 식대 10만 원으로 총 140만원을 지급하는 경우에는 최저임금 위반이다. 아르바이트 직원이라도 1주간 소정근로시간이 평균 15시간이 넘는 경우에는 주휴수당을 지급해야 하고, 소정근로시간에 비례해서 유급 주휴일을 부여해야 한다. 예컨대, 단시간 근로자의 주휴수당 계산방법은 시급 8,000원, 주 3일 하루 5시간씩 일하는 경우에는 「$\frac{15시간}{40시간}$ × 8시간 × 8,000원 = 24,000원」 주휴수당이 발생한다.

[주휴수당 포함한 산정 예시]

유 형	주휴일 시간	2017년 최저임금 기준 월급
주40시간 근로자	8시간	1,352,230원
주20시간 근로자	4시간	676,115원
주10시간 근로자	주휴일 없음	280,798원

[연도별 최저임금]

적용년도	시간급	일급(8시간)	월 급 (월 209시간 기준)	인상률
2018년	7,530원	60,240원	1,573,770원	16.4%
2017년	6,470원	51,760원	1,352,230원	7.3%
2016년	6,030원	48,240원	1,260,270원	8.1%
2015년	5,580원	44,640원	1,166,220원	7.1%

40 연 600%의 상여금을 매월 50%씩 분할 지급한 경우 최저임금에 산입될까요?

상여금이 '연 단위로 산정'되면 매월 분할 지급되더라도 최저임금에 산입되지 않는다.

A 상여금을 분할하여 지급 시 최저임금에 산입되는지 여부는 상여금의 최저임금 산입 기준을 산정기간으로 볼 것인지, 지급주기로 볼 것인지에 따라 달라진다. 상여금을 연간 단위로 정하는 등 1월을 초과하는 기간에 걸친 사유에 의해 산정하는 상여금은 비록 매월 분할해 지급된다 하더라도 최저임금 적용을 위한 임금에 포함되지 않는다(근로개선정책과-2901, 2012. 6. 4.). 단체협약에 근거하여 1년을 단위로 산정되어 근로자 모두에게 매월 정기적·일률적으로 지급되는 상여금은「최저임금법」제6조에 따른 최저임금에 산입하지 아니하는 임금이다(법제처 15-0501, 2015. 9. 30.).

즉, 상여금의 최저임금 산입 기준을 지급주기가 아닌 '산정단위'로 삼고 있다. 예컨대, 상여금 연 600%로 정하고 1/12로 매월 급여일에 지급하는 경우, 산정단위는 이미 '연 단위'로 정해진 바 1개월을 초과하는 기간에 걸친 해당 사유에 따라 산정된 것으로서 최저임금에 산입되지 않는다.

'연 단위로 산정되는 상여금'은 그것이 비록 매월 정기적으로 지급되더라도 당초 상여금의 기본적인 속성을 그대로 갖고 있어 최저임금에 산입될 수 없게 된다. 즉, 고용노동부는 상여금의 최저임금 산입 기준에 대한 고용노동부 입장은 최저임금시행규칙 [별표1] 최저임금에 산입하지 아니하는 임금 범위 중 1개월을 초과하는 기간에 걸친 해당 사유에 따라 산정하는 장려가급·능률수당 또는 상여금을 강조해서 산정단위를 중심으로 판단한다. 따라서 상여금 지급액이 연간 단위로 산정되고, 1 임금 산정기간을 넘어 지급되는 속성을 갖고 있으면 비록 매월 분할 지급되더라도 최저임금에 산입되지 않는다.

사견으로는 "월 50%의 상여금을 지급하기로 정한 경우"에는 최저임금에 산입되는 반면, "연 600%의 상여금을 매월 균분 지급하기로 정한 경우"에는 최저임금에 산입되지 않는다는 행정해석은 본질적으로 같은 것을 다르게 판단하고 있어 입장변경이 필요한 부분이라고 사료된다.

행정해석	최저임금에 산입되는 상여금범위

최저임금의 적용을 위한 임금에 산입되는지 여부는 수당의 명칭과 임금의 재원(운송수입금, 정부지원금 등)으로 판단할 것이 아니라 단체협약 등으로 정하여 매월 1회 이상 임금으로 지급하는 지에 따라 판단한다. '상여금'에 대하여는 임금협정서에 지급조건과 지급률을 정하여 매월 지급하고 있으므로 비록 그 조건을 충족하지 못하여 지급 받지 못한 일부 근로자가 있다 하더라도 동 임금은 최저임금 산입범위에 포함된다(근로기준과-4253, 2009. 10. 26.).

*〈임금협정서상 상여금 규정 : 1년 이상 계속근로자에 한하여 지급하며, 월 근로일수 25, 26일 이상 근로자는 기본급의 연 400%, 24일 이상은 연 350%, 23일 이상은 연 300%를 12회 분할하여 지급함〉

[최저임금에 산입하지 아니하는 임금의 범위]

구 분	임금의 범위
매월 1회 이상 정기적으로 지급하는 임금 외의 임금	1. 1개월을 초과하는 기간의 출근성적에 따라 지급하는 정근수당 2. 1개월을 초과하는 일정기간의 계속근무에 대하여 지급하는 근속수당 3. 1개월을 초과하는 기간에 걸친 해당 사유에 따라 산정하는 장려가급 · 능률수당 또는 상여금 4. 그 밖에 결혼수당 · 월동수당 · 김장수당 또는 체력단련비 등 임시 또는 돌발적인 사유에 따라 지급하는 임금 · 수당이나, 지급조건이 사전에 정해진 경우라도 그 사유의 발생일이 확정되지 않거나 불규칙적인 임금 · 수당
소정의 근로시간 또는 소정의 근로일에 대하여 지급하는 임금 외의 임금	1. 연차휴가 근로수당, 유급휴가 근로수당, 유급휴일 근로수당 2. 연장시간근로 · 휴일근로에 대한 임금 및 가산임금 3. 야간근로에 대한 가산임금 4. 일직 · 숙직수당 5. 그 밖에 명칭에 관계없이 소정근로에 대하여 지급하는 임금이라고 인정할 수 없는 것
그 밖에 최저임금액에 산입하는 것이 적당하지 않은 임금	가족수당 · 급식수당 · 주택수당 · 통근수당 등 근로자의 생활을 보조하는 수당 또는 식사, 기숙사 · 주택 제공, 통근차 운행 등 현물이나 이와 유사한 형태로 지급되는 급여 등 근로자의 복리후생을 위한 성질의 것

[최저임금에 산입하는 임금의 범위]

구 분	임금의 범위
공통 요건	1. 단체협약 · 취업규칙 또는 근로계약에 임금항목으로서 지급근거가 명시되어 있거나 관례에 따라 지급하는 임금 또는 수당 2. 미리 정해진 지급조건과 지급률에 따라 소정근로(도급제의 경우에는 총근로를 말한다)에 대하여 매월 1회 이상 정기적 · 일률적으로 지급하는 임금 또는 수당
개별적인 임금 · 수당의 판단기준	위의 공통요건에 해당하는 것으로 별표 1에 따른 임금 · 수당 외에 다음 각 호의 어느 하나에 해당하는 임금 또는 수당 1. 직무수당 · 직책수당 등 미리 정해진 지급조건에 따라 담당하는 업무와 직책의 경중에 따라 지급하는 수당 2. 물가수당 · 조정수당 등 물가변동이나 직급 간의 임금격차 등을 조정하기 위하여 지급하는 수당 3. 기술수당 · 면허수당 · 특수작업수당 · 위험작업수당 등 기술이나 자격증 · 면허증 소지나 특수작업종사 등에 따라 지급하는 수당 4. 벽지수당 · 한냉지근무수당 등 특수지역에서 근무하는 사람에게 일률적으로 지급하는 수당 5. 승무수당 · 항공수당 · 항해수당 등 버스, 택시, 화물자동차, 선박, 항공기 등에 승무하여 운행 · 조정 · 항해 · 항공 등의 업무에 종사하는 사람에게 매월 일정한 금액을 지급하는 수당 6. 생산장려수당 등 생산기술과 능률을 향상시킬 목적으로 매월 일정한 금액을 지급하는 수당 7. 그 밖에 제1호부터 제6호까지의 규정에 준하는 것으로서 공통요건에 해당하는 것이 명백하다고 인정되는 임금 또는 수당

41 무단결근하면 어떤 불이익이 있나요?

무노동 무임금 원칙에 따라 임금을 받을 수 없고, 주휴수당, 연차유급휴가, 퇴직금 등에 대한 불이익이 있다.

A 근로계약의 체결로 근로자는 사용자에게 근로제공의무를 지고, 사용자는 근로자에게 단체협약, 취업규칙, 근로계약서 상의 의무, 특히 임금지급의무를 진다. 그런데 무단결근자는 근로계약의 핵심인 근로제공의무를 이행하지 않았으므로 임금을 지급받지 못하고, 징계사유가 될 수 있다. 무단결근에 대한 징계해고의 정당성을 인정한 판례를 보면 1주일간 무단결근으로 3회 이상 주의를 받고도 시정하지 않거나, 월간 누계 7일의 무단결근 등이 있다.

법원은 연속 3일 무단결근한 것을 해고사유로 규정한 단체협약은 법에 저촉되지 않는다고 본 사례(대법원 1991. 3. 27. 선고 90다15631 판결)와 연속되지 않더라도 5일 이상 무단결근을 징계해고사유로 규정한 경우도 정당하다고 한 사례(대법원 2002. 12. 27. 선고 2002두9063 판결)가 있으나, 구체적 사정에 대한 고려 없이 취업규칙 상 '3일 무단 결근시 당연퇴직' 식의 규정에 따른 해고는 부당해고의 소지가 있다. 따라서 회사의 실무담당자는 출근을 독촉하면서 내용증명으로 출근명령서를 보내고, 근로의사가 존부에 대해 묻는 문자나 통화 내역을 보관할 필요성이 있다.

〈근로자 무단 결근 시〉

① 연차유급휴가는 1년 미만 근로한 근로자는 개근한 달에만 익월에 연차유급휴가가 발생하고, 1년 이상 근로한 근로자는 무단결근 일수를 포함하여 80%이상 출근했다면 근속연수에 따른 연차를 지급하고 80% 미만인 경우에는 개근한 개월 수에 따라 연차유급휴가를 지급하면 된다(근기법 제60조).

② 주휴일은 1주 소정근로일을 개근하지 못했으므로 '무급' 주휴일이 된다(근기법 시행령 제30조).

③ 무단결근 중 법정휴일이 있는 경우에는 근로제공의무가 없는 법정휴일(주휴일, 근로자의 날), 약정휴일은 원칙적으로 결근으로 처리할 수 없으나, 단체협약이나 취업규칙에 따라 출근의무가 명시되어 있는 날이라면 결근으로 처리할 수 있다(근기 68207-218, 2003. 2. 24.).

④ 퇴직금은 1년 이상 근무한 통상적인 경우에는 퇴직금이 발생하나 평균임금 산정기간에 무단결근기간도 포함되어 퇴직금이 감액된다. 다만, 평균임금 계산 결과 통상임금보다 적다면 통상임금을 기준으로 퇴직금을 지급하여야 한다(근기법 제2조 제2항).

42 휴일에 체육대회를 하는 경우 무급인가요?

체육대회 등이 사용자의 지휘·감독 하에 이루어진 행사라면 실질적으로 사용자의 지배관리 하에 있으므로 근로시간으로 보아 임금지급의무가 발생할 수 있다.

A 휴일에 야유회 또는 체육대회를 실시하는 경우, 근로자들의 참여를 근로제공으로 볼 수 있는지 여부가 문제된다. 따라서 임금지급의무와 관련 판단기준은 ① 근로자의 참석이 회사의 경영 또는 인사방침에 의거하여 의무화되어 있는지 여부와 ② 불참에 따른 제재(무급처리, 징계조치)가 있는지 여부에 따라 판단해야 한다.

회사의 경영방침에 의거 유급휴일에 야유회, 체육대회에 참가가 강제된 경우에는 그 참가시간은 근로시간으로 보아 휴일에 당연히 지급되는 임금(100%)과 유급휴일의 근로(야유회, 체육대회)에 대한 소정의 통상임금(100%)을 지급해야 할 것이다. 여기서 야유회, 체육대회의 행사가 근로자의 참석에 대한 강제가 되어 자유만 제한되어 있을 뿐 사실상 근로제공은 아니므로 휴일근로에 대한 임금은 지급하되 가산수당은 지급하지 않는다. 반면, 회사에서 실시하는 야유회, 체육대회에 참가가 강제된 것이 아니라 근로자의 자유의사에 맡겨진 경우에는 해당 참가시간은 근로시간이 아니므로 휴일근로임금 및 가산수당을 모두 지급하지 않아도 된다.

참고로 휴일은 크게 법령에서 정한 법정휴일(근기법상 주휴일과 근로자의날제정에관한법률상 근로자의 날)과 노사 간에 단체협약 또는 취업규칙 등으로 정한 약정휴일로 나뉜다. 관공서의공휴일에관한규정에서 정한 국가가 정한 임시공휴일(대통령, 국회의원 선거일 등) 및 설날·추석·대체공휴일은 관공서가 쉬는 날이므로, 일반 사업장에서 약정휴일로 지정하려면 단체협약이나 취업규칙 등에 별도 규정이 필요하고 유급 또는 무급 여부도 정할 수 있다.

행정해석	체육대회 행사 참여가 강제된 것인지 여부에 따라 판단한다는 사례

일반적으로 사용자가 근로자의 야유회, 체육대회 등의 행사를 행하는 경우 그 야유회, 체육대회 등의 참가자가 근로자의 의무로써 강제된 경우에는 그 참가시간은 근로시간으로 보아야 할 것이고, 반대로 이러한 야유회, 체육대회 등을 사용자가 복리후생적인 의미에서 행하고 근로자가 이에 참가하는 여부가 그의 자유에 맡겨진 때에는 근로자가 임의로 이에 참가하더라도 그 시간은 근로시간이 아니라고 보아야 할 것임(근기 01254-554, 1989. 1. 10.).

판 례	회사 노조전임자가 상급단체노조의 체육대회에 참가하였다가 축구경기 중 부상한 사건은 업무상재해로 보기 어렵다는 사례

이 사건 체육대회 참가는 소외 노조가 그 상급단체노조와의 원활한 관계를 유지하고, 상급단체노조 산하 단위노조의 대표자들과 정보를 공유할 목적으로 이루어진 것으로서 소외 노조의 노동조합활동의 일부로 이해될 수 있는 측면도 있기는 하나, 위 행사가 소외 노조의 개별 사업장에서의 노동조합활동에 대한 지원이나 조정 등에 관한 것도 아니고, 달리 소외 노조의 소외 회사 사업장에서의 노동조합 활동과 어떠한 관련이 있다고 볼 만한 아무런 증거가 없으므로, 이 사건 체육대회에 참가한 것이 그 업무의 성질상 객관적으로 사용자인 소외 회사의 노무관리업무와 직접적이고 구체적이며 밀접한 관련성이 있다고 보기는 어렵다 할 것이다(대법원 2005. 7. 14. 선고 2005두5246 판결).

Q 43 근로자가 예비군 훈련 시 사용자의 임금지급의무가 있나요?

근로자가 근로시간에 예비군 훈련으로 근로하지 못한 경우 사용자는 그에 상응한 시간은 유급으로 처리해야 한다.

A 공민권행사에 대해 유급(유급으로 본 행정해석 임금근로시간정책팀-1198, 2006. 5. 29, 근로개선정책과-2571, 2012. 5. 9.)으로 하는 별도의 합의 또는 법령이 없는 한 사용자는 임금지급의무가 없다. 다만, 공직선거법상 투표시간과 근로시간이 완전히 겹치는 경우에는 투표에 필요한 해당시간은 유급처리 해야 한다. 또한 예비군 훈련은 예비군법에 따라 유급으로 처리해야 한다. 다만 임금지급액은 예비군 훈련시간이 아니라 근무하지 못한 '소정근로시간'을 기준으로 지급하면 족하다.

그러므로 근로시간을 초과하는 예비군 훈련은 연장근로에 해당되지 않으며 수당지급의무도 없다. 예비군법 제10조는 동원이나 훈련의 기간을 당연히 근로한 것으로 인정할 것을 의무화한 것은 아니며, 동원이나 훈련을 위해 근로하지 못한 사업장의 소정근로시간을 휴무로 하는 것을 금하고 있다고 할 것이므로 단체협약이나 취업규칙에 별도의 정함이 없다면 예비군 훈련기간이 소정근로시간을 초과할지라도 소정근로시간 범위 내에서 이를 근무시간으로 인정할 수 있을 것이다(근기 01254-14527, 1990. 10. 18.). 따라서 예비군 훈련이 하루 소정근로시간을 초과 시, 주말에 예비군 훈련 시, 22시 이후 야간에 예비군 훈련 시에도 각종 추가수당 발생하지 않는다.

[참조 법령]

• 근로기준법 제10조 (공민권 행사의 보장)
사용자는 근로자가 근로시간 중에 선거권, 그 밖의 공민권 행사 또는 공(公)의 직무를 집행하기 위하여 필요한 시간을 청구하면 거부하지 못한다. 다만, 그 권리 행사나 공(公)의 직무를 수행하는 데에 지장이 없으면 청구한 시간을 변경할 수 있다.

• 예비군법 제10조 (직장 보장)
다른 사람을 사용하는 자는 그가 고용한 사람이 예비군대원으로 동원되거나 훈련을 받을 때에는 그 기간을 휴무로 처리하거나 그 동원이나 훈련을 이유로 불리한 처우를 하여서는 아니 된다.

• 공직선거법 제6조 (선거권행사의 보장)
③ 공무원·학생 또는 다른 사람에게 고용된 자가 선거인명부를 열람하거나 투표하기 위하여 필요한 시간은 보장되어야 하며, 이를 휴무 또는 휴업으로 보지 아니한다.

• 공직선거법 제6조의2 (다른 자에게 고용된 사람의 투표시간 보장)
① 다른 자에게 고용된 사람이 사전투표기간 및 선거일에 모두 근무를 하는 경우에는 투표하기 위하여 필요한 시간을 고용주에게 청구할 수 있다.
② 고용주는 제1항에 따른 청구가 있으면 고용된 사람이 투표하기 위하여 필요한 시간을 보장하여 주어야 한다.
③ 고용주는 고용된 사람이 투표하기 위하여 필요한 시간을 청구할 수 있다는 사실을 선거일 전 7일부터 선거일 전 3일까지 인터넷 홈페이지, 사보, 사내게시판 등을 통하여 알려야 한다.
※ 제2항 위반에 대한 과태료가 있으나, 제3항 위반에 대한 과태료 규정은 없음.

Q 44 회사가 어렵다며 임금삭감동의서에 서명하라는데 어떻게 하죠?

근로자가 원치 않는다면 동의할 필요가 없다. 또한 임금삭감과 임금반납은 퇴직금 산정에 기초가 되는 평균임금의 계산 등에서 차이가 있으니 유의할 필요가 있다.

A 최근 경기침체에 따라 경영악화에 직면한 기업에서 노사합의로 근로자의 임금을 반납하거나 삭감하면서 회사의 갱생을 돕고 일자리를 나누어 고용을 유지하고자 하는 사례가 있다. 그러나 임금의 반납·삭감 등은 향후 평균임금 산정 포함여부, 퇴직금 보전문제 등을 둘러싼 법률분쟁을 야기할 소지가 있다. 노동관계법 상 임금은 근로계약, 취업규칙, 단체협약 등을 통해 근로자와 사용자가 자유의사에 따라 결정하는 것으로 당사자 간 적법 절차에 따라 임금을 조정하는 것은 가능하다.

임금의 반납은 적법하게 발생한 임금청구권의 포기로써 적법 절차에 의한 임금 반납은 가능하다. 다만, 최종 퇴직 시 발생하는 퇴직금청구권을 사전에 포기하는 약정은 근로기준법 위반으로 무효이다. 실무담당자는 임금의 반납, 삭감, 절감 등에 대한 정확하게 사용하여 혼선을 야기할 가능성을 최소화하여야 한다. 특히 막연히 "경영이 정상화될 때까지 반납한다"는 등의 모호한 표기는 지양하고, 노사협의나 합의과정에서 반납·삭감의 수준 및 기간, 퇴직금 산정방법 등에 관하여 구체적으로 규정 해야 한다. 또한 임금삭감 시 노사가 합의할 경우 삭감 이전의 임금을 기준으로 퇴직금 등의 기초가 되는 평균임금이 산정됨을 명확히 해야 한다.

취업규칙의 변경에 의하여 기존의 근로조건이나 근로자의 권리를 소급하여 불이익하게 변경하는 것도 가능하다. 다만, 이미 구체적으로 그 지급청구권이 발생한 임금(상여금 포함)이나 퇴직금은 근로자의 사적 재산 영역으로 옮겨져 근로자의 처분에 맡겨진 것이기 때문에 노동조합이 근로자들로부터 개별적인 동의나 수권을 받지 않은 이상, 사용자와 사이의 단체협약만으로 이에 대한 포기나 지급유예와 같은 처분행위를 할 수는 없고, 이는 사용자가 취업규칙을 불이익하게 변경하는 것에 대하여 노동조합이 동의를 하는 경우에도 마찬가지이다(서울중앙지법 2016. 6. 3. 선고 2013가합88237 판결).

[임금 반납, 삭감, 동결 비교]

구 분	임금반납	임금삭감	임금동결
정 의	기왕의 근로에 대하여 지급된 임금에 대한 청구권 포기	장래 일정시점 이후부터 현재와 동일한 내용의 근로제공에 대해 종전보다 임금을 낮추어 지급하는 것	현재 임금수준으로 장래에도 지급
적법한 절차	개별 근로자 동의	집단적 의사결정 (단체협약 갱신, 취업규칙 불이익 변경으로 가능)	
비 고	반납 임금은 평균임금에 포함	삭감임금은 평균임금 제외 다만, 약정의거 포함 가능	불이익 변경 또는 불이익 변경에 해당하지 않음

[임금 반납, 삭감, 동결의 의미]

(근로기준과-797, 2009. 3. 26. 행정해석 참조)

① 임금의 '반납'이란, 기왕의 근로에 대하여 발생된 임금에 대한 청구권을 포기하기로 약정하고 회사에 반납하는 것이다. 임금 전액에 대한 처분권은 근로자 개인에게 있으므로 그 반납 결정은 개별근로자와 사용자 간의 명시적인 계약에 의해야 한다. 따라서 근로자 대표 등 집단적 의사결정방식으로는 임금 반납이 불가하고, 개별 근로자들로부터 동의서를 받아야 된다. 임금 반납분은 근로자의 소득으로 귀속되었다가 자진 반납한 것으로서 법률상 채권포기에 해당한다. 채권포기의 의사표시에 의해 채권이 소멸되며, 의사표시에 하자가 없는 한 다시 채권을 청구할 수 없다(민법 제506조). 결국 임금채권의 일부를 포기하면 단독행위(채권포기)로서 다시 돌려줄 필요가 없다(서울지방법원 2003. 4. 16. 선고 2002나20291 판결). 임금반환액에 대한 반환청구권은 없다 하더라도 반납한 임금은 기왕의 근로에 대한 임금채권이므로 퇴직급여 산정 시 평균임금에 포함시켜야 한다.

② 임금의 '삭감'이란, 장래 일정시점 이후부터 현재와 동일한 내용의 근로제공에 대해 종전보다 임금을 낮추어 지급하는 것으로 노사가 자율적으로 결정할 사항이다. 임금의 삭감은 집단적 의사결정 방식에 의해 단체협약이나 취업규칙 변경절차에 따라 결정이 가능하며, 반드시 개별 근로자들로부터 동의를 받아야 하는 것은 아니다. 다만 최저임금 수준 이하로 삭감할 수 없고, 근기법에서 정하고 있는 법정수당에 대해서는 법정기준 미만으로 삭감할 수 없다. 삭감액은 근로자의 임금채권으로 볼 수 없어 평균임금을 산정하는 임금총액에 포함되지 않는다. 다만, 퇴직금 또는 퇴직연금을 계산함에 있어 삭감 전의 임금으로 평균임금을 산정하기로 당사자 간 약정하면 삭감 전의 임금액으로 평균임금을 산정하여 계산하고 지급할 수 있다. 교대제 변경(3조 3교대→4조 3교대)으로 실근로시간이 줄어 기존의 연장근로수당이 감소하는 경우 이를 불이익한 변경이라 할 수 없으나, 소정근로시간이 단축되어 임금이 감소한다면 불이익변경절차를 거쳐야 한다(근기 68207 - 1732, 1994. 11. 4.). 소정근로시간 이내에서 근로시간을 줄이는 경우 또는 시설 리모델링으로 한 달을 무급으로 쉬라고 하는 경우, 휴업에 해당되어 휴업수당을 지급해야 한다. 부분휴업에 대하여도 평균임금 70%에 못 미치는 휴업수당을 지급하려면 노동위원회의 승인을 받아야 한다(근로기준과-387, 2009. 2. 13. 「휴업수당제도 해석기준」 참고).

③ 임금의 '동결'이란, 현재의 임금수준을 장래에도 계속하여 지급하는 것으로 노사가 자율적으로 결정할 사항이다. 임금의 동결은 집단적 의사결정 방식에 의해 단체협약이나 취업규칙 변경절차에 따라 결정이 가능하며, 반드시 개별 근로자들로부터 동의를 받아야 하는 것은 아니다. 원칙적으로 단체협약이 적용되는 경우 단체협약 갱신만으로 가능하며, 단체협약이 없거나 단체협약 비적용자에게는 취업규칙의 불이익 변경 절차(다만, 취업규칙에 정하고 있는 경우에 한함)를 거치면 된다.

Q 45 일신상 휴직에 이어서 바로 퇴직한 근로자는 퇴직금을 어떻게 산정해야 할까요?

2016년 3월부터 일신상의 사유로 계속 휴직한 자가 2017년 3월 퇴직한 경우 ① 휴직기간도 퇴직금 산정을 위한 근속기간에 산입되고, ② 퇴직금 산정을 위한 평균임금에 산입되는 연차유급휴가미사용수당은 2015년도 출근율에 의하여 2016년도 발생한 연차휴가미사용수당의 3/12을 퇴직금 산정을 위한 평균임금에 산입한다.

A 퇴직금 산정을 위한 계속근로기간이라 함은 동일한 사용자와 계속해서 사용종속관계를 유지하면서 근로를 제공하는 것을 말하며 사업주의 승인 하에 이루어진 일시 휴직상태도 포함된다(임금복지과-588, 2010. 2. 3.).

평균임금에 산입되는 연차유급휴가미사용수당의 범위에 관하여, 행정해석은 근로자가 2017년 3월 퇴사시 2015년도 출근율에 의하여 '2016년도 발생한 연차휴가를 미사용하고 근로한 수당'은 3/12를 퇴직금 산정을 위한 평균임금에 '산입'하는 반면, 2016년도 출근율에 의하여 '2017년도 발생한 연차휴가미사용수당'은 퇴직함으로서 지급사유가 발생한 것으로 평균임금 산정사유 발생일 이전에 근로자에게 지급된 임금이 아니므로 평균임금에 '불산입'한다. 반면, 판례는 근로기준법상의 평균임금 정의에 충실하게 보아, 퇴직일 전 3개월간의 기간 중 일부가 출근율 산정기간인 퇴직 전년도 이내에 포함되어, 퇴직 전년도의 근로의 대가로 포함되는 경우에는 그에 해당하는 수당 금액만이 평균임금에 포함되며, 그렇지 않은 경우에는 전부 제외 된다고 보아 행정해석과 상반된 입장이다.

행정해석	연차유급휴가미사용수당 지급시기 및 지급범위

1. 퇴직하기 전 이미 발생한 연차유급휴가미사용수당 : 퇴직 전전년도 출근율에 의하여 퇴직 전년도에 발생한 연차유급휴가 중 미사용하고 근로한 일수에 대한 연차유급휴가미사용수당액의 3/12을「퇴직금 산정을 위한 평균임금 산정 기준임금」에 포함.
2. 퇴직으로 인해 비로소 지급사유가 발생한 연차유급휴가미사용수당 : 퇴직전년도 출근율에 의하여 퇴직년도에 발생한 연차유급휴가를 미사용하고 퇴직함으로써 비로소 지급사유가 발생한 연차유급휴가미사용수당은 평균임금의 정의 상 산정사유 발생일 이전에 그 근로자에 대하여 지급된 임금이 아니므로 「퇴직금 산정을 위한 평균임금 산정 기준임금」에 포함되지 아니함(임금근로시간정책팀-3295, 2007. 11. 25.).

판 례	평균임금 산정의 기준이 되는 임금 총액에 산입되는 연차휴가수당의 범위

퇴직금 산정의 기준이 되는 평균임금은 퇴직하는 근로자에 대하여 퇴직한 날 이전 3개월간에 그 근로의 대상으로 지급된 임금의 총액을 그 기간의 총일수로 나눈 금액을 말하고, 퇴직하는 해의 전 해에 개근하거나 8할 이상 출근함으로써 구 근로기준법 제59조에 의하여 연차유급휴가를 받을 수 있었는데도 이를 사용하지 아니하여 그 기간에 대한 연차휴가수당 청구권이 발생하였다고 하더라도 그 연차휴가수당은 퇴직하는 해의 전해 1년간의 근로에 대한 대가이지 퇴직하는 그 해의 근로에 대한 대가가 아니므로, 연차휴가권의 기초가 된 개근 또는 9할 이상 근로한 1년간의 일부가 퇴직한 날 이전 3개월간 내에 포함되는 경우에 그 포함된 부분에 해당하는 연차휴가수당만이 평균임금 산정의 기준이 되는 임금 총액에 산입된다(대법원 2011. 10. 13. 선고 2009다86246 판결).

46

직원이 재직 중 업무상 금전적 손해 및 손실로 회사에 손해를 끼친 경우 회사는 발생된 손해금액에 대해 해당 근로자의 임금 및 퇴직금 등과 상계하여 공제할 수 있는지?

임금이나 퇴직금에서 손해액을 공제하는 것은 원칙적으로 불가하나, 근로자의 동의가 있는 경우에는 공제할 수 있다.

A

임금은 통화로 직접 근로자에게 그 전액을 매월 1회 이상 일정한 날짜를 정하여 지급해야 한다(근기법 제43조). 이른바 임금 직접·전액지급의 원칙을 선언한 취지는 사용자가 일방적으로 임금을 공제하는 것을 금지하여 근로자에게 임금 전액을 확실하게 지급받게 함으로써 근로자의 경제생활을 위협하는 일이 없도록 보호하려는데 있다(대법원 2001. 10. 23. 선고 2001다25184 판결).

따라서 근로자의 임금은 압류금지채권에 해당되어 일방적 상계로 소멸시키지 못하지만(민법 제497조), 근로자의 자유로운 의사에 따른 동의를 받아 상계계약으로 임금 전액에 대하여 상계가 가능하다. 따라서 회사는 해당 근로자로부터 손해배상채권과 임금상계 동의서를 작성하여 서명날인을 받은 후 근로자의 임금(급여, 퇴직금 등)에서 가능한 손해배상액을 공제할 수 있다. 다만, 기 발생한 임금 및 퇴직금에 대해서만 근로자가 공제를 동의할 수 있다는 것을 유의해야 한다.

민법상 '기한의 이익 상실' 제도를 활용할 경우가 있는데, 회사의 대여금과 직원의 임금을 상계하려면 대여금의 상환기일이 도래하여야 함이 원칙이지만, 직원의 퇴직이나 채권압류결정을 '기한의 이익 상실 사유'로 사전에 약정하면 상환기일 전이라도 상계가 가능하다. 따라서 채권압류결정을 '기한의 이익 상실 사유'로 사전에 약정하였다면 제3자가 직원의 퇴직금 등에 채권압류를 하더라도 회사는 상계계약을 이유로 제3자(압류채권자)에 대해 우선변제권 행사가 가능하며, 직원의 임금·퇴직금에서 대여금을 우선 회수하고 나머지 금액에 대하여만 압류하면 된다.

판 례	근로자의 동의가 있어야 대여금 채권과 임금을 상계할 수 있다는 사례

채권가압류결정을 받은 제3채무자는 그 후에 취득한 채권에 의한 상계로 그 가압류채권자에게 대항하지 못하지만 수동채권이 가압류될 당시 자동채권과 수동채권이 상계적상에 있거나 자동채권의 변제기가 수동채권의 그것과 동시에 또는 그보다 먼저 도래하는 경우에는 제3채무자는 자동채권에 의한 상계로 가압류채권자에게 대항할 수 있다 할 것이므로 원고의 신청에 의한 채권가압류결정이 1998. 5. 6. 발령되어 1998. 5. 8. 피고에게 송달됨으로써, '예금 기타 피고에 대한 채권이나 채무자가 제공한 담보재산에 대하여 가압류·압류명령 등이 발송된 때에는 채무자는 피고에 대한 기한의 이익을 상실한다'는 피고의 여신거래기본약관 제7조의 규정에 의하여 피고의 소외 1에 대한 대출금 등 채권(자동채권)은 위 채권가압류결정이 피고에게 송달된 1998. 5. 8. 이전에 이미 이행기가 도래하였고, 채권가압류의 목적물인 소외 1의 피고에 대한 퇴직금 등 채권(수동채권)이 그 이후인 1998. 9. 1. 변제기가 도래한 이상, 제3채무자인 피고는 자동채권인 대출금 등 채권에 의한 상계로 가압류채권자인 원고에게 대항할 수 있다(대법원 2003. 6. 27. 선고 2003다7623 판결).

47 회사로 근로자의 채권자가 압류명령이 왔는데 어떻게 처리해야 하나요?

퇴직연금은 압류가 불가하고, 그 외 임금 등은 민사집행법 규정에 정한 범위 내에서 압류(월 150만 원 이하는 압류불가)할 수 있다.

A 직원(채무자)이 금융기관이나 타인(채권자)으로부터 빚을 지고 있는 상황에서 기한 내 갚지 못할 경우 채권자는 회사를 제3채무자로 하여 직원이 지급받을 임금(급여, 상여금 등)을 압류하고 추심을 하는 경우가 있다. 이 경우 실무담당자는 민사집행법의 관련법 및 법령에 의거 압류금액을 보관하고 있다가 채권자에게 지급해야 한다.

'임금, 퇴직금 등'에 대해서는 월 150만 원 이상의 임금채권은 민사집행법이 정하는 범위에 따라 압류가 가능하나, 특별히 '퇴직연금'에 관해서는 법원은 민사집행법보다 근로자퇴직급여보장법은 일반법과 특별법 관계에 있다면서 퇴직연금의 압류를 전액 금지하고 있다(대법원 2014. 1. 23. 선고 2013다71180 판결).

[참조 법령]

· 민사집행법 제246조(압류금지채권) ① 다음 각호의 채권은 압류하지 못한다.
4. 급료·연금·봉급·상여금·퇴직연금, 그 밖에 이와 비슷한 성질을 가진 급여채권의 2분의 1에 해당하는 금액. 다만, 그 금액이 국민기초생활보장법에 의한 최저생계비를 감안하여 대통령령이 정하는 금액에 미치지 못하는 경우 또는 표준적인 가구의 생계비를 감안하여 대통령령이 정하는 금액을 초과하는 경우에는 각각 당해 대통령령이 정하는 금액으로 한다.
5. 퇴직금 그 밖에 이와 비슷한 성질을 가진 급여채권의 2분의 1에 해당하는 금액. 민사집행법 시행령 제3조(압류금지 최저금액) 법 제246조 제1항 제4호 단서에서 국민기초생활 보장법에 의한 최저생계비를 감안하여 대통령령이 정하는 금액이란 월 150만 원을 말한다.
· 근로자퇴직급여보장법 제7조(수급권의 보호) ① 퇴직연금제도의 급여를 받을 권리는 양도하거나 담보로 제공할 수 없다.

[실수령액에 따른 압류금지 금액과 압류가능 금액 비교]

실수령액	압류금지 금액	압류가능 금액	관련 법규
① 300만 원 미만	150만 원	실수령액 – 150만 원	민사집행법 제246조 제1항 제4호
② 300만 원 이상 600만 원 이하	실수령액의 1/2	실수령액의 1/2	민사집행법 제246조 제1항 제4호 및 시행령 제3조
③ 600만 원 초과	300만 원 + (600만 원 초과금액의 1/4)	300만 원 + (600만 원 초과금액의 3/4)	

【예시 1】 ① 제세금 및 4대보험 공제 후 실 수령액이 220만 원인 경우,
→ 150만 원 압류금지채권 → 70만원 압류가능금액(220만 원–150만 원)
【예시 2】 ② 제세금 및 4대보험 공제 후 실 수령액이 430만 원인 경우
→ 215만 원 압류금지채권(실수령액의 1/2), → 215만 원 압류가능금액(실수령액의 1/2)
【예시 3】 ③ 제세금 및 4대보험 공제 후 실 수령액이 800만 원인 경우,
→ 350만 원이 압류금지채권(300만 원+50만 원[600만 원 초과 금액인 200만 원의 1/4]) → 450만 원이 압류가능금액(300만 원+150만 원[600만 원 초과 금액인 200만 원의 3/4])

Q 48 사직서 내고 나왔는데 계산한 것보다 퇴직금이 적어요. 왜 그런 거죠?

퇴직금은 근로관계 종료 시 평균임금을 산정하여 지급하도록 되어 있어 사직서가 바로 수리되지 않으면 퇴직금이 적어질 수 있으니 주의를 요한다.

A 사직의 효력은 ① 특약이 있으면 특약대로, ② 특약 없으면 회사의 수리 행위 시, ③ 회사의 수리행위가 없다면 민법의 순으로 적용된다.

우선, 기간의 정함이 없는 근로자가 사직(근로계약 해지)의 의사표시를 한 경우 근로관계의 종료시기에 관해 단체협약, 취업규칙 및 근로계약서에 따로 정한 바가 있다면 그 시기에 계약해지의 효력이 발생한다. 다음으로 특약을 두고 있지 않았다면, 회사가 수리해준 시점에 근로계약에 대한 해지의 효과가 발생한다. 다만, 회사가 수리하고 있지 않다고 해서 무작정 사직 시점이 늦춰지는 것은 아니고, 민법이 정한 기간의 제한이 있다. 마지막으로 근로자가 사용자에게 사직서를 제출했음에도 불구하고 사용자가 근로자의 사직의 의사표시를 수리하지 않거나 계약종료시기에 관한 별도의 약정이 없는 경우에는 사용자가 해당 사직의 의사표시를 통고 받은 날로부터 1개월이 지나야 계약해지의 효력이 발생한다. 또한 임금을 정기지급하고 있다면 근로자의 사직의 의사표시를 통고 받은 당기 후의 1임금지급기가 지난 때에 계약해지의 효력이 발생한다(민법 제660조 제2항 및 제3항).

따라서 사직서를 제출한 후 퇴사처리를 확인하지 않는 경우 최대 1개월 동안 무단결근이 되어 무노동 무임금 원칙에 따라 퇴직금 산정에서 불리할 수 있다. 다만, 그러한 경우에도 근기법 제2조 제2항에 따라 통상임금으로 산정한 것보다는 불리하게 지급할 수 없다. 한편, 사직인지 해고인지 여부가 다투어지는 상황에서 근로자의 사직의 의사표시에 대한 존부가 불분명한 경우 '사용자 측'에게 근로관계의 종료원인이 사직이나 합의해지라는 점에 대한 입증책임이 있다(대법원 2016. 2. 3 선고 2015두53237 판결).

[퇴직급여제도의 종류별 특징]

구 분	퇴직금	확정급여형(DB)	확정기여형(DC)
적립방법 및 수급권 보장	사내적립, 불안정	부분 사외적립 (80% 이상) 부분 보장	전액 사외적립, 완전보장
급여형태	일시금	일시금 또는 연금	
적립금 운용주체	-	사용자	근로자
급여수준	연간 30일분의 평균임금 × 근속연수		운용결과에 따라 변동
적합기업 및 근로자	도산위험이 없고 임금상승률이 높은 사업장	임금상승률이 높은 사업장, 관리능력이 있는 기업	연봉제, 체불위험이 있는 기업, 직장 이동 빈번한 근로자

49

제가 임시직 근로자라고 일반직 근로자와 다르게 퇴직금을 지급하는데, 어떻게 하나요?

한 사업장 내에서 일반직과 임시직 근로자의 퇴직금 지급률을 다르게 정하는 것과 월급여에 퇴직금 명목의 금원을 포함시키는 것은 법위반으로 허용되지 않는다.

A DB·DC형 퇴직연금 및 퇴직금은 동등한 가치를 지니는 제도이므로 동일한 사업장에서 DB·DC형 퇴직연금이 병존하는 복수의 제도를 운영할 수 있다. 그러나 하나의 사업 내에 직종, 직위, 업종별로 서로 다른 퇴직금제도를 두어 차별하는 것은 금지되며, 입사일자에 따라 지급률에 차등이 있는 퇴직금제도를 설정하는 것도 금지된다(근로자퇴직급여보장법 제4조 제2항). 특히, 회사의 퇴직금제도가 법정 퇴직금 수준보다 높더라도 하나의 사업 내에 상이한 퇴직금제도를 두는 것은 위법하다. 장소적으로 분리된 사업이라도 동일한 법인이라면 하나의 사업으로 인정된다.

예컨대, 근로자의 입사시기에 따라 퇴직금 지급률을 달리하는 경우, 퇴직금 차등제도의 금지 위반에 해당된다(대법원 2002. 6. 28. 선고 2001다77970 판결). 반면, 퇴직금제도를 불리하게 변경하여 일률적으로 적용하면서, 기존 근로자의 기득이익 보호를 위하여 경과규정을 둔 것은 차등퇴직금제도 금지의 원칙에 위배되지 않는다(대법원 2002. 4. 12. 선고 2002다328 판결).

또한 매월 지급하는 월급 속에 퇴직금 명목으로 일정한 금원을 지급한다는 당사자 사이의 약정을 하더라도, 적법한 퇴직금 중간정산으로 인정되지 않는 이상 근로자의 퇴직금 청구권을 사전에 포기하게 하는 것이므로 퇴직금 지급으로서의 효력은 없다(대법원 2010. 5. 20. 선고 2007다90760 판결). 특히 퇴직금의 중간정산은 근로자퇴직급여보장법(이하 '근퇴법'이라 한다)의 개정으로 주택 구입, 임금피크제 시행 등 근퇴법 시행령 제3조의 예외적인 사유가 아닌 이상 불가하다.

이러한 약정에 의한 이미 지급한 퇴직금 명목의 금원은 근로의 대가로 지급하는 임금에 해당한다고 볼 수 있다. 이렇게 되면 퇴직금은 별도 지급해야 한다. 그러나 사용자와 근로자 사이에 월급에 퇴직금을 포함시키고 퇴직 시 별도의 퇴직금을 지급하지 않는다는 취지의 합의가 존재할 뿐만 아니라, 임금과 구별되는 퇴직금 명목 금원의 액수가 특정되고, 위 퇴직금 명목 금원을 제외한 임금의 액수가 특정되고, 위 퇴직금 명목 금원을 제외한 임금의 액수 등을 고려할 때 퇴직금 분할약정을 포함하는 근로계약의 내용이 종전의 근로계약이나 근기법 등에 비추어 근로자에게 불이익하지 아니하는 등, 사용자와 근로자가 임금과 구별하여 추가로 퇴직금 명목으로 일정한 금원을 실질적으로 지급할 것을 약정한 경우에 한하여 근로자는 수령한 퇴직금 명목의 금원을 부당이득으로 사용자에게 반환하여야 한다(대법원 2010. 5. 27. 선고 2008다9150 판결).

법원은 퇴직금 분할 약정과 관련하여 강행규정을 정한 취지를 고려하여 엄격하게 제한하여 인정하고 있으므로 퇴직금의 후불성에 비추어 원칙대로 퇴직 후에 지급하는 것이 바람직하다.

50 회사가 퇴직금 중간정산을 안 해줘요, 어떡하죠?

퇴직금의 중간정산은 법이 정한 사유에 해당하고, 근로자의 요구와 사용자의 승인이 필요하다. 따라서 중간정산 사유에 해당한다고 하더라도 회사는 중간정산을 하지 않을 수 있다.

A 퇴직급여제도는 근로자의 안정적인 노후생활 유지를 위한 제도이며, 근로자가 퇴직 시 발생되는 후불적 임금에 해당한다. 다만, 퇴직을 하지 않고 재직 중인 상황에서 기왕의 근로에 대해 퇴직금을 정산하여 지급하는 것은 가능하며 이를 퇴직금 중간정산제도라 한다.

그러나 퇴직금 중간정산제도가 근로자의 경제적 필요 또는 사용자의 비용절감 측면에서 무분별하게 시행되어 퇴직급여제도 본연의 목적인 안정적인 노후생활 유지가 어려워지는 문제가 발생하여 이를 보완하기 위해 근퇴법을 개정하여 원칙적으로 퇴직금 중간정산을 금지하고 일부 사유에 해당되는 경우에 한하여 지급할 수 있도록 하였다(2012.7.26. 시행). 그러므로 과거와 같이 단순히 근로자의 요청과 사용자의 승인에 의한 퇴직금 중간정산은 적법한 퇴직금 중간정산에 해당하지 않는다.

따라서 ① 퇴직급여보장법에서 정한 특별한 사유에 해당 되어야 하며, ② 근로자가 퇴직금 중간정산을 요청하고, ③ 사용자가 승인하면 퇴직금 중간정산을 할 수 있다. 즉, 법이 정한 중간정산 사유에 해당한다고 하더라도 사용자가 반드시 중간정산을 해줘야 할 의무는 없다.

[퇴직금 중간정산 및 퇴직연금 수급권 담보제공 사유]

퇴직금제도 중간정산 법적 사유 (근로자퇴직급여보장법 시행령 제3조)	퇴직연금 수급권 담보제공 법적 사유 (근로자퇴직급여보장법 시행령 제2조)
1. 무주택자인 근로자가 본인 명의로 주택을 구입하는 경우 2. 무주택자인 근로자가 주거를 목적으로 전세금 또는 보증금을 부담하는 경우 3. 근로자 본인, 근로자의 배우자, 근로자 또는 그 배우자의 부양가족이 6개월 이상 요양이 필요한 질병이나 부상에 대한 요양 비용을 근로자가 부담하는 경우 4. 5년 이내에 근로자가 파산선고를 받은 경우 5. 5년 이내에 근로자가 개인회생절차개시 결정을 받은 경우 6. 사용자가 기존의 정년을 연장하거나 보장하는 조건으로 단체협약 및 취업규칙 등을 통하여 일정나이, 근속시점 또는 임금액을 기준으로 임금을 줄이는 제도를 시행하는 경우(임금피크제) 6의2. 사용자가 근로자와의 합의에 따라 소정근로시간을 1일 1시간 또는 1주 5시간 이상 변경하여 그 변경된 소정근로시간에 따라 근로자가 3개월 이상 계속 근로하기로 한 경우 7. 그 밖에 천재지변 등	1. 무주택자인 가입자가 본인 명의로 주택을 구입하는 경우 1의2. 무주택자인 근로자가 주거를 목적으로 전세금 또는 보증금을 부담하는 경우 2. 근로자 본인, 근로자의 배우자, 근로자 또는 그 배우자의 부양가족이 6개월 이상 요양이 필요한 질병이나 부상에 대한 요양 비용을 근로자가 부담하는 경우 3. 5년 이내에 근로자가 파산선고를 받은 경우 4. 5년 이내에 근로자가 개인회생절차개시 결정을 받은 경우 4의2. 근로자 본인, 근로자의 배우자, 근로자 또는 그 배우자의 부양가족의 대학등록금, 혼례비 또는 장례비를 가입자가 부담하는 경우 5. 그 밖에 천재지변 등

51 남편이 일하다가 사망했어요, 퇴직금과 유족급여 등을 제가 받나요?

업무상 사망으로 인한 유족급여의 경우에는 사실혼 배우자를 포함하여 수급권자가 되고, 퇴직금의 경우에는 법률상 배우자만 상속인이 된다.

A 통상 1주간의 소정근로시간이 15시간 이상이고, 만 1년 이상 근속한 직원이 퇴직 또는 사망하였을 때는 퇴직금을 지급한다. 사용자는 퇴직한 근로자에게 계속근로기간 1년에 대해 30일분 이상의 평균임금을 퇴직금으로 지급해야 한다(근퇴법 제4조 및 제8조). 사용자가 퇴직급여제도를 설정하거나 설정된 퇴직급여제도를 변경하는 경우에는 근로자 과반수가 가입한 노조(과반수 노조가 없는 경우 근로자 과반수)의 '동의'를 받아야 한다(근퇴법 제4조 제3항). 다만, 변경된 퇴직급여제도의 내용을 변경하려는 경우에는 근로자 대표의 '의견청취'로 족하고, 근로자에게 불리한 변경이라면 근로자대표의 '동의'를 받아야 한다. 직원이 사망 시 퇴직금에 대한 수급권자를 누구로 할 것인지를 퇴직금 지급규정에 정하지 않은 경우에는 이를 상속재산으로 보고 상속재산에 관한 민법규정(제1000조, 제1003조)을 적용하여 지급하게 된다(임금 32240-7947, 1990.6.4). 따라서 민법 제1003조에 의거 배우자는 항상 최선순위의 상속인이 되는데, 여기서 배우자란 법률상 배우자를 말하며 사실혼 관계인 경우는 해당되지 않는다.

법률혼이란 결혼의 실질적 요건과 형식적 요건을 모두 갖추어 법에 의해 인정된 결혼인 반면, 사실혼이란 결혼의 형식적 요건인 혼인신고를 하지 않고 부부공동생활을 하는 것이다. 판례는 "사실혼이란 당사자 사이에 주관적으로 혼인의 의사가 있고, 객관적으로도 사회관념상 가족질서적인 면에서 부부공동생활을 인정할 만한 혼인생활의 실체가 있는 경우라야 한다"라고 판시한 바 있다(대법원 2001.4.13. 선고 2000다52943 판결). 우리 가족법은 법률혼주의 및 중혼금지 원칙을 대전제로 하고 있으며, 사실혼은 예외적으로 인정하고 있다. 산업재해보상보험법 상 유족의 범위에 사실혼인 배우자를 포함하는 것의 취지에 대하여 하급심 판례는 사실상 혼인생활을 하여 혼인의 실체는 갖추고 있으면서도 단지 혼인신고가 없기 때문에 법률상 혼인으로 인정되지 아니하는 경우에 그 사실상 배우자를 보호하려는 것이지, 법률혼 관계와 경합하고 있는 사실상의 동거관계를 보호하려는 것은 아니라고 판단하였다(서울행법 2007.11.1. 선고 2007구합21051 판결). 따라서 법률혼이 파탄되지 않은 경우인 중혼적 사실혼 배우자는 보호되지 않는다.

[참조 법령]

산업재해보상보험법
제80조(다른 보상이나 배상과의 관계) ① 수급권자가 이 법에 따라 보험급여를 받았거나 받을 수 있으면 보험가입자는 동일한 사유에 대하여 「근로기준법」에 따른 재해보상 책임이 면제된다.
② 수급권자가 동일한 사유에 대하여 이 법에 따른 보험급여를 받으면 보험가입자는 그 금액의 한도 안에서 「민법」이나 그 밖의 법령에 따른 손해배상의 책임이 면제된다. 이 경우 장해보상연금 또는 유족보상연금을 받고 있는 자는 장해보상일시금 또는 유족보상일시금을 받은 것으로 본다.

52 2017. 4. 3일까지 근로하고 회사를 관두었는데, 퇴직일은 언제인지요?

근로자의 퇴직은 근로계약의 종료를 의미하는 것으로서 퇴직일은 '근로제공을 마지막으로 한 다음 날'을 의미한다.

A 2017. 4. 3.까지 출근하고 퇴직한 근로자의 퇴직일은 4. 3.일까? 4. 4.일까? 그리고 퇴직금 산정을 위한 계속근로연수 산정 시 4. 3.과 4. 4. 중 어느 날을 계속근로연수 종료일로 보고 산정할 것인지 문제된다. 근로자의 퇴직은 근로계약의 종료를 의미하는 것으로서 퇴직일은 계속근로연수에 포함되지 않는다(근기 1455-35307, 1987. 12. 31.). 사용자가 근로자의 사직서를 즉시 수리하였더라도 '근로를 제공한 날(2017. 4. 3.)은 고용종속관계가 유지되는 기간'으로 보아야 하므로 별도의 특약이 없는 한 그 다음날(4. 4.)을 퇴직일로 본다(근기 68201-3970, 2000. 12. 22.).

따라서 기간제근로자는 기간 종료일(마지막 근무일) 다음날이 퇴직일이 된다. 그러므로 퇴직일은 근로계약의 종료를 의미하는 것으로 퇴직일은 퇴직금 및 연차유급휴가 산정을 위한 계속근로연수에 포함되지 않는다. 근로자가 당일 소정근로를 제공한 후 사용자에게 퇴직의 의사표시를 행하고 사용자가 수리한 근로자의 근로관계 종료일은 근로자가 마지막으로 출근하여 근로를 마지막으로 제공한 날이다. 따라서 이 날을 기준으로 퇴직금 및 연차유급휴가 산정의 종료일자가 되며, 그 다음날은 단지 퇴직일에 해당되어 계속근로연수에 포함되지 않는다.

한편, 정년제도에 따라 근로자가 퇴사하는 경우를 살펴보면 다음과 같다. 우선 '정년'제도란 근로자가 일정한 연령에 이르면 노사 당사자의 의사와 관계없이 근로관계가 종료되는 제도이다. '고용상연령차별금지및고령자고용촉진에관한법률' 개정으로 권고조항으로 되어 있던 정년을 의무조항으로 바꿔 만 60세로 연장하고, 2017년 1월 1일부터 상시 300인 이상인지 여부와 무관하게 모든 사업장에 적용한다. 정년의 시점을 명확히 규정하고 있지 않은 경우에는 만 60세 정년에 '도달일'로 보아야 할 것이다(근기 01254-17838, 1990. 12. 26.).

따라서 가족관계등록부의 기재사항은 이를 번복할 만한 명백한 반증이 없는 한 진실에 부합한다고 추정되므로 '호적상의 생년월일'을 '실제 생년월일'로 적법하게 정정했다면 실제 생년월일을 정년퇴직일로 본다(대법원 2017. 3. 9. 선고 2016다249236 판결).

Ⅲ. 근로시간 및 휴게

청년 부려먹는 사회... "연 220시간 더 일해"

평균 2331시간…월 소득 200만 원 넘으면 2400시간 이상 일해
노조 있는 기업 근로시간 더 길어… "노조 요구도 장시간 근로 원인"

대졸 청년 취업자의 연간 근로시간이 전체 평균보다 218시간 많은 2331시간에 달하는 것으로 나타났다. 주당 평균 근로시간은 44.7시간으로 전체 평균(40.5시간)보다 4.2시간 많다. 경제협력개발기구(OECD) 회원국 가운데 근로시간이 가장 긴 멕시코(2246시간)보다 85시간 많은 것이다.

26일 서울 여의도 전경련회관에서 열린 '2017년 고용패널조사 학술대회'에서 발표된 '대졸 청년층의 근로시간' 보고서에 따르면 2015년 현재 만 29세 이하 대졸 취업자들의 연 평균 근로시간은 2331시간에 달하는 것으로 나타났다.

남성의 연간 근로시간은 2419시간(주당 46.4시간), 여성은 2227시간(주당 42.7시간)에 이었다. 남성과 여성 모두 전체 취업자 평균 2113시간(주당 40.5시간)보다 더 일하는 것으로 나타났다.

OECD의 국가별 자료를 활용해 보면 1위은 멕시코(2246시간), 2위는 코스타리카(2230시간)였고 한국은 3위였다. 4위와 5위는 그리스(2041시간)와 칠레(1988시간)였다.

이 보고서는 오호영 한국직업능력개발원 선임연구위원이 고용정보원이 작성하는 '대졸자 직업이동 경로조사(GOMS)' 9차조사 자료를 활용해 만 29세 이하 대졸 취업자 1만1100명을 분석한 것이다. GOMS 9차 조사에서 전체 대졸자는 1만8100명이었다.

오호영 선임연구위원은 "청년층은 기업의 위계구조에서 최말단에 위치하고 장시간 근로의 부정적 영향을 가장 크게 받는다"며 "청년층의 장시간 근로에 대한 정책적 관심이 필요하다"고 말했다.

재직하고 있는 기업 규모 및 월 급여를 기준으로 분류하면 월 소득 200만원 이상인 청년 취업자는 연 2400시간(주당 46.0시간) 이상 일해야 하는 것으로 나타났다. 소득별로는 월 400만 원 이상이 2592시간, 300만~400만 원 2498시간으로 월 300만 원 이상 받는 청년 취업자의 경우 연 2500시간 가량 일해야 하는 것으로 나타났다. 월 소득 200만~300만 원인 청년 취업자도 연 2400시간 이상 일해야 했다.

고용인원별로 보면 300~999명인 대기업의 정규직(2492시간)과 1000인 이상 대기업 정규직(2466시간)의 근로시간이 가장 길었다. 대기업에 근무하고, 급여가 높을수록 근로시간이 긴 것이다. 오 선임연구위원은 "대기업에서 과도한 장시간 근로 행태가 집중되어 있다는 의미"라며 "대기업을 중심으로 근로 시간을 단축하고 신규 취업을 확대하는 방향으로 정책을 추진해야 한다"고 말했다.

업종별로는 농림어업(2519시간), 건설업(2545시간)의 근로시간이 특히 긴 것으로 나타났다. 서비스업은 연 2289시간, 제조업은 연 2482시간 일했고, 금융보험업(2326시간), 전문과학(2367시간), 공공행정(2404시간) 등은 평균과 비슷하거나 약간 길었다.

다른 조건이 일정하다고 가정할 때 시간외수당, 유급휴가, 유급주휴 등의 제도는 근로시간 단축에 유의한 영향을 끼치지 않고 오히려 근로시간 증가와 상관관계가 높게 나타났다. "휴가사용, 정시퇴근 등 일하는 문화의 변화가 더 중요하다는 의미"라고 오 선임연구위원은 분석했다.

노동조합이 있을 경우 노동시간을 1.6% 증가시키는 것으로 나왔다. "잔업, 특근, 휴일노동 등을 통해 임금소득을 높이고자 하는 노동자의 동기가 노조를 통해 작용한 것"이라고 오 연구위원은 말했다. 장시간 근로가 기업의 이윤동기 뿐만 아니라 근로자의 소득 동기에 의해서 발생하고 있다는 것이다. 노조가 있는 기업의 경우 근로자들이 신규 채용 인원을 줄이고 대신 기존 인원의 근로 시간 연장을 요구하는 방식을 요구한다는 얘기다.

조선일보 조귀동 기자

입력 : 2017.05.28 10:00

원문보기: http://biz.chosun.com/site/data/html_dir/2017/05/26/2017052602334.html#csidx909aa348f5cccc0ac734eba0cadf1c4

53

연장근로를 거부할 수 있는지요? 휴일근로시간은 연장근로 시간에 포함되는지요?

연장근로는 근로자의 동의가 필요하며, 현재 행정해석 상 휴일근로는 연장근로 시간에 포함되지 않으나 법개정이 움직임이 있다.

A 연장근로를 하고자 하는 경우 그때마다 개별근로자와 합의하는 것이 원칙이나, 단체협약·근로계약 등에 구체적인 사유, 일정한 기간을 정하여 연장근로를 하도록 미리 포괄적 동의를 받는 것도 가능하다. 이러한 경우에는 근로자는 정당한 사유가 없이 연장근로를 거부하는 것은 계약위반이므로 징계를 받을 수 있다. 그러나 단순히 관행화된 연장근로를 거부한다고 해서 근로자에게 불이익을 줄 수는 없다.

현재 고용노동부 입장은 휴무일근로는 주 12시간으로 제한된 연장근로에 포함되고, 휴일근로는 연장근로에 포함되지 않는다. 그러나 최근 하급심 판례는 휴일근로를 연장근로에 포함시켜야 한다고 판시한 사례가 있어 연장근로 시간과 휴일근로시간이 총 12시간을 초과하는 사업장의 경우 근로시간 단축에 대비하는 것이 필요할 것이다. 이는 향후 대법원 결정에 따라 휴일근로가 연장근로에 포함될 수 있기 때문에 휴일근로 시 휴일근로수당과 연장근로수당을 중첩적으로 지급할 수 있다.

한편, '휴가'는 '근로 의무가 있는 날에 법률이나 사용자의 승낙에 의하여 근로 의무를 면제 받은 날'을 말한다. '법정휴가'는 법령에 의하여 인정된 휴가로 연차유급휴가, 출산전후휴가, 유·사산 휴가, 배우자 출산 휴가 등을 말하고, '약정휴가'는 경조휴가 등 회사의 내부 규정에 의한 휴가를 말한다.

[휴일근로가 연장근로 시간에 포함된 경우 중복할증 산정 예시]

1. 휴일수당 50%만 가산	① 근로기준법 규정 형식·내용(1주 40시간은 휴일을 제외한 근로일로 전제하면서 중복할증하려면 별도 입법 필요) ② 근기법 시행 이후 지금까지 노동관행 ③ 노사 모두 연장근로 시간에 휴일근로 포함되지 않음을 전제로 단체협약 체결
2. 휴일수당(50%) + 연장수당(50%) 중복할증	① 근기법 상 근로시간은 '실근로시간'을 의미(휴일을 포함한 실제근로를 제공한 모든 시간) ② 1주는 역일상 7일(평일에 주40시간 근무 후 휴일근로로 연속하는 7일)

54 시간외 근로수당은 어떻게 계산하나요?

시간외 근로란 연장근로, 야간근로, 휴일근로의 경우를 말하고, 5인 이상 사업장에서 시간외 근로를 하면 통상임금의 50%를 지급받는다.

A 상시 5인 이상인 사업장이고, 월 통상임금이 209만 원인 주40시간 근로하는 자(이미 해당 주간 40시간을 근무한 경우 상정)가 주휴일인 일요일에 14시부터 24시까지(휴게시간 18~19시) 추가 근무한 경우를 상정해보자.

세부적으로 계산을 살펴보면, 최저임금 산정을 위한 소정근로시간 수의 의미에 대해 고용노동부와 최저임금위원회는 소정근로시간에 유급처리 된 시간, 즉 주휴시간 등을 포함 계산해 통상임금 산정 기준 근로시간 수와 동일하게 보고 있다. 따라서 우선 통상임금을 계산하면 유급주휴시간을 포함하므로 이 근로자의 통상시급은 시간당 1만원이 된다. 일요일 14시부터 24시까지의 근무시간 중 휴게시간 1시간은 근로시간에서 제외되어 실제 근로시간은 9시간이다. 1일 8시간 및 1주 40시간을 초과한 경우이므로 1시간에 대하여 연장근로수당이 가산되고, 주휴일의 근무이므로 근로시간 전부가 휴일근로에 해당한다. 또한 22시부터 24시까지는 야간근로에 해당하므로 2시간에 대해서도 야간근로 수당이 가산된다. 이러한 휴일, 연장, 야간 가산수당은 모두 더해서 지급해야 된다. 주의할 것은 월급제 근로자는 대부분 이미 주휴수당이 월급에 산입되어 있다. 따라서 사안과 같은 경우 월급제 근로자는 15만 원(①+②+③+④)을 추가 지급하면 되나, 만약 계속 근로가 전제된 시급제 근로자라면 별도의 주휴수당 포함하여 23만 원(①+②+③+④+⑤)을 지급하여야 할 것이다.

참고로 휴일근로의 연장근로 포함 여부에 대하여 하급심 판례가 엇갈리고 현재 대법원에 계류 중인데, 이를 인정하면 연장근로 가산수당도 9시간 전체에 대해서 인정될 수 있다.

① 9시간 근로에 대한 임금 : 10,000원 × 9시간 → 90,000원
② 휴일근로 가산수당 : 10,000원 × 9시간 × 50% → 45,000원
③ 연장근로 가산수당 : 10,000원 × 1시간 × 50% → 5,000원
④ 야간근로 가산수당 : 10,000원 × 2시간 × 50% → 10,000원
⑤ 주휴수당 : 10,000원 × 8시간 → 80,000원

[시간외 근로]

종 류	내 용	효 과
연장근로	법정 기준근로시간(1일 8시간 또는 1주 40시간)을 초과하는 근로	시간외 근로를 하면 통상임금의 50%를 가산하여 지급, 사유가 겹치는 경우 각각 가산
야간근로	22시부터 새벽 6시까지의 근로	
휴일근로	휴일에 하는 근로	

55 학업을 병행하고자 주 30시간을 근로하기로 계약하였는데, 막상 일하니 연장근로를 자주 요구하는데 어떻게 해야 하나요?

근로자는 연장근로를 거부할 수 있고, 연장근로에 동의하여 근무할 수도 있다. 특히 사용자는 단시간근로자가 소정근로시간을 초과하여 연장근로한 부분에 대해서는 임금을 지급하여야 한다. 5인 이상 사업장이면 연장근로가산수당도 발생할 수 있다.

A '단시간근로자'란 1주 동안의 소정근로시간이 그 사업장에서 같은 종류의 업무에 종사하는 통상근로자의 1주 동안의 소정근로시간에 비하여 짧은 근로자를 말한다(근로기준법 제2조 제1항 제8호). 통상근로자와 단시간근로자의 중요한 구별 기준은 ① 소정근로시간과 ② 동종업무이다.

① 소정근로시간에 따라 구별 시 사업장에 1주 40시간으로 소정근로시간을 정한 근로자가 사업장에 있는 경우, 그를 통상근로자로 보고 그와 동종 업무에 종사하는 1주 동안의 소정근로시간이 그보다 짧은 근로자를 단시간근로자로 판단한다. 사업장에 1주 40시간으로 소정근로시간을 정한 근로자가 없는 경우, 해당 사업장에서 같은 종류의 업무에 종사하는 근로자 중 1주 동안의 소정근로시간이 가장 긴 근로자를 통상근로자로 보고 그 근로자보다 1주 동안의 소정근로시간이 짧은 근로자를 단시간근로자로 판단한다(단시간근로자초과근로관련지침, 2014. 9.).

② 동종 업무 여부는 당해 업무의 수행방법, 작업의 조건, 업무의 난이도 등을 종합적으로 고려하여 판단해야 하며, 특히 업무의 이질성으로 인해 근로조건이 현저하게 구별되어 규정되는지 여부가 중요하다. 예를 들면, 제조업의 경우 생산직·사무직, 판매업의 경우 관리직·영업직, 운수업의 경우 관리직·운전직, 학교의 경우 교원과 행정직 등으로 동종업무를 구분해 볼 수 있을 것이다(근기 68207-1248, 2002. 3. 26.)

통상근로자와 구별되는 단시간근로자에 해당하면, 약정한 소정근로시간을 초과하여 연장근로하게 하는 경우에는 근로자의 동의가 필요하고 근로자는 연장근로를 거부할 수 있다. 만약, 연장근로에 동의하여 근무한 경우에는 최근 법정근로시간 이내라도 단시간근로자의 소정근로시간의 초과근로에 대해 가산임금(50%)을 지급하도록 기간제법이 개정되어 연장근로한 부분에 대해서는 통상임금을 기준으로 연장근로수당을 지급하여야 한다. 다만, 애초에 해당사업장의 통상 근로자가 주 30시간 사업장이라거나 상시 5인 이하 사업장이라면 가산임금은 제외하고 연장근로시간에 대한 임금만 지급하면 된다.

예를 들어, 통상시급이 1만 원이고, 통상근로자가 주 40시간인 5인 이상 사업장에서 주 30시간 근로로 소정근로자시간을 단시간으로 정한 근로자가 5시간 근무를 더해 주 35시간을 근무한 경우, 총 7만5천 원을 더 지급해야 한다.

① 초과근로한 5시간에 대해 연장근로 임금 : 10,000 × 5 → 5만 원
② 초과근로한 5시간에 대해 연장근로 가산수당 : 10,000 × 5 × 50% → 2만5천 원

Q 56

통상적으로 주 40시간을 근로하는 사업장에서 토요일을 무급휴무일 또는 무급휴일로 정한 바에 따라 임금계산방법 상 달라지는 점은 무엇인지요?

토요일이 '무급휴일'인 경우 근로자가 근로하면 토요일 근무는 휴일근무가 되어 휴일근로수당을 지급해야 하고, '무급휴무일'인 경우에는 연장근로수당을 지급해야 한다.

A 주 40시간 제도를 적용하고 있는 기업에서 토요일을 무급휴무일 또는 무급휴일 중 무엇으로 규정하는가에 따라서 임금계산이 다르다.

임금지급방법은, 우선, ① '무급휴무일'에 근로자가 출근한 경우에는 통상의 근로제공일에 해당되며 주 월요일부터 금요일까지 40시간을 근로한 상태에서 추가적으로 근로제공을 한 것이므로 토요일 출근 시에는 주 40시간을 초과한 '연장근로'가 되며 무급휴무일인 토요일에 대해서는 연장근로수당을 지급해야 한다. 따라서 토요일 근무에 대한 연장근로수당으로 기본임금 100%에 연장근로 50%를 가산한 총 150%의 연장근로수당을 지급해야 한다. 반면, ② '무급휴일'에 출근한 경우에는 '휴일근로'가 되어 휴일근로수당을 지급해야 한다. 예를 들어, 무급휴일인 토요일에 출근하여 8시간을 근무한 경우 기본임금 100%에 휴일근로 50%를 가산한 총 150%의 휴일근로수당을 지급해야 한다. 특히, 무급휴무일의 임금계산방법과 다른 점은 무급휴무일에는 근로시간과 무관하게 전체가 연장근로가 되어 연장근로수당으로 150%의 임금을 지급하면 되지만, 무급휴일인 토요일에 10시간의 근로를 하였다면 8시간에 대해서는 150%의 휴일근로수당을 지급하지만 초과된 2시간에 대해서는 휴일근로수당 150%에 연장근로 50%를 가산하여 총 200% 임금이 지급되어야 한다.

특정주의 토요일(무급휴무일)에 8시간을 근로하였다고 하더라도 주중에 휴일 또는 휴가기간이 있어 당해 1주간의 총 근로시간이 40시간을 초과하지 않은 경우에는, 당해 토요일에 행해진 주 40시간까지의 근로에 대하여는 연장근로수당을 지급하지 않더라도 근로기준법 위반문제는 발생하지 아니한다.

[토요일 근무에 대한 임금산정 예시]

구 분	근로미제공시	근로제공시
1.무급휴무일	0%	임금 100%(단, 무급휴무일에 근로하여 주 40시간을 초과하면 초과분에 대해서는 연장근로가산 됨)
2.무급휴일	0%	임금 100% + 휴일근로가산 50%
3.유급휴일	유급 100%	유급 100% + 임금 100% + 휴일근로가산 50%

57 Q 하루 6시간(주 30시간) 근로로 약정했는데 주 35시간 근무했습니다. 연장가산수당을 받을 수 있나요?

법정근로시간 이내라도 단시간근로자의 소정근로시간의 초과근로에 대해 가산임금(50%)을 지급하도록 기간제법이 개정되어 연장근로한 부분에 대해서는 연장근로수당을 받을 수 있다.

A '소정근로시간'이란 법정근로시간 내에서 근로자와 사용자 사이에 근로하기로 정한 근로시간을 말한다(근기법 제2조 제1항 제7호). 1주 근로시간은 휴게시간을 제외하고 40시간을 초과할 수 없다(근로기준법 제50조 제1항). 사용자는 단시간근로자와 1주 40시간 내에서 소정근로시간을 정할 수 있으며 소정근로시간을 넘어서 근로케 할 경우에도 근로자의 동의가 필요하며, 1주에 12시간을 초과할 수 없다(기간제법 제6조 제1항).

또한 단시간근로자가 소정근로시간을 넘어서는 근로를 한 경우에 대해서는 100분의 50 이상의 가산수당을 지급하도록 신설규정(기간제법 제6조 제3항)을 두어 2014. 9. 19.부터 시행하고 있다. 예를 들어, 소정근로시간이 주 30시간인 단시간근로자가 주 36시간 근무한 경우 초과 근로한 6시간에 대해서 100분의 50 이상을 가산하여 수당을 지급하여야 한다. 주의할 점은 사업장 전체의 통상적인 근로시간이 주 30시간인 사업장인 경우에는 주 36시간을 근로하여도 주 30시간 근로자는 '단시간근로자가 아니므로' 6시간 근로에 대한 임금만 지급할 뿐 가산수당은 지급하지 않아도 된다.

다만, 소정근로시간이 주 40시간인 근로자가 주중에 연차휴가 등을 사용한 경우에는 휴가로 인하여 근로를 제공하지 않은 경우로 휴일 또는 휴가기간은 실근로시간에 포함되지 않는다(대법원 1992. 10. 9. 선고 1991다14406 판결). 따라서 주중 소정근로시간이 주 40시간인 근로자가 주중에 연차유급휴가로 8시간을 쉬고 32시간만을 근로하고 무급휴무일인 토요일에 8시간을 근로한 경우에도 8시간에 대해서는 할증임금을 지급하지 않아도 법위반은 아니나, 평일 8시간 근로에 이어서 추가 근무 시에는 주 40시간은 넘지 않았지만 당일 8시간은 초과하였으므로 초과한 시간에 대한 가산수당을 지급하여야 한다(근기 68207-2990, 2000. 9. 28.).

예를 들어, 소정근로시간이 주 40시간(평일 하루 8시간 근무)인 근로자가 목요일에 연차유급휴가를 사용하고 금요일에 9시간 근무한 경우에 1시간에 대해서 가산하여야 하나, 토요일(무급휴무일)에 1시간 근무한 경우에는 1시간에 대해서는 가산해주어야 할 의무는 없다. 파업의 경우에도 마찬가지인데, 파업으로 인하여 법정근로시간 미달 시 종업시간 이후의 근로시간에 대한 연장근로가산임금을 지급할 의무는 없다(근기 68207 - 2776, 2002. 8. 21.).

58 병원이 오전근무를 한 간호사를 당일 야간에 근무하게 할 수 있는지?

의료업은 근로자대표와 서면합의를 통해 연장근로를 주 12시간 이상을 근로하게 할 수 있다.

A 연장근로는 당사자 간의 합의에 따라 1주 12시간 범위 내에서 실시할 수 있다. 그러나 근기법상 하루 12시간 근무한 경우 최소한 1시간 30분 이상의 휴게시간을 부여해야 한다. 특히 의료업에 대해서는 근로시간특례가 있어 사용자가 근로자대표와 서면합의를 한 경우에는 연장근로 제한시간인 주당 12시간을 초과하여 연장근로하게 하거나 휴게시간을 변경할 수 있다.

현재 근로자가 연장근로 및 휴일근로를 합하여 1주에 최대 68시간을 일할 수 있으나 향후 법 개정 소지가 있다. 또한 현재 대법원에 휴일근로의 연장근로 중복할증에 관한 사건이 계류 중인 바, 중복가산이 인정될 경우 공휴일 또는 일요일 근로 전부에 대해서도 연장가산 발생한다. 전날에 시작하여 익일로 이어지는 연장근로의 경우, 다음날 소정근로시간대까지 계속 이어지는 경우가 아니라면 '전일 근로의 연장'으로 봐야 한다. 따라서 평일에 시작하는 근로가 일요일·공휴일까지 이어지더라도 소정근로 시업시각 이전까지만 근무하면 휴일근로에 대해 가산할 필요가 없으며, 일요일·공휴일에 시작하여 평일까지 이어지는 경우에는 전부를 휴일가산을 해야 한다.

참고로 월급은 임금이 월 단위로 결정되어 월의 근로일수나 근로시간의 많고 적음에 관계없이 일정한 임금이 지급되는 형태이며, 월급제 형태로 지급해온 상황에서 실근로시간이 소정근로시간에 미달하는 경우에 부족시간을 급여에서 공제하는 것은 임금체불 소지가 있다. 야간가산(22시 ~ 익일 06시) 시간대에 집중적으로 휴게시간을 부여하는 경우 가산수당이 발생하는 것을 줄일 수 있으나, 장시간의 휴게시간 설정은 무효가 될 수 있다.

행정해석	장시간 휴게시간의 유효성여부 판단

근로기준법 제44조에서는 휴게시간의 최저기준만을 규정하고 있을 뿐 최장시간에 대한 규제 규정이 없으므로 법정시간 이상 상당히 긴시간(2~4시간)을 휴게시간으로 부여하는 것은 무방하나 휴게제도의 본래 취지에 어긋난 무제한 인정은 부당함. 이러한 장시간의 휴식시간을 근로기준법상 휴게시간으로 보기 위해서는 작업의 성질 또는 사업장의 근로조건 등에 비추어 사회통념상 필요하고도 타당성이 있다고 일반적으로 인정될 수 있는 객관적인 사유가 있어야 할 것이며, 이러한 휴게시간은 단체협약, 취업규칙, 근로계약 등에 의하여 미리 정하여져 있어 사용자가 임의변경하거나 연장할 수 없어야 하고 근로자는 근로의 제공으로부터 완전히 이탈하여 자유로이 이용할 수 있도록 보장되어 있어야 할 것임(근기 01254-1344, 1992. 8. 11.).

59

아파트 경비실 근무자인데 2교대 근무하는데 실제 거의 쉬는 시간 없이 근무하는데 하루 휴게시간을 8시간이나 정해놨는데 임금을 더 받을 수 있나요?

감시 또는 단속적으로 근로하는 근로자라도 실질적인 휴게시간이 보장되지 않은 경우에는 근로시간에 포함되고 최저임금도 전액 보장된다.

A 근기법 제63조는 같은 법 제4장과 제5장에서 정한 근로시간, 휴게와 휴일에 관한 규정이 적용되지 않는 예외를 인정하고 있다. 근기법 제63조 제3호에서 정한 '감시·단속적 근로자'란 업무내용이 감시활동이거나(예 : 경비원, 물품감시원), 업무가 수시로 중단되었다(斷) 이어짐(續)이 반복되어 간헐적으로 발생하는 업무(예 : 주차관리원, 아파트 보일러 및 전기 기사)를 주요 업무로 하는 근로자를 지칭하며, 통상 '감단근로자'라고 한다. 그러므로 감시 또는 단속적 근로에 종사하는 자로서 사용자가 고용노동부장관의 승인을 받은 자에 대하여는 근로시간, 휴게와 휴일에 관한 규정은 적용하지 않는다. 그러나 야간근로(22시 ~ 다음날 06시)수당, 연차유급휴가, 육아휴직, 출산전후휴가는 여전히 적용됨을 주의해야 한다.

승인업무는 지방고용노동관서장에게 위임되어 있고 감시·단속적 근로에 종사하는 자에 대한 근로시간 적용제외 승인은 근로자수를 대상으로 하며, 근로자수·업무성격·근로형태 등의 변경 없이 담당자만 바뀌면 다시 승인을 받을 필요가 없다. 예전에는 감시·단속적 근로자에게는 최저임금의 예외로 최저임금의 90%만 인정되었지만, 2015. 1. 1.부터 최저임금이 적용된다.

대부분의 아파트 경비원들에게 야간에 휴게시간을 늘려 임금을 산정하는 편법적인 관행도 나타나고 있는 현실이다. 그러나 과도한 휴게시간은 무효가 되므로 근로시간 도중에 필요한 휴게시간을 정하는 것은 업무상 형편에 따라 휴게시간을 단체협약, 취업규칙, 근로계약에 미리 정하고, 작업의 성질 및 사회통념상 필요하고, 실질적인 휴식이 가능할 때 허용될 수 있다. 다만, 각종 임금을 면탈하기 위해 형식적으로 지나치게 긴 시간을 휴게시간으로 설정하는 것은 바람직하지 않다.

판 례	시내버스 운전기사들의 대기시간은 근로시간에 포함된다는 사례

근로기준법상의 근로시간은 근로자가 사용자의 지휘·감독 아래 근로계약상의 근로를 제공하는 시간을 말하는바, 근로자가 작업시간의 도중에 현실로 작업에 종사하지 않은 대기시간이나 휴식·수면시간 등이라 하더라도 그것이 휴게시간으로서 근로자에게 자유로운 이용이 보장된 것이 아니고 실질적으로 사용자의 지휘·감독 아래 놓여있는 시간이라면 이는 근로시간에 포함된다(울산지법 2012. 8. 30. 선고 2010가합6860 판결).

[근무형태별 임금 지급의 기준시간 및 임금액]

근로형태		점심, 저녁식사 각 1시간, 야간휴게시간 3시간 부여 기준			점심, 저녁식사 각 1시간, 야간 휴게시간 4시간 부여 기주		
		격일제 (Ⅰ)형	1일 2교대제(Ⅱ)형		격일제	1일 2교대제	
근무시간대		7시~익일7시	7시~19시	19시~익일7시	7시~익일7시	7시~19시	19시~익일7시
휴게시간 (–)	점심	1	1	–	1	1	–
	저녁	1	–	1	1	–	1
야간휴게시간(–)		3	–	3	4	–	4
실근로시간		19	11	8	18	11	7
야간근무가산시간		2.5	–	2.5	2	–	2
임금지급기준시간(A)		21.5	11	10.5	20	11	9
예1) 시급이 6,470원인 경우	일 임금액 (B)[1]	139,105	71,170	67,935	129,400	71,170	58,230
	월 임금액 (C)	2,115,555 (B×365/2/12)	2,164,754 (B×365/12)	2,066,356 (B×365/12)	1,967,958 (B×365/2/12)	2,164,754 (B×365/12)	1,771,163 (B×365/12)
예2) 시급이 6,500원인 경우	일 임금액 (B)[1]	139,750	71,500	68,250	130,000	71,500	58,500
	월 임금액 (C)	2,125,365 (B×365/2/12)	2,174,792 (B×365/12)	2,075,938 (B×365/12)	1,977,083 (B×365/2/12)	2,174,792 (B×365/12)	1,779,375 (B×365/12)
예3) 시급이 7,530원인 경우	일 임금액 (B)[1]	161,895	82,830	79,065	150,620	82,830	67,770
	월 임금액 (C)	2,462,153 (B×365/2/12)	2,519,412 (B×365/12)	2,404,893 (B×365/12)	2,290,375 (B×365/2/12)	2,519,412 (B×365/12)	2,061,337 (B×365/12)

1) 일 임금액(최저임금 기준) = 임금지급 기준시간(A) × 약정 시급액(최저임금 이상이어야 함)

※휴게(휴식)시간을 부여하고자 하는 경우에는 취업규칙, 단체협약, 근로계약서 등에 명시하여야 함

출처 : 고용노동부

Q 60 관리·감독업무에 종사하는 관리소장은 시간외 근로수당을 받을 수 없나요?

관리소장이 출퇴근에 있어 엄격한 제한을 받지 않으며, 그 지위에 맞는 대우를 받는 자라면 근기법 제63조 제4호 '관리감독자'에 해당되어 근로시간, 휴게, 휴일에 관한 규정은 배제 된다.

A 근로기준법 제63조 제4호 및 같은 법 시행령 제34조에서 정한 '관리·감독업무에 종사하는 자'란 근로조건의 결정 기타 노무관리에 있어서 경영자와 일체적 지위에 있는 자를 말하는 것으로 ① 사업장의 노무관리방침의 결정에 참여하거나 노무관리상의 지휘·감독 권한을 지니고 있는지 여부, ② 출·퇴근 등에 있어서 엄격한 제한을 받는지 여부, ③ 그 지위에 따른 대우(특별수당)을 받고 있는지 여부 등을 종합적으로 검토하여 판단하여야 할 것(근로개선정책과-41, 2011. 3. 3.)이다.

최근 행정해석에서 '지점장'은 매출실적 관리, 고객관리 등을 총괄하면서 지점 소속 직원에 대한 휴가승인 등의 복무관리 및 근무평정 등에 대한 노무관리상 일정한 지휘·감독 권한 등을 보유하고, 직무수행에 따른 별도의 특별수당을 매월 고정적으로 지급받는 것으로 보이고, 출퇴근 등에 있어서도 엄격한 통제를 적용받지 않는다면 「근로기준법」상의 관리·감독업무에 종사하는 자에 해당될 수 있을 것이라고 판단한 바 있다(근로기준정책과-6667, 2015. 12. 10.).

[유사 개념 비교]

구분	내용
휴 업	·휴업이란 사용자의 귀책사유로 인해 근로자는 근로제공의사가 있음에도 불구하고 근로를 제공받지 못하는 상태 의미함. ※ 사용자의 귀책사유로 본 사례 : 갱내 붕괴사고, 공장의 소실, 판매부진과 자금난, 원자재의 부족, 전력회사의 전력공급 중단, 경영상의 휴업·공장이전 등 ·휴업이 발생한 경우 사용자는 근로자에 대해 평균임금의 70% 이상의 휴업수당을 지급해야 함(근로기준법 제46조). ※ 사용자가 근로자의 귀책사유 없이 경영상의 이유로 일방적으로 무급휴직을 실시한다면 이것은 휴직이 아닌 휴업에 해당함.
휴 직	·휴직이란 근로자가 업무 외 질병이나 기타 근로자의 귀책사유로 근로를 제공하지 못할 경우 신청 또는 취업규칙에 따라 근로제공의무를 면하는 것임. ·휴직기간 중 임금지급 여부는 단체협약 또는 취업규칙으로 정해지나 별도의 규정이 없는 한 '무급'임.
휴 가	·휴가란 근로하는 날이지만 개별적으로 근로제공이 면제되는 날임.
휴 일	·휴일은 근로제공의무가 없는 날임.

61 근로자가 휴게시간에 전화당번을 서는데, 휴게시간으로 볼 수 있나요?

전화응대 당번을 선 경우라면 근로자에게 자유로운 이용이 보장된 것이 아니므로 근로시간이다.

A '근로시간'이란 근로자가 사용자의 지휘·감독 아래 근로계약 상의 근로를 제공하는 시간을 말하고, '휴게시간'이란 근로자가 근로시간 도중에 사용자의 지휘·감독으로부터 벗어나 자유로이 이용할 수 있는 시간을 말한다. 2012년 개정된 근기법 제50조도 '근로시간을 산정함에 있어 작업을 위하여 근로자가 사용자의 지휘·감독 아래에 있는 대기시간 등은 근로시간으로 본다'고 규정하고 있다. 다만, 단체협약·취업규칙·근로계약 등에서 취침시간의 일부 또는 전부에 대하여 근로시간에 포함한다는 특약이 있는 경우에는 그에 따른다(근기 68207-2917, 2000. 9. 25.).

근로자가 작업시간의 중도에 현실로 작업에 종사하지 않은 대기시간이나 휴식, 수면시간 등이라 하더라도 그것이 근로자에게 자유로운 이용이 보장된 것이 아니고 실질적으로 사용자의 지휘, 감독하에 놓여 있는 시간이라면 이를 당연히 근로시간으로 본다. 따라서 실무담당자는 대기시간에 대하여 근로계약서 등에 휴게시간으로 명시하고 실질적으로 보장하여야 근로시간 여부에 대한 혼란을 최소화 할 수 있다. 휴게시간은 근로시간이 4시간인 경우에는 30분 이상, 8시간인 경우에는 1시간 이상의 휴게시간을 근로시간 도중에 주어야 한다(근로기준법 제54조).

예를 들어, 소정근로시간이 6시간인 근로자 → 최소 30분의 휴게시간, 소정근로시간이 9시간인 근로자 → 최소 60분의 휴게시간, 소정근로시간이 12시간인 근로자 → 최소 90분의 휴게시간을 주어야 한다. 또한 휴게시간을 근로시간 도중이 아닌 업무의 시작 전 또는 업무가 끝난 후에 부여하는 것은 근로기준법에 위반이다(근로개선정책과-1773, 2013. 3. 19.).

[근로시간 및 휴게시간 사례]

대기시간이 휴게시간이 아닌 근로시간으로 보아 임금지급 의무가 있다고 본 사례	·일이 없어서 대기하는 시간 ·손님이나 일감을 기다리는 것이 본래의 업무인 대기시간 ·유니폼 착용이 작업 개시에 필수적인 업무관련 행위로 사업장 내에서 규정화되어 있고, 유니폼 미착용 시 복무규율 위반으로 징계조치를 받는 경우의 유니폼 착용 시간
대기시간이 근로시간이 아닌 휴게시간으로 보아 임금지급 의무가 없다고 본 사례	·교대제 근로시간 사이의 대기시간 ·규칙적으로 일감이 주어지는 업무 사이의 대기시간 ·근무장소에서 쉬더라도 근로자가 스스로 휴게장소를 선택한 경우 ·일정구역을 벗어날 수 없는 등 다소 장소적 제약이 있더라도 사용자의 지휘감독에서 벗어나 자유로운 이용이 가능한 시간 ·긴급상황 발생에 대비하여 비상연락체계를 유지하는 상태에 불과하고 사용자의 지휘감독에서 벗어나 자유로이 쉴 수 있는 시간(임금근로시간정책팀-3208, 2007. 10. 24.)

62 「근로자의 날(5.1.)」에 감시·단속 근로자를 근무하게 할 수 있는지요?

고용노동부장관의 승인을 얻은 감시·단속적 근로자라도 근로자의 날은 보장된다.

A 현행 근로기준법 제63조에 따라 감시·단속 근로자의 경우, 근로기준법상 근로시간, 휴게, 휴일에 관한 규정이 적용되지 않는다. 이에 따라 근기법 제55조와 제56조는 감시·단속 근로자에게 그 적용이 제외되어 ① 유급휴일을 미부여하고, ② 휴일근로 시 가산수당을 미지급해도 법 위반이 아니다. 특히 감시·단속근로자에 제외되는 휴일 규정에 '근로자의 날'이 포함되는지 여부가 문제되나 고용노동부는 감시·단속 근로자의 경우에도 근로자의 날은 보장한다. 다만, 실무상 감시·단속 근로자를 포함한 모든 근로자에 대해 근로자의 날을 '유급휴일'로 처리하면서도 휴일가산수당은 지급하지 않는다.

사견으로 2007년 이후 고용노동부 입장은 휴일가산수당(50%)는 지급하지 않아도 된다고 하고 있으나, 근로자의 날을 유급휴일로 인정하면서 휴일가산은 배제하는 것은 감시·단속적 근로자에게도 야간가산수당은 지급하고 있는 행정해석의 태도와도 논리 일관적이지 않다.

[참조 법령]

- 근로기준법 제63조 (적용의 제외) 이 장과 제5장에서 정한 근로시간, 휴게와 휴일에 관한 규정은 다음 각 호의 어느 하나에 해당하는 근로자에 대하여는 적용하지 아니한다.
  3. 감시(監視) 또는 단속적(斷續的)으로 근로에 종사하는 자로서 사용자가 고용노동부장관의 승인을 받은 자

행정해석	감시·단속근로자의 근로자의 날의 근로하면 250%을 지급하면 된다는 사례

근로기준법 제61조 제3호에 따라 감시 또는 단속적으로 근로에 종사하는 자로서 사용자가 노동부장관의 승인을 얻은 자에 대하여는 동법 제4장과 제5장에서 정한 근로시간 및 휴게 · 휴일에 관한 규정이 적용되지 않으므로 동법 제54조에 따른 주휴일의 경우 소정 임금 이외에 별도의 휴일근로수당이나 가산금을 지급하지 않아도 무방할 것임. 다만, '근로자의날제정에관한법률'에 따른 '근로자의 날'은 근로기준법에 의한 유급휴일로 한다고 규정하고 있는 바, 이는 '근로자의 날'의 정신을 기리고 기념하기 위한 것이므로 동 유급휴일을 근로기준법 제54조의 휴일과 같이 볼 것은 아님. 따라서, 근로기준법 제61조에 규정된 '동법 제4장과 제5장에서 정한… 휴일'에 '근로자의 날'이 포함된다고 해석하기는 어려울 것이므로 귀 질의의 경우 비번자에게는 당일 소정임금(100%) 외에 유급휴일에 대한 임금 100%을, 근무자에게는 소정임금(100%) 외에 휴일근로수당 및 가산임금 150%를 각각 지급하는 것이 타당할 것으로 봄(근로기준과-669, 2005. 2. 4.).

행정해석	감시·단속근로자의 근로자의 날의 근로하면 200%을 지급하면 된다는 사례

감시·단속적 근로자를 포함한 「근로기준법」 제63조의 적용제외 근로자는 근로기준법 제4장과 제5장에서 정한 휴일에 관한 규정은 적용되지 않음. 따라서 제63조의 적용제외 근로자가 휴일에 근로를 제공한다고 하더라도 휴일근로로 보지 않음. 다만, 근로자의 날은 「근로자의 날 제정에 관한 법률」에 의해 특정일을 기념하여 휴일로 규정하고 있으므로 제63조의 적용제외 근로자에게도 유급휴일로 보장됨(임금근로시간정책팀-3356, 2007. 11. 13.).

63 역일을 달리해서 근로자를 근무하게 할 경우 수당지급 여부 및 그 지급액 산정방법은 어떻게 되는지요?

전날에 시작하여 익일로 이어지는 계속근로의 경우, 다음날 소정근로시간대까지 계속 이어지는 경우가 아니라면 전일 근로의 연장이다. 근무시작일이 휴일이면 휴일근로수당 및 가산임금을 추가로 지급하여야 한다.

A 역일을 달리하여 근무하는 경우 가산수당 처리가 문제된다. 전날에 시작하여 익일로 이어지는 계속근로의 경우 다음날 소정근로시간대까지 계속 이어지는 경우가 아니라면 전일 근로의 연장이다. 만약 통상 4월 30일 19시부터 5월 1일 07시까지 근무하는 경우에는 「근로자의 날(5.1.)」근무에 해당하지 않는다.

통상적으로 24시간 교대제 근무가 많은 경비업무를 살펴보면, ① 감시·단속 근로자가 「근로자의 날」에 근로제공을 하지 않고 쉰 경우(비번자), 통상 하루에 지급하는 임금을 추가 지급하여야 한다. 특히 격일제 근무자는 근무일 다음의 휴무일(비번일)은 전일의 근무를 전제로 주어지는 것이므로, 격일제 근무자에게 지급하여야 할 통상 하루의 소정임금은 근무일의 절반에 해당하는 근로시간의 소정임금으로 한다(임금근로시간정책팀-3961, 2006. 12. 27.). 예를 들면, 1일 2교대 10시간(휴게 2시간 제외)근무자는 10시간분의 임금 지급, 24시간 격일제 근무자는 근무일의 절반에 해당하는 12시간분의 임금 지급한다. 반면, ② 감시·단속 근로자가「근로자의 날」에 근무한 경우(근무자), 휴일근로에 대한 임금을 추가로 지급하여야 한다.

격일제 근로자의 주휴시간 산정을 살펴보면, 근로기준법 제55조 및 같은 법 시행령 제30조의 규정에 따라 1주 동안의 소정근로일을 개근한 자에게 1주일에 평균 1회 이상의 유급휴일을 주어야 하므로 격일제로 근로하는 경우에도 소정근로일을 개근하였다면 유급 주휴일을 부여해야 한다. 이때 유급분은 일 소정근로시간에 대한 통상임금을 말하며, 격일제 근무자에게 지급하여야 할 통상 하루의 소정임금은 근무일의 절반에 해당하는 근로시간의 소정임금이다. 따라서 통상적인 격일제 근로에 해당하는 경우라면 유급주휴시간은 1근무일의 소정근로시간의 절반에 해당하는 시간으로 보아야 한다(근로개선정책과-1574, 2013. 3. 7.).

행정해석	역일을 달리하여 계속되는 근로의 수당계산

역일을 달리하여 계속적으로 근로가 이어지는 경우에는 이를 전일(주휴일인 경우임)의 근로의 연장으로 보아 근로기준법 제55조에 의한 가산수당을 지급하여야 할 것이나, 익일의 소정근로시간대까지 계속 이어지는 경우에는 익일 시업 시각 이후의 근로는 근로계약·취업규칙 등에 의하여 당초 근로제공 의무가 있는 소정근로이므로 이를 전일의 근로의 연장으로는 볼 수 없다고 사료됨. 따라서 주휴일에 시작된 근로가 역일을 달리하여 계속되어 익일의 소정근로시간 종료 후 퇴근한 경우 그 익일의 소정근로시업시각전까지에 대하여는 전일(휴일)의 근로의 연장으로 보아 근로기준법 제55조에 의한 휴일근로수당(연장 및 야간근로에 해당되는 경우 동조에 의한 연장·야간근로수당은 각각 별도 산정)을 지급하여야 하며, 월요일 시업시각 이후의 근로는 이를 휴일근로와 연장근로로 볼 수 없다고 사료됨(근기 68207-402, 2003. 3. 31.).

Ⅳ. 휴일 및 휴가

대법원 "육아휴직·합법파업 기간, 연차수당 삭감"

연차수당에도 무노동 무임금 적용 첫 판결

연차수당에도 '무노동(無勞動) 무임금(無賃金)' 원칙을 적용한 첫 대법원 판결이 나왔다. 앞으로 근로자들은 육아휴직이나 파업 등 합법적인 사유로 근로를 제공하지 않았더라도 연차수당을 받지 못할 것으로 보인다.

근로기준법은 "사용자는 1년간 8할 이상 출근한 근로자에게 15일의 유급휴가를 줘야 한다"고 규정하고 있을 뿐이어서, 이번 판결은 유급휴가 지급 기준을 구체적으로 제시한 것으로 평가된다.

대법원 민사3부(주심 민일영 대법관)는 지난달 26일 ㈜알리안츠생명보험 소속 근로자 624명이 "합법적인 파업을 하기 위해 근로를 제공하지 안한 것인데 연차수당을 삭감한 것은 부당하므로 미지급 임금 14억여원을 달라"며 회사를 상대로 낸 임금청구소송 상고심(☞ 대법원 2013. 12. 26. 선고 2011다4629 판결)에서 원고패소 판결한 원심을 확정했다.

재판부는 판결문에서 "근로기준법상 연차유급휴가는 1년간 8할 이상 출근했을 때 비로소 부여받을 수 있는 것이고, 여기서 근로자가 1년간 8할 이상 출근했는지 여부는 1년간 총 역일(曆日)에서 법령, 단체협약, 취업 규칙 등에 의해 근로의무가 없는 날로 정해진 날을 제외한 나머지 일수, 즉 연간 근로의무가 있는 일수(연간 소정근로일수)를 기준으로 그 중 근로자가 현실적으로 근로를 제공한 날이 얼마인지를 비율적으로 따져 판단해야 한다"고 밝혔다.

이어 "근로자가 정당한 쟁의행위를 하거나 남녀고용평등법에 의한 육아휴직을 해 현실적으로 근로를 제공하지 않은 경우, 쟁의행위 등은 헌법이나 법률에 의해 보장된 근로자의 정당한 권리행사이고, 그 권리행사에 의해 근로자는 근로의무가 없어 근로자가 본래 연간 소정근로일수에 포함됐던 쟁의행위 등 기간 동안 근로를 제공하지 않았다 하더라도 이를 두고 근로자가 결근한 것으로 볼 수는 없지만, 관련 법령에서 그 기간 동안 근로자가 출근한 것으로 본다는 규정을 두고 있지도 않으므로 이를 두고 근로자가 출근한 것으로 의제할 수도 없다"고 덧붙였다.

예를 들어 휴일 등을 제외하고 출근해야 하는 날이 200일인 근로자가 정당한 파업을 하거나 육아휴직을 100일간 썼다면, 100일의 80%를 출근하면 연차휴가를 받을 수 있다는 얘기다.

하지만 재판부는 "연차유급휴가가 1년간의 근로에 대한 대가로서의 성질을 가지고 있고, 현실적인 근로의 제공이 없었던 쟁의행위 등 기간에는 원칙적으로 근로에 대한 대가를 부여할 의무가 없는 점을 고려할 때, 연간 소정근로일수에서 쟁의행위 등 기간이 차지하는 일수를 제외한 나머지 일수를 기준으로 근로자의 출근율을 산정해 연차유급휴가 취득 요건의 충족 여부를 판단하되, 그 요건이 충족된 경우에는 본래 평상적인 근로관계에서 8할의 출근율을 충족할 경우 산출됐을 연차유급휴가일수에 대해 '연간 소정근로일수에서 쟁의행위 등 기간이 차지하는 일수를 제외한 나머지 일수'를 '연간소정근로일수'로 나눈 비율을 곱해 산출된 연차유급휴가일수를 근로자에게 부여하는 것이 합리적이다"라고 설명했다.

예컨대 '소정근로일'이 200일인 근로자가 받을 수 있는 연차일수가 15일이라고 할 때, 합법적인 파업을 100일간 하고 나머지 100일 중 80일간만 정상적인 출근을 했다면, 연차휴가를 받을 수는 있지만 실제 받는 연차휴가일 수는 15일에 200분의 80을 곱한 6일이 된다.

대법원 관계자는 "그동안 파업이나 육아휴직 사용여부에 관계없이 연차수당을 지급한 회사들은 비채변제(채무가 없음을 변제자가 알면서 변제한 경우)에 해당할 수 있어 근로자들을 상대로 돌려달라는 소송을 낼 것으로 보이지는 않는다"며 "사측이 적극적으로 연차수당을 삭감할 수 있다고 판단했다기보다는 그동안 일관되게 판시했던 '무노동 무임금의 원칙'이 임금에 해당하는 연차수당에도 적용된다고 본 사례"라고 설명했다.

법률신문 좌영길 기자 desk@lawtimes.co.kr

입력 : 2014-01-09 오전 8:57:59

출처 : https://www.lawtimes.co.kr/Legal-News/Legal-News-View?serial=81558

64 사용하지 않은 연차유급휴가는 언제 돈으로 받을 수 있는지요?

연차유급휴가미사용수당은 연차유급휴가권이 소멸된 날의 다음 날에 발생하며, 그 지급액은 취업규칙 및 인사규정 등에서 정한 바에 따라 지급하고 별도의 규정이 없으면 휴가청구권이 있는 마지막 달의 통상임금으로 지급한다.

A 연차유급휴가는 전년도 출근율에 따라 발생하고, 금년도에 사용하는 구조이며, 금년도에 미사용한 연차유급휴가는 소멸하게 되나 다음년도에 미사용수당으로 전환된다. 연차유급휴가미사용수당을 지급할 때의 통상임금 산정 기준은 최종 연차유급휴가청구권이 있는 달의 마지막을 산정 시점으로 한다. 또한 연차휴가미사용수당의 지급기준은 통상임금 또는 평균임금 모두 가능하지만, 단체협약이나 취업규칙에 별도의 규정이 없는 이상 통상임금으로 지급하는 것이 일반적이다. 예를 들어, 2016년 미사용 연차유급휴가미사용수당을 지급하기 위해 산정하는 통상임금은 2017년 1월 통상임금이 아니라 2016년 12월 통상임금을 기초로 산정한다.

현행법은【연차유급휴가청구권 → 금전채권(연차유급휴가미사용수당 청구권)】으로 전환되는 구조여서 금전채권의 발생은 다음년도 첫날이지만 본질적으로 미사용 연차유급휴가청구권에 근거를 두고 있다. 밀린 연차유급휴가미사용수당을 지급하는 경우에는 매년 연차유급휴가청구권 소멸 후 각각 발생하는 것이 원칙이고, 최종년도에 한꺼번에 발생하는 것은 아니다.

[연차휴가미사용수당청구권 발생시기]

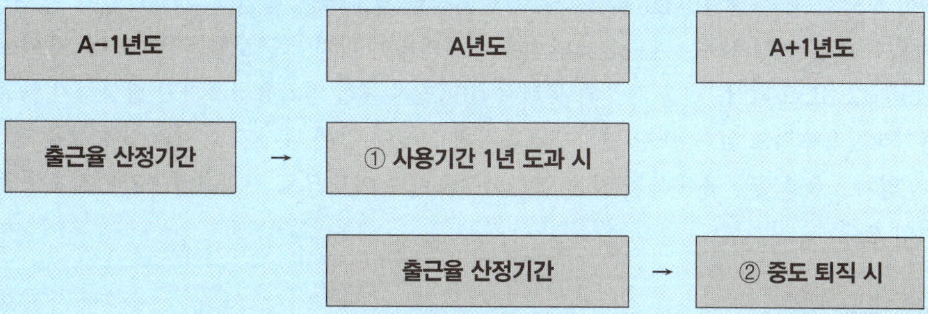

행정해석	**연차유급휴가미사용수당은 별도의 규정이 없으면 휴가청구권이 있는 마지막 달의 통상임금으로 지급해야 한다고 본 사례**

연차유급휴가미사용수당은 연차유급휴가권이 소멸된 날의 다음 날에 발생하며(대법원 1995. 6. 30. 선고 94다47155 판결 등 참조), 그 지급액은 취업규칙 등에서 정한 바에 따라 통상임금 또는 평균임금으로 지급하고, 별도의 규정이 없으면 통상임금으로 지급하되 휴가청구권이 있는 마지막 달의 통상임금으로 지급해야 함(근로개선정책과-4218, 2013. 7. 19.).

65 연차유급휴가 계산법 좀 알려주세요?

상시 5명 이상의 근로자를 사용하는 사업장에서 주 15시간 이상 근로한 자는 입사일 기준으로 연차유급휴가가 발생한다.

A 연차유급휴가제도는 근로자에게 일정한 기간 근로의무를 면제함으로써 심신의 피로를 회복하여 건강을 유지하고 근로자가 여가를 선용하여 사회적·문화적 시민생활을 누릴 수 있게 하려는 데 그 취지가 있다. 1년간 80% 이상 출근한 근로자에게는 연단위로 15일의 연차유급휴가가 발생한다. 예를 들어, 1년이 되기 전에 6일의 연차유급휴가를 사용하였다면 근속기간 2년까지는 총 연차유급휴가일수인 15일에서 6일을 뺀 9일을 사용할 수 있다. 또한 1년 미만 근무한 직원이 연차유급휴가를 사용하지 않고 퇴사한 경우라도 미사용휴가일수에 상응하는 연차휴가수당을 지급하여야 한다.

계속 근로한 기간이 1년 미만인 근로자 또는 1년간 80% 미만 출근한 근로자에게는 1개월 개근 시 1일의 연차유급휴가가 발생한다. 반면, 1년 이상 근무한 근로자가 퇴직 시에 자신의 입사일보다 수개월이 지났다고 하여 1년 미만 근로자에게 부여하는 것과 같이 월 단위 연차유급휴가는 발생하지 않는다. 예를 들어, 2년 11개월을 근무하고 퇴직하는 경우 처음 2년에 대한 연차유급휴가는 발생하고 11개월에 대한 연차유급휴가는 발생하지 않음을 주의해야 한다.

정년이 도달한 해의 말일인 2016. 12. 31. 정년퇴직한 경우라면, 정년퇴직일인 2016. 12. 31.에 근로를 제공하지 않은 경우에는 계속근로연수에서 제외되어 마지막 근로일은 2016. 12. 30.이고 퇴직일은 2016. 12. 31.이 되어 1년을 채우지 못해서 2016년에 대한 연차유급휴가가 발생하지 않고 연차유급휴가미사용수당도 없다. 또한 연차유급휴가의 이월에 관한 당사자 합의의 유효성을 인정하고 있으나, 연차유급휴가를 유예하는 것은 연차사후포기가 아니므로 연차유급휴가미사용수당을 지급하여야 한다.

[참조 법령]

- 근로기준법 제60조(연차 유급휴가) ① 사용자는 1년간 80퍼센트 이상 출근한 근로자에게 15일의 유급휴가를 주어야 한다.

② 사용자는 계속하여 근로한 기간이 1년 미만인 근로자 또는 1년간 80퍼센트 미만 출근한 근로자에게 1개월 개근 시 1일의 유급휴가를 주어야 한다.
③ 사용자는 근로자의 최초 1년간의 근로에 대하여 유급휴가를 주는 경우에는 제2항에 따른 휴가를 포함하여 15일로 하고, 근로자가 제2항에 따른 휴가를 이미 사용한 경우에는 그 사용한 휴가 일수를 15일에서 뺀다.
④ 사용자는 3년 이상 계속하여 근로한 근로자에게는 제1항에 따른 휴가에 최초 1년을 초과하는 계속 근로 연수 매 2년에 대하여 1일을 가산한 유급휴가를 주어야 한다. 이 경우 가산휴가를 포함한 총 휴가 일수는 25일을 한도로 한다.

66 연차유급휴가를 부여하기 위해 소정근로일을 산정 시 휴일은 어떻게 계산하나요?

연차유급휴가 부여 시 법령 또는 약정에 의한 휴일은 소정근로일수 계산에서 제외한다.

A 연차유급휴가는 '소정근로일수의 개근 또는 그 출근율'을 기준으로 부여하며, 이때 소정근로일은 법령의 범위 내에서 근로자와 사용자가 근로하기로 정한 날을 의미한다. 법령 또는 약정에 의한 휴일은 소정근로일수 계산에서 제외한다. 근로자와 사용자가 법령상 사전에 근로하기로 정할 수 없거나 또는 약정에 의하여 사전에 근로하지 않기로 한 기간들, 특별한 사유로 근로제공의무가 정지되는 날 또는 기간은 소정근로일수의 계산에서 제외한다. 연차유급휴가일수는 이러한 사유에 의한 기간을 제외한 '나머지 소정근로일수'에 대한 출근율에 따라 산출된 일수에 당해 사업장의 연간 총 소정근로일수에 대한 위의 나머지 소정근로일수 비율을 곱하여 산정한다.

법령상 또는 그 성질상 출근한 것으로 보아야 하는 날 또는 기간은 소정근로일수 계산에는 포함하되 출근한 것으로 본다. 특히, 지각, 조퇴의 경우 출근율 산정 시 결근으로 취급할 것인지의 여부에 대하여 고용노동부는 지각, 조퇴 등이 있다 하더라도 연차유급휴가일수를 산정함에 있어 결근으로 취급할 수 없다는 입장이다(근기 01254-3153, 1990. 3. 3.). 다만, 주휴·연차유급휴가의 성질에 비추어 주의 전부·월의 전부 또는 연의 전부를 출근하지 아니한 경우에는 이를 부여하지 않아도 된다(임금근로시간정책팀-3228, 2007. 10. 25.).

업무상 재해로 2년 이상 장기간 출근하지 못한 근로자가 이미 부여받은 연차휴가를 사용하지 않은 데 따른 연차휴가수당은 청구할 수 있으며, 단체협약이나 취업규칙에서 해당 연도에 전혀 출근하지 않은 경우에는 연차휴가수당을 지급하지 않기로 정한 단체협약이나 취업규칙의 내용은 무효이다(대법원 2017. 5. 17. 선고 2014다232296 판결). 따라서 업무상 재해로 1년 이상 장기간 휴업한 근로자도 연차휴가수당 청구권을 단체협약이나 취업규칙으로 제한할 수 없다.

사업장의 연간 총 소정근로일수에 대한 출근비율에 따라 연차휴가일수가 소수점이 발생할 수 있다. 예컨대, 13.35일(15일 $\times \frac{89}{100}$)의 경우 0.35일과 같이 1일 미만에 대해서는 사용자가 시간단위로 연차휴가를 부여할 의무는 없으나, 미사용시에는 연차휴가미사용수당을 지급해야한다 (근기 68207-216, 2003. 2. 24.).

[소정근로일수 계산 예시]

분 류	법령 또는 약정에 의한 휴일	특별한 사유로 근로제공 의무가 정지되는 날	법령상 또는 그 성질상 출근한 것으로 보아야 하는 날
효 과	소정근로일수 계산에서 제외		소정근로일수 계산에 포함하되 출근한 것으로 봄
사 유	① 근로기준법에 의한 주휴일 ② 「근로자의날제정에관한법률」에 의한 근로자의 날 ③ 취업규칙 또는 단체협약 등에 의한 약정휴일 ④ 기타 이상의 날에 준하여 해석할 수 있는 날 또는 기간	① 사용자의 귀책사유로 인한 휴업기간 ② 적법한 쟁의행위기간 ③ 남녀고용평등법에 의한 육아휴직기간 ④ 기타 이상의 기간에 준하여 해석할 수 있는 날 또는 기간	① 업무상재해로 인한 휴업기간, 산전후휴가(근기법 제60조 제6항) ② 예비군훈련기간(향토예비군설치법 제10조) ③ 민방위훈련 또는 동원기간(민방위기본법 제23조) ④ 공민권행사를 위한 휴무일(공직선거법 제6조 제2항) ⑤ 연·월차유급휴가, 생리휴가 ⑥ 기타 이상의 날 또는 기간에 준하여 해석할 수 있는 날 또는 기간

[입사일 순서에 따른 연차발생 예시]

근무 기간	내 용
2014. 1. 1. 입사	2014. 12. 31.까지 개근월수 만큼 익월에 연차유급휴가 1개씩 발생
2015. 1. 1.	2014. 1. 1.에서 2014. 12. 31.까지 기간 동안 연차유급휴가 15개 발생 (※ 앞의 11개 포함해서 15개임)
2016. 1. 1.	연차유급휴가미사용수당 지급해야하고, 2015년 근로에 대한 15개 연차유급휴가 발생
2016. 10. 31. 퇴직	2016년 근무한 10개월에 대한 연차는 발생하지 않음

67 출산전후휴가·육아휴직, 부당정직 중인 근로자는 얼마나 연차유급휴가를 부여하나요?

출산전후휴가는 출근으로 간주, 육아휴직은 소정근로에서 제외, 부당한 해고(정직)기간은 법원과 고용노동부의 입장 차이가 있다.

A 육아휴직을 사용한 경우에는 연차유급휴가일수 산정 시 육아휴직 기간을 제외한 나머지 소정근로일수에 대한 출근율에 따라 비율로 부여해야 한다. 출근율이 80%를 넘지 않으면 개근월수에 따라 부여하면 되고, 출근율이 80%가 넘으면 정상적인 경우의 연차휴가일수(기본연차휴가 + 가산휴가일수)에 '당해 사업장의 연간 총 소정근로일수에 대한 육아휴직을 제외한 나머지 소정근로일수 비율을 곱하여 비례하여 부여하면 된다(근로개선정책과-4216, 2013. 7. 18.).

출산전후휴가 직후 육아휴직을 사용한 경우에는 출산전후휴가는 출근으로 간주되므로 소정근로일수에서 포함되는 반면, 정당한 정직의 경우에는 결근으로 처리된다. 특히 근로자가 노동위원회나 법원에서 이를 다투어 '부당징계'로 판단된 경우에 문제된다. 고용노동부는 부당정직기간을 소정근로일수에서 제외하고 나머지 기간에 비례하여 연차유급휴가를 부여해야 한다고 보고 있다(근로기준과-3296, 2009. 9. 1.). 반면, 법원은 부당해고의 경우 사용자 귀책으로 보아 전부 출근한 것으로 보아(대법원 2008. 7. 24. 선고 2008두7533 판결; 대법원 2014. 3. 13. 선고 2011다95519 판결) 부당해고기간을 포함한 전 기간에 대해 연차유급휴가를 부여한다.

[연차휴가 산정 예시]

※ 연간소정근로일수 240일, 육아휴직 90일, 정상근무했다면 연차일수 20일 가정
① 소정근로일 비율 계산 : (240-90)/240 = 62.5%
② 휴가일수 산정 계산 : 20 × 62.5% = 12.5일
③ 출근율은 육아휴직일수를 제외하고 정상근무했으므로 100%이나, 만약 육아휴직기간 외에 결근이 있다면 출근율이 80%를 넘는지 여부에 따라야 함.

※1~3월(3개월)까지 출산전후휴가 90일 사용 후 바로 육아휴직을 4~12월(9개월)까지 사용, 정상연차 20일 가정
① 소정근로일 비율 계산 : (12개월 - 9개월)/12개월 = 25%
② 휴가일수 산정 계산 : 20 × 25% = 5일
③ 출근율은 출산전후휴가는 근기법에 따라 출근으로 간주되고, 육아휴직기간은 출근율 산정에서 제외되므로 출산전후휴가 3개월은 100% 출근율임.

※ 정당한 처분 3개월, 정상 연차 20일 가정
① 출근율 산정 계산 : (12개월 - 3개월)/12개월 = 75%
② 출근율이 80% 넘지 않으므로 '개근월수'에 따라 부여

※ 부당한 처분 3개월, 정상 연차 20일 가정
◇ 행정해석에 따른 예시 ① 소정근로일 비율 계산 : (12개월 - 3개월)/12개월 = 75%
② 휴가일수 산정 계산 : 20 × 75% = 15일
◇ 법원에 따른 예시 ① 소정근로일 비율 계산 : (12개월 - 0개월)/12개월 = 100%
② 휴가일수 산정 계산 : 20 × 100% = 20일

68 파업 참가자도 연차유급휴가가 발생하나요?

적법한 파업 참가자 경우는 쟁의행위 기간을 제외한 나머지 소정근로일수에 대한 출근율에 따라 연차유급휴가가 발생한다.

A 불법 파업은 결근처리를 하나, 적법한 파업 참가자의 경우는 적법한 쟁의행위 기간을 제외한 나머지 소정근로일수에 대한 출근율에 따라 산출된 일수에 당해 사업장의 연간 총 소정근로일수에 대한 출근일수 비율을 곱하여 산정한다. 적법한 직장폐쇄의 경우에도 마찬가지다. 다만, 쟁의행위 기간이 연의 전부에 해당될 때에는 휴가를 부여할 의무가 없다. 발생한 연차휴가는 1년간 행사가 능하며 행사기간경과로 연차유급휴가청구권이 소멸하는데, 미사용연차가 있다면 수당으로 지급한다. 연차유급휴가미사용수당도 임금이므로 3년의 소멸시효의 적용을 받는다. 특히 근로자가 일단 연차유급휴가권을 취득한 후에 연차유급휴가를 사용하기 전에 퇴직 등의 사유로 근로관계가 종료된 경우에도 근로자는 근로관계 종료 시까지 사용하지 못한 연차휴가일수 전부에 상응하는 연차휴가수당을 사용자에게 청구할 수 있다.

근로자는 휴가시기를 지정하여 사용자에게 알려야 하며, 회사는 근로자의 청구가 있는 시기에 연차유급휴가를 부여해야 하나, 사업운영에 막대한 지장이 있는 경우에는 그 시기를 변경할 수 있다. '사업 운영에 막대한 지장이 있는 경우'라 함은 '근로자가 지정한 시기에 휴가를 주는 경우 그 사업장의 업무 능률이나 성과가 평상시보다 현저하게 저하되어 상당한 영업상의 불이익 등이 초래될 개연성이 인정되는 사정이 있는 경우'를 의미한다고 할 것이고, 이를 판단함에 있어서는 기업의 규모, 업무량의 증대, 사용자의 대체 근무자 확보 여부, 근로자가 담당하는 업무의 성질, 다른 근로자의 시기 지정과의 관계 등 제반 사정을 종합적으로 고려한다.

행정해석	사용자의 합법적인 직장폐쇄 기간도 연차유급휴가 산정을 위한 소정근로일수 계산에서 제외된다는 사례

근로기준법상 연·월차유급휴가는 「소정근로일(근로계약 당사자간 근로하기로 약정한 날)의 개근 여부 또는 그 출근율」을 기준으로 부여하도록 규정하고 있음. 따라서 당초 근로하기로 정하여졌지만 특별한 사유로 근로제공의무가 정지된 날(예: 사용자의 귀책사유로 인한 휴업기간, 적법한 쟁의행위기간, 남녀고용평등법에 의한 육아휴직기간, 기타 이상의 기간에 준하여 해석할 수 있는 기간)은 소정근로일수에서 제외하여야 하며, 이 경우 연차유급휴가일수는 이를 제외한 나머지 소정근로일수에 대한 출근율에 따라 산출된 일수에 당해 사업장의 연간 총 소정근로일수에 대한 특별한 사유로 근로제공의무가 정지된 기간을 제외한 소정근로일수 비율을 곱하여 산정하여야 함. 따라서 귀 질의의 「사용자의 합법적인 직장폐쇄 기간」도 적법한 쟁의행위로 인정되는 한, 연·월차유급휴가 부여를 위한 소정근로일수를 계산함에 있어 이를 제외함이 타당하다고 사료됨 (근기 68207-463, 2002. 2. 5.).

Q 69 연차유급휴가미사용수당을 월 급여에 포함시켜 미리 지급할 수 있을까요?

연차유급휴가에 대해 연차유급휴가미사용수당을 월급여액 속에 포함하여 미리 지급하는 근로계약을 체결하는 것은, 그 수당을 지급한 이후에도 해당 근로자가 연차유급휴가를 사용할 수 있도록 허용하는 경우에만 인정된다.

A 식당이나 소규모 사업장은 운영 및 실무 상 어려움 때문에 근로자에게 연차유급휴가를 주지 않고, 연차수당을 월 급여에 반영하여 운영하는 경우가 많다. 이에 대하여 하급심 판례에서 연차유급휴가의 사용을 금지하지 않는 한 미발생한 연차미사용수당을 월급여에 포함하여 운영하는 것을 인정한 사례도 있다(수원지법 2008. 1. 11. 선고 2007나17199 판결). 그러나 연차유급휴가는 근로자에게 일정 기간 근로의무를 면제함으로써 정신적·육체적 휴양의 기회를 제공하고 문화적 생활의 향상을 기하려는 데 그 취지가 있다(대법원 2013. 12. 26. 선고 2011다4629 판결).

포괄임금제의 형태로 당사자가 미리 소정의 근로제공을 전제로 연차유급휴가미사용수당을 매월의 임금액에 포함시켜 지급하는 것이 가능하다. 그러나 이와 같이 연차유급휴가미사용수당이 미리 지급되었다고 하더라도 근로자의 휴가청구권 자체가 없어지는 것은 아니다. 행정해석도 연·월차유급휴가에 대해 미사용 연·월차유급휴가보상금을 월급여액 속에 포함하여 미리 지급하는 근로계약을 체결하는 것은, 그 수당을 지급한 이후에도 해당 근로자가 연·월차휴가를 사용할 수 있도록 허용하는 경우에만 인정될 수 있을 것이라는 입장이다(근로개선정책과-2022, 2011. 7. 4.).

따라서 포괄임금제로 계약 시 연차수당을 포함시키는 경우 연차유급휴가를 쓸 수 있는 때에만 인정되기 때문에 사업장에서 근로자가 연차유급휴가를 사용할 수 없게 한 후 연차수당만 지급하는 방식은 연차수당으로 인정되지 않을 수도 있는 위험성이 있다. 따라서 사용자는 실무상 연차유급휴가미사용수당을 미리 월급에 포함하는 것을 지양하여 불필요한 이중 지급의 위험을 최소화시키고, 근로자가 연차유급휴가의 취지에 맞게 휴가를 쓸 수 있는 근무환경을 조성하는 노력이 필요하다.

행정해석	연차유급휴가미사용수당을 선지급하였더라도, 통상임금이 상승하여 차액이 발생할 경우 그 차액만큼 지급하여야 한다는 사례

사용자는 근로자가 연차유급휴가 청구권이 발생한 때로부터 1년간 연차유급휴가를 모두 소진하지 아니하였을 때는 연차유급휴가 청구권이 소멸된 날의 다음날에 연차유급휴가미사용수당을 지급하여야 함(임금근로시간정책팀-3295, 2007. 11. 5.). 사용자가 근로자들에게 연차유급휴가미사용수당을 미리 지급하였더라도, 이후 임금인상 등의 이유로 통상임금이 상승하여 연차유급휴가청구권이 소멸된 날의 다음날 기준으로 산정한 연차유급휴가미사용수당과 차액이 발생할 경우에는 그 차액만큼은 지급하여야 할 것임. 아울러, 연차유급휴가미사용수당이 미리 지급되었다고 하더라도 근로자의 휴가청구권 자체가 없어지는 것은 아니므로 사용자는 근로자가 휴가를 청구하는 경우에는 이를 거부할 수 없음(임금근로시간정책팀-3444, 2007. 11. 22. ; 근로개선정책과-3077, 2012. 6. 13.).

70

설 연휴를 약정휴일로 부여하는 사업장에서 회사가 설 연휴의 전부 또는 일부(대체휴일 포함)를 연차유급휴가로 대체할 수 있을까요?

약정휴일인 설 연휴의 전부 또는 일부는 '연차유급휴가'로 대체할 수 없다.

A 현행 근기법 제62조는 "사용자는 근로자대표와의 서면합의에 따라 제60조에 따른 연차유급휴가일을 갈음하여 특정한 근로일에 근로자를 휴무시킬 수 있다"라고 규정하여 근로자대표와의 서면합의에 따라 특정 근로일에 연차유급휴가 대체가 가능하고 약정휴일에는 근기법상 연차유급휴가 대체는 불가하다. 특정근로일이라 함은 근로의무가 있는 소정근로일 중의 특정일을 의미하므로 사용자는 법정 휴일 · 휴가일뿐만 아니라 약정 휴일 · 휴가일에 근로기준법 제60조의 규정에 의한 휴가를 대체할 수 없다(임금근로시간정책팀-2820, 2006. 9. 21.). 법정휴일은 주휴일과 근로자의 날만 인정되고, 임시공휴일 및 대체휴일이 휴일로 인정되는지 여부 또는 유급인지 여부는 각 사업장에서 취업규칙 또는 단체협약에 명시하는 방법 등으로 재량에 따라 정할 수 있다.

실무상 먼저 근로자들이 소정근로일을 쉰 후 사후에 근로자대표를 선정하여 연차유급휴가대체합의서를 작성하여 연차유급휴가로 소급적용하거나 사업장에 합의서가 있는데 근로자에게 알려지지 않는 경우가 많다. 이는 향후 노동분쟁의 소지가 있기 때문에 사용자는 연차유급휴가대체합의서는 실제 제도를 시행 시 작성하고, 연차유급휴가대체가 사업장에서 시행되고 있다는 사실을 근로자에게 분명히 주지시켜야 할 필요가 있다.

법적으로 휴일과 휴가는 개념을 달리하는 바, ① '휴일'이란 당초부터 근로제공의 의무가 없는 날이고, ② '휴가'란 당초에는 근로제공의 의무가 있으나, 법령이나 취업규칙 등에 근거하여 근로제공을 면제받는 날이다. 따라서 근로제공의 의무가 없는 날(휴일)에 연차휴가를 사용해 근로제공의 의무를 면제받는다는 것은 법리상 모순으로 휴일과 휴가는 중복될 수 없다. 만약 노·사가 합의하여 12. 2.부터 12. 26.까지 일괄적으로 연차유급휴가를 사용하여 쉬기로 하였고, 그 기간 중에 사업장의 약정휴일이 포함되어 있다면 약정휴일은 제외하고 연차사용일수를 산정하는 것이 타당하다(근로조건지도과-2127, 2008. 12. 17.). 따라서 취업규칙 상 약정휴일에 관공서의 공휴일에 관한 규정을 준용하고 있다면 대체휴일 또한 약정휴일에 해당하고, 회사가 설 연휴를 약정휴일로 부여한다면 '근로일'이 아닌 '휴일'이기 때문에 근기법상 연차유급휴가 대체 조항이 적용될 수 없다.

71 Q 업종 특성상 특정시기의 휴가를 배제하기 위해 연차유급휴가를 대체하여 지정하고 싶은데요?

사용자는 '근로자대표와의 서면합의'에 따라 연차유급휴가일을 갈음하여 '특정한 근로일'에 근로자를 휴무시킬 수 있다.

A 연차휴가의 대체는 근로자의 휴가 사용권을 보장하고 인력을 효율적으로 운영하기 위한 제도로서 사용자는 '근로자대표와의 서면합의'에 따라 연차유급휴가일을 갈음하여 '특정한 근로일'에 근로자를 휴무시킬 수 있다(근로기준법 제62조). 여기서 특정근로일이라 함은 근로의무가 있는 소정근로일 중의 특정일을 의미한다(임금근로시간정책팀-3295, 2007. 11. 5.). 그러나 근로자의 날은 법정휴일로서 특정일로 기념일이 정해져 있으므로 휴일을 다른 날로 대체할 수 없다.

근로기준법상 유급휴가 대체일수에 대한 한도는 규정되어 있지 않으므로 원칙적으로 노사 간의 합의에 따라야 한다. 그러나 너무 많은 일수를 유급휴가일로 대체토록 하는 것은 근로자가 필요한 날에 유급휴가를 사용할 수 없게 되는 결과를 초래할 우려가 상당하여 연차유급휴가제도의 취지에 반하므로 바람직하지 않다. 연차유급휴가를 대체하기 위해서는 ① 근로자대표와의 서면합의가 필요하고, ② 개별 근로자의 시기지정권을 배제하는 조치이기 때문에 서면합의 시 대체일을 특정해야 한다. 연차유급휴가의 대체는 개별근로자의 동의를 요건으로 하고 있지 않기 때문에, 근로자대표와 서면합의를 하면 근로자 개별동의는 불필요하며 개별 근로자는 당해 합의를 통한 휴가일 지정을 거부할 수 없다(근기 68207-1432, 2002. 4. 4.).

보상휴가제란 사용자는 근로자대표와의 서면합의에 따라 연장·야간 및 휴일근로에 대한 임금 대신 휴가를 부여하는 제도를 말한다. 기업의 업무량이 일정하지 아니한 경우에 유용하게 활용될 수 있는 제도이다. 반드시 근로자대표와 서면합의를 실시해야 하고, 서면합의는 당사자의 서명 또는 날인이 된 문서가 필요하다. 특히 휴일근로 2시간을 한 경우 가산임금을 포함하면 총 3시간분의 임금이 지급되어야 하므로 보상휴가는 3시간을 부여하여야 한다.

[유사 개념 비교]

	근거조문	대체방법(비율)	대체효과
① **연차휴가대체**	근기법 제62조	근로자대표와 서면합의(1:1)	집단 대체 (반대 근로자도 대체 됨)
② **휴일대체**	없음	단체협약 또는 취업규칙 또는 근로계약서(1:1)	해당자 개별 대체
③ **보상휴가제**	근기법 제57조	근로자대표와 서면합의(1:1.5)	집단 대체 (반대 근로자도 대체 됨)

72

근로자대표와의 서면합의 대신에 근로자의 개별적 동의로 연차유급휴가를 대체할 수 있는지요?

연차유급휴가 대체는 근기법상 근로자의 대표와의 서면합의를 요구하고 있어 근로계약서 상의 근로자 동의만으로는 불가하다.

A 공휴일은 관공서의 휴일이므로 일반 회사는 휴일이 아니다. 법정휴일인 주휴일과 근로자의 날을 제외하고는 취업규칙, 단체협약으로 휴일을 정할 수 있고, 유급 또는 무급도 별도로 정할 수 있다. 근기법 제62조는 '근로자대표와의 서면 합의'를 통해 연차유급휴가일을 갈음하여 특정일로 대체가 가능하도록 하고 있다. 근로기준법상의 '근로자대표'는 관련 사항에 대한 대표권을 행사할 수 있는 권한이 있는 자이며, 근로기준법이 근로자대표와의 합의를 통해 시행해야 할 사항을 규정하고 있는 취지는 그 사항이 사용자와 개별근로자 간에 결정될 수 있게 해서는 근로자 보호에 미흡하기 때문에 '노사의 대등한 지위에서의 결정구조'를 확보하기 위해서이다.

또한 과거 취업규칙에 유급휴가의 대체규정을 명시하여 적법하게 취업규칙을 변경한 경우 연차대체의 유효성을 인정한 사례(근기 68207-1585, 2000. 5. 24.)도 있었으나, 최근 행정해석은 개별 근로계약서에 따른 연차대체를 부정하였다(근로기준정책과-2694, 2015. 6. 23.).

연차유급휴가의 대체제도 취지를 살펴보면 근로자 과반수가 취업규칙의 불이익 변경에 동의하는 등 집단적 동의가 담보되는 경우에는 연차유급휴가의 대체를 인정하는 것이 타당할 수도 있으나, 근기법상 요건에 따라 근로자대표를 선출하여 서면으로 합의서를 작성하는 것이 가장 바람직하다.

행정해석	연차유급휴가 대체의 방식으로 근기법 제60조에서 규정된 근로자대표와 서면합의 이외에 다른 방식으로 가능한지 여부에 관한 상반된 행정해석

① 취업규칙 변경동의로 연차유급휴가의 대체를 허용한 사례

근로기준법 제97조에 의한 취업규칙 변경절차를 거쳐 유급휴가의 대체를 취업규칙에 규정하였다면 근로기준법 제60조에 규정된 사용자와 근로자와의 별도 서면합의가 없어도 당해 취업규칙상 유급휴가의 대체규정은 유효하다고 사료됨. 또한 취업규칙 변경 시 사용자측의 개입이나 간섭이 배제된 상태에서 전 직원의 자유로운 의사에 기한 서면동의를 받았다면 근로기준법 제97조에 의한 적법한 취업규칙 변경절차를 거쳤다고 사료됨(근기 68207-1585, 2000. 5. 24.).

② 근로계약서상의 동의로는 연차유급휴가의 대체를 부정한 사례

연차휴가는 근로자가 청구한 시기에 주어야 하나, 개별 근로자의 의사와 관계없이 근로자집단에 대하여 근로일 중 특정일에 연차휴가를 사용하는 것으로 보기 위해서는 근로계약서에 그에 관하여 규정하여 실시할 것이 아니라 「근로기준법」 제62조에 따라 연차휴가 대체제도를 활용하여야 하며, 이를 위해서는 근로자대표와의 서면합의가 있어야 할 것임(근로기준정책과-2694, 2015. 6. 23.).

73 연차유급휴가미사용수당이 너무 부담스러운데, 근로자가 연차유급휴가를 소진하게 독려하는 방법은 없나요?

연차유급휴가의 사용을 촉진하는(2차례 서면통보) 경우 연차유급휴가미사용수당을 지급하지 않을 수 있다.

A '연차유급휴가의 사용 촉진제도'는 사용자가 근로자에게 잔여 연차유급휴가일수를 서면으로 알려주어 근로자가 사용 시기를 정하여 사용자에게 서면으로 통보하도록 하는 제도이다. 이 제도는 근로기준법에서 규정하는 제도로 취업규칙 등의 근거규정이나 근로자대표(노동조합)와의 협의 또는 합의를 요건으로 하지는 않는다. 연차유급휴가 사용촉진제도의 시행에 따른 조치에도 불구하고 사용하지 않은 연차유급휴가는 사용자가 근로자에게 보상할 의무가 면제된다(근로기준법 제61조).

연차유급휴가 사용촉진은 근로자의 정신적·육체적 휴양의 기회를 제공하고 문화적 생활의 향상을 기하려는 연차휴가제도의 본래 취지대로 휴가사용이 실질적으로 이루어지도록 하기 위한 것으로서, 연차유급휴가의 사용촉진을 규정하고 있는 근로기준법 제61조는 동법 제60조제1항·제3항 및 제4항에 따른 유급휴가에 적용되므로 같은 법 제60조제2항에 의한 계속근로년수가 1년 미만인 근로자 또는 1년간 80퍼센트 미만 출근한 근로자에게 부여되는 연차유급휴가에는 동 조항이 적용되지 않는다. 따라서 제60조제2항에 의하여 부여되는 연차유급휴가에 대하여는 사용촉진 대상이 아니다(근로기준정책과-3084, 2015. 7. 13.).

사용자가 근로기준법 제61조에 따른 일련의 연차유급휴가 사용촉진조치를 정상적으로 이행하였음에도 근로자가 해당 휴가일에 출근한 경우 사용자는 노무수령 거부의사를 명확히 표시해야 하며, 명확한 노무수령 거부의사에도 불구하고 근로를 제공한 경우에는 연차유급휴가미사용수당을 지급할 의무가 없다. 노무수령 거부의사가 있었음에 대한 입증책임은 사용자와 근로자 중 어느 쪽에 있는지에 대하여 근로기준법은 입증책임에 대해 직접 규정하고 있지 않으므로 ① 업무수행 및 근태관리에 대한 지시 및 통제, ② 노무수령 거부의사 방법의 명확성, ③ 출근사유가 업무수행과 긴밀한 관련성이 있는지 등 구체적인 사실관계를 종합적으로 고려하여 명확한 노무수령 거부의사가 있었는지를 판단해야 한다. 예컨대 연차휴가일에 해당 근로자의 책상위에 '노무수령 거부의사 통지서'를 올려놓거나, 컴퓨터를 켜면 '노무수령 거부의사 통지' 화면이 나타나도록 하여 해당 근로자가 사용자의 노무수령 거부의사를 인지할 수 있는 정도라면 달리 볼 사정이 없는 한 노무수령 거부의사를 표시한 것으로 볼 수 있다(근로기준과-351, 2010. 3. 22.).

행정해석	전자문서 등으로도 서면촉구를 대신할 수 있다는 사례

기존의 종이 외에 전자문서로서 연차유급휴가 사용촉진이 가능하기 위해서는 회사가 전자결재체계를 완비하여 전자문서로 모든 업무의 기안, 결재, 시행과정이 이루어져 근로자 개인별로 명확하게 촉구 또는 통보되는 경우에 한하여 서면촉구 또는 통보로 인정될 수 있음(근로기준과 – 1993, 2010. 11. 16, 근로개선정책과 – 5353, 2011. 12. 19.).

[연차유급휴가 사용촉진제 절차]

※ 입사일이 2015년 1월 1일인 근로자에 대한 연차유급휴가 사용촉진 예시

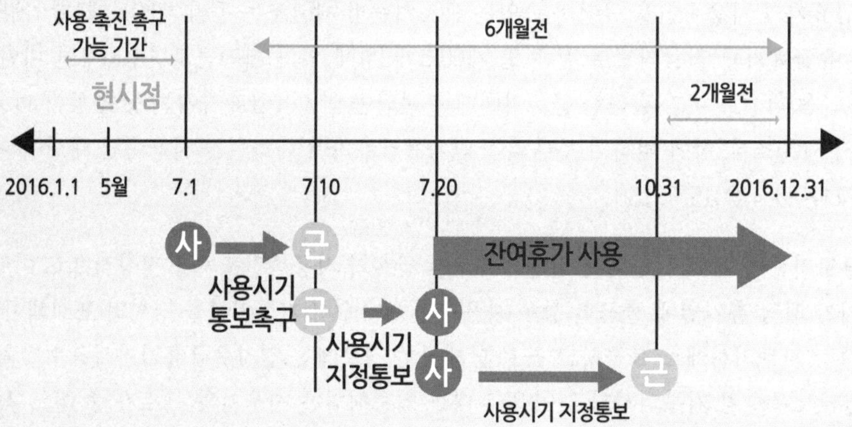

① 연차유급휴가가 소멸되는 마지막 날로부터 6개월 전을 기준으로 10일 이내에 사용자가 근로자에게 사용하지 않은 휴가 일수를 서면으로 알려주고, 근로자가 사용시기를 통보하도록 촉구(근기법 제61조 제1호).

- 서면에는 발생연차일수, 사용연차일수, 잔여연차일수를 기재하여 근로자가 어느 날에 연차휴가를 사용할 것인지 표시함.

② 근로자는 사용자가 서면 촉구한 날로부터 10일 이내 '연차유급휴가사용계획서'를 제출

- 사용자가 7월 2일에 서면 촉구하였다면 7월 12일까지 그 서면을 회수하는 것이나 편의상 10일 단위로 운영해도 무방함.

③ 사용자가 근로자에게 사용하지 않은 휴가 일수를 서면으로 알려주었음에도 불구하고, 서면으로 촉구를 받은 날로부터 10일 이내에 미사용 휴가의 사용 시기를 정하여 사용자에게 통보하지 않은 경우에는 연차유급휴가가 소멸되는 마지막 날로부터 2개월 전까지 사용자가 미사용 휴가의 사용 시기를 정하여 근로자에게 서면으로 통보(근기법 제61조 제2호).

- 2개월 전이라 하여 반드시 그 일자에 통보해야 하는 것이 아니므로, 미사용연차가 22일이 남았다면 2개월 전에 통보하는 것보다는 4~5개월 전에 미리 통보하여 근로자를 배려하는 것이 바람직함.

74 하계휴가기간도 연차유급휴가에서 공제되나요?

연차유급휴가로 대체하는 방식으로 하계휴가를 지급할 수 있다.

A 하계휴가 사용방식에 따라 약정휴가 방식과 법정휴가 방식이 있다. ① 노사 간 별도합의 방식(약정휴가)은 단체협약 등을 통한 하계휴가 부여는 노사결정에 따라 부여하면 되고, 하계휴가 부여 시 '1년 미만 근로자는 제외', '퇴직예정자 제외' 등 취업규칙을 통한 일부 제한도 가능하다. ② 연차휴가 대체 방식(법정휴가)은 연차유급휴가를 집단적으로 사용하는 경우 '특정일'을 정하여 '근로자 대표와 서면합의'가 필요하나, 만약 특정일이 지정되지 않았어도 근로자가 이에 대한 이의 제기 없이 출근하지 않고 쉰 경우라면 근로자의 청구에 의한 연차유급휴가의 사용으로 볼 수 있다(근로조건지도과-2364, 2008. 12. 29.).

다만, 사용자는 시기변경권을 통해 하계휴가 사용일자를 조정할 수 있다. 예를 들어, 연차휴가를 대체해서 사용하는 소정근로일이 월요일부터 금요일인 사업장에서 월요일에서 목요일까지 하계휴가를 부여하고, 금요일은 출근했다면 1주 소정근로일을 개근하였으므로 주휴일이 발생한다. 또한 주휴일 성질에 비추어 '주의 전부'를 연차휴가를 낸 경우에는 유급 주휴일을 부여하지 않을 수 있다(근기 68207-709, 1997. 5. 50.).

[하계휴가 지급유형]

	① 노사 간 합의로 별도 정하는 경우	② 연차유급휴가를 대체해서 사용하는 경우
휴가 성질의 구별	연차유급휴가와 별개의 공가 형태로 부여 ⇨ 약정휴가	연차유급휴가를 통해 하계휴가를 사용 ⇨ 법정휴가
소정근로일수 산정 시 포함여부	제외	포함
휴가 미부여시 임금지급의무 발생여부	별도 정함이 없으면 임금지급의무 없음	연차유급휴가미사용수당 발생
휴가기간 중 휴일이 포함된 경우 처리	자유롭게 정함	제외

행정해석	연차유급휴가를 사용한 날은 출근일로 간주한다는 사례

연·월차유급휴가는 근로일에 부여됨이 원칙이며 연·월차유급휴가를 사용한 날은 출근율 등을 산정함에 있어 그 성질상 출근한 것으로 보아야 함. 따라서 격일제 근로형태 하에서 근무일에 월차를 사용하고 휴무일인 다음날 휴무하였다 하더라도 월차유급휴가사용일 이외의 소정근로일을 개근하였다면 당해월은 소정근로일을 개근하였다고 봄이 타당함(근기 68207-2410, 2000. 8. 11.).

75 휴일과 휴가는 무엇이 다른가요?

휴일은 근로의무가 없는 날이고, 휴가는 근로의무가 있으나 특별한 사정에 의해 면제된 날이다. 따라서 근무 시 휴일에는 가산임금이 발생하고 휴가에는 가산임금이 발생하지 않는다.

A ‘휴일’은 법령, 근로 계약 또는 취업 규칙 등에서 미리 근로 의무가 없는 날로 규정되어 있는 날이다. ‘법정휴일’은 근기법에 의한 주휴일과 ‘근로자의 날 제정에 관한 법률’에 의한 근로자의 날(5월 1일)을 말하고, ‘약정휴일’은 취업규칙이나 인사규정 등 회사 내부 규정 또는 근로계약에 의하여 휴일로 정한 날을 말한다. 법정휴일(주휴일과 근로자의 날)을 제외한 삼일절, 어린이날, 광복절 등 소위 달력의 빨간 날(주로 ‘관공서의 공휴일에 관한 규정’에 따른 휴일)은 일반 사기업에 반드시 적용되는 법이 아니기 때문에 회사에서 무조건 휴일로 해야 하는 것은 아니다. 실무상 단체협약으로 휴일로 정하거나 근로자가 사용자에게 연차유급휴가를 사용한다고 신청해서 쉬게 된다.

휴일은 ‘유급휴일’과 ‘무급휴일’로 나눌 수 있다. 실무상 많은 회사들이 일요일은 유급주휴일, 토요일은 무급휴(무)일로 정한다. 초단시간근로자가 아닌 이상 근로자에 대해 1주일에 1일은 반드시 유급휴일을 부여해야 하나, 무급휴일은 부여할 수도 있고 부여하지 않을 수도 있다.

예컨대, 토요일을 무급휴일 또는 무급휴무일로 지정할 수도 있는데, 취업규칙 등에 달리 약정이 없는 한 ‘무급휴무일’이 된다. ‘무급휴일’로 지정할 경우에는 토요일 근무가 휴일근무가 되어 휴일근로수당을 지급해야 하고, ‘무급휴무일’로 지정될 경우에는 토요일 근무가 연장근무시간에 산입되어 연장근로수당이 지급되는 차이가 있다.

[휴일 VS 휴가]

구분	휴일	휴가
개념	· 근로의 의무가 없는 날 · 사규 등에 의해 특정일이 미리 정해짐	· 근로의 의무가 있으나 특별한 사정에 의해 면제 · 사규 등에 발생하는 사유만을 규정
발생	· 전사적 사유	· 개인적 사유(예외적 전사적 사유)
종류	· 주휴일, 근로자의 날(법정휴일) · 창립기념일(약정휴일) 등	· 연차휴가, 유·사산 휴가, 출산 휴가, 배우자 출산 휴가(법정휴가) · 경조 휴가(약정휴가) 등
근무	· 가산임금 발생	· 가산임금 미 발생

76 근로자의 날에 대해 휴일대체가 가능한가요?

근로자의 날은 법률로 '근로기준법에 의한 유급휴일'로 정하고 있으므로, 행정해석상 휴일대체가 불가하나 보상휴가는 가능하다.

A 휴일대체제도란 특정된 휴일을 근로일로 하고 대신 통상의 근로일을 휴일로 대체할 수 있는 제도이고, 근기법에 규정은 없다. 근로자의 휴일대체의 요건은 단체협약이나 취업규칙에 휴일대체에 대한 근거가 있어야 하고 업무상의 필요성 등의 대체사유·방법 등이 명시되어야 한다. 즉 ① 업무상의 필요성, ② 휴일대체에 대한 사전예고, ③ 근로자의 자발적 동의가 필요하다.

적법한 휴일대체의 절차를 거친 경우에는 원래의 휴일은 통상의 근로일이 되어 통상임금이 지급되며 휴일근로수당을 별도로 지급하지 않아도 무방하다. 이와 같이 휴일이 대체휴일로 변경된 경우에는 당초의 휴일은 평일이 되므로 휴일근로가산수당을 지급할 필요가 없다(근기 68207-806, 1994. 5. 16.).

행정해석은 근로자의 날에 대한 '휴일대체'를 허용하지 않는 입장(근기-829, 2004. 2. 19.)이나, 근로자의 날에 대한 '보상휴가'는 허용(임금근로시간정책팀-2363, 2007. 7. 13.)하고 있다. 근기법 제57조에서 동법 제56조의 야간·휴일·연장근로에 대하여 보상휴가제를 실시할 수 있다고 규정하고 있을 뿐 근로자의 날을 제외하고 있지 않으므로 근로자의 날의 근로에 대하여 임금을 지급하는 것을 갈음하여 휴가를 부여할 수 있다. 다만, 보상휴가는 연장근로에 대해 임금 대신 휴가를 주는 경우에 해당하여 가산개념이 적용되므로 주의해야 한다. 즉, 8시간 연장근로 한 근로자에 50%를 가산해 12시간 분 임금이 지급되어야 하므로 12시간 분의 휴가를 부여해야 한다.

[사업주가 해야 할 노무관리 체크 포인트]

1. 근로자를 채용할 때에는 반드시 근로계약서를 서면으로 작성하고 근로자에게 교부해야 합니다(근로기준법 제17조).
2. 근로자명부와 임금대장, 근로계약에 관한 중요 서류를 사업장에 비치하고 3년간 보존해야 합니다(근로기준법 제42조).
3. 근로기간은 1일 8시간, 1주 40시간을 지켜야 하고 연장·야간·휴일근로를 시키는 경우에는 통상시급의 50%를 가산해서 지급해야 합니다(근로기준법 제50조, 제56조).
4. 1주일에 1일 이상 휴일을 주어야 합니다(근로기준법 제 55조).
5. 임금은 매월 1회 이상 일정한 날짜를 정하여 계좌이체로 전액 지급해야 합니다(근로기준법 제43조). 근로자가 퇴직한 경우에는 퇴직한 날로부터 14일 이내에 임금, 퇴직금 등 일체의 금품을 지급해야 합니다.
6. 1년 이상 계속 근무하다 퇴직한 근로자에게 1년에 30일분 이상의 평균임금을 퇴직금으로 지급해야 합니다(근로자퇴직급여보장법 제8조).
7. 근로자를 해고하려면 정당한 이유가 있어야 하고, 해고시기와 해고사유를 서면으로 통지해야 합니다(근로기준법 제23조 및 제27조).
8. 사용자는 1년간 80% 이상 출근한 근로자에게 15일의 유급휴가를 주어야 합니다. 근로계속기간이 1년 미만인 근로자는 1개월 개근 시 다음달에 1일의 유급휴가를 주어야 합니다(근로기준법 제60조).
9. 매년 1월 1일부터 새로운 최저임금 이상을 지급해야 합니다.
10. 직장 내 성희롱 예방 교육을 연 1회 이상 해야 합니다.

Ⅴ. 모성보호

"노조 동의 없는 성과연봉제 도입 무효" 첫 판결

차등지급 성과연봉제가 일부 저성과 근로자에게만 불리하더라도 과반수 이상의 노조원 동의가 없었다면 이같은 성과연봉제도 도입은 근로기준법 위반으로 무효라는 첫 판결이 나왔다. 근로기준법 제94조 제1항은 사용자가 취업규칙을 근로자에게 불리하게 변경하는 경우에는 노조 등의 동의를 받아야 한다고 규정하고 있다.

서울중앙지법 민사41부(재판장 권혁중 부장판사)는 18일 A씨 등 10명(소송대리인 김기덕 변호사)이 주택도시보증공사(HUG)를 상대로 낸 취업규칙무효확인소송(2016가합566509)에서 "HUG가 2016년 5월 17일 개정한 연봉제규정과 연봉제규정시행세칙, 시간외근무수당지급세칙은 무효임을 확인한다"며 원고일부승소 판결했다.

재판부는 "취업규칙 개정으로 근로자들이 받는 임금 총액이 기존 급여 체계에 비해 증가했다 하더라도 근로자 개인에 따라 유·불리의 결과가 달라진다면 근로자에게 불이익한 것으로 취급해 근로기준법에 따른 변경절차를 따라야 한다"고 밝혔다.

이어 "성과연봉제 확대로 하위평가를 받게 되는 일부 근로자들이 입게 되는 임금·퇴직금 등의 불이익이 상당할 것으로 예상된다"며 "따라서 연봉제규정 등의 개정은 근로자들에게 불이익한 취업규칙의 변경에 해당함에도 HUG는 근로기준법에 따른 적법한 동의 절차를 거치지 않았다"고 설명했다.

재판부는 "경영문제 해결을 위한 공공기관 개혁의 일환으로 성과연봉제 확대 추진의 필요성은 인정되지만, HUG가 조합원 90%의 명백한 반대 의사표시에도 불구하고 일방적으로 취업규칙을 변경해야 할 정도로 그 필요성이 절실하다고 보기 어렵다"고 판시했다.

HUG는 지난해 5월 성과연봉제 도입에 관한 기획재정부 지침에 따라 성과연봉제 적용대상과 임금 가운데 성과연봉의 비중을 확대하는 내용의 취업규칙을 개정했다. 이에 A씨 등은 같은해 11월 "HUG가 노조의 동의없이 일방적으로 근로자들에게 불이익한 연봉제규정 등을 개정한 것은 근로기준법 위반으로 무효"라며 "HUG는 A씨 등에게 각 100만원씩 위자료를 지급하라"며 소송을 냈다.

A씨 등을 대리한 김기덕(53·사법연수원 28기) 변호사는 "이번 판결은 성과에 따라 차등 지급하는 성과연봉제가 일부 저성과 근로자에게만 불이익하더라도 노조원 과반수 이상이 그 도입에 동의하지 않았다면 무효라고 판단한 최초의 법원 판결"이라고 말했다.

법률신문 이순규 기자 soonlee@lawtimes.co.kr

입력 : 2017-05-18 오후 6:01:01

출처 : https://www.lawtimes.co.kr/Legal-News/Legal-News-View?serial=118146

77

1년 미만 근로한 근로자도 출산전후휴가를 받을 수 있나요?

출산전후휴가는 1년 미만 근로자도 받을 수 있으나, 육아휴직신청은 해당 사업장에서 1년 이상 근로한 자만 받을 수 있다.

A 출산전후휴가 및 육아휴직의 적용범위와 관련하여 출산전후휴가 및 육아휴직은 별도의 적용제외에 해당하는 사정이 없는 한 근로자 1인 이상 모든 사업장에 적용한다. 다만, 육아휴직은 계속 근로한 기간이 1년 미만인 경우에는 사용자가 거부할 수 있으나, 출산전후휴가는 근로한 기간이 1년 미만인 경우에도 가능하다. 따라서 출산전후휴가기간은 근속기간에 포함되므로 9개월 근무한 근로자라도 출산전후휴가 90일에 이어서 육아휴직이 가능하다.

사용자는 임신 중의 여성에게 90일(한 번에 둘 이상 자녀를 임신한 경우에는 120일)의 출산전후휴가를 부여해야 하는데, 출산 후에 최소 45일(한 번에 둘 이상 자녀를 임신한 경우에는 60일) 이상 되어야 한다. 출산전후휴가 90일 중 최초 60일은 사업주가 월 통상임금을 지급하고, 나머지 30일은 고용센터에서 지급한다. 또한 우선지원대상기업이라면 출산전후기간 동안 정부 최대 지원금인 월 150만원씩을 받을 수 있다. 만약 우선지원 대상기업 소속 통상급여가 월 250만원인 근로자가 출산전후휴가 중에는 고용센터에서 지원하는 150만원에 더하여, 사업주가 월급과의 차액인 100만원을 추가로 근로자에게 지급해야 한다.

한편, 육아휴직 중인 근로자가 정리해고 대상자로 선정될 만한 객관적이고 정당한 사유가 있다고 하더라도 사업을 계속할 수 없게 된 경우를 제외하고는 육아휴직 중인 근로자를 정리 해고할 수 없다(근로기준팀-51, 2008. 1. 3.). 다만 육아휴직 중인 근로자를 해고할 수 없으나, 해고 예고는 가능하다(근로기준과-5784, 2004. 8. 18.).

[참조 법령]

• 남녀고용평등과 일가정양립지원에 관한 법률 제3조 (적용 범위) ① 이 법은 근로자를 사용하는 모든 사업 또는 사업장(이하 "사업"이라 한다)에 적용한다.
• 동법 제19조 (육아휴직) ① 사업주는 근로자가 만 8세 이하 또는 초등학교 2학년 이하의 자녀(입양한 자녀를 포함한다)를 양육하기 위하여 휴직(이하 "육아휴직"이라 한다)을 신청하는 경우에 이를 허용하여야 한다. 다만, 대통령령으로 정하는 경우에는 그러하지 아니하다.
• 동법 시행령 제10조 (육아휴직의 적용 제외) 법 제19조제1항 단서에 따라 사업주가 육아휴직을 허용하지 아니할 수 있는 경우는 다음 각 호와 같다.
1. 육아휴직을 시작하려는 날(이하 "휴직개시예정일"이라 한다)의 전날까지 해당 사업에서 계속 근로한 기간이 1년 미만인 근로자
2. 같은 영유아에 대하여 배우자가 육아휴직(다른 법령에 따른 육아휴직을 포함한다)을 하고 있는 근로자
• 근로기준법 제7조 (적용범위) 법 제11조제2항에 따라 상시 4명 이하의 근로자를 사용하는 사업 또는 사업장에 적용하는 법 규정은 별표 1과 같다. ☞ 별표1에 근기법 제74조 출산전후휴가 규정 포함됨.

78 육아휴직 기간 동안은 임금이 적은데 퇴직금 계산 시 불리하지 않나요?

출산전후휴가 및 육아휴직 기간이 '평균임금' 산정 시에는 제외되나, 근속기간 산정 시에는 산입되므로 근로자에게 불리해지지 않는다.

A 출산전후휴가 및 육아휴직 기간 동안 통상적으로 받던 임금보다 적어지게 되는 불합리함이 있어서 법에서는 그 기간은 평균임금 계산에서 제외하고 그 전에 일반적으로 받던 금액을 기준으로 평균임금을 계산하고 있다. 또한 퇴직금은 1년 이상 근로한 자에게는 누구에게나 지급되므로 근속기간 산정 시에는 출산전후휴가 및 육아휴직 기간 전부를 산입해주고 있어서 근로자에게는 전혀 불리하지 않다.

육아휴직기간은 출근으로 취급하는 출산전후휴가와는 달리 근로계약이 존속하는 상태에서 근로제공의무가 정지되는 기간이므로 소정근로일을 확정함에 있어 이를 제외하여야 하며, 따라서 육아휴직한 자의 연차유급휴가 산정은 육아휴직기간을 제외한 나머지 소정 근로일수에 대한 출근율에 의거하여 연차유급휴가를 산정하여야 할 것이며, 육아휴직기간은 퇴직금 산정의 기초가 되는 근속기간에는 포함되나 평균임금산정대상 기간에서는 제외되므로 육아휴직기간 도중에 평균임금 산정사유가 발생한 경우에는 육아휴직한 날 이전 3개월 간의 임금 총액을 그 기간의 총 일수로 나누어 산정한다(감독 68213-98, 1995. 3. 3.).

예컨대, 2015. 1. 1. 입사하여 월 300만 원 받던 근로자가 2017. 1. 1.에 육아휴직을 시작하여 2017. 12. 31.에 육아휴직 종료와 동시에 사직한 경우를 살펴보면, 퇴직금은 약 881만 원 발생한다.

※ 퇴직금 계산식 : 1일 평균임금 × 30(일) × (재직일수/365)

① 1일 평균임금 계산 : (300만 원 × 3개월) / 92일(10,11,12월) = 97,826 원

② 재직일수(근속기간은 육아휴직기간을 전부 포함) : 총 1096 일(※ 2016년 : 윤년)

③ 퇴직금 계산 : 97,826 원 × 30(일) × (1096/365) = 약 8,812,390 원

[참조 법령]

- 남녀고용평등과 일가정양립지원에 관한 법률 제19조 (육아휴직) ④ 사업주는 육아휴직을 마친 후에는 휴직 전과 같은 업무 또는 같은 수준의 임금을 지급하는 직무에 복귀시켜야 한다. 또한 제2항의 육아휴직 기간은 근속기간에 포함한다.
- 근로기준법 시행령 제2조 (평균임금의 계산에서 제외되는 기간과 임금) ① 「근로기준법」 (이하 "법"이라 한다) 제2조제1항제6호에 따른 평균임금 산정기간 중에 다음 각 호의 어느 하나에 해당하는 기간이 있는 경우에는 그 기간과 그 기간 중에 지급된 임금은 평균임금 산정기준이 되는 기간과 임금의 총액에서 각각 뺀다.

3. 법 제74조에 따른 출산전후휴가 기간

5. 「남녀고용평등과 일·가정 양립 지원에 관한 법률」 제19조에 따른 육아휴직 기간

79 육아휴직 중 근로계약 기간만료가 되는 경우는 어떻게 되나요? 동기간을 포함하여 2년을 넘으면 정규직으로 전환되나요?

출산전후휴가 또는 육아휴직 중이라도 근로계약기간이 만료되면 근로관계는 종료된다. 다만 기간의 정함이 없는 근로자로 전환되는 2년의 사용기간 계산에는 출산전후휴가 기간은 기간제법 상 사용기간에 '산입'되나, 육아휴직 기간은 기간제법 상 사용기간에 '불산입'된다.

A 출산전후휴가 또는 육아휴직 중이라도 근로계약기간이 만료되면 근로관계는 종료된다. 예를 들어, 2015. 1. 1.부터 2016. 12. 31.까지 기간을 정한 기간제근로자는 2016. 12. 31.에 육아휴직기간 중이거나 출산전후휴가기간 중이라도 2016. 12. 31.에 기간만료로 근로관계가 종료함이 원칙이다. 다만 기간의 정함이 없는 근로자로 전환되는 2년의 사용기간 계산에는 출산전후휴가 기간은 기간제법상 사용기간에 '산입'되나, 육아휴직 기간은 기간제법상 사용기간에 '불산입'된다.

따라서 ① 2016. 12. 1.부터 출산전후휴가 중이라도 2016. 12. 31.자로 근로계약기간이 만료됨에 따라 고용계약은 해지되므로 사업주의 출산전후휴가 지급 의무도 종료된다. ② 2016. 7. 1.부터 육아휴직을 받은 경우에도 2016. 12. 31. 이후에는 고용계약이 해지되므로 육아휴직기간도 종료된다. 다만, 사용자가 육아휴직한 해당 근로자를 근로계약 기간 만료일인 2016. 12. 31. 이후에 복직시킬 경우에도 2017. 6. 30.까지(육아휴직기간을 제외하고는 2년 되기 전임)는 기간의 정함이 없는 근로자로 간주되지 않는다.

[참조 법령]

- 남녀고용평등과 일가정양립지원에 관한 법률 제19조 (육아휴직) ⑤ 기간제근로자 또는 파견근로자의 육아휴직 기간은 「기간제 및 단시간근로자 보호 등에 관한 법률」 제4조에 따른 사용기간 또는 「파견근로자보호 등에 관한 법률」 제6조에 따른 근로자파견기간에 산입하지 아니한다.

행정해석 | **무기계약직 전환되는 기간에 육아휴직기간은 제외되나, 당사자합의로 별도 정할 수 있다는 사례**

귀하가 무기계약근로자로 전환되기 이전에 육아휴직을 사용하게 되어 육아휴직 기간 중에 근로계약기간이 만료되는 경우 사업주와 근로자 합의에 의해 근로계약이 연장되지 않는다면 계약기간 만료에 따라 고용계약은 해지되는 것으로 보아야 할 것임(고용차별개선과-1737, 2012. 8. 3.).

행정해석 | **출산전후휴가기간 중 근로계약기간이 만료되는 경우에도 계약관계를 종료할 수 있다는 사례**

1인 이상 사업장에 근무하는 근로자는 계약직 등 근로형태와 관계없이 근로기준법 제74조 규정에 의한 출산전후휴가를 사업주로부터 부여받을 수 있으나, 동 휴가·휴직기간 중 계약기간이 만료되면 사업주의 의무도 함께 종료되므로 산전후휴가는 종료됨(여성고용과-2112, 2010. 6. 14.).

80 육아휴직 중인데 조기 복귀하는 것이 가능한가요?

영유아가 '사망' 하거나 이혼 등의 사유로 '영유아와 동거하지 않는 경우'에는 조기 복귀가 가능할 것이나, 그 외의 경우에는 노사협의의 문제이다.

A 통상적으로 육아휴직자의 업무를 수행하기 위해 대체인력을 고용하게 되는데, 육아휴직자가 휴직 기간 중 조기 복귀할 수 있는지 문제된다. 육아휴직자는 영유아가 '사망'하거나 이혼 등의 사유로 '영유아와 동거하지 않는 경우' 그 사실을 알려야 하고, 사업주는 그러한 사실을 통지받은 날부터 30일 이내에 근무를 개시하도록 지정해주어야 한다. 반면, 명백한 육아휴직 종료사유 없이 단순히 근로자가 조기 복귀를 원하는 경우 복귀 시기는 근로자와 사업주 간 협의로 정해질 부분이지 사업주에게 업무에 복귀시킬 의무가 있다고 보기 어렵다(여성고용정책과-342, 2015. 1. 27.).

한편, 근로자의 '휴직'으로 결원이 발생하여 당해 근로자가 복귀할 때까지 대신 근로하게 하는 경우는 기간제 사용기간 제한 예외 사유에 포함된다. 따라서 육아휴직 대체기간은 기간제 사용기간에 대한 제한 없이 근로하게 할 수 있다. 계속근로여부는 근로계약이 이루어지게 된 동기 및 경위, 기간을 정한 목적과 당사자의 진정한 의사, 계절적·임시적 고용여부, 근무기간의 장단 및 갱신횟수, 근로계약의 단절기간, 재채용 시 동일 사업장에서의 근무여부 등을 종합적으로 판단한다.

[참조 법령]

• 남녀고용평등과일가정양립지원에관한 법률 시행령 제14조 (영유아의 사망 등에 따른 육아휴직의 종료)

① 육아휴직 중인 근로자는 그 영유아가 사망하거나 영유아와 동거하지 아니하게 된 경우에는 그 사유가 발생한 날부터 7일 이내에 그 사실을 사업주에게 알려야 한다.

② 사업주는 제1항에 따라 육아휴직 중인 근로자로부터 영유아의 사망 등에 대한 사실을 통지받은 경우에는 통지받은 날부터 30일 이내로 근무개시일을 지정하여 그 근로자에게 알려야 한다.

③ 근로자는 다음 각 호의 어느 하나에 해당하는 날에 육아휴직이 끝난 것으로 본다.

1. 제1항에 따라 통지를 하고 제2항에 따른 근무개시일을 통지받은 경우에는 그 근무개시일의 전날

④ 육아휴직 중인 근로자가 새로운 육아휴직을 시작하거나 「근로기준법」 제74조에 따른 출산전후휴가 또는 법 제19조의2에 따른 육아기 근로시간 단축(이하 "육아기 근로시간 단축"이라 한다)을 시작하는 경우에는 그 새로운 육아휴직, 출산전후휴가 또는 육아기 근로시간 단축 개시일의 전날에 육아휴직이 끝난 것으로 본다.

행정해석	동일한 근로자를 다시 채용한 경우에도 각각의 근로계약을 별개로 보아 계속근로기간 산정 시 합산하지 않을 수 있다는 사례

근로계약 만료 후 일정한 공백기간을 거쳐 다시 채용공고, 서류전형, 면접 실시 및 새로운 사번의 부여 등 실질적인 공개채용 과정을 거쳐 재채용 되었다면 각각의 근로계약을 별개로 보아 계속근로기간 산정 시 합산하지 않을 수 있을 것으로 사료되며, 2007. 7. 1. 이후 근로계약을 체결·갱신·연장된 이후 육아휴직 업무대체와 같은 기간제근로자 사용기간 제한 예외의 경우를 제외한 계속근로기간이 2년을 초과한 경우라면 기간의 정함이 없는 근로자로 간주될 수 있을 것으로 생각됨(고용평등정책과-212, 2011. 1. 27.)

81 육아휴직급여 신청은 언제까지 할 수 있나요?

신청기간(1년)과 소멸시효기간(3년)사이에 재판부의 결론이 달라 대법원 판단을 기다려 보아야 한다.

A 육아휴직 급여를 지급받으려는 사람은 육아휴직을 시작한 날 이후 1개월부터 육아휴직이 끝난 날 이후 12개월 이내에 신청해야 된다(고용보험법 제70조 제2항). 반면, 육아휴직급여 지급 청구권의 소멸시효는 3년이다(동법 제107조 제1항).

따라서 소멸시효 완료 전 급여 신청 청구기간을 도과한 경우가 문제되었는데, 고용노동부는 청구기간에 대한 규정이 소멸시효에 우선하는 특별규정이라고 주장했다. 1심 법원은 청구기간 규정에서 소멸시효 규정을 배제한다거나 청구기간 규정이 소멸시효 규정보다 우선 적용된다는 특별한 규정을 두고 있지 않다면서, 청구기간 규정을 청구권의 소멸시효를 정한 것으로 볼 수 없다고 판시하였다(서울행정법원 2016. 11. 24. 선고 2016구단60150 판결).

그러나 항소심 재판부는 "육아휴직 급여 신청기간을 두게 된 것은 사회보험제도 방식으로 지급되는 사회보장급여로서의 육아휴직 급여 및 출산전후휴가 급여의 특수성을 고려해 각 종료일로부터 12개월이라는 합리적 기간 동안 급여 신청권을 보장하는 한편 그 신청기간을 제한해 고용보험기금의 재정적 안정을 확보하려는 데 있다"며 "근로자가 육아휴직 종료일로부터 12개월이 경과한 이후에 급여 신청을 했으므로, 신청을 불승인한 노동청의 처분은 정당하다"며 육아휴직을 마친 근로자가 현업에 복귀한 후 12개월이 지나도록 육아휴직급여를 신청하지 않았다면 휴직급여를 받을 수 없다고 판시했다(서울고법 2017. 6. 1. 선고 2016누81972 판결). 따라서 대법원의 판단을 기다려 보아야 한다.

[참조 법령]

- 남녀고용평등법 제19조 (육아휴직) ① 사업주는 근로자가 만 8세 이하 또는 초등학교 2학년 이하의 자녀(입양한 자녀를 포함한다)를 양육하기 위하여 휴직(이하 "육아휴직"이라 한다)을 신청하는 경우에 이를 허용하여야 한다. 다만, 대통령령으로 정하는 경우에는 그러하지 아니하다.
- 고용보험법 제73조 (급여의 지급 제한 등) ① 피보험자가 육아휴직 급여 기간 중에 그 사업에서 이직하거나 새로 취업한 경우에는 그 이직 또는 취업하였을 때부터 육아휴직 급여를 지급하지 아니한다.
③ 거짓이나 그 밖의 부정한 방법으로 육아휴직 급여를 받았거나 받으려 한 자에게는 그 급여를 받은 날 또는 받으려 한 날부터의 육아휴직 급여를 지급하지 아니한다.

Q 82

육아휴직 기간 중 개인 상점 운영행위를 사내 취업규칙 상 겸업 금지 위반행위로 간주하여 해고가 가능한지요?

육아휴직기간 동안 육아활동을 전혀 하지 않은 경우에는 부정수급에 해당하고 징계가 가능하다.

A 사용자는 근로계약서·취업규칙에 겸업금지 등 시정요구 및 제재 조항을 두어 근로자가 근로계약을 불성실하게 이행하거나 경영 질서를 해치는 것을 방지할 수 있다. 다만 일반적으로 취업규칙에 겸업금지 조항을 두고 징계사유로 삼고 있더라도 근로기준법 제23조 제1항에 따라 '정당한 사유'가 존재해야 징계가 가능한데, 통상적으로 '직무수행에 영향을 미쳤는지 여부'로 정당성을 판단하고 있다.

육아휴직기간은 육아휴직의 목적에 맞게 사용되어야 하므로 고용노동청이 양육의사 없이 부정한 방법으로 육아휴직신청을 한 것으로 판명한 경우에는 겸업금지 위반으로 징계할 수 있으나, 단시간근로만으로는 부정한 육아휴직근로로 보기 어렵다. 고용노동부는 육아휴직기간 중 3일간 4시간씩 지인 의류매장에서 일을 도와주고 대가는 받지 않는 경우에 고용보호법 제72조에 따라 1주간의 소정근로시간이 15시간 미만인 경우는 신고 대상적용 제외 규정을 준용하여 정당한 육아휴직급여 수급으로 처리하고 있다.

반면, 하급심 판례에서는 육아휴직 중 49일간 일용직 근로자로 일한 사례에서 고용보험법 제73조 제1항에서 금지하는 '취업'으로 보아 육아휴직급여의 지급 제한에 해당한다는 입장이다(서울고법 2015. 7. 22. 선고 2014누65600 판결). 고용보험법상 육아휴직급여를 받기 위한 요건으로서 자녀를 양육하기 위한 휴직에 해당하기 위해서는 양육하는 영유아와 동거하는 것이 전제되어야 하며, 육아휴직 1년 동안 8개월이나 해외에 체류하면서 남편의 사업을 도운 경우에도 육아휴직급여 부정수급에 해당한다(서울고법 2015. 8. 28. 선고 2014누56002 판결).

[육아휴직급여 수급의 정당성 가부 예시]

정당성 인정	근로자가 사용자 동의 없이 외부 강의를 계속 한 사안에서, 이것은 취업규칙을 위반한 것이고 근로자는 사용자 이익을 배려하고 근로계약상 성실의무를 다해야 함에도 재직 시 사용자와 동종 회사를 별도 운영한 것은 사용자에 대해 이해 상반된 행위를 계속한 것이므로 해당 근로자를 해고한 것은 정당함(중노위 2006. 10. 13. 2006부해169 판정).
정당성 부정	'보수를 목적으로 타업에 종사한 경우'를 취업규칙 상 당연면직 사유로 정하고 있는 사업장에서 근로자가 대학원에 출강하는 경우, 대학원에 출강해 받는 보수가 그리 많지 않았고, 당시 회사는 토요일 격주휴무제를 실시해 해당 근로자의 대학원 출강이 직무수행에 별다른 지장을 주지 않았으며 대학 강의는 연구원들이 수행해야 할 연구 활동에 지장을 초래하기보다는 오히려 도움 되는 측면이 많다는 점을 감안할 때 그와 같은 사유만으로 당연 면직 처분한 것은 부당함(서울행법 2001. 2. 15. 선고 2000구22399 판결).

83 임신 중인 여성근로자도 현재 통상근무자에게 지급되는 월 5시간의 고정연장근로수당을 지급받을 수 있나요?

고정연장근로수당이 실제 연장근로에 대한 수당인 경우에는 임신 중인 여성근로자는 연장근로가 금지되므로 연장근로수당은 지급하지 않아도 된다.

A 임신 중인 여성근로자의 휴일근로나 야간근로는 원칙적으로 금지된다. 다만, 근기법 제70조에 따라 ① 근로자의 명시적 청구, ② 근로자대표와 협의, ③ 고용노동부장관의 인가 요건을 모두를 갖춘 경우에 가능하다. 하지만 시간외근로에 대해서는 예외적인 허용이 없어(근기법 제74조 제5항), 본인(여성근로자)이 아무리 동의하고 원한다고 하더라도 임신 중인 여성근로자의 연장근로는 금지된다(평정 68240-54, 2003. 2. 4.). 따라서 근로자가 실제로 연장근로하지 않을 경우에는 연장근로수당을 지급하지 않을 수 있다. 이러한 경우 근로자의 임금이 감소하여 근로조건의 불이익이라고 생각할 수도 있으나, 행정해석은 임신 중인 여성근로자의 연장근로 금지에 따른 실근로시간 단축과 이로 인한 임금 감소에 대해서는 근로조건의 불이익 변경으로 보지 않는다.

반면, 연장근로 실시 여부와 무관하게 전 직원에게 일률적으로 지급되는 수당일 경우라면 이는 연장근로수당이 아니라 임금으로 판단될 소지가 많으므로 임신 중인 여성근로자라는 이유로 수당을 지급하지 않는 것은 근기법 위반이 될 수 있다(근로조건지도과-4492, 2008. 10. 15.).

[여성근로자 보호규정]

항 목	근거법령	대 상	내 용
탄력적 근로시간 제의 적용 제외	근기법 제51조	임신 중의 여성근로자	2주 이내 단위 또는 3개월 단위 탄력적 근로시간제를 적용하지 아니한다.
유해·위험사업 사용 금지	근기법 제65조	임신 중이거나 산후 1년이 지나지 아니한 여성근로자	도덕상 또는 보건상 유해·위험한 사업에 사용하지 못한다. ※임산부 등의 사용금지 직종(근기법시행령 별표4)
야간·휴일근로의 제한	근기법 제70조	임신 중이거나 산후 1년이 지나지 아니한 여성근로자	야간(오후 10시부터 오전 6시) 및 휴일에 근로시키지 못한다. ※산후 1년이 지나지 아니한 여성근로자의 동의가 있는 경우 가능)
시간외근로 제한	근기법 제71조	산후 1년이 지나지 아니한 여성근로자	1일 2시간, 1주일에 6시간, 1년에 150시간을 초과하는 시간외근로를 시키지 못한다.
	근기법 제74조	임신 중의 여성근로자	시간외근로를 하게 하여서는 아니된다.
출산전후휴가 및 유·사산휴가	근기법 제74조	임신 중의 여성근로자	· 산전 후 90일(다자녀는 120일), 산후 45일(다자녀는 60일)의 휴가 보장 · 유·사산휴가의 경우 임신기간에 따라 차등 부여 1. 11주 이내인 경우: 유산 또는 사산한 날로부터 5일까지 2. 12주 이상 15주 이내인 경우 : 유산 또는 사산한 날로부터 10일까지 3. 16주 이상 21주 이내인 경우: 유산 또는 사산한 날로부터 30일까지 4. 22주 이상 27주 이내인 경우: 유산 또는 사산한 날로부터 60일까지 5. 28주 이상인 경우: 유산 또는 사산한 날로부터 90일까지

가벼운 업무로 전환	근기법 제74조	임신 중의 여성근로자	임신 중의 여성근로자의 요구가 있는 경우 쉬운 종류의 근로로 전환하여야 한다.
직무복귀	근기법 제74조	산전 후 휴가 종료 후 여성근로자	산전 후 휴가종료 후에는 휴가 전과 동일한 업무 또는 동등한 수준의 임금을 지급하는 직무에 복귀시켜야 한다.
근로계약 체결 시 보호	남녀 고평법 제11조	여성근로자	혼인, 임신 또는 출산을 퇴직사유로 예정하는 근로계약을 체결하여서는 아니 된다.
해고금지	근기법 제23조	산전 후 휴가기간과 그 후 30일 이내의 여성근로자	산전 후 휴가 기간과 그 후 30일 동안은 해고하지 못한다.
태아검진 시간 허용	근기법 제74조의2 모자 보건법 제10조	임신 중의 여성근로자	임신한 여성근로자가 모자보건법 제10조에 따른 임산부가 정기건강진단을 받는데 필요한 시간을 청구하는 경우 그 시간을 유급으로 허용해야한다. 1. 임신 28주까지: 4주마다 1회 2. 임신 29주에서 36주까지: 2주마다 1회 3. 임신 37주 이후: 1주마다 1회
수유시간의 부여	근기법 제75조	생후 1년 미만의 유아를 가진 여성근로자	생후 1년 미만의 유아를 가진 여성근로자가 청구하면 1일 2회 각각 30분 이상의 유급수유시간을 주어야 한다.
배우자 출산휴가	남녀 고평법 제18조의2	출산한 배우자를 둔 근로자	· 근로자가 배우자의 출산을 이유로 휴가를 청구하는 경우 5일의 범위에서 3일 이상의 휴가를 주어야 한다. · 위 휴가는 배우자가 출산한 날부터 30일이 지나면 청구할 수 없다.
육아휴직	남녀 고평법 제19조 제19조의2 제19조의3 제19조의4	만 8세 이하 또는 초등학교 2학년 이하의 자녀를 가진 근로자	· 근로자가 신청하면 반드시 허용해야 한다. · 휴직기간 : 1년 이내(1회에 한하여 분할사용 가능) · 육아휴직 1회와 육아기근로시간 단축 1회의 형태로 사용이 가능하며, 총 기간은 1년을 넘을 수 없다. · 맞벌이 부부의 경우 부부가 교대로 동일한 자녀에 대해 각 1년씩 2년간 육아휴직 가능 · 육아휴직기간은 승진·승급·퇴직금 또는 연차휴가 일수가산 등의 기초가 되는 근속기간에 포함되어야 한다. · 평균임금 산정기간에서 제외 · 육아기 근로시간 단축근로 시간 : 주 15시간~30시간
보육시설의 설치	남녀 고평법 제21조 영유아 보육법 제14조	영유아를 둔 근로자	상시 여성근로자 300명 이상 또는 상시 근로자 500명 이상을 고용하고 있는 사업장은 직장보육시설을 설치하여야 한다.

Ⅵ. 징계 및 인사권

대법, "요금 2,400원 횡령한 버스기사 해고 정당" 확정 판결

현금으로 받은 버스요금 2,400원을 횡령했나는 이유로 일자리를 잃은 전북 버스 기사 이희진(53)씨에 대해 대법원이 "해고는 정당하다"고 최종 판결했다.

대법원 1부(주심 이기택 대법관)는 이씨가 회사를 상대로 낸 해고 무효소송 상고심에서 회사의 해고 징계가 적법하다고 본 원심 판결을 확정했다고 29일 밝혔다.

1998년부터 호남고속에서 운전기사로 일한 이씨는 지난 2014년 1월 3일 전북 완주군 우석대학교에서 서울남부터미널로 가는 시외버스를 운행하며 승객 4명에게 받은 4만6400 원 중 2400원을 회사에 납부하지 않았다는 이유로 같은 해 4월 해고됐다.

이는 성인 승객 4명에게 받은 1인당 1만1600 원의 요금을 1인당 1만1000 원인 학생요금으로 계산한 것이다. 당시 회사 측은 "운전원의 수익금 착복이 적발됐을 시는 금액의 다소(多少)를 불문하고 해임을 원칙으로 한다"는 노사합의를 들어 이씨를 해고했다.

그러나 이씨는 "단순 실수로 돈을 부족하게 입금했고 설령 2400원을 횡령했더라도 해고는 과도하다"며 불복 소송을 냈다. 1심은 이씨를 복직시키고 해고 기간 받지 못했던 2800만 원 임금을 배상하라며 이씨 손을 들어줬다. 1심 재판부는 "이씨가 입사한 후 17년 동안 운송수입금과 관련한 문제가 발생한 것은 이번이 처음인 데다가 그 액수도 상당히 적은 금액"이라며 "사회 통념상 고용 관계를 계속할 수 없을 정도로 책임 있는 사유가 있었다고 보기 어렵다"고 했다.

하지만 2심은 "운송수입금 횡령 행위는 운전기사와 회사 사이의 신뢰관계를 중하게 훼손하는 심각한 비위행위"라며 1심 판결을 뒤집었다. 항소심 재판부는 이씨가 승객에게 받은 요금 중 일부를 현금수납용 봉투가 아닌 운전석 왼편에 따로 보관한 점, 당시 탑승한 승객이 40~50대 여성 등으로 일반 요금을 학생요금으로 착각할 가능성이 거의 없었던 점 등에 비춰 이씨의 행동이 '운송수입금 착복'에 해당한다고 판단했다.

또 횡령액이 승객 1인당 600원에 불과하지만, 버스 요금 횡령액은 기본적으로 소액일 수밖에 없으며, 회사 단체협약과 취업규칙, 종업원 징계규정이 운송수입금 횡령에 대한 징계로 '해고'만을 규정한 만큼 이를 존중해야 한다고 봤다. 대법원은 항소심 판결이 중대한 법령 위반 등의 하자가 없다고 보고 판결을 확정했다.

조선일보 손호영 기자

입력 : 2017.06.30 10:05

출처 : http://news.chosun.com/site/data/html_dir/2017/06/30/2017063000946.html

84 무단 지각하면 근로자의 임금을 사용자가 맘대로 깎을 수 있나요?

무단 지각·조퇴·외출의 경우는 법정감급제한을 받지 않고 전액 공제할 수 있다.

A 무단 지각·조퇴·외출 시 그 시간에 상응하는 임금을 차감하는 것은 그 차감총액이 법정감급한도액(감액은 1회의 금액이 평균임금의 1일분의 2분의 1을, 총액이 1임금지급기의 임금 총액의 10분의 1을 초과하지 못함)을 넘더라도 '무노동 무임금' 원칙상 가능하다. 즉, 근기법 제2조 제5호에 따르면, 임금은 사용자가 근로의 대가로 근로자에게 지급하는 일체의 금품이므로 근로하지 않은 시간 및 기간에 대하여 법령 또는 당사자 간에 별도의 정함이 없는 한 사용자는 임금지급의무가 없다. 통상적으로 기업들은 취업규칙 또는 단체협약에 지각, 무단결근, 무단조퇴 시 해당 시간 및 일수만큼 임금공제를 할 수 있다는 조항을 두어 이를 근거로 실무에 적용한다.

다만, 무단 지각·조퇴·외출을 수차례 하였다고 하더라도 소정근로일에 근로를 제공한 이상 근기법상 '결근'으로 처리할 수는 없다. 예컨대, 취업규칙에서 지각, 조퇴, 외출 등을 5회 이상 한 경우 1회 결근한 것으로 간주하는 것은 근기법 위반이다. 따라서 지각이 있더라도 연차출근 산정 및 주휴일 산정에서는 출근한 것으로 본다. 다만, 노사 간 특약으로 지각·조퇴 및 외출로 인한 누계시간만큼 연차사용으로 공제합의는 가능하다.

결근이란 법령의 범위 내에서 노사 당사자가 근로를 제공하기로 정한 날인 소정근로일에 근로자가 임의로 근로를 제공하지 않는 것을 의미하고, 노사가 근로 제공하기로 한 소정근로일에 '결근'하지 않으면 '개근'이다(근로기준과-4336, 2004. 8. 18.). 예를 들어, 1시간 지각한 근로자의 경우에도 주휴수당을 지급해야 한다. 주휴수당, 연차휴가 산정 기준은 노사가 자율적으로 정하는 '만근'이 아니라 '개근' 여부이기 때문이다.

참고로 근기법 감급한도규정은 회사가 징계하면서 감봉을 적용하는 경우에 해당된다. 따라서 징계성 정직·직위해제기간 동안은 무노동 무임금이 원칙이고, 단체협약이나 취업규칙상 근로자에게 보전해주는 금원이 있더라도 이것을 감급제한과 혼동해서는 안 된다. 특히 감급의 제재조치에 따라 최저임금액보다 낮은 급여를 지급하는 경우에도 최저임금위반 문제는 없다. 단체협약, 취업규칙 등에 의한 징계로 인해 감급의 제재를 받는 경우에는 감급되기 전의 임금을 기준으로 최저임금 위반 여부를 판단한다(임금근로시간정책팀-3848, 2006. 12. 20.).

행정해석	정직·직위해제의 경우에는 감급제한을 받지 않는다는 사례

감급의 제재는 근로자가 근로를 제공함으로써 일단 발생한 임금채권을 감액하는 것으로서 근로자가 자신의 귀책사유로 인해 취업규칙 등에 정한 정당한 사유에 의해 출근정지, 정직이나 직위해제 등의 징계를 받음으로써 임금의 전부 또는 일부를 지급받지 못했다면 이는 징계의 결과 근로를 제공하지 못한데 따른 것으로서 근기법 제95조 위반은 아니라고 사료됨(근기 68207-798, 1999. 12. 4.).

85 회사가 권고사직으로 처리하자는데 해고당하는 거랑 뭐가 다른가요?

권고사직은 근로자 자의로 사직서를 제출하는 것으로 근로기준법 상의 해고 관련 규정은 적용되지 않는다. 실업급여 수령에 문제가 있을 수 있으니, 근로자의 신중한 판단이 필요하다.

A 일반적으로 근로관계를 종료하는 사유의 일종으로 '해고'는 근로자가 퇴직 의사가 없음에도 불구하고 사용자가 일방적으로 근로관계를 종료시키는 것을 말한다. 근기법 제23조 제1항에서는 정당한 이유 없는 해고를 금지하고, 해고 30일 전에 해고예고기간을 두거나 30일 전에 해고예고를 하지 않았을 경우에는 30일분 이상의 통상임금에 해당하는 해고예고수당을 지급하도록 규정하고 있다. 해고예고는 해고통지와 달리 구두 등의 방법으로 하더라도 그 효력이 인정되고, 해고예고기간은 그 통지가 상대방에게 도달한 날의 다음 날부터 역일로 계산하고 휴일·휴무일이 있더라도 연장되지 않는다(근로기준팀-8048, 2007. 11. 29.).

한편 회사의 권유에 따라 근로자 자의로 사직서를 제출하여 근로관계가 종료되는 '권고사직'의 경우에는 근기법의 해고 관련 규정이 적용되지 않으며, 사용자는 해고 사유 및 기간 제한의 규정은 물론 해고예고 기간 또는 해고예고수당 지급의 법적인 의무도 없다. 참고로 해고예고수당은 부당한 해고이든 정당한 해고이든 관계없이 30일 전에 예고하지 않으면 발생하고, 미지급 시 근기법 제36조상의 14일을 기다리지 않고 근기법 제26조 위반으로 즉시 진정이 가능하다. 해고예고수당은 구체적인 근로의 대가라고 보기 어려워 근기법상 임금이 아닌 법률이 정한 특수수당으로 보아야 한다. 따라서 즉시해고와 동시에 지급해야 하고 미지급 시 바로 진정이 가능하다(※ 다만, 과거 대법원 1965. 7. 6. 선고 65다877 판결에서는 무예고해고보상청구권이라고 하여 현행 해고예고수당에 관하여 근기법상 임금채권으로 보아 단기소멸시효를 적용한 경우가 있었다).

즉시 해고 시에 근로자의 갑작스러운 직장 상실로 인한 근로자와 그 가족이 생활의 곤란을 방지하기 위해 해고예고수당 규정이 있으므로 해고의 정당성 여부나 잔여 근로계약기간의 장단에 관계없이 적용된다. 따라서 해고예고를 15일전에 했다고 하더라도 15일치의 해고예고수당을 지급하는 것이 아니라 30일치의 해고예고수당을 지급해야 한다(고용노동부 행정해석 2003. 12. 17, 근기 68207-1627). 실무상 1개월분 이상의 월 급여(통상임금)을 지급함으로써 근로관계를 자연스럽게 종료시키면서 한편으로는 실업급여 수급자격을 부여하겠다는 조건으로 권고사직을 시키는 경우가 있다. 그러나 권고사직 시 근로자가 퇴직할 의사가 없는데도 불구하고 사용자의 일방적인 압력과 강요 등에 의하여 근로자에게 사직서를 제출하게 하고 이를 근거로 사직서를 수리하는 것은 그 실질에 있어서 근로자의 의사에 반하는 근로관계의 종료이므로 '해고'와 동일하게 보아 향후 해당 근로자가 노동위원회에 부당해고 구제신청을 제기하는 경우가 발생될 수 있으니 주의해야 한다. 특히, 해고예고수당을 지급하였다는 이유로 해고의 정당성이 인정되는 것은 아니다. 또한 근로자가 단순히 권고사직을 통보받았음을 이유로 출근하지 않는다면 이는 무단결근이 될 수 있어 주의해야 한다.

86 Q

근로자가 개인사유로 인한 자진퇴사인데도 실업급여를 지급받기 위하여 회사에 해고처리를 요구하는데, 사업주의 위험성은 없는지요?

원칙적으로 사업주는 사실관계에 입각하여 사직서의 내용대로 상실신고를 하여야 한다. 이직사유를 허위로 신고할 경우 회사와 근로자 모두 실업급여 부정수급에 해당하여 형사상 불이익을 받을 수 있다.

A 근로자가 이직 시, 사업주는 고용보험 상실신고를 처리할 때 퇴직사유는 사실대로 기재해야 하고, 이러한 근로자의 이직사유가 실업급여 지급대상에 해당하는지 여부는 관할 고용센터에서 판단한다. 원칙적으로 근로자가 개인사유로 인해 자발적 퇴사의 경우 실업급여의 수급대상이 될 수 없다. 사업주가 거짓으로 상실신고를 할 경우 ① 인사관리가 원칙 없이 이루어져 직원들 간 형평성이 문제될 수 있으며, ② 사업장 내 다른 근로자가 이러한 사실을 알면 고용센터에 '실업급여 부정수급'을 신고하는 경우 고용보험법 제117조의 양벌규정에 따라 사업주도 책임을 져야한다. 사업주가 고용보험법 제16조 제1항을 위반하여 이직확인서를 제출하지 아니하거나 거짓으로 작성하여 제출한 자에 해당하면 300만 원 이하의 과태료가 부과될 수 있다(동법 제118조 제1항 제2호).

또한 퇴사한 근로자가 실업급여를 수령한다고 회사가 불이익을 입는 것은 없으나, 회사가 정부로부터 고용지원금을 받는 우선지원대상기업인 경우 감원·권고사직이 있는 경우 해당 고용지원금의 지급이 일정기간(3개월 ~ 1년) 중단될 수 있다. 다만 자발적인 퇴사라 하더라도 예외적으로 실업급여를 받을 수 있는 사유(고용보험법 시행규칙 제101조 제2항)를 정하고 있다.

[과태료 부과기준] (고용보험법 시행령 별표3)

위반행위	과태료 금액		
	1차 위반	2차 위반	3차 이상 위반
가. 법 제15조를 위반하여 신고를 하지 않거나 거짓으로 신고한 경우(법 제118조제1항제1호) 1) 신고를 하지 않은 경우(기간 내에 신고를 하지 않은 경우를 포함한다) 2) 거짓으로 신고한 경우	피보험자 1명당 3만 원. 다만, 과태료 금액의 합산액은 100만 원을 초과할 수 없다. 피보험자 1명당 5만 원. 다만, 과태료 금액의 합산액은 100만 원을 초과할 수 없다.	피보험자 1명당 3만 원. 다만, 과태료 금액의 합산액은 100만 원을 초과할 수 없다. 피보험자 1명당 8만 원. 다만, 과태료 금액의 합산액은 200만 원을 초과할 수 없다.	피보험자 1명당 3만 원. 다만, 과태료 금액의 합산액은 100만 원을 초과할 수 없다. 피보험자 1명당 10만 원. 다만, 과태료 금액의 합산액은 300만 원을 초과할 수 없다.
나. 법 제16조제1항을 위반하여 이직확인서를 제출하지 않거나 거짓으로 작성하여 제출한 경우(법 제118조제1항제2호)	100만 원	200만 원	300만 원
다. 법 제16조제2항 후단을 위반하여 이직확인서를 내주지 않은 경우(법 제118조제1항제3호)	100만 원	200만 원	300만 원

87 권고사직도 실업급여 대상이 되나요?

권고사직 및 계약만료 등 비자발적인 사유로 이직 시 다른 결격요건이 없다면 실업급여 신청이 가능하다.

A 구직급여의 수급 요건은 ① 이직일 이전 18개월간(기준기간) 피보험단위기간이 통산하여 180일 이상일 것, ② 근로의 의사와 능력이 있음에도 불구하고 취업(영리를 목적으로 사업을 영위하는 경우 포함)하지 못한 상태에 있을 것, ③ 재취업을 위한 노력을 적극적으로 할 것, ④ 이직사유가 비자발적인 사유일 것(이직 사유가 고용보험법 제58조에 따른 수급자격의 제한사유에 해당하지 아니할 것)이다(고용보험법 제40조). 특히 피보험단위기간이란 고용보험가입기간 중 보수가 지급된 소정근무일과 유급주휴일이 포함된다. 그러므로 무급휴일, 무급휴무일, 결근일은 제외된다.

근로자의 자발성 여부에 따라 비자발적 해고와 자발적 사직은 구별되며, 사직은 실업급여대상이 아닌 것이 원칙이다. 다만 자발적인 사직이라도 예외적으로 권고사직으로 인해 실업급여를 받을 수 있는 사유(고용보험법 시행규칙 제101조 제2항 "[별표2] 5호")를 정하고 있다. 권고사직이라도 실업급여를 받지 못하는 사유로는 중대한 귀책사유가 있는 근로자가 해고되지 아니하고 사업주의 권고로 퇴직한 경우이다. 비록 근로자가 사직서를 냈다면 실업급여를 받을 수 없으며 만약 실업급여를 수급하게 된다면 부정수급에 해당되어 사업주도 연대책임을 부담할 수 있다(고용보험법 제58조). 만약 사업주와 근로자가 권고사직처리하기로 하였는데 사업주가 고용보험 상실사유를 다르게 한 경우는 근로자는 피보험자격확인청구를 통해 구제받을 수 있다.

실업급여 수급 관련 근로자 및 사업주 부정행위 시 처벌과 관련하여 부정한 방법으로 실업급여를 지급받은 경우에는 즉시 실업급여 지급 중지, 부정 수급액의 반환, 부정 수급액의 2배액 추가 징수 등의 불이익을 받을 수 있다. 특히, 사업주가 부정수급에 공모, 관여 등을 한 경우에는 근로자의 실업급여 반환금 및 근로자의 추가 징수금에 대해서도 고용안정센터에서는 직권으로 근로자와 함께 사업주에 대하여 연대하여 납부하도록 명령할 수 있는 바 실업급여 이직확인서 및 사실확인서 발급 등에 있어 세심한 관리가 필요하다. 사업에 막대한 지장을 초래하거나 재산상 손해를 끼친 경우는 고용보험법 시행규칙 제101조 제1항 [별표1의2]에 규정되어 있고, 이는 근로기준법 시행규칙 제4조의 해고 예고의 예외가 되는 근로자의 귀책사유와 동일하다.

[사업에 막대한 지장을 초래하거나 재산상 손해를 끼친 경우]

(고용보험법 시행규칙 제101조제1항 관련 [별표 1의2])
1. 납품업체로부터 금품이나 향응을 받고 불량품을 납품받아 생산에 차질을 가져온 경우
2. 사업의 기밀이나 그 밖의 정보를 경쟁관계에 있는 다른 사업자 등에게 제공한 경우
3. 거짓 사실을 날조 · 유포하거나 불법 집단행동을 주도하여 사업에 막대한 지장을 초래하거나 재산상 손해를 끼친 경우
4. 직책을 이용하여 공금을 착복 · 장기유용 · 횡령하거나 배임한 경우
5. 제품이나 원료 등을 절취하거나 불법 반출한 경우
6. 인사 · 경리 · 회계담당 직원이 근로자의 근무상황 실적을 조작하거나 거짓서류 등을 작성하여 사업에 막대한 지장을 초래하거나 재산상 손해를 끼친 경우
7. 사업장의 기물을 고의로 파손하여 사업에 막대한 지장을 초래하거나 재산상 손해를 끼친 경우
8. 영업용 차량을 사업주의 위임이나 동의 없이 다른 사람에게 대리운전하게 하여 교통사고를 일으킨 경우

[수급자격이 제한되지 아니하는 정당한 이직 사유]

1. 다음 각 목의 어느 하나에 해당하는 사유가 이직일 전 1년 이내에 2개월 이상 발생한 경우
   가. 실제 근로조건이 채용 시 제시된 근로조건이나 채용 후 일반적으로 적용받던 근로조건보다 낮아지게 된 경우
   나. 임금체불이 있는 경우
   다. 소정근로에 대하여 지급받은 임금이 「최저임금법」에 따른 최저임금에 미달하게 된 경우
   라. 「근로기준법」 제53조에 따른 연장 근로의 제한을 위반한 경우
   마. 사업장의 휴업으로 휴업 전 평균임금의 70퍼센트 미만을 지급받은 경우
2. 사업장에서 종교, 성별, 신체장애, 노조활동 등을 이유로 불합리한 차별대우를 받은 경우
3. 사업장에서 본인의 의사에 반하여 성희롱, 성폭력, 그 밖의 성적인 괴롭힘을 당한 경우
4. 사업장의 도산·폐업이 확실하거나 대량의 감원이 예정되어 있는 경우
5. 다음 각 목의 어느 하나에 해당하는 사정으로 사업주로부터 퇴직을 권고받거나, 인원 감축이 불가피하여 고용조정계획에 따라 실시하는 퇴직 희망자의 모집으로 이직하는 경우
   가. 사업의 양도·인수·합병
   나. 일부 사업의 폐지나 업종전환
   다. 직제개편에 따른 조직의 폐지·축소
   라. 신기술의 도입, 기술혁신 등에 따른 작업형태의 변경
   마. 경영의 악화, 인사 적체, 그 밖에 이에 준하는 사유가 발생한 경우
6. 다음 각 목의 어느 하나에 해당하는 사유로 통근이 곤란(통근 시 이용할 수 있는 통상의 교통수단으로는 사업장으로의 왕복에 드는 시간이 3시간 이상인 경우를 말한다)하게 된 경우
   가. 사업장의 이전
   나. 지역을 달리하는 사업장으로의 전근
   다. 배우자나 부양하여야 할 친족과의 동거를 위한 거소 이전
   라. 그 밖에 피할 수 없는 사유로 통근이 곤란한 경우
7. 부모나 동거 친족의 질병·부상 등으로 30일 이상 본인이 간호해야 하는 기간에 기업의 사정상 휴가나 휴직이 허용되지 않아 이직한 경우
8. 「산업안전보건법」 제2조제7호에 따른 "중대재해"가 발생한 사업장으로서 그 재해와 관련된 고용노동부장관의 안전보건상의 시정명령을 받고도 시정기간까지 시정하지 아니하여 같은 재해 위험에 노출된 경우
9. 체력의 부족, 심신장애, 질병, 부상, 시력·청력·촉각의 감퇴 등으로 피보험자가 주어진 업무를 수행하는 것이 곤란하고, 기업의 사정상 업무종류의 전환이나 휴직이 허용되지 않아 이직한 것이 의사의 소견서, 사업주 의견 등에 근거하여 객관적으로 인정되는 경우
10. 임신, 출산, 만 8세 이하 또는 초등학교 2학년 이하의 자녀(입양한 자녀를 포함한다)의 육아, 「병역법」에 따른 의무복무 등으로 업무를 계속적으로 수행하기 어려운 경우로서 사업주가 휴가나 휴직을 허용하지 않아 이직한 경우
11. 사업주의 사업 내용이 법령의 제정·개정으로 위법하게 되거나 취업 당시와는 달리 법령에서 금지하는 재화 또는 용역을 제조하거나 판매하게 된 경우
12. 정년의 도래나 계약기간의 만료로 회사를 계속 다닐 수 없게 된 경우
13. 그 밖에 피보험자와 사업장 등의 사정에 비추어 그러한 여건에서는 통상의 다른 근로자도 이직했을 것이라는 사실이 객관적으로 인정되는 경우

88 퇴사한지 2년이 지났는데 경력증명서에 징계 받은 사실을 기재하지 말아달라고 할 수 있나요?

계속하여 30일 이상 근무한 근로자라면 퇴직 후 3년 이내에는 경력증명서를 요청할 수 있고, 그 내용도 근로자가 요구한 사항만으로 발급받을 수 있다.

A 근로자의 귀책사유로 인해 회사로부터 재직 중 징계를 받거나 중대한 귀책사유로 징계해고 등을 당한 경우 특히 문제된다. 근로자가 경력증명서 상에 재직 중 징계를 받은 사실과 같은 근로자에게 불리한 사항을 제외한 경력증명서를 발급해달라고 하는 경우라도 회사는 근로자의 요구에 따라 발급해주어야 한다. 이를 위반하는 경우에는 근기법 제116조 제1항 제2호에 따라 500만 원 이하의 과태료 부과대상이다.

근로자가 해당사업장에서 ① 30일 이상 근로하고, ② 퇴직 후 3년 이내에 청구한 경우라면, 근로자가 경력증명서에 재직 중 징계를 받은 사실 등 근로자에게 불리한 사항을 제외한 경력증명서를 발급해달라고 요구할 수 있다.

근로기준법 제39조의 사용증명서 제도의 취지는 근로자가 퇴직한 후 재취업을 하고자 할 때 도움이 되도록 하려는 것이며, 사용기간, 업무종류, 지위와 임금 그 밖에 필요한 사항이 증명서 발급 대상이다. 통상적으로 경력증명서와 사용증명서의 차이가 무엇인지 의문이 있을 수 있으나, 경력증명서는 근무한 근로자의 사용기간, 업무종류, 지위와 임금 등을 기록한 것으로 근로자의 경력을 증명하는 문서를 의미하는데, 사용증명서와 경력증명서는 그 기재내용이 거의 유사하다고 볼 수 있다. 따라서 사용증명서는 근로자의 경력을 확인할 수 있는 근거자료로 활용될 수 있을 것이다(근로기준팀-8493, 2007.12.13.).

[참조 법령]

- 근로기준법 제39조【사용증명서】① 사용자는 근로자가 퇴직한 후라도 사용 기간, 업무 종류, 지위와 임금, 그 밖에 필요한 사항에 관한 증명서를 청구하면 사실대로 적은 증명서를 즉시 내주어야 한다. ② 제1항의 증명서에는 근로자가 요구한 사항만을 적어야 한다.
- 동법 시행령 제19조【사용증명서의 청구】법 제39조제1항에 따라 사용증명서를 청구할 수 있는 자는 계속하여 30일 이상 근무한 근로자로 하되, 청구할 수 있는 기한은 퇴직 후 3년 이내로 한다.

행정해석	근기법 제39조 사용증명서 규정의 의미

근로기준법 제39조에 “사용자는 근로자가 퇴직 후라도 사용기간, 업무종류, 지위와 임금 기타 필요한 사항에 관한 증명서를 청구한 때에는 사실대로 기입하여 즉시 내어야 하고(제1항), 위 증명서에는 근로자가 요구한 사항만 기재되어야 한다(제2항)”고 규정하고 있음. 위 제도의 취지는 근로자가 퇴직한 후 재취업을 하고자 할 때 도움이 되도록 하려는 것으로 사용증명서에 기재하여야 할 임금이란 당해 근로자가 재직 중에 수령한 임금에 관한 사항을 의미하는 것이고, 이에 급여명세서, 임금대장 등이 포함되는 것은 아니라고 사료됨(근로기준팀-6424, 2007. 9. 10.).

Q 89 근로자를 해고했다가 노동위원회 부당해고구제신청사건에서(법원에서 해고무효확인소송 인용판결 포함) '인정' 판정을 받은 경우, 회사가 다시 사유와 절차를 갖추어 징계처분을 할 수 있을까요?

징계사유가 인정되지 않은 경우에는 재징계할 수 없지만, 절차 또는 징계양정이 과다를 이유로 부당징계로 판명되었을 경우에는 취업규칙 또는 단체협약에 규정된 징계절차가 있다면 이에 따라 절차를 다시 진행하여 재징계할 수 있다.

A 징계는 단체협약 또는 취업규칙 등에서 징계사유의 사전 통지, 징계위원회 개최 등을 규정하고 있는 경우 사용자가 이를 지키지 않은 경우에는 해고절차 위반으로 무효가 된다. 다만, 해고의 절차에 관한 사항을 별도로 정하고 있지 않은 경우에는 절차를 거치지 않았다고 하여 무효로 보지는 않는다. 단순히 징계절차 규정 위반 내지 징계절차 상의 흠으로 부당해고로 판정된 경우, 원직복직 후 이를 보완하여 징계하더라도 일사부재리원칙에 반하는 것은 아니다.

근로자를 해고했다가 노동위원회 부당해고구제신청사건에서(법원에서 해고무효확인소송 인용판결 포함) '인정' 판정을 받은 경우 및 징계의 정당성은 갖추었으나 징계절차에 대한 하자로 인하여 회사가 패소한 경우 그 절차의 하자를 치유한다면 같은 징계사유에 대해서 징계를 할 수 있다. 다만, 선행 징계와는 별개의 새로운 징계를 해야 하고, 하자가 있던 선행 징계를 '소급'하여 유효로 만들 수는 없다(서울행법 2013. 7. 17. 선고 2013구합284 판결). 회사가 새로운 해고 등 징계를 할 때 선행 징계해고를 취소(철회)하지 않는 경우 이중징계에 해당되어 불가하다. 반면, 제1차 징계해고처분의 효력이 '다투어지고 있는 상태'라면 그 징계를 취소하지 않은 채 징계절차를 보완하여 새로이 제2차 징계해고처분을 하는 것도 가능하다. 징계처분 이후의 비위행위라 하더라도 징계양정의 판단자료로 삼아 징계해고 할 수 있다.

판 례	선행징계처분이 취소됨이 없이 유효하게 확정된 경우라면 후행징계처분은 이중징계에 해당되고 그 징계처분은 무효라는 사례
윤리행동지침 미준수 및 타인명의 대출 취급, 무자격자 대출 취급선행징계처분과 후행징계처분이 모두 법적 성질상 징계처분으로서 징계혐의사실이 동일하고, 선행징계처분이 취소됨이 없이 유효하게 확정된 경우라면 후행징계처분은 이중징계에 해당되고, 사용자가 근로자에 대하여 이중징계를 한 경우 일사부재리의 원칙이나 이중처벌금지의 원칙에 위배되어 그 징계처분은 무효이다(서울행법 2012. 5. 4. 선고 2012구합270 판결).	

판 례	제1차 징계해고처분의 효력이 다투어지고 있는 상태라도 징계절차를 보완하고 징계사유를 추가하여 제2차 징계해고처분을 하는 것이 가능하다는 사례
제1차 해고의 효력이 다투어지고 있는 상태에서 그 제1차 해고를 취소함이 없이 절차를 보완하고 해고사유를 추가하여 행하여진 제2차 해고를, 그것이 단지 제1차 해고가 효력이 없을 것에 대비하여 행하여진 해고라는 것만으로 당연히 무효인 해고라고 할 수는 없다. 또한 제2차 해고가 제1차 징계해고의 효력이 다투어지는 도중에 행하여졌다고 하여 일사부재리의 원칙, 신의칙, 금반언의 원칙에 위반된 무효의 해고라고 볼 수 없다(대법원 1996. 4. 23. 선고 95다53102 판결).	

90 Q

회사가 취업규칙에 규정되어 있는 법정근로시간을 초과하는 시간외 근로를 폐지하려고 하는데, 근로자 동의를 받아야 할까요?

취업규칙 상의 법정근로시간을 초과하는 시간외근로 폐지로 인해 임금의 하락을 가져온다고 하더라도 근로자에게 불이익한 것으로 볼 수 없어 근로자의 동의 절차가 따로 필요하지 않다.

A 사용자는 취업규칙의 작성 또는 변경에 관하여 해당 사업 또는 사업장에 근로자의 과반수로 조직된 노동조합이 있는 경우에는 그 노동조합, 근로자의 과반수로 조직된 노동조합이 없는 경우에는 근로자의 과반수의 의견을 들어야 한다. 다만, 취업규칙을 근로자에게 불리하게 변경하는 경우에는 그 동의를 받아야 한다(근기법 제94조 제1항). 취업규칙 상 근기법 또는 단체협약에서 정한 근로시간을 초과하는 연장근로규정을 단축 또는 폐지하는 것은 그간 연장근로를 관행으로 실시해 온 경우에 해당하여, 실질적으로 근로자에게 임금이 하락하여 근로조건이 저하된다고 하더라도 이것이 곧바로 근기법 위반이라고 할 수 없다(근기 68207-3235, 2002. 11. 16.).

초과근로시간의 단축에 따른 초과근무수당이 발생하지 않는 것이 근로자에게 불이익한 것으로 볼 수는 없으므로 교대제 근로자의 근로시간을 단축하여 초과근무수당(실적급)을 지급하지 않더라도 이는 노동관계법 위반에 해당하지 않으며, 이와 별도의 취업규칙 불이익 변경절차인 근로자 동의절차를 얻어야 하는 것도 아니다. 만약 단체협약과 취업규칙의 근로조건이 서로 상이하게 규정되어 있는 경우에는 조합원 및 비조합원 간의 규범을 적용하는데 차이가 날 수 있으므로 양 규범을 모두 변경해야 한다.

[취업규칙 기재사항]

· 근로기준법 제93조 (취업규칙의 작성·신고) 상시 10명 이상의 근로자를 사용하는 사용자는 다음 각 호의 사항에 관한 취업규칙을 작성하여 고용노동부장관에게 신고하여야 한다. 이를 변경하는 경우에도 또한 같다.

1. 업무의 시작과 종료 시각, 휴게시간, 휴일, 휴가 및 교대 근로에 관한 사항
2. 임금의 결정·계산·지급 방법, 임금의 산정기간·지급시기 및 승급(昇給)에 관한 사항
3. 가족수당의 계산·지급 방법에 관한 사항
4. 퇴직에 관한 사항
5. 「근로자퇴직급여 보장법」 제4조에 따라 설정된 퇴직급여, 상여 및 최저임금에 관한 사항
6. 근로자의 식비, 작업 용품 등의 부담에 관한 사항
7. 근로자를 위한 교육시설에 관한 사항
8. 출산전후휴가·육아휴직 등 근로자의 모성 보호 및 일·가정 양립 지원에 관한 사항
9. 안전과 보건에 관한 사항

9의2. 근로자의 성별·연령 또는 신체적 조건 등의 특성에 따른 사업장 환경의 개선에 관한 사항

10. 업무상과 업무 외의 재해부조(災害扶助)에 관한 사항
11. 표창과 제재에 관한 사항
12. 그 밖에 해당 사업 또는 사업장의 근로자 전체에 적용될 사항

91

단체협약에는 징계위원회 구성을 노사 동수로 규정하도록 하고 있는데, 사측이 사측위원만으로 징계하려고 하는데 어떡하죠?

노조 측이 징계위원 선정을 부당히 거부한 경우가 아니라면 단체협약 상 노사동수 징계위원회 규정을 어기고 사용자측 위원만으로 의결한 징계해고는 부당하다.

A 징계 당시 적용되는 단체협약이 "징계위원회를 노사 동수로 구성해야 한다"라고 규정하고 있다면, 기존노조와의 단체협약에 반하여 사용자측 징계위원들만으로 구성된 징계위원회의 의결에 따라 행한 참가인에 대한 징계해고처분은 절차에 중대한 하자가 있어 무효라고 할 것이다(서울행정법원 2004. 1. 15. 선고 2003구합14468 판결).

예컨대, "단체협약에서 징계위원회는 사용자 측 4인과 노조 측 임원 4인으로 구성한다."고 규정하고 있고 노동조합 측에서 노조 측 징계위원 선정을 거부하였다고 인정할만한 증거가 없음에도, 사용자 측 징계위원만으로 구성된 징계위원회에서 징계해고를 의결한 것은 단체협약을 위반한 것으로 무효이다(중노위98부해51, 1998. 4. 6.). 반면, 징계위원회가 노사동수로 구성된 경우 노동조합 측이 정당한 이유 없이 회의참석을 거부하는 경우는 권리남용에 해당(노조 01254-2, 1995. 1. 4.)되어 사용자 측만으로 구성된 징계위원회에서 징계가 가능하다.

한편, 기업별노조가 체결한 단체협약에 특별한 규정이 없는 한 근로자 측 징계위원은 사용자 회사 소속 근로자에 한정된다(대법원 2015. 5. 28. 선고 2013두3351 판결). 기업별 노동조합이 그 단체협약 체결한 후 산별노조의 지부 또는 분회로 조직이 변경되고 단협 상의 권리의무를 승계한다고 하더라도, 새로운 단체협약이 체결되지 않는 한 근로자의 징계 절차에는 기업별 노동조합일 때 체결된 단체협약을 그대로 적용한다.

판 례	취업규칙 등에서 노사 동수로 징계위원회를 구성하도록 한 경우 근로자들의 의견을 반영하는 과정 없이 임의로 노측 징계위원을 위촉할 수는 없다는 사례

취업규칙 등에서 노사 동수로 징계위원회를 구성하도록 하고 있다면 이는 근로자들 중에서 징계위원을 위촉하여 징계위원회에 대한 근로자들의 참여권을 보장함으로써 절차적 공정성을 확보함과 아울러 사측의 징계권 남용을 견제하기 위한 것이라고 할 것이므로, 취업규칙에 직접적으로 징계위원의 자격과 선임절차에 관해서 규정하고 있지는 않지만, 노측 징계위원들이 이전부터 근로자들을 대표하거나 근로자들의 의견을 대변해 왔다는 등의 특별한 사정이 없는 한 근로자들의 의견을 반영하는 과정 없이 임의로 노측 징계위원을 위촉할 수 있는 것으로까지 해석할 수는 없다(대법원 2006. 11. 23. 선고 2006다48069 판결).

92 근로자가 조합비를 횡령하였는데 회사가 징계할 수 있을까요?

조합원의 노동조합 조합비 횡령사건은 원칙적으로 조합내부의 문제이나, 조합비 횡령사건이 전 사원의 불신감을 조장하고 사내분위기를 해치는 경우라면 징계가 가능하다.

A 노동조합은 법률상 사단에 해당하고, 그 재산은 총유이다. 따라서 그 총유물의 관리 및 처분은 내부 정관이나 규약에 따르고, 만약 규정이 없다면 조합원의 총회 결의에 따라 처리하면 된다. 원칙적으로 조합원 징계 등 조합의 문제는 조합의 내부통제권으로 해결해야지, 회사가 관여할 부분이 아니다.

그러나 노조 전임자가 조합비를 횡령한 것이 회사의 업무를 저해하지 않았다 해도 부정불법한 행위이기 때문에 징계사유가 된다(서울행법 2002. 4. 25. 선고 2001구48015 판결). 노동조합의 조합비 횡령사건은 원칙적으로 조합내부의 문제이나 조합비 횡령사건이 전 사원의 불신감 조장으로 인화를 해치는 사유가 있고 정상조업 저해로 경영손실 야기 등이 있어 이를 이유로 하여 해고하였다면 부당노동행위가 아니다(중노위 90부노132, 1990. 9. 7.).

다만, 노동조합비 횡령으로 가벼운 벌금형을 받았고 노동조합 내부에서 원만히 해결되었음에도 사용자가 5년이 경과한 후에 이를 이유로 해고 처분한 것은 징계권 남용으로 본 사례가 있다(중노위 2010부해119, 2010. 4. 8.).

한편, 개인 비위사실을 이유로 징계를 받은 조합원에 대해서 전보인사를 시행하는 회사의 행위는 부당노동행위가 아닐 것이다. 정당한 전직인지 판단하기 위해서는 업무상 필요성과 전직으로 인한 근로자의 생활상의 불이익을 비교형량을 하는데, 건전한 사내문화를 위한 전보도 정당한 이유가 있다고 보인다. 또한 전보에 있어 근로자와 성실한 협의를 거쳤다면 회사 측의 인사권 행사는 더욱 정당성이 높아진다. 고용노동부도 회사가 폭행 등 개인 범죄를 저지른 근로자에게 대해 재발방지 차원에서 관행적으로 징계처분과 정보조치가 동시에 이루어졌다고 해도 이중징계는 아니라고 하였다(중노위 98부노48, 1998. 8. 19.).

판 례	노조 전임자가 조합비를 횡령한 것이 회사의 업무를 저해하지 않았다 해도 부정불법한 행위이기 때문에 징계사유가 된다는 사례

원고회사의 노동조합이 근무시간 중 회의를 하였다 해도 오로지 참가인의 횡령에 대한 논의를 위한 것도 아니었고 사전에 회사의 허락을 받아 행한 것으로 단체협약에 따라 정상적으로 근무한 것으로 취급되어야 할 것이어서 이로 인하여 회사에 조업 손실이 있다고 볼 수 없으며, 후임 노동조합 집행부가 전임 노동조합 집행부의 징계를 요구하며 노사협상을 거부하는 것도 단체협약의 원칙에 어긋나는 것이므로, 참가인의 위 횡령행위가 구체적, 직접적으로 원고회사에 업무저해의 결과를 야기하였다고 보기는 어렵다. 그러나 참가인이 조합비를 횡령한 경위와 회사에는 근로를 제공하지 아니하는 노동조합 전임자였던 점 등을 고려하면 이는 부당하게 자신의 지위를 이용, 권한을 초월하여 형사소추의 원인이 되는 부정불법한 행위를 하는 등 원고회사의 징계사유로 든 나머지 사원징계기준에는 해당한다(서울행정법원 2002. 4. 25. 선고 2001구48015 판결).

93 업무지시명령을 위반하는 근로자에 대해 직위해제를 할 수 있을까요?

징계 사유로 한 직위해제는 인사권의 행사로 가능하나, 지나치게 장기간 직위해제를 시행하는 경우에는 부당징계에 해당할 수 있다.

A '업무상 명령위반'이란 업무상 필요한 명령에 정당한 사유 없이 거부하는 행위 등을 함으로써 직장의 규율을 현저히 문란하게 한 행위이다. 회사의 취업규칙이나 단체협약에 '정당한 업무명령을 위반한 경우'를 징계사유로 규정했어도 그로 인해 곧바로 징계처분이 정당화되는 것은 아니며, 근로자가 회사의 업무명령을 위반하여 직장질서를 문란하게 한 경우에 징계사유로써 고려가 될 수 있을 뿐이다.

회사의 정당한 업무명령에 불복종하거나 거부할 경우에는 취업규칙 등에 의거 징계사유에 해당되어 경고, 견책 등의 경징계 조치를 할 수 있으나, 정직, 강등의 중징계 시에는 업무명령 불복종으로 인해 회사의 경영질서를 문란하게 하거나 금전적 손해가 발생한 사실이 있는 경우 등에 한하여 징계의 정당성이 확보될 수 있다. 단순히 취업규칙 상 징계사유에 규정되어 있다는 것만으로는 징계조치가 정당화 될 수 없는 경우가 발생될 수 있는 바, 업무명령 불복종에 대한 징계사유를 취업규칙에 구체적으로 규정해야 할 필요가 있다. 회사에서는 근로자가 직무를 수행하기 곤란한 경우, 직위 또는 직책을 부여하였으나 근무성적 또는 근무태도가 좋지 않은 경우 등에 그 직위 또는 직책을 박탈하여 일정한 직무수행을 못하게 하는 '직위해제'를 시키는 경우가 있다. 즉, 대기발령은 근로자에게 보직을 부여하지 않고 대기시키는 잠정적인 인사 조치이고, 직위해제는 직위를 부여하지 않아 직무에 종사하지 못하도록 하는 잠정적인 조치로서 보직의 해제이다. 그러나 기업 인사 실무에서는 양자를 엄격하게 구별하지 않고 있다.

직위해제는 근로관계가 종료된 것이 아니므로 사용자가 집에서 대기할 것을 명하는 별도의 지시가 없다면 당연히 출근의무가 있다. 근기법 제23조 제1항에서는 "사용자는 근로자에게 정당한 이유 없이 해고, 휴직, 정직, 전직, 감봉, 그 밖의 징벌을 하지 못한다"라고만 규정하여, 직위해제에 대하여 구체적으로 규정하고 있지 않다. 다만, 직위해제 후 일정기간 직무를 수행하지 못한다면 '정직'에 가깝고, 직위 또는 직책만 해제되어 그 직위 또는 직책수행을 하지 못하고 본연의 직무를 수행할 경우에는 '전직'에 가깝다. 직위해제는 원칙적으로 사용자가 업무상 필요한 범위 내에서 행사할 수 있고, 그것에는 사용자의 재량권이 강하게 인정되는 인사권의 행사이며, 취업규칙 등에 규범적 근거가 없는 경우에도 사용자가 행할 수 있다. 따라서 직위해제가 근기법 등에 위반되거나 권리남용에 해당되는 등의 경우가 아니라면 적법하다.

94

회사가 시말서를 작성하라고 하는데 꼭 써야 하나요?

근로자는 '사건 경위서 성격의 시말서'는 제출해야 하나, '반성 내용의 시말서'의 제출은 거부할 수 있다.

A '시말서'는 업무에 대한 사유를 기재한 문서로 일반적으로 '경위서 성격의 시말서'와 '반성문 성격의 시말서'로 구분될 수 있다. ① '경위서 성격의 시말서'는 사고나 비위행위에 연루된 근로자가 사실의 확인, 사건의 경위를 자세히 기록하여 제출하는 성격의 시말서를 말하고, ② '반성문 성격의 시말서'는 사건 및 사고를 일으킨 자가 그 보고와 재발방지 및 사죄를 위하여 그간의 사정을 기록하여 제출하는 시말서를 말한다.

경위서 성격의 시말서는 문제가 되지 않지만, 반성문 성격의 시말서 제출요구를 할 수 있는지와 미제출 시 징계사유로 삼을 수 있는지 자주 문제된다. 단순히 사건의 경위 및 전말을 기록하는 경위서 성격의 시말서를 제출하지 않는 경우는 업무명령에 대한 불응으로 징계사유로 삼아 징계(대법원 1993. 11. 23. 선고 93다25264 판결)할 수 있으나, 사건 관련 사죄·반성 내용을 기록하는 시말서 작성 요구의 경우 이에 대한 거부는 헌법상 보장된 양심의 자유를 침해하는 위법한 업무명령으로 징계사유로 삼을 수 없다(대법원 2010. 1. 14. 선고 2009두6605 판결). 그러나 근로자에게 주의를 주어 사건의 재발 방지를 위해 필요한 경우 그 직원과 협의하여 근로자가 자발적으로 반성문 성격의 시말서를 작성하는 것은 문제가 없다. 또한 경위서 성격의 시말서 작성을 거부하는 경우에는 그 자체가 별도의 징계사유가 될 소지가 있다.

판 례	반성문 성격의 시말서 제출명령은 불가하다는 사례

취업규칙에서 사용자가 사고나 비위행위 등을 저지른 근로자에게 시말서를 제출하도록 명령할 수 있다고 규정하는 경우, 그 시말서가 단순히 사건의 경위를 보고하는 데 그치지 않고 더 나아가 근로관계에서 발생한 사고 등에 관하여 자신의 잘못을 반성하고 사죄한다는 내용이 포함된 사죄문 또는 반성문을 의미하는 것이라면, 이는 헌법이 보장하는 내심의 윤리적 판단에 대한 강제로서 양심의 자유를 침해하는 것이므로, 그러한 취업규칙 규정은 헌법에 위반되어 근로기준법 제96조 제1항에 따라 효력이 없고, 그에 근거한 사용자의 시말서 제출명령은 업무상 정당한 명령으로 볼 수 없다(대법원 2010. 1. 14. 선고 2009두6605 판결).

판 례	반성문 성격의 시말서 제출명령에 대한 불응은 징계할 수 없다는 사례

이 사건 시말서 제출명령은 파견근무명령이 위법한 업무명령이라서 따르지 않았다고 주장하는 원고에 대하여 명령을 따르지 않은 점을 반성·사죄한다는 내용의 일종의 반성문을 제출하라는 것으로서, 양심에 반하는 행위를 강요하여 헌법상 보장되는 양심의 자유를 침해하는 위법한 업무명령에 해당하므로, 이 사건 징계에서 시말서 제출명령에 불응하였음을 독립된 징계사유로 삼은 것은 위법하다(서울행법 2008. 7. 17. 선고 2007구합46005 판결).

95 부당징계에 대한 구제는 어떻게 신청하나요?

부당해고 등 구제신청은 근로자가 부당해고 등이 있었던 날부터 3개월 이내에 관할 지방노동위원회로 구제신청을 할 수 있다.

A 부당해고 등 구제신청을 하고자 하는 근로자는 소정의 구제신청서에 필요한 입증자료를 첨부하여 각 2부를 사업자의 소재지를 관할하는 지방노동위원회에 제출하면 된다. 사용자가 근로자에게 부당해고 등을 하면 근로자는 노동위원회에 구제를 신청할 수 있고, 구제신청은 부당해고 등이 있었던 날부터 3개월 이내에 하여야 한다(근기법 제28조). 노동위원회는 사건 접수일로부터 60일 이내에 심문회의를 개최하여 처리한다. 다만, 당사자의 신청이나 업무처리 일정상 사건 처리가 지연되는 경우에는 심문일정을 연기하게 된다.

노동위원회의 사건 담당 조사관의 조사가 완료되면 심판기일을 정하여 심문회의를 개최한다. 심문회의는 당사자가 모두 출석한 가운데 진행하는 것이 원칙이나, 당사자 일방이 정당한 이유 없이 출석하지 아니하였을 경우에는 일방만이 참석한 가운데 심문회의가 진행될 수 있다. 다만, 신청인이 2회 이상 출석통지를 받고도 이에 응하지 않을 경우에는 신청이 각하될 수 있다. 심문회의에서는 당해 심판위원회 위원인 공익위원 3인과 참여위원인 근로자위원 및 사용자위원 각 1인이 참여하여 당사자 및 증인을 심문한다. 다만, 심판은 공익위원 3명만이 행한다.

심판기간 중 기간만료 된 기간제근로자에 대하여 원직복직에 대한 구제실익은 없다고 하더라도 임금 상당액 지급 명령(금전보상명령)을 할 것인지의 여부가 문제된다. 부당해고에 대한 노동위원회의 구제명령은 '원직복직 및 임금상당액 지급'이나 법원은 사업장 폐쇄, 계약기간 만료 등으로 원직복직이 불가능한 경우 임금상당액 지급명령에 대해 독립 구제이익을 부정하고 있다(대법원 2012. 5. 26. 선고 2012두4036 판결). 그러나 고용노동부는 기간제근로자 보호의 필요성으로 인해 대법원 판결에 기속되지 않고 근로자 구제를 허용하는 사례가 있다.

[구제신청 제척기간인 3개월 기산일 예시]

- ▶ 사용자가 2017. 1. 1. 당해 근로자에게 '근로자에게 2017. 1. 11자로 해고한다'는 내용의 통지서를 발송하여, 당해 근로자가 2017. 1. 7. 그 통지서를 수령하였고, 2017. 1. 11. 퇴직처리한 경우 → 해고 있었던 날은 2017. 1. 11.
- ▶ 사용자가 2017. 1. 1. 당해 근로자에게 '근로자에게 2017. 1. 1자로 해고한다'는 내용의 통지서를 발송하여, 당해 근로자가 2017. 1. 7. 그 통지서를 수령한 경우 → 해고 있었던 날은 2017. 1. 7.
- ▶ 경비원조 행위나 지배개입의 부당노동행위 → 그러한 행위가 끝난 날
- ▶ 단체교섭 거부 부당노동행위 → 단체교섭일

Q 96 지방노동위원회의 구제명령이나 기각결정에 불복하려면 어떻게 해야 하나요?

사용자나 근로자는 구제명령서나 기각결정서를 통지받은 날로부터 10일 이내에 중앙노동위원회에 그 재심을 신청할 수 있으며, 중앙노동위원회의 명령에 대해서는 15일 이내에 행정소송을 제기할 수 있다.

A 지방노동위원회의 심판위원회는 구제신청의 전부나 일부가 이유 있다고 인정할 때에는 구제명령을 내린다. 구제명령은 서면으로 하여야 하며, 이를 당해 사용자와 근로자에게 각각 교부하여야 한다(근기법 제30조). 노동위원회는 심문회의를 마친 후 판정회의를 거쳐 판정결과만 당일 문자나 전화로 알려주고 판정서는 판정일로부터 30일 이내에 당사자에게 송부한다. 부당징계 및 부당노동행위에 대한 구제명령의 효력 발생 시기는 당사자가 판정서를 받은 날이다(노동위원회법 제17조의2 제2항). 따라서 불리한 내용의 결과를 받게 되는 근로자가 취하하는 경우에는 노동위원회의 결정을 잠탈하게 되는 결과가 발생할 수 있는 점은 문제점으로 지적된다. 따라서 지방노동위원회의 구제명령이나 기각결정에 불복하는 사용자나 근로자는 구제명령서나 기각결정서를 통지받은 날로부터 10일 이내에 중앙노동위원회에 그 재심을 신청할 수 있으며(근기법 제31조 제1항), 중앙노동위원회의 재심판정에 대하여 사용자나 근로자는 재심판정서를 송달받은 날부터 15일 이내에 행정소송을 제기할 수 있다(근기법 제31조 제2항).

확정된 구제명령이나 행정소송을 제기하여 확정된 구제명령 또는 구제명령을 내용으로 하는 재심판정을 이행하지 않은 자에 대하여는 1년 이하의 징역 또는 1천만원 이하의 벌금에 처한다. 이러한 구제명령 불이행의 죄는 노동위원회의 고발이 있어야 공소를 제기할 수 있다. 심판사건이 각하사유에 해당하는 경우에는 '각하'를 하고, 구제신청의 이유가 없다고 인정할 때에는 '기각'하는 결정을 한다. 각하는 신청요건을 갖추지 못한 경우 본안심리를 하지 않고 판정 자체를 배척하는 것이고, 기각은 신청요건은 갖추었으나 그 이유나 증거가 없어 패소 판정을 내리는 것이다.

[심판사건 각하 사유]

1. 관계 법령의 규정에 따른 신청기간을 지나서 신청한 경우
2. 보정요구를 2회 이상 하였음에도 보정을 하지 아니한 경우
3. 당사자 적격이 없는 경우
4. 구제신청의 내용이 노동위원회의 구제명령 대상이 아닌 경우
5. 같은 당사자가 같은 취지의 구제신청을 거듭하여 제기하거나 같은 당사자가 같은 취지의 확정된 판정(법 제16조의3에 따른 화해조서를 포함한다)이 있음에도 구제신청을 제기한 경우나 판정이 있은 후 신청을 취하하였다가 다시 제기한 경우
6. 신청하는 구제의 내용이 법령상이나 사실상 실현할 수 없거나 신청의 이익이 없음이 명백한 경우
7. 신청인이 2회 이상 출석에 불응하거나 주소불명이나 소재불명으로 2회 이상 출석통지서가 반송되거나 그 밖의 사유로 신청의사를 포기한 것으로 인정될 경우

97 지방노동위원회에서 시정명령이 나왔는데 따르지 않으면 제재방법이 있나요?

구제명령을 한 날을 기준으로 매년 2회의 범위에서 구제명령이 이행될 때까지 반복하여 최장 2년까지 매 2천만 원 범위 내에서 이행강제금을 부과할 수 있다.

A 이행강제금은 주로 비대체적 작위의무 또는 부작위의무를 이행하지 아니하는 경우에 그 의무자에게 심리적 압박을 가하여 의무의 이행을 간접적으로 강제하기 위하여 과하는 강제금을 말한다. 다만, 이행강제금도 대체적 작위의무의 위반에 대하여도 부과될 수 있고, 행정상 강제집행의 일종이므로 형사 처벌과 병과될 수 있다. 노동위원회도 부당징계 사건에 구제명령이 있음에도 불구하고 이를 이행하지 않는 사용자에게 구제명령을 이행을 강제하고자 이행강제금을 부과하고 있다(근기법 제33조).

구제명령을 한 날을 기준으로 매년 2회의 범위에서 구제명령이 이행될 때까지 반복하여 최장 2년까지 각 2천만 원 범위 내에서 이행강제금을 부과할 수 있다. 구체적인 이행강제금의 금액은 위반행위의 종류에 따른 부과금액의 범위에서 위반행위의 동기, 고의·과실 등 사용자의 귀책 정도, 구제명령 이행을 위한 노력의 정도, 구제명령을 이행하지 아니한 기간 등을 고려하여 결정한다. 이행강제금의 부과처분 고지서를 받은 날로부터 90일 이내에 행정심판위원회에 행정심판 또는 이행강제금을 부과한 노동위원회 소재지를 관할하는 행정법원(행정법원이 없는 지역은 지방법원 본원 특별부)에 행정소송을 제기할 수 있다.

그러나 노동위원회의 구제명령 또는 구제명령을 내용으로 하는 재심판정은 재심신청 또는 행정소송 제기로 그 효력이 정지되는 것은 아니므로 사용자의 구제명령 이행의무도 사용자의 재심신청 또는 행정소송 제기로 정지되지는 않는다(근기법 제32조). 또한 부당해고기간 동안은 당연히 해고기간 동안 정상적으로 근무했다면 받을 수 있었던 기간에 급여를 받을 수 있다.

다만, 부당해고기간에 대한 임금상당액의 임금성 여부에 관하여 견해가 법원과 고용노동부가 나뉘고 있다. ① 법원은 임금으로 보나(대법원 2012. 2. 9. 선고 2011다20034 판결), ② 행정해석은 민법상의 손해배상금 성격으로 보아 근로기준법상의 임금이 아니라고 본다(근로조건지도과-4843, 2008. 10. 31.). 또한 부당해고기간에 대한 연차유급휴가에 대해 ① 법원은 전체가 발생한다고 보나(대법원 2008. 7. 24. 선고 2008두7533 판결), ② 고용노동부는 해당기간을 소정근로일수에서 제외하여 출근비율만큼 연차가 발생하는 것으로 보고 있다(근로기준과-5084, 2009. 12. 1.). 한편, 노동위원회에서 부당해고로 판정되어 복직명령을 받고 근무한 후 다시 행정법원의 판결 확정으로 해고가 정당한 것으로 판결되더라도 복직명령 후 근로자가 실제 제공한 근로에 대하여 지급된 임금은 사용자가 반환 청구할 수 없다. 그러나 노동위원회로부터 복직명령을 받기 전 해고기간에 대해서는 근로제공을 받지 않았기 때문에 원직복직 시 지급되었던 임금상당액이 있으면 반환 청구할 수 있다.

[이행강제금 부과업무 흐름도]

부당해고 등 구제명령 이행안내

구제명령서 송달 시 이행강제금제도 안내 및 이행권고

이행결과보고서 제출 요구

⇓

구제명령 이행여부 확인

구제명령 이행여부확인 결과보고서 작성(조사관)

(불이행)⇓ (이행) ⟹ 종 결

이행강제금 부과 예고
(부과예정일 30일 전까지)

부과예정일 지정
의견제출 안내

(불이행)⇓ (이행) ⟹ 종 결

구제명령 불이행상황조사 및 심판위원회 소집
(부과예정일 10일 전까지)

구제명령 이행결과 조사보고서(조사관)
의견서(사용자)

(불이행)⇓ (이행) ⟹ 종 결

이행강제금 부과 결정(심판위원회 판정회의)

부과 여부·부과금액 결정
부과 유예

(불이행)⇓ (이행) ⟹ 종 결

이행강제금 부과처분(노동위 위원장)

납부 기한(15일)

(불이행)⇓ (이행) ⟹ 종 결

추가 부과
(이전 이행강제금 납부기한일로부터 6월 이내)
(구제명령일부터 2년간 총 4회까지 부과가능)

불이행상황 조사

추가 부과 절차는 최초 부과와 동일한 절차로 진행

(이행) ⟹ 종 결

[이행강제금 세부 부과요령]

(1) 해고(500~2,000만원)

(단위: 만 원)

<table>
<tr><th>고려항목</th><th>사 유</th><th>1차</th><th>2차</th><th>3차</th><th>4차</th><th>비고</th></tr>
<tr><td rowspan="2">① 사용자의 귀책정도</td><td>경과실</td><td>200</td><td>200</td><td>200</td><td>200</td><td rowspan="2">위반행위 동기, 위반행위 내용(사유, 절차, 양정), 고의·과실 등을 종합적으로 판단</td></tr>
<tr><td>고의 또는 중과실</td><td>400</td><td>400</td><td>400</td><td>400</td></tr>
<tr><td rowspan="2">② 사용자의 이행노력</td><td>일부 불이행</td><td>300</td><td>300</td><td>300</td><td>300</td><td>원직복직 및 임금상당액지급 명령 중 어느 하나의 불이행(임금상당액은 평균임금 상당액을 지급한 경우는 당사자 간 다툼이 있더라도 이행으로 간주)</td></tr>
<tr><td>전부 불이행</td><td>400</td><td>400</td><td>400</td><td>400</td><td>원직복직 및 임금상당액지급 명령 모두 불이행</td></tr>
<tr><td>③ 불이행기간</td><td>불이행기간</td><td>–</td><td>300</td><td>600</td><td>900</td><td></td></tr>
<tr><td>④ 기 타</td><td>a. 사업의 규모, 기업성격 등
b. 구제명령 확정 여부</td><td colspan="5">a. 사회적 책임성이 높은 대규모 기업 또는 공기업에 해당하는지 여부, 영세사업장 여부
《사업규모에 따른 적용 예시》
<table>
<tr><td>근로자수</td><td>5인 이상 50인 미만</td><td>50인 이상 300인 미만</td><td>300인 이상 1,000인 미만</td><td>1,000인 이상 5,000인 미만</td><td>5,000인 이상 또는 공공기관(기업)</td></tr>
<tr><td>적용비율</td><td>70%</td><td>80%</td><td>90%</td><td>100%</td><td>100% 이상</td></tr>
</table>
※ 기업 또는 공공기관의 규모에 따라 적용비율의 가감 가능
b. 구제명령이 확정되었음에도 불이행하는지 여부 등을 종합적으로 고려
⇒ 1차부터 상한액 부과도 가능하고, 반대로 영세사업이거나 소송 제기 후 사용자 승소 상태로 소송이 계속 중인 경우 등에는 기준 관계없이 계속 하한액 부과도 가능</td></tr>
<tr><td colspan="7">【산정방식】매 차수 부과 시 ①~③ 항목별 금액을 합산하고 ④항목을 고려하여 부과하되, 그 금액이 징계유형별 하한액 미만이면 하한액을, 상한액을 초과하면 상한액을 부과
'④ 기타'기준을 반영할 경우 1~4차 모두 상한액 또는 하한액 부과도 가능
☞ (적용례) "경과실"+"전부 불이행"의 경우 [1차 600만 원], [2차 900만 원], [3차 1,200만 원], [4차 1,500만 원]이, "경과실"+"일부 불이행"의 경우 [1차 500만 원], [2차 800만 원], [3차 1,100만 원], [4차 1,400만 원]이 부과될 것으로 예상</td></tr>
</table>

① 사용자의 귀책정도: 경과실(200만 원), 고의 또는 중과실(400만 원)
- 예를 들어, 3개월 수습(시용)기간의 만료로 근로관계가 자동종료된다는 특약을 설정하지 않았던 이상 수습기간 만료 후에 이 사건 근로자와의 근로관계를 종료하는 것은 본채용의 거절로서 해고에 해당하나, 해고사유와 해고시기를 서면으로 통지하지 않고 구두통보의 방식으로 이루어져 무효라고 판단하였음.

② 사용자의 이행노력: 전부 불이행(400만 원)
- 원직복직 명령을 하지 않았으며, 임금상당액도 지급하지 않음.

③ 불이행 기간: 3차 부과(600만 원)
- 3차 부과

④ 기타: 적용비율(70%)
- 상시근로자 수 50인 미만 규모의 사업장으로 적용비율은 70%에 해당함.
- 이 사건 사용자가 서울행정법원에 부당해고구제재심판정취소 소송을 제기하여 기각되었으나 항소하지 않아 구제명령이 확정되었음.

⑤ 산정금액
- 사용자의 귀책정도가 경과실일 경우 부과금액은 630만 원에 해당함((200+400+600)*70%=840).
- 사용자의 귀책정도가 고의 또는 중과실일 경우 부과금액은 770만 원에 해당함((400+400+600)*70%=980).

98 회사가 마음대로 근로자를 다른 근무장소로 인사조치할 수 있나요?

배치전환은 ① 업무상 필요성과 ② 근로자 생활상 불이익을 비교·형량하여 합리적 이유 없는 근로장소의 변경은 불가하다.

A 근무장소는 근로계약 당시에 정해지나, 전보는 원칙적으로 사용자의 인사권에 속하므로 업무상 필요한 범위에서는 상당한 재량이 인정된다. 정당한 인사권에 해당하는지 여부는 ① 업무상 필요성과 ② 근로자 생활상 불이익을 비교·형량하여 판단한다.

① '업무상 필요성'이란 인원 배치를 변경할 필요성이 있고 그 변경에 어떠한 근로자를 포함시키는 것이 적절할 것인가를 의미하며 업무능률의 증진, 직장질서의 회복, 근로자 간의 화합 등의 사정도 포함된다. 또한 인사적체 해소, 인력의 효율적 배치를 위한 직제개편, 근로자의 역량에 적합한 수준의 직무배치를 통한 근로의욕 고양 등 경영상 필요성이 있는 경우에 직급을 변경할 수 있다. ② '근로자의 생활상 불이익'은 전보 등에 따라 해당 근로자가 받게 되는 일체의 불이익을 의미하는데 직무내용의 변경으로 인한 업무수행 상의 어려움, 근무 장소 변경으로 인한 출퇴근의 어려움, 기존의 직무 수행으로 인하여 근로자가 받고 있는 특수한 이익의 상실을 의미한다.

그러나 야간근로자 연장근로 중단으로 인한 수당감소는 대부분 생활상 불이익으로 보지 않으며, 주거지를 옮기게 된다고 하더라도 회사에게 기숙사를 제공하는 경우에는 생활상의 불이익이 근로자가 통상 감수하여야 할 범위에 있다고 본다. 또한 전보처분 등을 함에 있어 근로자 본인과 성실한 협의절차를 거쳤는지 여부는 필수적인 요건은 아니나, 정당한 인사권 행사인지 여부를 판단하는 요소이다. 근로계약에서 근로내용 또는 장소 등을 한정한 경우에는 이를 변경하는 내용의 전보는 근로계약의 내용을 변경시키는 경우에 해당하여 원칙적으로 근로자의 동의가 있어야 하고, 설령 근로자의 동의를 받지 못하였다고 하더라도 적어도 근로자 본인과 성실한 협의절차를 거쳐야 한다(서울행법 2013. 6. 20. 선고 2012구합41271 판결). 특히 특정조합원을 차별적으로 전보시킬 경우 부당노동행위 위반 소지가 있어 주의를 요한다.

재결례	배치전환이 정당성이 인정되지 않아 부당하고, 노조원에게 인사 상 불이익을 주어 부당노동행위에 해당한다는 사례

이 사건 근로자들의 이 사건 부서로의 배치전환은 업무상 필요성이 인정되지 않고 생활상 불이익이 적지 않으며, 신의칙상 요구되는 절차를 거치지 않았다는 점에서 재량권을 남용한 것으로서 이 사건 사용자의 정당한 인사권의 행사라고 보기 어려워 부당하고, 이 사건 사용자가 이 사건 지부의 해체나 신청 외 노동조합과의 통합을 종용하는 발언을 하는 등 이 사건 지부와 갈등이 있었던 점과 이 사건 지부조합원이 10여 개월 만에 146명에서 33명으로 감소하였던 경위, 이 사건 조합원의 집단 탈퇴는 이 사건 배치전환 과정에서 이루어진 것으로 볼만한 여지가 충분한 점 등 이 사건 배치전환의 일련의 과정에 비추어 볼 때 객관적인 업무상 필요성보다는 이 사건 지부의 조합원에 대한 인사 상 불이익을 주어 노동조합 탈퇴를 유도하기 위한 목적을 가진 것으로 판단되므로 이 사건 배치전환은 불이익 취급 및 지배·개입의 부당노동행위에 해당된다 할 것이다(중노위 중앙 2016부해909/부노167, 2016. 12. 2.).

99 해고를 회피하기 위한 노력은 무엇이 있나요?

무조건적인 구조조정 이전에 무급휴업·무급휴직·무급휴가를 활용하여 경영상 어려움을 극복하기 위한 노력을 할 수 있다.

A 근기법에 따르면 사용자의 귀책사유로 인해 휴업하는 경우에 사용자는 휴업기간 동안 그 근로자에게 평균임금의 70% 이상의 수당을 지급해야 한다. 근기법 제24의 규정을 준수하는 등 법적 요건과 절차에 따라 무급휴직자를 선정하지 아니하고 단지 노사가 무급휴직 실시에 합의한 후 개별 근로자의 신청 없이 특정근로자에게 휴직을 강제한다면 이는 사실상의 휴업으로서 사용자는 당해 근로자에게 근로기준법 제46조의 휴업수당을 지급하여야 할 것이다(근기 68207-780, 2001. 3. 8.).

그러나 최근 글로벌 경제위기로 기업의 경영상 어려움이 심화되고 있는 가운데 해고를 회피하려는 노력으로 휴업·휴직·휴가를 실시하는 기업이 증가하고 있는데, 경영상해고의 요건 중 '해고회피 노력'의 일환으로 무급휴직 또는 무급휴가를 실시할 경우 정당성을 인정될 수 있다.

사용자가 무급휴직 또는 무급휴가를 실시할 경우, ① 선정 : 합리적이고 공평한 기준에 따라 대상자를 선정할 것, ② 협의 : 노조와 충분하고 성실한 협의를 거칠 것, ③ 신청 : 개별근로자의 신청 또는 동의를 받을 것, ④ 근로자 주관적 사정 : 연령, 근속기간, 부양의무의 유무, 재산, 건강상태 등을 고려(서울행정법원 2000. 4. 19. 선고 99구20403 판결)하여 근기법상 휴업수당 지급의무를 면할 수 있다.

판 례	해고회피 노력의 의미

① 정리해고의 요건 중 해고를 피하기 위한 노력을 다하여야 한다는 것은 경영방침이나 작업방식의 합리화, 신규채용의 금지, 일시휴직 및 희망퇴직의 활용 및 전근 등 사용자가 해고범위를 최소화하기 위하여 가능한 모든 조치를 취하는 것을 의미하고, 그 방법과 정도는 확정적, 고정적인 것이 아니라 당해 사용자의 경영위기의 정도, 정리해고를 실시하여야 하는 경영상의 이유, 사업의 내용과 규모, 직급별 인원상황 등에 따라 달라지는 것이다(대법원 2004. 1. 15. 선고 2003두11339 판결).

② 정리해고 이후에 이루어진 무급휴직 조치는 이 사건 정리해고를 둘러싼 노사간 극심한 대립으로 기업의 존립 자체가 위태로워지자 최악의 상황을 막기 위해 고육지책으로 시행된 것이라는 점, 정리해고에 앞서 부분 휴업, 임금 동결, 순환휴직, 사내협력업체 인원 축소, 임직원 복지 중단, 희망퇴직 등의 조치를 실시한 점, 당시 피고가 처한 경영위기의 성격이나 정도, 피고의 사업 내용과 규모 등을 종합하여 보면, 피고로서는 해고회피를 위한 노력을 다한 것으로 보아야 할 것이다(대법원 2014. 11. 13. 선고 2014다20875 판결).

100 사내 직원에게 교육 시 과거 징계사례를 알릴 경우 유의할 점은 무엇인지?

징계사실 중 주요 내용을 중심으로 사실만 사내 교육 차원에서 발언해야 명예훼손죄를 피할 수 있다.

A 회사가 비위 행위를 저지른 직원에 대한 징계 이후 재발방지 차원에서 이러한 징계사실을 직원교육 상 사내 공표·게시할 경우 자칫 법적책임에 휘말릴 우려가 있어 주의를 요한다. 회사는 과거 징계사례에 대해 사내 공표·게시할 때 공연성을 가지므로 그 내용이 허위가 아닌 진실한 사실일 경우에도 명예훼손죄가 성립할 가능성이 있어, 징계 대상 직원을 비방할 목적이 아닌 교육목적임을 분명히 해야 한다. 특히 허위사실이 아닌 진실한 사실을 공표하는 경우에도 형법상 명예훼손죄가 될 수 있어 주의를 요한다.

회사가 위법하게 징계처분을 공포·게시한 경우 형사책임으로는 명예훼손죄 또는 모욕죄의 성립이 가능하고, 민사책임으로는 인격권침해로 인한 게시금지가처분 및 손해배상청구가 대상이 된다. 따라서 회사가 직원들에게 경각심을 고취하고 주의를 촉구하기 위해 징계사실만을 공표·게시할 경우 아래와 같은 사항을 고려하여 법적 위험성을 최소화해야 한다.

[직원 교육 시 주의사항]

① 징계사실 중 주요 내용을 중심으로 게시하고, 전부를 공표하지 말 것
② 징계사실 게시의 효과를 얻을 수 있다면, 실명 및 징계대상이 누구인지 유추할 수 있는 내용을 제외할 것
③ 징계사실 공표는 외부인의 접속이 제한되는 회사 내부망에 한할 것
④ 인격적 비방은 제외하고 '진실한 사실'을 위주로 정보제공 차원에서 작성할 것
⑤ 징계 대상자의 범행동기 보다는 징계대상자에 대한 처분결과를 중심으로 위법행위를 인식할 수 있도록 게시할 것

[명예훼손죄 성립요건인 사실적시 vs 불성립요건 의견표현의 경계선 판단기준]

법원도 피해학생이 대학을 상대로 대학 등록을 납부하지 못한 학생에 대한 제적처분 이후 실명을 언급하면서 제적사실을 공표한 사안에서 학생에 대한 징계사실의 공표에 관해서는 학칙에 규정이 없고 관련 법령에도 정한 바가 없다는 점, 해당 대학교 학칙에 "본 학칙에 규정하지 않은 사항에 관해서는 대학관례에 준용한다"고 규정돼 있다고 하더라도 그것만으로 법률 위반적인 관례도 허용한 것으로 볼 수는 없다는 점, 징계사실 공표의 목적은 비위행위에 대한 예방효과가 주된 목적인데 그러한 예방효과는 해당인의 실명을 거론해 구체적으로 지적하지 않더라도 달성할 수 있다는 점 등을 종합하면, 제적이유 및 실명을 거론해 공고한 위 공표행위는 그 방법이 상당하지 않아 위법하다(서울남부지방법원 2010. 5. 28. 선고 2009가단44581 판결)고 보아 명예훼손죄 성립을 인정했다.
다만, 회사게시판에 해고 직원이 "허위출장비 명목으로 수천만원의 회사공금을 횡령하고 법인카드로 천만원대의 공금을 유용했다"는 내용의 중노위 판정문을 요약해 게시하자 해고직원이 명예훼손을 이유로 1억5,000만원의 손해배상청구를 한 사안에 재판부는 "감사실 부장이 게시물을 올린 이유에 비록 자신이 해온 감사활동의 정당성을 알리려는 부수적인 목적이 있다 하더라도, 주요 목적이 회사 내 분쟁에 관한 진실을 알리고 중앙노동위 결정을 직원들에게 알리려는 것인 이상 공공의 이익을 위한 것이므로 위법성이 없다"(서울중앙지방법원 2006가합1639311)고 하였다.
최근 대법원도 글의 표현이 '사실의 서술'의 형태로 되어 있더라도 집필의도 등에 비추어볼 때 '의견표현'에 해당한다면 명예훼손죄의 구성요건인 '사실의 적시'가 아니므로 처벌할 수 없다고 판단하였다(대법원 2017. 5. 11. 선고 2016도19255 판결).

101 월급제 근로자로 월 300만 원 받는데 사내 징계로 60만 원 감급이 가능한가요?

안 된다. 1일 평균임금이 10만 원이고 월 급여가 300여만 원인 근로자의 경우 하나의 징계사유로는 1회의 감급액은 최대 5만 원, 감급총액은 최대 30만 원까지 감급할 수 있다. 따라서 1회 최대 감급액인 5만 원으로 감급하고자 할 때 최장 6개월(회)까지 감급할 수 있다.

A 사용자는 정당한 사유가 있으면 감봉할 수 있으나(근기법 제23조 제1항), 감봉 또는 감급은 근로가 제공되었음에도 일단 발생한 임금채권을 감액하는 것이다. 근기법 제95조는 ① 1회의 감급액은 평균임금의 1일분의 1/2이하일 것, ② 감급총액은 1임금지급기에 있어서 임금총액의 1/10이하일 것 이라는 이중적 제한(AND제한)이 있다. 근로기준법 제95조 규정에 의한 임금총액이라 함은 상여금 등 임시로 지급되는 임금을 제외하고 당해 임금지급기에 정기적으로 지급되는 임금의 총액이다(근기 01254-19532, 1987. 12. 10.).

사안에서 ▶ 1회 감급액 : 5만 원 이하, ▶ 감급 총액 : 30만 원 이하

따라서 1임금지급기 임금총액의 범위 내에서 수개월에 걸친 감급조치는 가능하나, 1임금지급기에 임금총액의 10분의 1인 감급 총액을 한꺼번에 공제하는 것은 불가하다. 다만, 감급의 '횟수'나 그 '기간'에 대한 제한은 없으므로 여러 가지 징계 사유로 감급제재가 중복될 수 있다. 한편 무단으로 지각, 조퇴, 결근한 경우 그 시간에 상응하는 임금을 삭감하는 것은 무노동 무임금 원칙상 법정감급한도액을 초과할 수 있다.

근로자에게 징계사유가 있어 징계처분을 하는 경우 어떠한 처분을 할 것인가는 원칙적으로 징계권자의 재량에 맡겨져 있는 것이므로, 그 징계처분이 위법하다고 보려면 징계처분이 사회통념상 현저하게 타당성을 잃어 징계권자에게 맡겨진 재량권을 남용한 것이라고 인정되는 경우에 한하고, 징계처분이 사회통념상 현저하게 타당성을 잃은 처분이라고 하려면 구체적인 사례에 따라 직무의 특성, 징계사유가 된 비위사실의 내용과 성질 및 징계에 의하여 달성하려는 목적과 그에 수반되는 제반 사정을 참작하여 객관적으로 명백히 부당하다고 인정되는 경우라야 한다.

행정해석	근기법 제95조의 임금 총액의 의미

근로기준법 제95조는 「취업규칙에서 근로자에 대하여 감급의 제재를 정할 경우 그 감액은 1회의 금액이 평균임금의 1일분의 2분의 1을, 총액이 1임금지급기의 임금 총액의 10분의 1을 초과하지 못한다」 라고 규정하여 감액의 범위에 대한 제한을 하고 있을 뿐 감급의 횟수나 그 기간에 대한 제한을 하고 있지 않음. 따라서 위 1회 및 총액에 관한 감액 제한규정을 준수하는 한, 1개월 동안 수회 또는 수개월 동안 수회의 감급을 할 수 있을 것임(근로기준팀-462, 2008. 1. 25.).

102 사용자가 30일 전에 해고예고를 하지 않고 근로자를 해고했으면, 해고예고수당을 받을 수 있나요?

사용자는 해고예고를 하지 않은 경우에는 30일분 이상의 통상임금을 지급하여야 하는 것이 원칙이다.

A 해고예고수당지급제도는 사용자가 근로자를 해고하기 30일 전에 예고하도록 함으로써 갑작스런 해고로 인한 생계유지의 곤란으로부터 근로자를 보호하고 근로자의 재취업에 필요한 충분한 시간적 여유를 부여하기 위한 제도이다. 그러므로 해고예고제도는 해고 자체를 금지하는 제도가 아니다. 또한 30일 전에 해고예고를 하였다고 해서 해고의 정당성을 갖추게 되는 것도 아니다. 그러므로 사용자가 정당한 절차를 거쳐 해고예고를 하였어도 근로자는 부당해고라고 지방노동위원회에 구제신청을 할 수 있다.

해고예고는 적어도 해고일부터 30일 전에 해야 하며 해고의 예고방법은 해고사유와 해고시기를 특정하여 통지해야 한다. 그러므로 해고사유와 해고시기를 특정하지 않으면 해고예고하지 않은 것이어서 해고예고수당을 지급하여야 한다. 특히, 15일 전에 예고하면서 15일치 해고예고수당만 지급할 수 있을까? 결론부터 말하면 불가능하다. 30일 전에 해고예고하지 않을 경우 지급해야 할 해고예고수당은 30일분 이상의 통상임금이므로 30일은 안되지만 일정기간 해고예고시간이 있다는 이유로 30일분보다 적은 금액을 지급할 수 없다. 30일 전 사전통지는 근로기준법 제26조가 정한 최소한의 기준으로 강행규정으로 보아야 한다.

다만, 최근 헌법재판소의 위헌 결정(헌법재판소 2015. 12. 23. 선고 2014헌바3 결정)으로 월급근로자로서 6개월이 되지 못한 근로자도 해고예고수당을 받을 수 있게 되었다. 반면, 3개월 미만 일용직 해고예고 제외는 여전히 합헌이다(헌법재판소 2017. 5. 25. 선고 2016헌마640 결정). 일용직근로자를 상용직근로자와 동일하게 취급하기 위한 최소한의 기간으로 3개월이라는 기준을 설정한 것은 입법 재량을 벗어나지 않았다.

[참조 법령]

근로기준법 제26조 (해고의 예고) 사용자는 근로자를 해고(경영상 이유에 의한 해고를 포함한다)하려면 적어도 30일 전에 예고를 하여야 하고, 30일 전에 예고를 하지 아니하였을 때에는 30일분 이상의 통상임금을 지급하여야 한다. 다만, 천재·사변, 그 밖의 부득이한 사유로 사업을 계속하는 것이 불가능한 경우 또는 근로자가 고의로 사업에 막대한 지장을 초래하거나 재산상 손해를 끼친 경우로서 고용노동부령으로 정하는 사유에 해당하는 경우에는 그러하지 아니하다.

제35조 (예고해고의 적용 예외) 제26조는 다음 각 호의 어느 하나에 해당하는 근로자에게는 적용하지 아니한다.

1. 일용근로자로서 3개월을 계속 근무하지 아니한 자
2. 2개월 이내의 기간을 정하여 사용된 자
3. 월급근로자로서 6개월이 되지 못한 자(위헌)
4. 계절적 업무에 6개월 이내의 기간을 정하여 사용된 자
5. 수습 사용 중인 근로자

103 회사가 영업비밀을 빼돌리는 것 같다며 근로자의 컴퓨터를 검색해도 되나요?

직원이 영업비밀을 침해하는 구체적 정황이 있고, 제한된 범위 내에서는 가능하다.

A 부정경쟁방지및영업비밀보호에관한법률에 의해 보호되는 영업비밀은 ① 비공지성, ② 경제적 유용성, ③ 비밀관리성을 갖추어야 한다. 영업비밀 보호 전문기관인 한국특허정보원의 영업비밀보호센터에서 이러한 영업비밀 '원본의 존재'와 '보유 시점'을 증명해주는 「영업비밀 원본증명제도」가 시행 중이다. 회사입장에서는 사업 기술 등을 특허로 보호하고 있지 않다면 영업비밀로 보호하기 위해서 취하는 것이 좋다.

근로자의 개인정보보호 만큼이나 회사의 영업비밀도 보호되어야 한다. 그래서 회사 직원의 영업비밀 침해가 합리적으로 의심되는 상황에서 필요한 범위에서만 비밀번호를 설정한 개인용 회사 컴퓨터를 복구해서 직원의 메신저 대화 내용과 이메일 등을 출력하여 그 내용을 알아냈다면 이는 적법하다고 한 사례도 있다(대법원 2009. 12. 24. 선고 2007도6243 판결).

다만, 회사가 직원의 컴퓨터를 복구하여 검색함에 있어서 영업비밀을 침해하는 구체적 정황이 없거나 조사범위가 너무 포괄적인 경우에는 형법 제316조 제2항의 전자기록등내용탐지죄가 문제될 수 있다. 따라서 회사는 근로계약 시 근로자에게 영업비밀의 준수사항 충분히 안내하고, 주기적인 교육을 통해 영업비밀 침해를 예방해야 한다.

판 례	범죄 혐의가 구체적이고 합리적 의심을 할 수 있는 경우에 직원의 개인용 컴퓨터의 하드디스크 중 특정하여 검색해본 것은 타당하다는 사례

"회사의 직원이 회사의 이익을 빼돌린다"는 소문을 확인할 목적으로, 비밀번호를 설정함으로써 비밀장치를 한 전자기록인 피해자가 사용하던 '개인용 컴퓨터의 하드디스크'를 떼어내어 다른 컴퓨터에 연결한 다음 의심이 드는 단어로 파일을 검색하여 메신저 대화 내용, 이메일 등을 출력한 사안에서, 피해자의 범죄 혐의를 구체적이고 합리적으로 의심할 수 있는 상황에서 피고인이 긴급히 확인하고 대처할 필요가 있었고, 그 열람의 범위를 범죄 혐의와 관련된 범위로 제한하였으며, 피해자가 입사시 회사 소유의 컴퓨터를 무단 사용하지 않고 업무 관련 결과물을 모두 회사에 귀속시키겠다고 약정하였고, 검색 결과 범죄행위를 확인할 수 있는 여러 자료가 발견된 사정 등에 비추어, 피고인의 그러한 행위는 사회통념상 허용될 수 있는 상당성이 있는 행위로서 형법 제20조의 '정당행위'라고 보았다(대법원 2009. 12. 24. 선고 2007도6243 판결).

[판결] "노조 동의 없는 성과연봉제 도입 무효" 첫 판결

차등지급 성과연봉제가 일부 저성과 근로자에게만 불리하더라도 과반수 이상의 노조원 동의가 없었다면 이같은 성과연봉제도 도입은 근로기준법 위반으로 무효라는 첫 판결이 나왔다. 근로기준법 제94조 제1항은 사용자가 취업규칙을 근로자에게 불리하게 변경하는 경우에는 노조 등의 동의를 받아야 한다고 규정하고 있다.

서울중앙지법 민사41부(재판장 권혁중 부장판사)는 18일 A씨 등 10명(소송대리인 김기덕 변호사)이 주택도시보증공사(HUG)를 상대로 낸 취업규칙무효확인소송(2016가합566509)에서 "HUG가 2016년 5월 17일 개정한 연봉제규정과 연봉제규정시행세칙, 시간외근무수당지급세칙은 무효임을 확인한다"며 원고일부승소 판결했다.

재판부는 "취업규칙 개정으로 근로자들이 받는 임금 총액이 기존 급여 체계에 비해 증가했다 하더라도 근로자 개인에 따라 유·불리의 결과가 달라진다면 근로자에게 불이익한 것으로 취급해 근로기준법에 따른 변경절차를 따라야 한다"고 밝혔다.

이어 "성과연봉제 확대로 하위평가를 받게 되는 일부 근로자들이 입게 되는 임금·퇴직금 등의 불이익이 상당할 것으로 예상된다"며 "따라서 연봉제규정 등의 개정은 근로자들에게 불이익한 취업규칙의 변경에 해당함에도 HUG는 근로기준법에 따른 적법한 동의 절차를 거치지 않았다"고 설명했다.

재판부는 "경영문제 해결을 위한 공공기관 개혁의 일환으로 성과연봉제 확대 추진의 필요성은 인정되지만, HUG가 조합원 90%의 명백한 반대 의사표시에도 불구하고 일방적으로 취업규칙을 변경해야 할 정도로 그 필요성이 절실하다고 보기 어렵다"고 판시했다.

HUG는 지난해 5월 성과연봉제 도입에 관한 기획재정부 지침에 따라 성과연봉제 적용대상과 임금 가운데 성과연봉의 비중을 확대하는 내용의 취업규칙을 개정했다. 이에 A씨 등은 같은해 11월 "HUG가 노조의 동의없이 일방적으로 근로자들에게 불이익한 연봉제규정 등을 개정한 것은 근로기준법 위반으로 무효"라며 "HUG는 A씨 등에게 각 100만원씩 위자료을 지급하라"며 소송을 냈다.

A씨 등을 대리한 김기덕(53·사법연수원 28기) 변호사는 "이번 판결은 성과에 따라 차등 지급하는 성과연봉제가 일부 저성과 근로자에게만 불이익하더라도 노조원 과반수 이상이 그 도입에 동의하지 않았다면 무효라고 판단한 최초의 법원 판결"이라고 말했다.

법률신문 이순규 기자 soonlee@lawtimes.co.kr
입력 : 2017-05-18 오후 6:01:01
출처 : https://www.lawtimes.co.kr/Legal-News/Legal-News-View?serial=118146

Q 104 사업을 시작하는데 고용노동부에 신고할 사항은 무엇들이 있나요?

상시 10인 이상의 근로자를 사용하는 모든 사업장은 취업규칙을 신고해야 한다.

A 회사는 취업규칙, 퇴직연금 규정, 단체협약 및 노사협의회 규정을 제정하거나 변경 시 관할 노동관서에 신고의무가 있다. 취업규칙의 경우 상시 10인 이상의 근로자를 사용하는 모든 사업장은 취업규칙을 작성·신고해야 하며, 취업규칙 작성 시 근기법 제93조에서 규정하고 있는 필요적 기재사항이 포함되어야 한다. 신고의무를 해태한 경우에도 취업규칙 등은 효력이 있으나, 취업규칙 미신고에 따른 과태료 처분이 따르게 된다.

[고용노동부에 신고해야 하는 규정과 위반 시 벌칙]

구 분	규 정	위반 시 벌칙
취업규칙	근기법 제93조에 의거 신고	근기법 제116조에 의거 500만 원 이하 과태료 부과
노사협의회 규정	근로자참여법 제18조에 의거 설치일로부터 15일 이내 신고해야 함(제정/변경 시) *15일 이내 신고하지 않았을 경우 시정지시가 내려지고 이에 따라 신고할 경우 별도 벌칙 없음	근로자참여법 제18조에 의거 200만 원 이하 과태료 부과
퇴직연금 규정	퇴직급여법상 DB형, DC형에 의거 신고	퇴직급여법 제48조에 의거 500만 원 이하 과태료 부과
단체협약	노조법 제31조에 의거 단체협약의 체결일로부터 15일 이내 회사 또는 노조 측이 신고의무 *15일 이내 신고하지 않았을 경우 시정지시가 내려지고 이에 따라 신고할 경우 별도의 벌칙 없음	노조법 제96조에 의거 300만 원 이하 과태료 부과

105 고용노동부에서 근로감독관이 사업장 지도·점검을 한다는데 무엇인가요?

사업장이 노동관계법을 준수하고 있는지 확인하는 과정인데, 시정지시 없이 바로 사법처리하는 항목이 늘고 있다.

A 근로감독관이 사업장 점검을 나올 경우의 절차는 근로감독관집무규정(고용노동부 훈령 제185호)에 규정하고 있으며, 근로감독의 주요 절차는 아래와 같다.

감독계획 통보(감독일 10일 전 사업장에 통보)
⇩
감독반 편성(2명 이상 1개조 편성)
⇩
감독 준비(근로조건 관련 자료 검토·분석, 필요한 경우 사전에 필요자료 제출 요구)
⇩
사업장 감독 실시(임검 또는 검진지령서 제시, 목적과 취지 설명, 필요서류 제출요구 및 확인)
⇩
근로감독 결과 보고(감독종료일부터 3일 이내 지방관서장에게 보고)
⇩
감독결과 조치(확인된 위법사항에 대해 위반사항 조치기준에 따라 처리)
⇩
시정지시서 발부(즉시 위반사항, 시정방법, 시정기한 등을 구체적으로 기재)
⇩
확인 감독(사용자로부터 시정결과보고서를 받아 시정여부 확인 및 확인감독 결과보고)

근로감독관이 사업장 점검 시 점검확인 주요 서류와 위반 사례, 위반에 대한 조치기준 등도 근로감독관집무규정에 명시되어 있는데, 고용노동부는 2016년 근로감독관 집무규정을 개정하여, 노동관계법령 위반사항 조치기준 253개 중 81개 항목을 강화했으며, 시정조치 없이 바로 사법처리하는 즉시범죄인지 조치기준을 종전 34개 항목에서 55개 항목으로 증가시키고, 60개 항목에 대해서는 시정기간을 단축했다. 주요 개정사항은 다음과 같다.

[주요 법률별 조치기준 강화 내용]

법률명	주요 조문내용	현 행	개 정
근로기준법	– 위약예정금지	시정 14일→범죄인지	즉시 범죄인지
	– 전차금상계금지		
	– 강제저금금지		
	– 업무상 부상·질병 중 해고 금지		
	– 출산전후휴가 90일 부여, 갱내근로금지	즉시 시정→범죄인지	즉시 범죄인지
	– 근로조건의 명시	시정 14일→범죄인지	시정 7일→범죄인지
	– 금품청산, 연장·야간·휴일근로	시정 25일→범죄인지	시정 14일→범죄인지
남녀 고용평등과 일·가정 양립 지원에 관한 법률	– 직장 내 성희롱피해자에 대한 불이익 조치	시정 7일→범죄인지	즉시 범죄인지
	– 육아휴직자에 대한 해고		
	– 육아기근로시간 단축자에 대한 해고		
	– 가족돌봄휴직자에 대한 해고		
	– 고객 등에 의한 성희롱 피해자에 대한 불이익 조치	시정 7일–과태료	즉시 과태료
	– 임금차별	시정 25일→범죄인지	시정 14일→범죄인지
	– 배우자출산휴가 3일분 임금지급		
파견근로자 보호 등에 관한 법률	– 파견근로자 사용제한	시정 7일→범죄인지	즉시 범죄인지
	– 이행상황 제출요구	시정 14일→과태료	즉시 과태료
	– 개선 명령, 보고 명령		
	– 취업조건의 고지	시정 7일→과태료	즉시 시정→과태료
	– 파견사업주 통지의무	시정 14일→과태료	
노동조합 및 노동관계조정법	– 안전보호시설의 쟁의행위	즉시 시정→범죄인지	즉시 범죄인지
	– 쟁위행위 중단업무 수행의 신규채용·대체금지		
	– 필수공익사업 사용자의 채용·대체 및 도급제한		
	– 쟁의행위 이전 직장폐쇄		
	– 확정된 구제명령	시정 25일→범죄인지	시정 14일→범죄인지
	– 조정불이행		
	– 중재재정불이행		
	– 단체협약 위반		

106

근로자와 사용자 사이에 근로조건에 관해 다툼이 있는데, 녹취해도 괜찮나요?

대화 당사자 사이의 대화를 녹음하는 행위는 상대방의 동의가 없어도 적법하고, 법적 분쟁 시 유효한 증기가 될 수 있다.

A 최근 스마트폰을 통한 근로자들이 사용자측과 임금 및 해고와 관련 면담내용을 일방적으로 녹취하여 고용노동부에 노동법 위반 및 노동위원회에 부당해고에 대한 입증자료로 제출되는 사례가 많다.

통신비밀보호법 제14조 제1항은 "누구든지 공개되지 아니한 타인간의 대화를 녹음하거나 전자장치 또는 기계적 수단을 이용하여 청취할 수 없다"고 규정하고 있다. 판례는 남편이 자신의 주거지에 녹음장치를 설치하여 간통행위가 의심되는 자신의 처와 다른 남자 사이의 대화 및 신음소리 등을 녹음한 후 그 녹취록을 간통죄에 대한 증거로 제출한 사안에서, 그 대화 부분은 공개되지 아니한 타인간의 대화를 녹음한 것으로서 통신비밀보호법 제14조 제2항, 제4조의 규정에 의하여 그 증거능력이 없다고 판시하였다(서울서부지방법원 2007. 9. 19. 선고 2007고단270 판결). 따라서 통신비밀보호법에서 금지하고 있는 것은 결국 공개되지 아니한 타인간의 대화를 녹음하거나 청취하지 말라는 것이므로 공개된 타인간의 대화나 공개된 당사자 간의 대화 또는 공개되지 아니한 당사자 간의 대화를 녹음 및 청취한 것은 가능하다.

그러므로 당사자 간의 대화내용을 그 대화에 참여하지 않은 제3자가 녹음·청취하였다면 법 위반문제가 발생하지만, 녹음한 자가 대화 당사자인 경우에는 대화내용을 일방적으로 몰래 녹음하여도 법위반이 아니다.

예를 들면, 피고인이 범행 후 피해자에게 전화를 걸어오자 피해자가 증거를 수집하려고 그 전화내용을 녹음한 경우, 그 녹음테이프가 피고인 모르게 녹음된 것이라 하여 이를 위법하게 수집된 증거라고 할 수 없다(대법원 1997. 3. 28. 선고 97도240 판결). 통신보호법 제4조에서 "불법 검열에 의하여 취득한 우편물이나 그 내용, 불법감청에 의하여 지득 또는 채록된 전기통신의 내용은 재판 또는 징계절차에서 증거로 사용할 수 없다"라고 규정되어 있지만 상대방의 동의가 없더라도 당사자가 몰래 녹음하는 행위는 불법행위가 아니므로 상대방의 동의 없이 일방적으로 녹음한 자료도 유효한 증거자료가 된다.

107 회사가 근무지 내 CCTV를 설치하려는데 괜찮은가요?

개인정보보호법이 규정하고 있는 시설안전 및 화재 예방을 위해 필요한 범위 내에서 ① 설치 목적 및 장소, ② 촬영 범위 및 시간, ③ 관리책임자 성명 및 연락처를 기재하여 안내판을 설치하여 영상정보처리기기를 설치·운영할 수 있다.

A 법률상 공개된 장소에 영상정보처리기기의 설치·운영은 원칙적으로 제한되나, 개인정보보호법 제25조 제1항이 정한 경우에만 예외적으로 가능하다. 공개된 장소에서의 촬영은 타인의 사생활을 침해할 우려가 높으므로 영상정보처리기기는 자신의 정당한 권한이 미치는 장소적 범위 내에서 설치·운영하여야 하고, 특히 녹음기능은 사용할 수 없으니 주의해야 한다.

[개인정보 관련 참조법령]

개인정보보호법 제25조 (영상정보처리기기의 설치 · 운영 제한)
① 누구든지 다음 각 호의 경우를 제외하고는 공개된 장소에 영상정보처리기기를 설치·운영하여서는 아니 된다.
1. 법령에서 구체적으로 허용하고 있는 경우
2. 범죄의 예방 및 수사를 위하여 필요한 경우
3. 시설안전 및 화재 예방을 위하여 필요한 경우
4. 교통단속을 위하여 필요한 경우
5. 교통정보의 수집·분석 및 제공을 위하여 필요한 경우
② 누구든지 불특정 다수가 이용하는 목욕실, 화장실, 발한실(發汗室), 탈의실 등 개인의 사생활을 현저히 침해할 우려가 있는 장소의 내부를 볼 수 있도록 영상정보처리기기를 설치·운영하여서는 아니 된다. 다만, 교도소, 정신보건 시설 등 법령에 근거하여 사람을 구금하거나 보호하는 시설로서 대통령령으로 정하는 시설에 대하여는 그러하지 아니하다.
③ 제1항 각 호에 따라 영상정보처리기기를 설치·운영하려는 공공기관의 장과 제2항 단서에 따라 영상정보처리기기를 설치·운영하려는 자는 공청회·설명회의 개최 등 대통령령으로 정하는 절차를 거쳐 관계 전문가 및 이해관계인의 의견을 수렴하여야 한다.
④ 제1항 각 호에 따라 영상정보처리기기를 설치·운영하는 자(이하 "영상정보처리기기운영자"라 한다)는 정보주체가 쉽게 인식할 수 있도록 다음 각 호의 사항이 포함된 안내판을 설치하는 등 필요한 조치를 하여야 한다. 다만, 「군사기지 및 군사시설 보호법」 제2조제2호에 따른 군사시설, 「통합방위법」 제2조제13호에 따른 국가중요시설, 그 밖에 대통령령으로 정하는 시설에 대하여는 그러하지 아니하다.
1. 설치 목적 및 장소
2. 촬영 범위 및 시간
3. 관리책임자 성명 및 연락처
4. 그 밖에 대통령령으로 정하는 사항
⑤ 영상정보처리기기운영자는 영상정보처리기기의 설치 목적과 다른 목적으로 영상정보처리기기를 임의로 조작하거나 다른 곳을 비춰서는 아니 되며, 녹음기능은 사용할 수 없다.
⑥ 영상정보처리기기운영자는 개인정보가 분실·도난·유출·위조·변조 또는 훼손되지 아니하도록 제29조에 따라 안전성 확보에 필요한 조치를 하여야 한다. [개정 2015.7.24]
⑦ 영상정보처리기기운영자는 대통령령으로 정하는 바에 따라 영상정보처리기기 운영·관리 방침을 마련하여야 한다. 이 경우 제30조에 따른 개인정보 처리방침을 정하지 아니할 수 있다.

108 직장 상사가 성적 농담을 계속하는데 어떻게 해야 하나요?

직장 내 성희롱의 경우 고용노동청에 신고하여 구제받을 수 있다.

A '성희롱', '성폭력', '성추행'은 상대방이 원치 않는 성적 언동으로 성적 불쾌감을 유발하는 행위라는 공통점이 있다. '직장 내 성희롱'은 경찰에서 처리하는 일반적인 성희롱과 달리 고용노동부 사건으로 처리되며 처벌 수위도 일반 성희롱사건에 비해 높다. 남녀고용평등법의 행위자는 사업주, 상급자, 근로자이다. 따라서 고객, 거래처 직원 등 피해자와 같은 소속이 아닌 업무와 관련이 있는 제3자는 남녀고용평등법상 성희롱 가해자가 될 수 없다. 한편, 근기법 제8조는 사용자의 근로자에 대한 폭행을 금지하고 있어, 근로자 사이의 폭행은 본조 위반이 아니다.

직장 내 성희롱인지 여부는 ① 피해자가 원하지 않는 행위여야 하고, ② 성적인 언동이어야 하며, ③ 직장 내의 지위를 이용하거나 업무와의 관련성을 고려하여 판단한다. 특히, '업무관련성'은 근무시간 내에 근무 장소에서 발생한 것이 아니어도 인정될 수 있다. 사업주, 상급자 또는 근로자가 직장 내 지위를 이용하거나 업무와 관련이 있는 경우라면 사업장 내부에서 근무시간에 성희롱이 발생한 경우뿐만 아니라 사업장 밖에서 근무시간 외에 성희롱을 한 경우에도 직장 내 성희롱으로 처벌받을 수 있다. 또한 남성도 성희롱 피해자가 될 수 있으며, 동성 간의 행위도 성희롱이 될 수 있다.

성희롱 사건이 발생하는 경우 사업주는 ① 행위자 징계 등 적절한 조치의무, ② 고객 등 제3자가 성희롱을 한 경우 피해자 보호조치 의무, ③ 피해자에 대한 불이익 금지 의무, ④ 고객 등 제3자가 한 성희롱의 피해자에 대한 불이익 금지 의무 등을 진다. 성희롱 행위자 뿐 아니라 사업주에 대하여도 또한 민법 상 불법행위에 따른 손해배상 책임 및 행위자의 성희롱 행위에 대한 사용자로서의 책임(민법 제756조)을 질 수 있다.

[성폭력과 성희롱의 비교]

구 분	적용 규정의 목적	적용 규정	비고
성폭력	범죄 행위자 개인의 처벌을 목적	성폭력범죄의 처벌 등에 관한 특례법, 형법	형사 범죄인 성폭력은 고의성을 요하기 때문에 실무상으로는 신체적 접촉이 없는 언어적·시각적 행위는 성폭력 범죄로 인정되기 어려움.
성희롱	조직 내 성희롱의 예방 및 근절을 목적	남녀고용평등법, 국가인권위원회법, 양성평등기본법	행위자의 고의가 없어도 성희롱이 될 수 있고, 신체적 접촉이 없어도 성적 혐오감을 유발하는 언어적·시각적 성적 언동도 성희롱임. 따라서 음란물을 보여주는 행위도 성희롱임.

109 성희롱 예방 교육은 의무인가요?

사업주는 성희롱을 예방하고 안전한 근로환경을 조성하기 위해 연 1회 이상 성희롱 예방 교육을 실시해야 한다.

A 상시근로자 1인 이상 모든 사업장에서 사업주는 매년 1회 이상 전체 직원에 대하여 '직장 내 성희롱 예방 교육'을 실시하여야 한다. 정규직, 비정규직 근로자를 가리지 않고, 사업주는 물론 이사, 임원 등 상급자도 교육을 받아야 한다. 특히 파견근로가 이루어지는 사업장에서 직장 내 성희롱 교육은 사용사업주가 실시한다. 고용노동부 지정 성희롱 예방 교육기관에 위탁교육도 가능하고, 직원 또는 외부강사에 의한 교육을 할 수 있다.

성희롱 예방 교육의 내용은 ① 성희롱 관련 법령, ② 성희롱 발생 시 처리 절차와 조치 기준, ③ 성희롱 피해 근로자의 고충상담 및 구제절차, ④ 그 밖에 직장 내 성희롱 예방에 필요한 사항을 포함하여야 성희롱 예방 교육으로 인정받는다(남녀고용평등법 시행령 제3조 제2항).

직원연수·조회·회의 등을 통해 실시하는 것도 가능하나, 단순히 교육자료 등을 배포·게시하는 방법으로 할 수는 없다. 다만, (i) 10인 미만 사업장, (ii) 근로자 모두가 어느 하나의 성으로 구성된 사업장 경우에는 홍보물을 게시하거나 배포하는 방법으로 성희롱 예방 교육을 할 수 있다(남녀고용평등법 제13조 및 동법 시행령 제3조).

[사업주 의무의 내용과 위반 시 제재]

<table>
<tr><th colspan="2">사업주 의무</th><th>위반 시 제재</th></tr>
<tr><td colspan="2">성희롱 금지의무</td><td>- 1,000만 원 이하 과태료
- 즉시 조사 후 과태료 부과</td></tr>
<tr><td colspan="2">성희롱 예방 교육 실시 의무</td><td>- 300만 원 이하 과태료
- 최근 1년(회계연도 기준) 이내 교육을 미실시하였을 경우 25일 이내에 교육을 실시하도록 시정 지시, 미시정 시 과태료 부과
- 최근 3년 이내 2회 이상 교육 미실시 시 즉시 과태료</td></tr>
<tr><td rowspan="4">성희롱 발생 시 조치의무</td><td>성희롱 행위자 징계 등 조치 의무</td><td>- 500만 원 이하 과태료
- 시정기간 25일 이내(미시정 시 과태료)</td></tr>
<tr><td>성희롱 피해자 불이익조치 금지 의무</td><td>- 3년 이하 징역 또는 2,000만 원 이하 벌금
- 시정기간 7일 이내(범죄인지)
- 기한 내 시정하면 내사종결, 시정하지 아니하면 범죄인지 보고 후 수사 착수</td></tr>
<tr><td>제3자 성희롱에 대한 피해자 보호조치 노력의무(근로 장소 변경 등)</td><td>없음</td></tr>
<tr><td>제3자 성희롱 피해 근로자에 대한 불이익조치 금지 의무</td><td>- 500만 원 이하 과태료</td></tr>
<tr><td rowspan="2">분쟁의 자율적 해결의무</td><td>직장 내 성희롱 처리방안 명문화</td><td>없음</td></tr>
<tr><td>직장 내 성희롱 상담 및 구제절차 확립</td><td>없음</td></tr>
</table>

[직장 내 성희롱 발생 시 조치사항]

① 성희롱 접수

사내 고충처리절차에 따라 고충처리기구의 담당자가 접수한다. 피해자 등이 쉽게 이용할 수 있도록 반드시 문서로 한정할 필요가 없으며 전화, 인트라넷 등 다양한 방법을 통해 접수할 수 있도록 한다.

② 사실관계 조사

성희롱이 법률 분쟁이 될 경우, 향후 증거자료가 될 수 있으므로 상담기록 관리가 매우 중요하다. 상담기록 작성 시 성희롱 발생장소, 시간, 행위자, 발생경위, 행태는 물론 지속성 여부, 목격자나 증인 유무 등을 정확히 기록하도록 한다. 따라서 상담은 피해자의 입장과 요구를 청취하고, 공정하게 조사해야 한다. 조사과정에서 알게 된 개인정보는 비밀을 보장하고, 피해자의 입장을 고려해서 가해자와의 대질은 신중히 해야 한다.

③ 확인 및 조치 / 재발 방지

회사는 성희롱 발생 사실을 은폐·축소하려고 한다면 추후에 더 큰 문제가 발생 할 수 있다는 점을 인식하고 접근해야 한다. 성희롱 발생 사실이 확인되면 사업주는 행위자에 대해 경고, 견책, 전직, 대기발령, 정직, 해고 등 적절한 조치를 지체 없이 취해야 한다(남녀고용평등법 제14조). '지체 없이' 제재 조치를 취해야 하는 시점은 (i) 사내 자체기구를 통한 조사 결과, 성희롱으로 판명된 경우, (ii) 지방노동관서에 진정이 제기되어 조사한 후, 성희롱 행위자로 통보 받은 경우로 본다. 징계 수위 결정시 피해정도, 지속기간, 피해자 수, 가해자의 고의성 정도, 성희롱 행위자와 피해자 사이에 지위 면에서의 차이를 고려해 결정해야 한다. 직장 내 성희롱 발생이 확인되었는데도 지체 없이 행위자에게 징계나 그 밖에 필요한 조치를 취하지 않는 경우 500만 원 이하의 과태료 대상이다(남녀고용평등법 제39조).

④ 피해자 구제방법

[피해자의 구제방법]

구 분	내 용
지방노동관서 구제 신청	사업주에게 고충을 제기하여 해결이 안 될 경우, 지방노동관서에 요청하거나 고용평등상담실에 조정을 신청해 줄 것을 요청할 수 있음.
노동위원회 구제 신청	만일 직장 내 성희롱으로 인하여 피해자가 해고, 휴직, 정직, 전직, 감봉 기타 징벌 등을 당한 경우, 노동위원회에 구제신청을 할 수 있음.
민사소송 제기	사업주와 성희롱 행위자를 대상으로 정신적·물질적 고통에 대한 손해배상을 민사법원에 청구할 수 있음.

110 회사 체육대회를 하다가 다쳤는데, 산업재해로 인정될 수 있을까요?

근로자는 사업주의 승인 여부와 관계없이 근로복지공단에 산재신청이 가능하며, ① 행사 참여에 대하여 사업주의 구체적인 지시나 개입이 있었거나 ② 업무 특성 상 행사 참여의 강제성이 있었다면 산업재해에 해당될 수 있다.

A 산업재해보상보험이란 산업재해를 당한 근로자에게 신속한 보상을 하고 사업주에게는 재해에 따른 일시적인 경제적 부담을 덜어주기 위해 국가에서 관장하는 사회보험이다. 근로복지공단은 근로자를 사용하는 모든 사업주에게 보험료를 부과하고 건강보험공단이 이를 징수하고, 요양급여, 휴업급여, 장해급여, 장의비, 유족급여, 간병급여 등 보험급여의 결정에 관한 심사 청구의 심리·결정을 한다. 다만, 2008년 7월 1일부터 근로자성에 이견이 있는 보험설계사, 콘크리트믹서 트럭을 소유하고 직접 운전하는 기사, 학습지교사, 골프장 캐디 등 특수형태근로 종사자도 산업재해보상보험이 적용된다. 이 경우 보험료는 사업주와 특수형태근로종사자가 각각 2분의 1씩 부담한다.

근로복지공단이 '업무상 재해' 여부를 판정하는 권한을 가지고 있기 때문에, 근로자가 산업재해 신청 시 사업주의 승낙을 얻을 필요가 없다. 또한 산재보험에 가입하고 있지 않더라도 가능하다. 근로복지공단은 보험급여에 대한 심사 청구를 승인하면, 업무상 재해를 당하거나 업무상 질병에 걸린 근로자와 근로자가 업무상 사유로 사망한 경우 그 근로자와 생계를 같이 하고 있던 유족에게 보험급여를 지급한다.

운동경기, 야유회, 회식, 교육훈련, 동호인 활동 등 각종 행사 중 사고가 발생한 경우 산재 인정여부와 관련하여 ① 사업주의 지배·관리 하에 있는지, ② 사업주가 근무시간으로 인정 또는 업무시간 내 행사가 이루어졌는지, ③ 행사 참여에 대하여 사업주의 구체적인 지시나 개입이 있었는지, ④ 근로자의 업무 특성으로 미루어 행사 참여의 강제성이 있는지, ⑤ 행사참여 기간 동안 임금이 지급되거나 출근 처리되었는지, ⑥ 비공식적인 행사로 볼 여지가 있는지 등을 검토하여 근로복지공단이 산업재해에 해당하는지 여부를 판단한다. 다만, 공식적인 회식을 마친 후 이어진 개별모임에서 다친 경우에는 산재에 해당하기 어렵다.

또한 사업주는 산업재해로 '사망자'가 발생하거나 '3일 이상'의 휴업이 필요한 부상을 입거나 질병에 걸린 사람이 발생한 경우 산업재해가 발생한 날부터 1개월 이내 관할 지방노동관서에 산업재해조사표를 제출해야 한다. 요양급여 신청에 의한 보고갈음제도가 폐지되었기 때문에 주의가 필요하다.

Q 111

근무 중 근로자 과실로 재해를 입은 경우에도 산재를 통해 보상을 받을 수 있나요?

근로자에게 과실이 있다고 하더라도 업무와 관련된 재해일 경우 산재보험을 받을 수 있다.

A 근로자가 업무상 사고 또는 업무상 질병으로 부상·질병 또는 장해가 발생하거나 사망하면 업무상 '재해'가 인정된다(산재법 제37조 제1항). 산재보험은 민법과 달리 비록 근로자에게 과실이 있다고 하더라도 업무와 관련된 재해일 경우 산재보험을 받을 수 있다. 다만, 재해가 근로자의 고의·자해행위나 범죄행위 또는 그것이 원인이 되어 발생한 재해는 업무상 재해로 보지 않는다(산재법 제37조 제2항). 업무상 재해가 인정되기 위해서는 '업무와 재해 사이에 상당인과관계'가 있어야 하는데, 상당인과관계는 업무수행성과 업무기인성을 보다 넓게 인정한다. 사용자의 '지배 또는 관리' 하에 업무를 수행하는 중이라면 이와 결합하여 이루어지는 개인적인 행위도 업무수행성이 인정될 수 있다. 업무수행 중에 일어난 것으로 한정되지 않으며, 근로자의 과실이 있더라도 중과실이 아니면 인정될 수 있다. 아울러 직업병이나 과로사는 사업장 밖이나 업무시간외라는 사실에 구애받지 않으며 '퇴사 후 치료과정에서 질병이 악화된 경우'나 '입사 전의 질병이 입사 후에 악화된 경우'에도 인정될 수 있다.

업무상 재해 관련 입증책임은 원칙적으로 근로자의 업무와 재해와의 인과관계에 관하여 이를 '주장하는 측'에 있다. 입증책임의 인과관계는 반드시 의학적·자연과학적으로 명백해야 하는 것은 아니며 규범적 관점에서 따진다. 따라서 근로자의 취업 당시 건강상태, 작업장에 발병물질이 있는지와 그 근무기간, 다른 근로자에 대한 이환 여부 등을 종합적으로 고려하여 상당인과관계가 있다고 추단되면 그 입증이 있는 것으로 본다. 인과관계는 평균인이 아니라 '해당 근로자'의 신체조건을 기준으로 판단한다. 또한 최근 법원은 여러 건설현장 옮겨 다니면서 근무한 미장공의 어깨 파열 사건에서 업무상 재해를 판단 할 때, 현재 또는 직전 공사현장과 질병의 관련성만 따질 것이 아니라 이전 현장에서의 업무까지 포함해 종합적으로 판단했다(대법원 2017. 4. 28. 선고 2016두56134 판결).

[업무상 사고 또는 업무상 질병]

- **업무상 사고**
  ① 근로자가 근로계약에 따른 업무나 그에 따르는 행위를 하던 중 발생한 사고
  ② 사업주가 제공한 시설물 등을 이용하던 중 그 시설물 등의 결함이나 관리소홀로 발생한 사고
  ③ 사업주가 제공한 교통수단이나 그에 준하는 교통수단을 이용하는 등 사업주의 지배관리 하에서 출퇴근 중 발생한 사고
  ④ 사업주가 주관하거나 사업주의 지시에 따라 참여한 행사나 행사준비 중에 발생한 사고
  ⑤ 휴게시간 중 사업주의 지배관리 하에 있다고 볼 수 있는 행위로 발생한 사고
  ⑥ 그 밖에 업무와 관련하여 발생한 사고
- **업무상 질병**
  ① 업무수행 과정에서 물리적 인자(因子), 화학물질, 분진, 병원체, 신체에 부담을 주는 업무 등 근로자의 건강에 장해를 일으킬 수 있는 요인을 취급하거나 그에 노출되어 발생한 질병
  ② 업무상 부상이 원인이 되어 발생한 질병
  ③ 그 밖에 업무와 관련하여 발생한 질병

Q 112 산업재해 처리절차는 어떻게 되는지요?

산업재해가 발생하면 ① 재해자 구조, ② 산재발생 현장의 보존 조치, ③ 산재 처리 대책, ④ 재해조사 및 보고, ⑤ 재해자에 대한 보상처리, ⑥ 재발방지 조치, 기타 재해 후속 조치 등의 순으로 처리한다.

A 산업재해가 발생할 경우 사업주는 재해자를 즉시 구조하여 응급처치 후 병원으로 후송해야 한다. 그 후 산재가 발생한 현장을 보존하고 목격자의 진술을 확보하는 등의 후속조치를 해야 한다. 그 후 사업주와 신청인(재해자)가 날인한 요양급여신청서를 병원의 원무과를 통해 근로복지공단에 제출하여 치료비, 요양비에 대한 요양급여 및 휴업급여를 신청할 수 있다. 이 때 요양급여신청서 뒷면에 의사소견서를 작성해야 하기 때문에 병원의 원무과에 관련 서류를 요청해야 한다. 요양급여신청서에는 작성재해자의 인적사항, 재해목격자, 사고 경위 등 기재하고, 만약 사업주가 날인을 거부하면 재해자는 거부사유를 구체적으로 기재하여 사업주의 날인 없이 제출할 수 있다.

근로복지공단에 요양급여신청서가 접수되면, 업무상 재해가 맞는지 여부를 확인하여 결과를 통지한다. 업무상 질병(일부상병 제외)은 업무상질병판정위원회에서 심의하며, 업무상 사고 및 질병에 해당하는지 여부에 대하여 업무내용이나 사고 경위 등에 대한 구체적 사실관계 및 업무와의 인과관계 확인에 오랜 기간이 소요될 수 있다. 근로복지공단에서 승인 또는 불승인여부를 결정한 후 신청인에게 통지를 해야 한다.

산업재해 보상 신청에 대해 근로복지공단에서 불승인 결정을 통보하면 ① 공단에 재심사청구를 하거나, ② 행정소송을 제기 등으로 이의절차를 진행할 수 있다. 행정소송을 제기하고자 할 경우 심사결정이 있음을 안 날부터 90일 이내에 심사 또는 재심사 청구를 경유하거나 경유하지 않고 행정소송을 제기할 수 있다.

단, 업무상질병판정위원회의 심의를 거쳐 불승인 결정된 경우에는 심사청구 절차 없이 처분지사를 경유하여 고용노동부 산하 산업재해보상보험 재심사위원회에 재심사청구하거나 관할 행정법원에 행정소송을 제기할 수 있다.

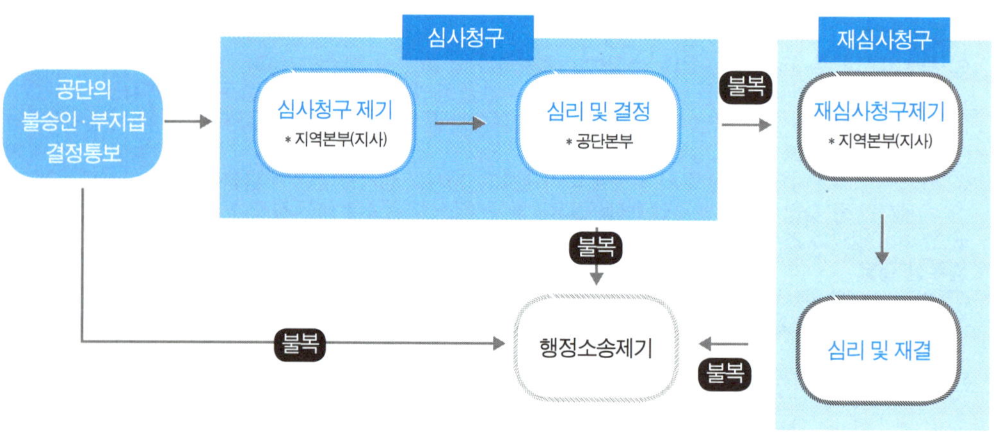

[재해발생시 업무처리 절차]

<table>
<tr><td>재해
발생</td><td colspan="2">작업의 정지와 피해근로자 구출</td></tr>
<tr><td>병원
후송</td><td colspan="2">환자에 대한 응급조치와 동시에 사고 상황 사진 확보, 응급후송차량 연락조치, 병원으로 긴급 후송</td></tr>
<tr><td rowspan="3">보고 및
현장 보존</td><td>현장보존</td><td>사고발생시 안전관리자에게 보고하고 사고발생 원인 등 제반조사가 완료될 때까지 현장을 보존</td></tr>
<tr><td>가족통보</td><td>재해자의 상태를 가족에게 사실대로 통보</td></tr>
<tr><td>대관보고</td><td>① 소속 근로자가 사망하거나 3일 이상의 요양을 요하는 부상 또는 질병에 걸린 자가 발생한 때에 는 산업재해가 발생한 날로부터 1개월 이내에 산업재해조사표를 관할 지방노동관서장에게 제출
② 사망자가 1명 이상 발생하였거나 3개월 이상의 요양이 필요한 부상자가 동시에 2명 이상 발생한 경우와 같이 중대재해가 발생한 때에는 24시간 이내에 재해의 발생개요와 피해상황, 조치 및 전망, 기타 중요사항을 관할하는 지방노동관서장에게 보고</td></tr>
<tr><td>목격자의
진술 확보</td><td colspan="2">① 사고목격자를 확보하고 진술서를 받아 둘 것. ② 작업 지시자를 통하여 사고발생 경위, 작업지시내용, 사고당시 안전시설 여부, 사고당시 보호구 착용현황, 작업 전 안전교육 실시 여부, 수시 안전점검실시 여부, 그 외의 사고원인이라고 생각되는 것 등을 현장조사하여 기록할 것. ③ 사고현장 조사 자료에 근거하여 사고보고서, 중재재해발생보고서를 작성하여 보고</td></tr>
<tr><td>입증 자료
수집 및
보존</td><td colspan="2">① 사고현장의 사진, ② 진술서(목격자 및 작업지시 및 관리감독자 등), ③ 채용관련 서류 (근로계약서, 임금대장 등), 제3자 가해자 여부 확인, ④ 사망의 경우 사체검안서 및 사망진단서 8부, ⑤ 피재자의 가족관계증명서, 주민등록등본 등을 확보하여 합의 당사자 결정, ⑥ 사망사고시 경찰서와 고용노동부 조사가 완료될 때까지 현장보존, ⑦ 사고발생시 조사자는 카메라, 줄자 등을 준비하여 조사의 객관성 유지</td></tr>
<tr><td>재해 기록
및 보존</td><td colspan="2">① 사업장의 개요 및 근로자의 인적사항, ② 재해발생 일시 및 장소, 재해발생 원인 및 과정, ③ 재해 재발방지 계획, ④ 산업재해조사표 · 요양신청서 사본(재발방지계획 첨부)을 보존</td></tr>
</table>

Q 113 출퇴근 중의 사고도 산재로 인정받을 수 있나요?

헌법재판소의 산업재해보상보험법 제37조 제1항 제1호 다목에 대한 헌법불합치결정으로 통상적인 출퇴근이 산재로 인정받을 수 있는 방향으로 변화되는 중이다.

A 일반적으로 근로자가 근로시간 중 작업장에서 근로계약에 따른 업무나 그에 따르는 행위를 하던 중 발생한 사고는 업무상 재해로 산재 보상을 받을 수 있다. 그런데 출퇴근하는 시간은 근로시간이라고 볼 수 없어 산재법 상 보상의 대상이 되는지 다툼이 있어 왔다. 그동안 출퇴근 사고는 원칙적으로 산재법 상 보상이 되는 업무상 재해로 보지 않지만, 예외적으로 근로자에게 출퇴근 교통수단의 선택권이 제한되는 특별한 사정이 있는 경우에는 업무상 재해로 보상해왔다. 즉, 근로자가 정상적인 경로로 출퇴근을 했다고 해도 사업주가 제공하는 출퇴근 버스를 타거나 대중교통이 없는 장소나 시간에 출퇴근을 해야 하는 사정이 있어 근로자의 자가 운행이 불가피한 경우 등 예외적인 경우에만 산재를 인정해왔다.

그런데 최근 헌법재판소는 "사업주가 제공한 교통수단을 이용하는 등 사업주의 지배관리 아래 출퇴근하다가 발생한 사고만 업무상 재해로 인정하는 산업재해보상보험법 제37조제1항 제1호 다목은 헌법에 위반된다"며 헌법불합치결정을 하면서(헌법재판소 2016. 9. 29. 선고 2014헌바254 결정), 개정시한을 2017년 12월 31일까지로 정했다. 이러한 헌법재판소의 헌법불합치결정으로 통상적인 출퇴근의 경우라면 산재로 인정받을 수 있는 가능성이 생겼다. 다만 앞으로 통상적인 출퇴근 경로를 어떤 경우에 인정할 것인지 구체적인 사례와 근로복지공단이 자동차 보험사 등에 구상권 행사여부에 대한 논의가 남아 있다.

한편, 공무원의 경우는 출퇴근 중의 재해를 '공무상 재해'로 인정하고 있는데, 공무원연금법 시행규칙 제14조의 규정에 따르면 통상적인 경로와 방법으로 출근·퇴근하거나 근무지에 부임 또는 귀임하는 중 발생한 교통사고는 모두 공무상 재해로 인정하고 있다.

[헌법불합치 받은 산재법 제37조 제1항 제1호 다목]

산재법 제37조 (업무상의 재해의 인정 기준) ① 근로자가 다음 각 호의 어느 하나에 해당하는 사유로 부상·질병 또는 장해가 발생하거나 사망하면 업무상의 재해로 본다. 다만, 업무와 재해 사이에 상당인과관계가 없는 경우에는 그러하지 아니하다.
1. 업무상 사고
다. 사업주가 제공한 교통수단이나 그에 준하는 교통수단을 이용하는 등 사업주의 지배관리 하에서 출퇴근 중 발생한 사고
[헌법불합치, 2014헌바254, 2016. 9. 29., 산업재해보상보험법(2007. 12. 14. 법률 제8694호로 전부개정된 것) 제37조 제1항 제1호 다목은 헌법에 합치되지 아니한다. 위 법률조항은 2017. 12. 31.을 시한으로 입법자가 개정할 때까지 계속 적용한다.]

Q 114 월급제 근로자에 대해서 성과제를 기본으로 하는 포괄임금제로 변경할 수 있나요?

기존 근로자에 대해서는 취업규칙 불이익변경 절차를 거쳐야 하나, 신규 입사자의 경우에는 불이익 변경 이후 변경된 취업규칙에 따른 근로조건 등을 수용하고 입사한 것이므로 변경된 취업규칙이 적용된다.

A 근로조건은 노사가 자율적으로 정할 수 있는 것이 원칙이나, 근기법 제97조는 "취업규칙에서 정한 기준에 미달하는 근로조건을 정한 근로계약은 그 부분에 관하여는 무효로 한다. 이 경우 무효로 된 부분은 취업규칙에 정한 기준에 따른다."라고 규정하여 통상적으로 취업규칙이 근로계약서보다 우선한다고 규정하고 있다.

따라서 사용자가 취업규칙의 적용을 받는 '기존 근로자'에 대해 성과제로 임금체계를 바꾸고자 하는 경우에는 취업규칙의 불이익변경 절차를 거쳐야 한다. 근로자집단의 동의를 받지 못한 이상 불이익하게 변경된 취업규칙은 개인적으로 동의한 근로자에게도 효력이 발생하지 않고, 근로자집단의 동의를 받았다면 동의하지 않는 개별 근로자에게도 영향을 미친다.

또한 신규입사자의 경우에는 취업규칙이 불이익하게 변경된 이후 변경된 취업규칙에 따른 근로조건 등을 수용하고 입사한 것이므로 변경절차에 위반이 있었던 취업규칙이라도 변경된 취업규칙이 적용되므로, 결국 이원화된 취업규칙이 존재하게 된다. 특히 법원은 포괄임금제에 대해 신중한 태도를 보이고 있으나, 대체적으로 노동부장관의 승인을 얻은 감시·단속 근로자에 대해서는 포괄임금제의 유효성을 인정한다.

판 례	포괄임금제 유효성 판단기준

포괄임금제에 의한 임금지급계약은 근로기준법의 근로시간, 휴게와 휴일에 관한 규정이 그대로 적용됨을 전제로 기본임금을 미리 산정하지 아니한 채 근로기준법상의 연장·야간·휴일근로 등에 대한 제 수당을 합한 금액을 포괄임금으로 지급하려는 것이지, 근로기준법상의 근로시간, 휴게와 휴일에 관한 규정의 적용을 배제하려는 것은 아니므로, 감시 또는 단속적으로 근로에 종사하는 근로자와 포괄임금제에 의한 임금지급계약을 체결함에 있어서 그러한 근로자에 대하여 근로기준법의 근로시간, 휴게와 휴일에 관한 규정의 적용을 배제하기 위한 노동부장관의 승인을 받아야만 하는 것은 아니다.[원고가 종사한 **수위·경비업무는** 근로기준법상 기준 근로시간을 초과한 시간외근로와 야간 및 휴일근무가 당연히 예상되는 반면 **실제 근로시간을 산정하는 것이 쉽지 않은 감시·단속적 근로**로서, 그와 같은 근로시간 및 근로형태의 특수성과 업무의 성질 등을 고려하여 원·피고 사이에서는 당초 입사 당시 또는 1일 24시간 격일제로 변경된 이후에도 원고의 묵시적 동의 아래 근로일이나 근로시간에 관계없이 기준 근로시간을 초과한 시간외근로수당과 야간근로수당, 휴일근로수당을 포함하여 **매월 일정액을 제수당으로 지급하는 이른바 포괄임금계약이 체결되었다**고 봄이 상당하고, 그것이 원고에게 불리하다거나 여러 사정에 비추어 보아 부당한 것으로 인정되지 않으므로 이 사건 **포괄임금계약을 무효라고 할 수 없다**(대구지법 2013. 7. 11. 선고 2012나25553 판결).

[취업규칙 작성 및 변경절차]

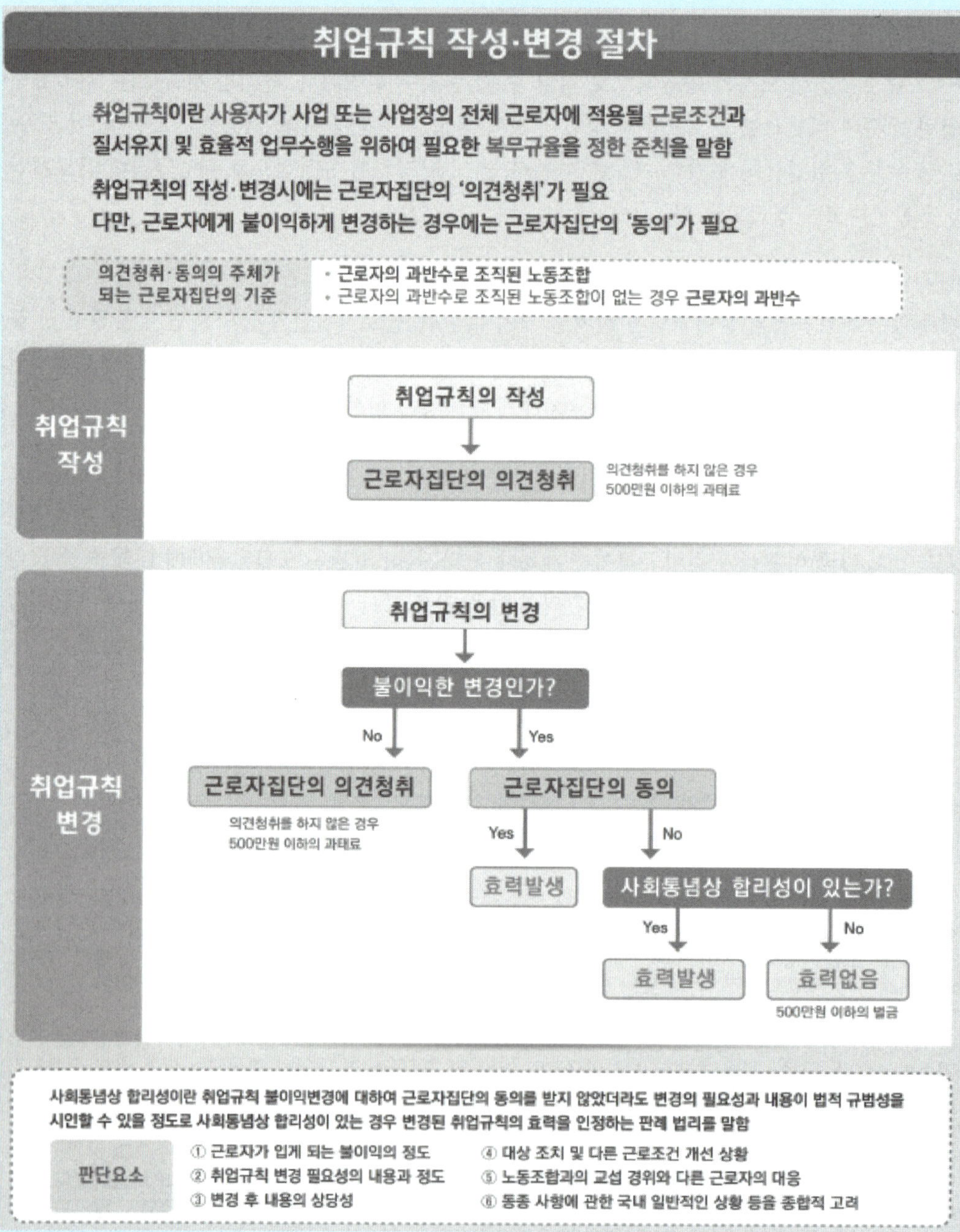

※ 출처 : 고용노동부

115 취업규칙을 변경했는데 신고하지 않았어도 효력이 있나요?

취업규칙 신고는 단속규정이므로 신고하지 않았어도 변경된 취업규칙의 내용은 유효하다.

A '취업규칙'이란 사용자가 사업 또는 사업장의 질서유지 및 효율적 업무수행을 위하여 필요한 복무규율과 근로자 전체에 적용될 근로조건을 정한 준칙이다. 취업규칙은 사용자가 작성한다는 점에서 사용자와 근로자가 합의하여 체결하는 근로계약이나 사용자와 노동조합이 합의하여 체결하는 단체협약과는 구별된다. 사규, 인사규정, 복무규정, 퇴직금 규정 등 그 명칭에 관계없이 규율하고 있는 내용이 근로조건이나 복무규율에 관한 것이라면 취업규칙에 해당하며, 사업 또는 사업장의 근로자 전체에게 통일적으로 적용될 근로조건 등에 관한 준칙을 규정하고 있는 표준 근로계약서도 취업규칙에 해당한다.

상시 10명 이상의 근로자를 사용하는 사용자는 취업규칙을 작성하여 고용노동부장관에게 신고하여야 하는데, 상시근로자 수는 법 적용 사유(취업규칙 작성·신고 의무 적용 여부를 판단해야 하는 사유) 발생일 전 1개월 동안 사용한 근로자의 연인원을 가동일수로 나누어 판단한다(근기법 제93조, 동법 시행령 제7조의2). 근기법상 취업규칙 작성 및 변경절차를 위반한 경우에는 근기법 제114조에 따라 형사 처벌대상이다. 다만, 법원은 취업규칙 신고의무 규정은 취업규칙에 대한 행정적 감독을 위한 단속규정이므로 사용자가 신고의무를 지키지 않더라도 취업규칙의 효력을 인정한다(대법원 2004. 2. 27. 선고 2001다28596 판결).

또한 판례는 취업규칙을 근로자에게 불이익하게 변경하더라도 변경의 필요성과 내용이 법적 규범성을 인정할 수 있을 정도로 사회통념상 합리성이 있는 경우 근로자의 동의를 받지 않았더라도 변경된 취업규칙의 효력을 엄격한 범위 내에서 제한적으로 인정한다(대법원 2015. 8. 13. 선고 2012다43522 판결). 취업규칙 불이익 변경에 대한 적법한 동의절차가 있는 경우 동의한 근로자뿐만 아니라 개별적으로 동의하지 않은 근로자에게도 적용된다. 또한 근로자의 과반수로 조직된 노동조합이 취업규칙 불이익 변경에 동의하였다면 변경된 취업규칙은 조합원은 물론 비조합원인 근로자 나아가 조합원 자격이 없는 근로자에게도 효력이 있다(대법원 2008. 2. 29. 선고 2007다85997 판결).

[법원이 취업규칙 변경 시 적용하는 사회통념상 합리성의 판단요소]

1. 취업규칙 변경으로 근로자가 입게 되는 불이익의 정도
2. 사용자의 취업규칙 변경 필요성의 내용과 정도
3. 취업규칙 변경 후 내용이 상당성을 갖추었는지 여부
4. 대상 조치 등을 포함한 다른 근로조건의 개선 사항이 존재하는지 여부
5. 노동조합 등과의 교섭 경위와 노동조합이나 근로자의 대응
6. 다른 동종업종 회사의 근로조건과 비교하여 상당한지 여부
7. 사용자 측의 이익 증대·손실 감소를 장기적으로 근로자들도 함께 향유할 수 있는지 여부

116 취업규칙의 불이익 변경인지 어떻게 판단하나요?

취업규칙 변경 사항이 유·불리가 혼재하는 경우에는 불이익한 것으로 본다.

A 취업규칙의 불이익 변경이란 종전보다 근로조건을 낮추거나 복무규율을 강화하는 것을 의미한다. 취업규칙의 내용 변경이 일부 근로자에게는 유리하고 일부 근로자에게는 불리한 경우와 같이 유·불리에 따른 이익이 근로자 상호 간에 충돌되는 경우에는 불이익한 변경으로 판단한다. 임금, 근로시간, 퇴직금 등 여러 항목을 변경하는 경우에는 개별 근로조건마다 불이익 여부를 판단하는 것이 원칙이나, 변경되는 하나의 근로조건을 결정짓는 각 요소 사이에 대가관계나 연계성이 인정된 경우 불이익 변경 여부를 개별 요소별로 판단하는 것이 아니라 '전체적'으로 종합하여 판단한다. 예를 들어 퇴직금을 결정하는 퇴직금 지급률과 평균임금에 포함되는 임금항목이라는 각 요소는 서로 대가관계나 연계성이 있어 지급률을 낮추면서 평균임금에 포함되는 임금 범위를 확대하는 경우에는 이를 종합하여 불이익 여부를 판단해야 한다.

종래의 규정이 불명확하거나 포괄적이어서 그 내용을 개념적으로 세분화하여 구체화하는 차원에서 취업규칙 내용을 변경하는 경우에는 해석상의 논란을 해소하기 위한 것으로서 불이익한 변경으로 볼 수 없다는 것이 판례의 입장이다(대법원 2015. 6. 24. 선고 2013다22195 판결). 근로자 과반수 여부는 기존의 취업규칙을 적용받는 근로자와 장래 변경된 취업규칙을 적용받을 것으로 '예상되는 근로자를 포함'한 근로자집단을 기준으로 판단한다. 근로자집단 사이에 인사이동 등에 의한 교류가 없고 입사 시부터 별도의 근로조건을 적용받는 등 근로조건이 이원화되어 둘 이상의 집단으로 구분되는 상황에서 특정 집단을 대상으로 취업규칙이 변경되는 경우 전체 근로자가 아닌 "해당 집단"의 근로자를 대상으로 과반수 여부를 판단한다. 정규직 근로자와 비정규직 근로자에게 별도 적용되는 취업규칙이 존재하는 상황에서 정규직 근로자에게 적용되는 취업규칙만을 변경할 경우 근로기준법 제94조의 규정 중 "의견청취 또는 동의를 구하는 대상으로서의 근로자의 과반수로 조직된 노동조합"이란 전체근로자의 과반수로 조직된 노동조합을 의미하는지 또는 정규직 근로자의 과반수로 조직된 노동조합을 의미하는지 문제된 적이 있는데, 하나의 사업 내에 근로형태, 직종 등의 특수성에 따라 근로자 일부에게 적용되는 별도의 취업규칙을 작성할 수 있으나, 이 경우 여러 개의 취업규칙을 합한 것이 근로기준법 제94조 소정의 1개 취업규칙이 되는 것이라고 보았다(대법원 1996. 2. 27. 선고 95누15698 판결).

반면, 따라서 하나의 사업 내에 정규직 근로자와 비정규직 근로자에게 각각 별도로 적용되는 취업규칙이 있다 하더라도 그 전체를 합한 것을 1개 취업규칙으로 볼 수 있으므로, 그 중 정규직 근로자에게만 적용되는 취업규칙을 변경할 경우라도 전체 근로자 과반수 이상(또는 전체 근로자 과반수 이상으로 조직된 노조)의 의견을 청취(불이익변경 시에는 동의)하여야 한다(근기 68207-1276, 2003. 10. 27.).

117 취업규칙 불이익 변경의 동의 방식은 어떻게 되나요?

'회의방식에 의한 근로자 과반수의 집단적 동의'가 있어야 한다.

A 근로자가 동의하는 과정에서 사용자가 근로자의 자율적이고 집단적인 의사결정을 저해할 정도로 명시 또는 묵시적인 방법으로 동의를 강요한 경우에는 근로자 과반수의 동의가 있었다고 볼 수 없다(대법원 2004. 5. 14. 선고 2002다23185 판결). 그러나 명시 또는 묵시적인 방법으로 동의서에 서명을 강요한 것이 아니라 사용자가 단지 변경될 취업규칙의 내용을 근로자들에게 설명하고 홍보하는 데 그친 경우에는 사용자의 부당한 개입이나 간섭이 있었다고 볼 수 없다(대법원 2010. 1. 28. 선고 2009다32522 판결).

근기법은 근로자의 과반수의 동의 방식에 대해 명확히 규정하고 있지 않으나, 판례는 '회의방식에 의한 근로자 과반수의 집단적 동의'가 있어야 근로자에게 불이익한 취업규칙 변경의 효력이 있는 것으로 본다. 회의방식에 의한 동의가 있었다고 보기 위해서는 ① 사용자의 개입이나 간섭이 배제된 상태에서 ② 사용자 측이 개정내용에 대해 충분히 설명하고 근로자 상호간 충분한 의견을 교환하는 과정이 있어야 한다(대법원 2003. 11. 14. 선고 2001다18322 판결).

최근 하급심 판례는 회사가 취업규칙 개정을 위한 의견수렴은 대부분 5명을 넘지 않고, 1~2명에 불과한 소수의 교육국 단위로 한 것은 근로자들의 집단적 논의를 사실상 배제하거나 최소화하려한 것으로 보아 회의방식에 의한 동의방법의 기회를 제공하였다고 보기 어렵다고 판단한 사례가 있다(서울중앙지법 2015. 8. 28. 선고 2014가합557402 판결). 반면에 취업규칙 불이익 변경에 대한 적법한 동의 절차를 거치지 못한 경우에는 기존근로자에게는 변경된 취업규칙이 적용되지 못하나, 신규근로자에게는 적용된다. 이 경우 하나의 사업장에 두 가지 취업규칙이 존재하게 되는데, 실무적으로 부칙에 불이익하게 변경된 해당조항을 명시하고 "2017년 OO월 OO일 이후 신규채용근로자에 적용된다."고 규정하여 신고할 수 있다.

[참조 법령]

• 근기법 제94조 ① 사용자는 취업규칙의 작성 또는 변경에 관하여 해당 사업 또는 사업장에 근로자의 과반수로 조직된 노동조합이 있는 경우에는 그 노동조합, 근로자의 과반수로 조직된 노동조합이 없는 경우에는 근로자의 과반수의 의견을 들어야 한다. 다만, 취업규칙을 근로자에게 불리하게 변경하는 경우에는 그 동의를 받아야 한다.

Q 118 회사가 단체협약에 정한 징계, 해고사유와 다른 새로운 징계, 해고사유를 취업규칙에 정할 수 있나요?

단체협약에 징계사유에 대해 "단체협약 규정에 의하지 아니하고는 징계할 수 없다"라고 한정하는 규정이 있는 경우 취업규칙에 새로이 정한 징계사유는 무효이므로 그 사유로는 징계할 수 없다.

A 근기법 제96조 제1항은 취업규칙은 단체협약에 어긋나서는 안 된다고 하고, 노조법 제33조 제1항도 단체협약 기준에 위반하는 취업규칙 부분은 무효라고 규정하고 있다. 따라서 회사가 취업규칙에 단체협약 상 없는 새로운 징계사유를 정할 경우 단체협약 기준에 위반되어 무효에 해당하는지 문제가 된다.

판례는 단체협약에서 규율하고 있는 기업질서위반행위 외의 근로자의 기업질서에 관련된 비위행위에 대하여 이를 취업규칙에서 해고 등의 징계사유로 규정하는 것은 원래 사용자의 권한에 속하는 것이므로, 단체협약에서 "해고에 관하여는 단체협약에 의하여야 하고 취업규칙에 의하여 해고할 수 없다"는 취지로 규정하거나 "단체협약에 정한 사유 외의 사유로는 근로자를 해고할 수 없다"고 규정하는 등 근로자를 해고함에 있어서 해고사유 및 해고절차를 단체협약에 의하도록 명시적으로 규정하고 있거나 동일한 징계사유나 징계절차에 관하여 단체협약상의 규정과 취업규칙 등의 규정이 상호 저촉되는 경우가 아닌 한 사용자는 취업규칙에서 단체협약 소정의 해고사유와는 관련이 없는 새로운 해고사유를 정할 수 있다는 입장이다(대법원 1999. 3. 26. 선고 98두4672 판결).

반면, 취업규칙과 단체협약 상의 징계사유가 다른 경우에 취업규칙에서 정한 징계사유 외에 다른 징계사유를 규정하고 있는 단체협약 상의 징계의 종류를 선택하여 근로자를 징계하는 것이 가능하다.

판 례	취업규칙에서 정한 징계사유 외에 다른 징계사유를 규정하고 있는 단체협약 상의 징계의 종류를 선택하여 한 징계처분은 적법하다는 사례

협약자치의 원칙상 노동조합은 사용자와 사이에 근로조건을 유리하게 변경하는 내용의 단체협약뿐만 아니라 근로조건을 불리하게 변경하는 내용의 단체협약도 체결할 수 있으므로, 근로조건을 불리하게 변경하는 내용의 단체협약이 현저히 합리성을 결하여 노동조합의 목적을 벗어난 것으로 볼 수 있는 것과 같은 특별한 사정이 없는 한 그러한 노사간의 합의를 무효라고 볼 수는 없고, 단체협약의 개정에도 불구하고 종전의 단체협약과 동일한 내용의 취업규칙이 그대로 적용된다면 단체협약의 개정은 그 목적을 달성할 수 없으므로 개정된 단체협약에는 당연히 취업규칙상의 유리한 조건의 적용을 배제하고 개정된 단체협약이 우선적으로 적용된다는 내용의 합의가 포함된 것이라고 봄이 당사자의 의사에 합치한다(서울행법 2009. 11. 5. 선고 2009구합16787 판결).

119

10인 이상 사업장이라고 취업규칙 작성·신고를 했는데 누락된 게 있다고 시정하라는데요?

근기법 제93조에 따라 신고된 취업규칙은 해당 관서에서 심사를 하게 되고 근로감독관은 부족한 부분에 대해서 시정명령을 할 수 있다.

A 근로감독관은 취업규칙 작성 또는 변경 신고가 접수된 경우 20일 이내에 이를 심사하고, 그 결과를 근로감독관집무규정 별지 제46호 서식의 '취업규칙심사보고서'에 따라 작성하여 전결권자에게 보고한다. 심사 결과 근기법 제93조에서 열거된 사항 중에서 취업규칙의 '필요적 기재사항'이 누락된 경우에는 심사 종료 후 3일 이내에 25일 이내의 시정기간을 부여하고 미시정 시 500만원 이하의 과태료를 부과한다(근기법 제93조, 제116조 제1항 제2호 및 근로감독관 집무규정 별표3).

반면 사용자가 근기법 제93조에 규정된 사항 중 해당 사업장에서 시행되지 않고 있는 '임의적 근로조건에 관한 사항'을 취업규칙에 기재하지 않았다고 하여 사용자의 취업규칙 작성 신고의무를 이행하지 않았다고 판단하지는 않는다. 법령 또는 단체협약에 위반되는 경우에는 심사 종료 후 3일 이내에 시행규칙 별지 제20호 서식의 '취업규칙 변경명령서'에 따라 25일 이내의 기간을 부여하여 변경하도록 명한다. 변경명령에 따라 기한 내에 변경 신고한 취업규칙은 재심사하고, 변경신고된 취업규칙이 다시 변경명령 사유에 해당되는 경우에는 15일 이내에 시정하도록 재변경을 명령하여야 한다(근로감독관 집무규정 별표3).

[취업규칙 요건심사]

① 취업규칙의 신고 또는 변경신고가 「근로기준법 시행규칙」 제15조에 따른 별지 제15호서식에 따라 작성되어 있는지 여부
② 법 제93조 각 호에 열거된 취업규칙의 필요적 기재사항이 빠짐없이 기재되어 있는지 여부, 법 제93조 각 호 중 임의적 근로조건에 관한 사항은 해당 사업장에서 이를 이행하고 있을 경우에만 필요적 기재사항으로 볼 수 있음
※ 임의적 근로조건에 관한 사항 : 교대근로에 관한 사항(제1호), 승급에 관한 사항(제2호), 가족수당에 관한 사항(제3호), 상여금에 관한 사항(제5호), 근로자의 식비 · 작업 용품에 관한 사항(제6호), 근로자의 교육시설에 관한 사항(제7호), 근로자의 성별 · 연령 또는 신체적 조건 등의 특성에 따른 사업장 환경 개선에 관한 사항(제9호의2), 업무 외의 재해부조에 관한 사항(제10호), 표창에 관한 사항(제11호)
③ 근로자의 과반수를 대표하는 노동조합 또는 근로자 과반수의 의견을 들었거나 동의(근로자에게 불이익하게 변경되는 경우에 한함)를 받았음을 입증하는 자료가 첨부되어 있는지 여부
④ 취업규칙에 인사 · 승급 · 급여 · 징계규정이나 호봉표 등을 별도로 정하도록 규정한 경우에는 그 규정등이 첨부되어 있는지 여부를 심사하고, 별도로 정한 규정이 있음에도 불구하고 첨부되지 않은 경우에는 취업규칙 미신고에 준하여 처리(법 제93조, 제116조제1항제2호)

Q&A

제 2 장 집단적 노사관계

Ⅰ. 노동조합의 조직과 운영·활동

Ⅱ. 단체교섭과 단체협약

Ⅲ. 쟁의행위와 조정

Ⅳ. 기간제 등 기타

제 2 장 집단적 노사관계

Ⅰ. 노동조합의 조직과 운영·활동

대법 "회사가 노조 사무비용 지급하면 부당노동행위"

사측이 노동조합에 운영비를 지급하는 내용의 단체협약은 노동조합법 위반이라고 대법원이 판결했다. 노조가 회사에 의존해 자주성을 잃을 수 있다는 판단이다. 대법원 3부(주심 김용덕 대법관)는 전국플랜트건설노동조합이 대구지방고용노동청 포항지청을 상대로 "단체협약 시정명령을 취소하라"며 낸 소송에서 원고 패소로 판결한 원심을 확정했다고 5일 밝혔다.

플랜트노조는 1992년 첫 단협 체결 당시부터 사측에서 사무보조비를 받아왔다. 2010년 8월 47개 업체와 맺은 단협에서는 조합원 수에 따라 업체당 매달 8만~15만 원을 받기로 했다. 단협에 따라 받은 사무보조비는 많게는 1년에 6400만 원을 넘었다. 노조 수입에서 차지하는 비율은 2009년 11.17%에 달했다. 이 돈은 조합비와 함께 사무실 직원 월급 등으로 나갔다.

고용청은 2011년 2월 사무보조비 지급이 부당노동행위에 해당한다며 단협 시정명령을 내렸다. 노동조합 및 노동관계조정법은 '노조 전임자에게 급여를 지원하거나 노조 운영비를 원조하는 행위'를 부당노동행위로 규정했다. 최소 규모의 사무실 제공은 예외로 허용된다.

노조는 자신이 요구해 만든 단협 조항이어서 문제없다고 주장했으나 받아들여지지 않았다. 재판부는 "주기적·고정적으로 이뤄지는 운영비 원조는 노조 자주성을 잃게 할 위험이 있어 부당노동행위"라며 "노조의 적극적 요구나 투쟁으로 얻었다 해도 다르지 않다"고 판시했다.

앞서 하급심도 "노조가 경비를 사용자에게서 원조 받으면 대립관계에 있는 단체로서의 자주성을 잃는다"며 "운영비 원조 행위 자체가 부당노동행위에 해당하고 자주성을 침해할 위험이 있는지 별도로 판단할 필요는 없다"고 했다.

아주경제 이동재 기자 (djlee5906@ajunews.com)
등록 : 2016-02-05 12:55
출처 : http://www.ajunews.com/view/20160205125918705

대법 "타임오프 과다 급여지급 부당노동행위" (종합)

근로시간면제 제도 적용받는 노조전임자 우대 '부당노동행위' 지적한 대법 최초 판례

노조 전임자에게 소정 근로시간을 초과한 근로시간을 인정해 임금을 과다하게 지급했다면 '부당노동행위'라는 대법원 판결이 나왔다.

대법원 2부(주심 대법관 조희대)는 28일 전라북도 버스회사인 S사가 중앙노동위원회를 상대로 낸 '부당노동행위 구제 재심판정 취소' 소송에서 원고 패소 판결한 원심을 확정했다. S사 내부는 전북자동차노조, S사 기업노조, 민주노총 공공운수사회서비스 노조 등 3개의 노조가 있다. S사는 전북자동차노조 지부장인 이모씨에게 일반 근로자보다 많은 월급을 지급했다.

이씨는 '타임오프' 적용을 받는 노조 전임자다. 타임오프는 노조전임자에 대한 임금지급을 원칙적으로 금지하되 노사교섭 등 일부 업무를 근무시간으로 인정해 임금을 지급하는 제도다. S사는 이씨 연간 근로시간을 3000시간으로 판단해 임금을 적용했다. 이씨는 일반 근로자(연간 2000시간)보다 많은 근로시간이 인정됐고, 결과적으로 많은 임금을 받았다는 지적이 나오면서 문제가 됐다.

이 사건 쟁점은 타임오프 적용을 받는 노조위원장의 근로시간을 일반 근로자보다 과다하게 책정해 많은 임금을 지급한 것을 부당노동행위로 볼 수 있는 지다.

대법원은 "단체협약 등 노사 간 합의에 의한 경우라도 타당한 근거 없이 과다하게 책정된 급여를 근로시간 면제자에게 지급하는 사용자의 행위는 노조전임자 급여 지원 행위나 노동조합 운영비 원조 행위에 해당하는 부당노동행위"라고 판시했다.

대법원은 "근로시간 면제자에 대한 급여 지급이 과다하여 부당노동행위에 해당하는지는 근로시간 면제자로 지정되지 아니하고 일반 근로자로 근로했다면 해당 사업장에서 동종 혹은 유사업무에 종사하는 동일 또는 유사 직급·호봉의 일반 근로자의 통상 근로시간과 근로조건 등을 기준으로 받을 수 있는 급여 수준이나 지급 기준과 비교하여 사회통념상 수긍할 만한 합리적인 범위를 초과하는지 등의 사정을 살펴서 판단해야 한다"고 설명했다.

대법원은 "노조전임자 급여 지원 행위 또는 노동조합 운영비 원조 행위에서 부당노동행위 의사는 노동조합법에 의해 허용되는 경우가 아님을 인식하면서도 급여 지원 행위 혹은 운영비 원조 행위를 하는 것 자체로 인정할 수 있고, 지배·개입의 적극적·구체적인 의도나 동기까지 필요한 것은 아니다"라고 덧붙였다.

아시아경제 류정민 기자 jmryu@asiae.co.kr

최종수정 2016.04.28 10:44

출처 : http://view.asiae.co.kr/news/view.htm?idxno=2016042810373408097

120 노동조합에 가입할 수 있는 대상과 범위는요?

해고된 자가 노동위원회에 부당노동행위 구제신청을 한 경우 중앙노동위원회의 재심판정이 있을 때까지는 노동조합에 가입할 수 있다.

A 노조법 제2조 제4호 라목에서 근로자가 아닌 자의 노조가입은 노조설립의 결격요건 중 하나로 정하고 있다. 노동조합의 기본을 구성하는 기업단위 노동조합에서는 해당 기업의 근로자만이 노동조합에 가입할 수 있는 것이므로 해당 기업 근로자 이외의 근로자는 조합원 자격이 없다.

다만, 해고된 자가 노동위원회에 부당노동행위 구제신청을 한 경우 중앙노동위원회의 재심판정이 있을 때까지는 근로자로 본다. 그러므로 해고된 근로자는 노조법 제2조 제4호 라목의 단서에 해당되지 않는 한, 조합원 자격을 가질 수 없으며 임원으로 선출될 수 없다. 따라서 해고 확정된 자가 노동조합의 대표자 자격으로 단체교섭을 요구할 경우 사용자의 거부는 부당노동행위가 아니다(노조 68107-551, 2003. 10. 22.). 또한 해고된 근로자가 부당해고 구제신청만 한 경우에는 노조법상 근로자에 해당하지 않는다.

노동조합의 조합원 범위는 당해 노동조합의 규약이 정하는 바에 의하여 정해지는 것이 원칙이다. 그러나 단체협약에서 조합원 범위를 설정하는 것은 노사 간의 상호 협의에 의해 규약 상 노동조합의 조직대상이 되는 근로자의 범위와는 별도로 조합원이 될 수 없는 자를 특별히 규정함으로써 일정 범위의 근로자들에 대하여 단체협약의 적용을 배제하고자 하는 취지이다. 따라서 노조 규약에 따라 조합원이 될 수 있지만 단체협약상의 조합원 가입대상에 제외되어 있다면 이들에 대해서는 원칙적으로 단체협약이 적용되지 않는다(대법원 2004. 1. 29. 선고 2001다5142 판결).

재결례 | **자동차 판매영업사원은 「노동조합 및 노동관계조정법」상 근로자에 해당하고, 노조 가입을 이유로 한 계약해지 처분은 부당노동행위에 해당한다는 사례**

형식적으로 자동차 판매용역계약을 체결하고 자동차 영업활동을 수행하는 자라고 하더라도, 사실상 출근시간이 정해져 있는 등 근태관리가 이루어지고, 구체적인 업무지시를 받는 등 업무종속성이 상당하며, 판매의 대가로 지급받는 수수료가 '기타 이에 준하는 수입'에 해당하는 것으로 판단되는바, 자동차 판매영업사원은 「노동조합 및 노동관계조정법」상 근로자에 해당한다. 따라서 자동차 판매영업사원들의 노동조합 가입·활동을 이유로 자동차 판매용역계약을 해지한 것은 불이익취급 및 지배·개입의 부당노동행위에 해당하고, 노조 설립 이후 사용자가 판매영업사원들에게 지속적으로 대리점 재계약이 노조 가입으로 인해 거부될 수 있다고 언급하는 등 지속적인 노조 혐오적 발언을 하고, 노조 가입 사원에 대해 인도후불 금지, 개인 인센티브 제한 등 불이익 조치를 통해 노조 탈퇴를 종용한 것은 지배·개입의 부당노동행위에 해당한다(중노위 중앙2016부노254, 255/2017부노4, 5 병합, 2017. 3. 9.).

Q 121 근참법 제6조 제2항의 '근로자'가 노조법 제2조 제1호의 '근로자'의 의미와 내용이 동일하나요?

근참법 제6조 제2항의 '근로자'는 같은 법 제3조 제2호에 명시되어 있는 바와 같이 근기법 제2조에 규정되어 있는 근로자를 말하므로, 노조법 제2조 제1호에 규정된 근로자와 반드시 일치하는 것은 아니다.

A 사업주가 근로자를 해고하였다면 해고가 당연 무효인 경우와 같은 특별한 사정이 없는 한 그 근로계약 관계는 해지되었다고 할 것이고, 해고된 자가 그 해고의 효력을 다투고 있다하여 그 사실만으로 근로계약 관계의 해고의 효력이 달라지는 것은 아니다. 따라서 법원이나 노동위원회에서 해고의 효력을 다투고 있다고 해도 노사협의회 근로자위원이 될 수 없다.

노조법 제2조 제4호 단서는 '해고의 효력을 다투고 있는 자'를 근로자가 아닌 자로 해석하여서는 아니 된다고 규정되어 있으나 이는 노동조합의 구성원이 될 수 있는 자격에 관하여 규정한 것일 뿐 사용자와 근로자의 근로관계에 관하여 규정한 것은 아니기 때문이다. 근참법상의 근로자위원은 제3조 제2호에 의거 근로기준법상의 근로자이어야 하므로 해고무효 확인의 소제기와 관계없이 일단 근로기준법상의 근로자 신분을 상실한 자는 노사협의회의 근로자위원이 될 수 없다(노사 68120-144, 1995. 5. 13.).

[참조 법령]

근로자참여 및 협력증진에 관한 법률
제3조(정의) 이 법에서 사용하는 용어의 뜻은 다음과 같다.
1. "노사협의회"란 근로자와 사용자가 참여와 협력을 통하여 근로자의 복지증진과 기업의 건전한 발전을 도모하기 위하여 구성하는 협의기구를 말한다.
2. "근로자"란 「근로기준법」 제2조에 따른 근로자를 말한다.

제6조(협의회의 구성)
② 근로자를 대표하는 위원(이하 "근로자위원"이라 한다)은 근로자가 선출하되, 근로자의 과반수로 조직된 노동조합이 있는 경우에는 노동조합의 대표자와 그 노동조합이 위촉하는 자로 한다.

노동조합 및 노동관계조정법
제2조(정의) 이 법에서 사용하는 용어의 정의는 다음과 같다.
1. "근로자"라 함은 직업의 종류를 불문하고 임금·급료 기타 이에 준하는 수입에 의하여 생활하는 자를 말한다.

[노사협의회와 단체교섭의 비교]

구 분	노사협의회	단체교섭
목 적	생산성 향상과 근로자복지 증진 등 미래지향적 노사공동의 이익 증진	근로조건의 유지 및 개선
대표성	전체 근로자를 대표	조합원을 대표
배 경	·노조의 조직여부와 관계없음 ·쟁의행위를 수반하지 않음	·노조가 있음을 전제로 함 ·교섭결렬 시 쟁의행위 가능
당사자	근로자위원과 사용자위원	노동조합과 사용자(사용자단체)
과 정	·사용자의 기업경영상황보고 ·안건에 대한 노사 간 협의·의결	단체교섭을 통해 단체협약 체결

Q 122 불법체류자인 외국인도 노동조합에 가입할 수 있나요?

출입국관리 법령은 취업자격 없는 외국인의 고용이라는 사실적 행위 자체를 금지하려는 것일 뿐, 근로자 신분에 따른 노동관계법 상의 제반 권리 등 법률효과까지 금지하는 것이 아니므로 불법체류 외국인도 노조에 가입할 수 있다.

A 출입국관리 법령은 취업자격 없는 외국인의 고용이라는 사실적 행위 자체를 금지하려는 것일 뿐, 근로자 신분에 따른 노동관계법 상의 제반 권리 등 법률효과까지 금지하는 것이 아니다. 불법체류 외국인도 근로를 제공하고 임금을 받아 생활하고 있다면 노조법상 근로자에게 해당하여 노동조합에 가입할 수 있다(대법원 2015. 6. 25. 선고 2007두4995 판결). 다만, 노조법 제2조 제4호 각목의 해당여부가 문제된다고 볼 객관적인 사정이 있는 경우에는 행정관청은 실질적인 심사를 거쳐 설립신고서를 반려할 수 있다(대법원 2014. 4. 10. 선고 2011두6998 판결).

노동조합 설립에는 인원수의 제한이 없지만 노조법의 내용을 종합하여 해석하면 노동조합은 근로자 2명 이상이면 자유롭게 설립이 가능하다. 예컨대 1명은 위원장, 다른 한명은 회계감사이다. 다만, 산업별 노조에 가입하는 경우에는 조합원이 되는 것이므로 혼자서도 가능하다. 노동조합은 그 요건으로 단체성이 요구되므로 복수인이 결합하여 규약을 가지고 그 운영을 위한 조직을 갖추어야 한다. 노조의 구성원은 원칙적으로 복수이어야 하지만, 일단 성립한 노조가 일시적으로 조합원이 1인으로 감소하더라도 당연히 소멸하지는 않는다. 다만, 법인 아닌 노동조합이 일단 설립되었다고 할지라도 중도에 그 조합원이 1인 밖에 남지 아니한 경우에는 노동조합으로서의 단체성을 상실하여 청산목적과 관련되지 않는 한 당사자 능력이 없다고 보는 것이 우리 판례의 입장이다(대법원 1998. 3. 13. 선고 97누19830 판결). 이 경우 행정관청은 노조법시행령 제9조 제2항을 유추적용하여 해당 노조에 30일의 기간을 정해 보완을 요구하고 그 기간 내에 단체성이 보완되지 않으면 '노조법에 의한 노조로 보지 아니함'을 통보한다.

판례	취업자격 없는 외국인근로자도 노동조합법상 근로자에 해당하고 근로자의 개념에 포함되는 이상, 노동조합을 설립하거나 노동조합에 가입할 수 있다는 사례

출입국관리 법령에서 외국인고용제한 규정을 두고 있는 것은 취업자격 없는 외국인의 고용이라는 사실적 행위 자체를 금지하고자 하는 것뿐이지, 나아가 취업자격 없는 외국인이 사실상 제공한 근로에 따른 권리나 이미 형성된 근로관계에 있어서 근로자로서의 신분에 따른 노동관계법상의 제반 권리 등의 법률효과까지 금지하려는 것으로 보기는 어렵다. 따라서 타인과의 사용종속관계 하에서 근로를 제공하고 그 대가로 임금 등을 받아 생활하는 사람은 노동조합법상 근로자에 해당하고, 노동조합법상의 근로자성이 인정되는 한, 그러한 근로자가 외국인인지 여부나 취업자격의 유무에 따라 노동조합법상 근로자의 범위에 포함되지 아니한다고 볼 수는 없다. 취업자격 없는 외국인근로자가 노동조합법상 근로자에 해당하고, 그러한 노동조합법상 근로자의 개념에 포함되는 이상, 취업자격 없는 외국인근로자도 노동조합을 설립하거나 노동조합에 가입할 수 있다[취업자격 없는 외국인근로자는 노동조합법상 근로자의 개념에 포함되지 않는 것으로 보아야 한다는 취지의 반대의견이 있음](대법원 2015. 6. 25. 선고 2007두4995 판결).

Q 123 전교조가 법외노조라는데 무슨 말인가요?

노동조합이 설립신고를 하지 않은 경우 법외노조가 되는데, 법외노조가 되면 노동조합에 대한 법적 보호를 받을 수 없다.

A 노조법이 정하는 노동조합의 정의 규정 상의 요건 즉, 제2조 제4호의 본문요건과 단서요건을 갖추고, 노조설립신고제도가 정하는 설립신고 절차를 경유하는 형식적 요건을 구비하여 행정관청으로부터 신고증을 교부받은 노동조합은 법적보호를 받을 수 있다. 법적보호 내용은 ① 노동조합이라는 명칭 사용(노조법 제7조 제3항), ② 노동쟁의의 조정신청 및 부당노동행위 구제신청(노조법 제7조 제1항), ③ 법인격 취득(노조법 제6조), ④ 노동위원회 근로자위원을 추천(노동위원회법 제6조 제3항), ⑤ 민·형사상 면책 인정(노조법 제3조 및 제4조), ⑥ 세법이 정하는 바에 따라 조세 면제(노조법 제8조)이다.

노조법이 요구하는 조건을 갖추지 못해 법적으로 인정받지 못하는 노조는 '법외노조'라고 하는데, 법외노조가 되면 노동조합이라는 명칭을 공식적으로 쓰지 못하며 노조법상 노조로서의 법적 권한을 행사할 수 없게 된다. 또한 노동위원회에 노동쟁의의 조정신청 및 부당노동행위 구제신청을 할 수 없고, 법인으로 등기할 수 없으며, 법률상의 지위를 가지지 못하므로 조세면제도 받을 수 없다.

교원노조법 제2조(현직 교원만 조합원으로 하는 규정) 및 노조법 시행령 제9조 제2항(법외노조 통보규정)의 위헌 여부가 문제된 사안에서 헌법재판소는 합헌결정을 하면서, 현직 교원이 아닌 자가 교원노조를 설립하거나 교원노조에 가입하면 교원노조의 자주성에 대한 중대한 침해가 발생한다고 판단하였다(헌법재판소 2015. 5. 28. 선고 2013헌마371, 2014헌가21 결정).

노조법 제2조 제4호 각 목에 해당하는 사유가 발생하면 노동조합이 실질적으로 자주성을 갖추고 있는지 여부와 무관하게 노조법 제2조 제4호 단서에 따라 노동조합으로 보지 않는다고 해석하는 것이 노조법 제2조 제4호의 문언에 부합하고, 노조법 제12조 제3항에 의하면 행정관청은 설립하고자 하는 노동조합이 노조법 제2조 제4호 각 목에 해당하는 경우 설립신고서를 반려하도록 규정하고 있으므로 행정관청은 노동조합이 노조법 제2조 제4호 각 목에 해당하는지 여부를 심사할 수 있고 이에 해당하는 노동조합에 대하여는 설립신고서를 반려할 수 있는 점, 노조법 제2조 제4호의 본문은 노동조합이 되기 위한 적극적 요건을 규정하고 있고 같은 호 단서 및 각 목은 노동조합이 될 수 없는 소극적 요건을 규정하고 있는 점 등에 비추어 보면, 노조법 제2조 제4호 각 목 및 단서의 노동조합의 소극적 요건들을 단순히 적극적 요건을 예시·확인 또는 부연하는 규정에 불과한 것으로 볼 수는 없다. 교원 아닌 자의 가입을 허용하는 전교조에 대한 고용노동부의 법외노조 통보 처분은 적법하다는 것이 고등법원의 태도이나 대법원에 상고 중이다(서울고법 2016. 1. 21. 선고 2014누54228 판결).

Q 124 규약에 노동조합 대표자의 단체교섭 체결권을 제한하는 규정을 두고 있는 경우 그 효력이 있나요?

조합원 과반수의 동의 없이는 단체협약을 체결할 수 없다는 규약은 법 위반으로 무효다.

A 노조법 제29조 제1항의 규정에 의하면 노동조합의 대표자는 사용자 또는 사용자단체와 교섭하고 단체협약을 체결할 권한을 가지는 바, 노조 규약으로 노조 대표자의 단체협약 체결 권한을 전면적·포괄적으로 제한하는 것은 사실상 노조 대표자의 단체협약 체결 권한을 무력화하게 되므로 동 조항에 위반된다(대법원 1993. 4. 27. 선고 91누12257 판결). 다만, 최근 판례는 노동조합이 조합원들의 의사를 반영하고 대표자의 단체교섭 및 단체협약 체결 업무 수행에 대한 적절한 통제를 위하여 규약 등에서 내부 절차를 거치도록 하는 등 대표자의 단체협약체결권한의 행사를 절차적으로 제한하는 것은, 그것이 단체협약체결권한을 전면적·포괄적으로 제한하는 것이 아닌 이상 허용된다고 보아야 한다고 판시하였다(대법원 2014. 4. 24. 선고 2010다24534 판결).

따라서 노조 규약에서 "임금 및 단체협약의 협의된 사항을 총회의 과반수 이상의 동의를 득한 후 위원장이 체결한다"고 정한 취지가 단체교섭 결과에 대하여 노조 대표자가 조합원의 의견을 수렴하는데 그치는 것이 아니라 조합원 과반수의 동의 없이는 단체협약을 체결할 수 없도록 하려는 이른바 인준투표를 거쳐야 하는 것이라면, 이는 위 법조항에 위반될 수 있으며 노동조합의 대표자는 규약에도 불구하고 단체협약을 체결할 수 있고 사용자는 이와 같은 경우 노동조합에 노동조합 대표자의 단체협약 체결권한의 확인을 요청할 수 있다.

판 례	노조 대표자의 단체교섭의 체결권을 전면적으로 제한하는 것은 불가하다는 사례

노동조합의 대표자 또는 수임자가 단체교섭의 결과에 따라 사용자와 단체협약의 내용을 합의한 후 다시 협약안의 가부에 관하여 조합원총회의 의결을 거쳐야 한다는 것은 대표자의 단체협약 체결권한을 전면적·포괄적으로 제한함으로써 사실상 단체협약체결권한을 형해화하여 명목에 불과한 것으로 만드는 것이어서 노동조합 및 노동관계조정법 제29조 제1항의 취지에 위반된다(대법원 2002. 11. 26. 선고 2001다36504 판결).

Q 125 노사 대표자가 서명·날인한 단체교섭 회의록도 '단체협약'인가요? 단체협약은 반드시 서면으로 작성해야 하나요?

노조법 제31조 규정에 의거 단체협약은 '합의서', '협정서' 등 명칭에 관계없이 정당한 권한을 가진 노사 당사자가 단체교섭을 통하여 합의한 내용을 서면으로 작성하여 서명·날인하여야 그 효력이 인정된다.

A 노사 당사자가 단체교섭 결과에 대하여 수차 회의록을 작성하여 서명·날인한 경우 이와 같은 회의록은 교섭결과를 당사자가 확인해 둠으로써 향후 다툼의 소지를 제거하려는 의미가 있다 할 것이나, 회의록 작성으로 단체협약 체결에 갈음하기로 노사가 합의했다는 등 달리 볼 사정이 없는 한 회의록 자체를 단체협약으로 보기는 어렵다 (노사관계법제팀-480, 2005.11.10.).

단체협약은 노동조합이 사용자 또는 사용자단체와 근로조건 기타 노사관계에서 발생하는 사항에 관한 협정(합의)을 문서로 작성하여 당사자 쌍방이 서명날인 함으로써 성립하는 것이고, 그 협정(합의)이 반드시 정식의 단체교섭 절차를 거쳐서 이루어져야만 하는 것은 아니라고 할 것이므로 노동조합과 사용자 사이에 근로조건 기타 노사관계에 관한 합의가 노사협의회의 협의를 거쳐서 성립되었더라도, 당사자 쌍방이 이를 단체협약으로 할 의사로 문서로 작성하여 당사자 쌍방의 대표자가 각 노동조합과 사용자를 대표하여 서명날인 하는 등 단체협약의 실질적·형식적 요건을 갖추었다면 이는 단체협약이라고 보아야 할 것이다(대법원 2005. 3. 11. 선고 2003다27429 판결).

단체교섭의 잠정합의사항은 협약체결권이 없는 노사 당사자가 서명·날인한 경우라면 교섭과정에서 잠정적으로 합의된 사항을 확인하기 위하여 문서를 작성한 것에 불과하여, 노조법 상의 단체협약을 체결한 것으로는 보기 어렵다. 특히 서면으로 작성되지 않은 단체협약은 효력이 없어 노조법상 단체협약으로 인정되지 않는다.

행정해석	단체교섭과정에서 작성되는 회의록은 부속합의서에 대한 해석의 기준을 제시하는 것으로서 그 자체를 단체협약으로 보기는 어렵다는 사례

단체협약의 유효기간 중 영업시간 변경을 위한 보충교섭을 진행하여 "근무시간 정상화 및 영업시간 변경합의서"를 체결하고 노사당사자가 서명 또는 날인을 하였다면 이는 본 협약에 부속하는 단체협약으로 유효하게 성립되었다고 할 것임. 다만, 일반적으로 교섭과정에서 작성되는 "회의록"은 향후 단체협약의 이행 또는 적용과정에서 발생할 수 있는 분쟁의 소지를 없애고 당사자의 의사를 명확히 할 목적으로 작성되는 것이므로, 노사가 회의록을 위 부속합의서에 포함하여 단체협약의 효력을 부여키로 하는 등의 특별한 사정이 없는 한, 동 회의록은 부속합의서에 대한 해석의 기준을 제시하는 것으로서 그 자체를 단체협약으로 보기는 어려울 것으로 판단됨(노사관계법제과-2090, 2009. 7. 8.).

126 복수노조 사업장에서 단체협약 유효기간 중 신설 노조가 근로시간면제한도의 재분배를 요구할 수 있나요?

단체협약 유효기간 내에는 단체협약에서 정한 내용의 효력이 변동 없이 유지되어야 하기 때문에 근로시간면제한도의 재분배를 해야 할 의무는 없으나 복수노조의 동의가 있다면 재분배할 수 있다.

A 회사가 복수노조(제1, 2노조)인 상황에서 제2노조(제1노조와 단체협약체결 이후 신설된 노조임)가 제1노조(교섭대표노조)와 체결한 단체협약 유효기간 만료일 전부터 제1노조에 적용되는 근로시간면제한도를 재분배해줄 것을 요구하는 경우에도 단체협약 유효기간 내에는 단체협약에서 정한 내용의 효력이 변동 없이 유지되어야 함이 원칙이다.

제1노조가 체결한 단체협약 상 근로시간면제한도와 조합사무실 제공 등은 단체협약 유효기간 동안 존중되어야 하며, 이는 제2노조가 2/3 이상의 조합원 수를 확보하는 등 노조의 지위가 변동되었더라도 마찬가지이다. 단체협약 유효기간 동안에는 현격한 경영 여건의 변화, 노사 쌍방의 인정, 단협 해석 분쟁 해소 등을 사유로 하는 중대한 사정 변경 외에는 단체협약 조항을 유지해야 한다(노조 01254-10558, 1989. 7. 18.). 단체협약 유효기간까지는 제1노조가 근로시간면제한도 등에 있어 교섭대표노조 지위를 유지하는 것이고, 이에 따라 중도 신설된 제2노조가 근로시간면제한도 재분배나 조합사무실 맞교환을 요구할 법적 근거는 없다. 오히려 회사가 제1노조 동의 없이 제2노조의 요구를 수용하는 경우 제1노조와 체결한 단체협약을 위반하는 것이 되어 법적 책임을 지게 됨을 유의할 필요가 있다.

[참조 법령]

- 노조법 제92조【벌칙】다음 각호의 1에 해당하는 자는 1천만원 이하의 벌금에 처한다.
2. 제31조제1항의 규정에 의하여 체결된 단체협약의 내용 중 다음 각목의 1에 해당하는 사항을 위반한 자
가. 임금 · 복리후생비, 퇴직금에 관한 사항
나. 근로 및 휴게시간, 휴일, 휴가에 관한 사항
다. 징계 및 해고의 사유와 중요한 절차에 관한 사항

판례 복수노조 생겨도 단체협약 유효기간 내에는 단체협약에서 정해 놓은 근로시간면제한도를 변경할 수 없다고 본 사례

복수 노조(각 기업별 노동조합) 설립에 따라 노동조합(기존) 소속 조합원들이 상당수 이탈함으로써 단체협약에 정해진 근로시간 면제 한도가 노동조합의 조합원 수에 따른 근로시간 면제 한도를 초과하는 측면이 있으나, 단체협약의 유효기간 내에서는 조합원 수의 변동이 있다고 하더라도 단체협약에서 정해 놓은 근로시간 면제 시간의 총량 및 사용인원 한도에 따라 근로시간 면제 제도가 운영되는 것이 타당하고, 설사 **노동조합의 조합원 수가 새로 설립된 복수 노조의 조합원 수에 비하여 상당히 적다거나,** 복수 노조에도 이미 일정 수의 근로시간 면제 한도 사용자가 지정되었다거나, 노동조합이 회사와의 임금 및 단체협약 등에 대한 교섭권이 없는 등 **기존의 지위와 역할에 상당한 변동이 발생하였다고 하더라도,** 그러한 사정들만으로 단체협약에서 정해 놓은 근로시간 면제 한도를 노동조합에 불리하게 해석 또는 적용하여야 한다거나 **단체협약 유효기간 내에 일방적으로 그 내용을 변경할 수 있다고 볼 수는 없다**(서울중앙지법 2012. 7. 5. 선고 2012카합851 판결).

Q 127 산별노조 지회가 기업별 노조로 조직형태 변경을 할 수 있나요?

원칙적으로 불가능하나, ① 독자적인 규약·집행기관을 가지고 독립한 단체로서 독자적인 단체교섭 및 단체협약체결권이 있어 기업별 노동조합에 준하는 실질을 갖는 경우, ② 독자적인 단체교섭 및 단체협약체결권은 없더라도 비법인사단의 실질을 갖고 있는 경우 가능하다.

A 노동조합의 '조직형태의 변경'은 노동조합이 그 실체의 동일성을 유지하면서 노동조합의 종류를 변경함으로써 구성원의 자격과 그 결합방식을 바꾸는 것을 말한다. 조직형태 변경의 유형은 ① 기업별 노조가 산업별·지역별 노조의 지부·분회 등으로 조직형태 변경, ② 산업별·지역별 노조의 지부·분회 등이 기업별 노조 또는 다른 산업별·지역별 노조의 지부·분회 등으로 조직형태 변경, ③ 산업별·지역별 노조가 기업별 노조로 변경 등이 있다.

노동조합의 조직형태 변경은 노조법 제16조 제2항에 의거 총회 또는 대의원회에서 재적조합원(대의원) 과반수의 출석과 출석조합원(대의원) 3분의 2 이상의 찬성으로 결의하여야 한다. 대법원은 원심과 달리, 산별노조의 지회도 비법인사단의 실질을 갖추고 있어 근로자단체로서 독립성이 인정되면 기업별 노조로 조직형태 변경의 주체가 될 수 있다고 판시하였다(대법원 2016. 2. 19. 선고 2012다96120 판결).

판 례	산별노조의 지회도 기업별 노조로 조직형태 변경의 가능성을 인정한 사례

산업별 노동조합의 지회 등이 독자적으로 단체교섭을 진행하고 단체협약을 체결하지는 못하더라도 법인 아닌 사단의 실질을 가지고 있어 기업별 노동조합과 유사한 근로자단체로서 독립성이 인정되는 경우에, 지회 등은 스스로 고유한 사항에 관하여 산업별 노동조합과 독립하여 의사를 결정할 수 있는 능력을 가지고 있다. 그리고 지회 등이 기업별 노동조합과 유사한 독립한 근로자단체로서의 실체를 유지하면서 산업별 노동조합에 소속된 지회 등의 지위에서 이탈하여 기업별 노동조합으로 전환할 필요성이 있다는 측면에서는 단체교섭 및 단체협약체결능력을 갖추고 있어 기업별 노동조합에 준하는 실질을 가지고 있는 산업별 노동조합의 지회 등의 경우와 차이가 없다. 이와 같은 법리와 사정들에 비추어 보면, 기업별 노동조합과 유사한 근로자단체로서 법인 아닌 사단의 실질을 가지고 있는 지회 등의 경우에도 기업별 노동조합에 준하는 실질을 가지고 있는 경우와 마찬가지로 노동조합법 제16조 제1항 제8호 및 제2항에서 정한 결의 요건을 갖춘 소속 근로자의 의사 결정을 통하여 종전의 산업별 노동조합의 지회 등이라는 외형에서 벗어나 독립한 기업별 노동조합으로 전환할 수 있다(대법원 2016. 2. 19. 선고 2012다96120 판결).

[대법원 2016. 2. 19. 선고 2012다96120 판결 내용]

▶ **다수의견(8명) : 파기환송**
- 원칙 : 지회는 산별노조의 하부조직이므로 불가함.
- 예외 : ① 독자적인 규약·집행기관을 가지고 독립한 단체로서 독자적인 단체교섭 및 단체협약체결권이 있어 기업별 노동조합에 준하는 실질을 갖는 경우, ② 독자적인 단체교섭 및 단체협약체결권은 없더라도 비법인사단의 실질을 갖고 있는 경우

▶ **반대의견(5명) : 상고기각**
- 원칙적 '산별노조'만 가능. 다만, 산별노조의 하부조직이 노조의 실질(독자적인 단체교섭 및 단체협약체결권 보유)이 있는 경우는 가능

128 유니언숍 조합 적용여부에 관해 근로자 수를 당사자 합의로 정할 수 있는지요?

노조법 상 유니언숍 조항을 적용하기 위한 '근로자의 3분의 2 이상'이 가입한 노동조합인지 여부는 당사자 합의로 정할 수 없다.

A 노조법 상 유니언숍 조항을 적용하기 위한 '근로자의 3분의 2 이상'이 가입한 노동조합인지 여부는 근로자 수를 법적으로 판단할 사안이지, 당사자 합의로 정할 수 없다. 단체협약의 조합원 범위에 관한 사항은 유니언숍 조항 적용을 위한 근로자 수 판단에 영향이 없다. 노동조합이 단체협약에서 노조 규약과 달리 일정 범위의 근로자를 조합원 범위에서 제외하고 있는 경우에는 단체협약의 적용대상을 한정하는 의미로 보아야 한다(노동조합과-419, 2004. 2. 18.).

노조법 제81조 제2호의 '당해 사업장에 종사하는 근로자'란 사용자 또는 그 이익대표자로서 노조에 가입할 수 없는 자를 제외한 노조 가입 대상 근로자를 의미한다. 노조법 제2조 제4호에 규정된 '근로자가 아닌 자' 는 노동조합에 가입할 수 없다.

또한 2011. 7. 1.부터는 복수노조 허용으로 유니언숍 조항이 있더라도 제1노조는 사용자에 대하여 제1노조를 탈퇴하고 제2노조 조합원이 된 근로자의 해고, 기타 불이익한 처분을 요구할 수 없다. 그러나 단체협약 상 유효한 유니언숍 조항이 있다면 특정 근로자가 새로운 노조를 조직하기 위한 목적이 아닌 다른 이유로 노조를 탈퇴했다면, 노조는 사용자에게 그 근로자에 대하여 해고, 기타 불이익한 처분을 할 것을 요구할 수 있다. 유니언숍 협정이 체결되었더라도 조합원이 탈퇴하여 노조법 제81조 제2호 단서규정의 요건(조합원수가 가입대상의 2/3이상)을 충족할 수 없게 된 경우에는 단체협약의 유효기간 중이더라도 유니온숍 협정의 효력은 인정되지 않는다(노조 68107-1019, 2001. 9. 3.).

행정해석	노조법 제81조 제2호의 '근로자'의 의미

노동조합및노동관계조정법 제81조 제2호 단서의 규정에 의거 노동조합이 당해 사업장에 종사하는 근로자의 2/3 이상을 대표하고 있을 때에는 근로자가 그 노동조합의 조합원이 될 것을 고용조건으로 하는 단체협약(이른바 유니언숍 협정)을 체결할 수 있으며, 이 경우 당해 사업장에 종사하는 근로자라 함은 동법 제2조 제1호의 근로자 중 동법 제2조 제4호 가목의 규정에 의한 사용자 또는 항상 그의 이익을 대표하여 행동하는 자로써 노조에 가입할 수 없는 근로자를 제외한 노조조직 가능 근로자를 의미한다고 보아야 할 것이다. 노동조합이 동법 제2조 제4호 가목의 규정에 의한 사용자 또는 항상 그의 이익을 대표하여 행동하는 자를 제외하고 당해 사업장에 종사하는 근로자의 2/3 이상을 대표하고 있지 못하다면 비록 단체협약에서 유니언숍 협정을 체결하고 있다 하더라도 동 협정은 효력이 없다(노조 68107-450, 2002. 5. 22.).

129 노조 전임자와 근로시간면제자의 차이는?

노조 전임자는 무급이나, 근로시간면제자는 시간 한도 내에서는 유급이다.

A 교섭·협의, 고충처리, 산업안전 활동 등 개정 노조법이 정한 소정의 활동에 대해 임금의 손실 없이 그 활동을 할 수 있도록 하는 새로운 제도를 도입한 것이 근로시간면제제도(Time-off제도)라고 한다. 한편, 노조 전임자는 노조법 제24조 제1항 및 제2항에 따라 '노동조합 업무에만 종사하는 자'로서 사용자의 급여지급이 금지된다. 이들의 업무범위와 몇 명을 둘 것인가는 노사가 자율적으로 정할 수 있으나 급여는 노조 자체 재정에서 부담하여야 한다. 즉, 개정 노조법은 노사가 합의하는 경우 노조 전임자를 둘 수 있도록 하되, 사용자의 급여지급은 금지하고 노동조합이 스스로 부담하도록 규정하고 있다. '조합원 규모'는 노동조합 및 노동관계조정법 제24조 제4항의 '사업 또는 사업장'의 전체 조합원 수를 의미하며, 단체협약을 체결한 날 또는 사용자가 동의한 날을 기준으로 산정한다.

[노조 전임자와 근로시간면제자와의 비교]

구 분	노조 전임자	근로시간면제자
근 거	노조법 제24조 제1항 및 제2항	노조법 제24조 제4항
업무범위	노동조합 업무로서 제한 없음	사용자와의 협의·교섭, 고충처리, 산업안전 활동 등 건전한 노사관계 발전을 위한 노동조합의 유지·관리업무
급여지급	무급	근로시간면제 한도 내에서 유급처리 가능
인원수	노사가 협의 결정	근로시간면제 한도 내에서 노사가 결정

[조합원 규모별로 근로시간면제 한도]

조합원 규모*	연간 시간 한도	사용가능인원
99명 이하	최대 2,000시간 이내	*조합원수 300명 미만의 구간 : 파트타임으로 사용할 경우 그 인원은 풀타임으로 사용할 수 있는 인원의 3배를 초과할 수 없다. * 조합원수 300명 이상의 구간 : 파트타임으로 사용할 경우 그 인원은 풀타임으로 사용할 수 있는 인원의 2배를 초과할 수 없다.
100명~199명	최대 3,000시간 이내	
200명~299명	최대 4,000시간 이내	
300명~499명	최대 5,000시간 이내	
500명~999명	최대 6,000시간 이내	
1,000명~2,999명	최대 10,000시간 이내	
3,000명~4,999명	최대 14,000시간 이내	
5,000명~9,999명	최대 22,000시간 이내	
10,000명~14,999명	최대 28,000시간 이내	
15,000명 이상	최대 36,000시간 이내	

130

노조가 회사 건물 벽에 유인물 배포·부착 등 홍보활동을 하는데 가능한가요?

노동조합의 사업장 내 유인물 배포, 벽보 및 현수막 부착 등의 홍보활동은 사용자의 시설관리권이나 노무지휘권, 타인의 신용이나 명예를 침해하지 않는 범위 내에서 이루어져야 한다.

A 노동조합의 주장을 조합원 등에게 알리기 위한 선전·홍보 수단으로서 이루어지는 유인물 등의 배포·부착행위의 정당성 여부는 사용자의 허가 유무만을 기준으로 판단할 것이 아니고, ① 단체협약 등을 준수하였는지, ② 그 내용이 진실한지, ③ 그 방법이나 수단이 적정한지, ④ 그 목적이 합당한지 등을 종합하여 판단하여야 한다. 특히 조합원 유인물 배포 행위가 노조집행부의 의사에 반하는 것이라도, 해당 행위가 소속 근로자들의 근로조건 유지·개선을 목적으로 하는 것인 이상 노동조합 활동이다(서울행정법원 2015. 2. 12. 선고 2014구합61842 판결). 노동조합의 사업장 내 유인물 배포, 벽보 및 현수막 부착 등의 홍보활동은 사용자의 시설관리권이나 노무지휘권, 타인의 신용이나 명예를 침해하지 않는 범위 내에서 이루어져야 한다. 노조전용 게시판 등 각종 홍보물의 게시·부착 장소가 정해져 있는 경우에 노동조합이 사용자의 허가 없이 다른 장소를 이용하면 사용자가 무단으로 부착된 홍보물을 철거할 수 있다.

예외적으로 허가 없이 근무시간 중에 유인물을 배포하는 경우라도, 교대근무자를 상대로 배포하는 등 다른 근로자들의 취업이나 휴게시간의 자유로운 이용을 방해하지 않고, 회사의 업무에 지장을 주지 않는 경우에는 부당하다고 할 수 없다. 유인물 등에 다소 과격한 표현이 사용되고, 일부 사실과 다른 내용이 포함되어 있더라도 전체적인 내용이 사실에 가깝고, 그 목적이나 동기, 수단 등이 타당한 경우는 가능하다. 그러나 사실왜곡·과장, 허위사실 적시 등으로 회사에 대한 불신감을 유발하고 직장질서를 문란하게 할 위험성이 있거나, 회사 또는 개인의 명예·신용·인격·비밀을 침해하는 경우에는 부당하다. 또한 시설관리권의 침해여부는 업무에 지장을 초래하였는지, 시설의 원상회복에 과도한 비용이 들어가는지, 시설의 효용가치를 손상하였는지, 시설의 미관을 훼손하였는지 여부 등을 종합하여 판단한다. ① 사무실을 어둡게 하는 등 업무에 지장을 초래하였는지, ② 시설의 원상회복에 과도한 비용이 들어가는지, ③ 시설의 효용가치를 훼손하였는지, ④ 페인트칠, 스프레이 등으로 시설의 미관을 훼손시켰는지 등을 살펴보아야 한다.

[조합활동의 정당성 판단 요소]

〈유인물 배포 행위의 정당성 여부 판단 요소〉
·유인물 배포의 동기나 목적 · 유인물에 기재된 내용의 진실성 · 유인물 배포 범위 · 배포장소·시기·방법의 적정성 · 조합의 유지 및 운영에 필요한지 여부 · 해당 관계인의 업무나 신용에 미친 영향 등을 종합하여 판단

〈벽보, 현수막 등 부착 행위의 정당성 여부 판단 요소〉
· 노조전용 게시판의 제공 여부 · 부착한 장소·시설의 성질 · 부착의 범위 및 방법 · 벽보 등의 형상, 문언, 매수 · 조합의 유지 및 운영에 필요한 것인지 · 그 시설 이용이 조합활동에 적합한 것인지 · 회사의 업무운영에 초래되는 지장 등 제반 사정을 종합하여 판단

Q 131 근로자가 근무시간에 조합홍보활동을 할 수 없나요?

원칙적으로 근무시간 내에는 조합 활동이 금지된다.

A 근무시간 중 노동조합의 활동은 반드시 근무시간 중에 하여야 할 특별한 사정이 없는 한, 근무시간 외에 하는 것이 원칙이다. 따라서 근무시간 중 노조활동은 원칙적으로 단체협약·취업규칙 등에 의하여 허용되거나 사용자의 승인을 받아 행해야 한다. 또한 유인물 배포, 현수막 게시 등의 노동조합의 홍보활동은 원칙적으로 사용자의 시설관리권을 침해하지 않고, 타인의 신용이나 명예를 훼손하지 않는 범위에서 이루어져야 한다.

단체협약·취업규칙 등으로 정한 홍보물의 게시·부착장소가 정해져 있는 경우 다른 장소를 이용하는 것은 정당하지 않다. 정해진 게시장소 이외의 장소를 사용하고자 하는 경우 원칙적으로 사용자의 동의를 받아야 하며, 시설관리권을 침해하지 않아야 한다. 홍보물 부착장소가 정해져 있는 경우 지정장소 외의 곳에 임의로 벽보 등을 부착하는 것은 정당성이 없고, 철거요구에 불응 시 징계사유에 해당한다(대법원 1996. 4. 23. 선고 95누6151 판결).

근로자가 배포하는 선전·홍보물이 사실왜곡·과장, 허위사실 적시 등으로 회사에 대한 불신감을 유발하고 직장질서를 문란하게 할 위험이 있는 경우에도 정당성이 없다. 다만, 취업시간이 아닌 휴게시간 중의 유인물 배포행위는 근로자의 취업에 나쁜 영향을 미치거나 휴게시간의 자유로운 이용 등을 방해하지 않는 한 허가를 얻지 아니하였다는 이유만으로 정당성을 잃는 것은 아니다.

[조합 활동의 정당성이 부인되는 경우 근로자의 법적 책임 등]

① 사내징계책임
- 근무 중 무단이탈, 근무지시 위반 등의 사유로 인한 사내 징계책임(해당 근로자에 대해 구두 경고 및 시말서 작성 요구 가능)

② 민사책임
- 노무제공 의무 불이행에 대한 민법 제390조에 따른 채무불이행 책임
- 업무방해죄 등 불법행위 성립 시 민법 제750조에 따른 손해배상 책임

③ 형사책임
- 근무시간 중 조합활동에 참여하여 집단적으로 노무제공을 거부하였을 경우 형법 제314조에 의한 업무방해죄(5년 이하 징역 또는 1천500만 원 이하 벌금) 성립 가능. 다만, 참여한 조합원수가 미미하여 사람의 자유의사를 제압할 만한 정도가 되지 않는다면 업무방해죄 성립이 부인(대법원 1991. 4. 23. 선고 90도2961 판결)

[징계절차]

징계가 취업규칙이나 단체협약 등에 규정되어 있지 않은 경우, 징계절차를 거치지 않더라도 징계 자체의 효력은 유효하다. 반면, 징계절차가 취업규칙이나 단체협약 등에 규정되어 있는 경우, 그 징계절차를 거치지 않으면 징계처분이 무효이다. 다만, 징계절차 위반의 경우에는 경미한 하자의 경우에는 하자치유를 인정하고 있다. 일반적으로 징계절차상 중요한 것은 (ⅰ) 징계위원회 구성, (ⅱ) 징계사실의 통보, (ⅲ) 소명기회의 부여이다.

① 사실조사, 징계권자의 징계의결 요청

비위행위 발생 시 비위행위를 조사하고, 증거자료를 수집한다. 비위행위자에 대해서 경위서 또는 시말서 등의 제출을 요구한다. 참고인의 진술서나 확인서 등 증거자료를 확보한다. 징계처분권한자가 취업규칙 등 징계규범에 따라 징계위원회에 징계의결을 요청한다.

② 징계위원회 개최 및 의결

징계위원회는 징계규범에 따라 일시를 정하여 징계혐의자에게 출석통지서를 발송한다. 출석통지는 반드시 서면에 의할 필요는 없다. 징계절차에 있어 가장 중요한 사항은 처분 사실을 당사자에게 사전에 통지하고 당사자에게 진술 등 소명 기회를 부여하는 것이다. 취업규칙에 소명의 기회 부여가 문언 상 임의규정으로 되어 있는 경우에도 특별한 사정이 없는 한 소명의 기회가 보장되어야 한다. 다만, 소명의 기회 부여는 진술할 수 있는 기회 자체를 주면 되는 것이고, 진술 그 자체가 있어야 하는 것은 아니다. 징계위원회에 출석하여 변명자료를 준비할만한 시간이 충분치 않은 출석통보시간을 정하는 것은 소명기회 제공으로 인정받지 못한다. 실무담당자는 징계혐의자가 출석통지서의 수취여부를 다투는 경우가 있어 내용증명으로 발송하는 것이 좋다. 단체협약이나 취업규칙 등에 '징계사유에 관하여 직접적인 이해관계가 있는 위원은 징계위원회 위원으로 참석할 수 없다.'라는 취지의 규정이 있다면 위원으로 배제해야 한다.

③ 징계처분결과의 통보

징계위원회에서 징계처분의 내용이 의결되면 징계처분권자 명의로 그 사실을 피징계자에게 통보한다. 징계처분의 적법성, 절차의 구비, 징벌의 적정성 등에 대한 입증책임은 사용자에게 있다. 징계처분에 대한 재심절차는 원래의 징계절차와 함께 전부가 하나의 징계처분 절차를 이루는 것으로 그 절차의 정당성도 징계과정 전부에 관하여 판단한다. 단체협약이나 취업규칙 등에 재심절차가 보장되어 있다면, 반드시 재심을 거쳐야 한다. 특히 원래 징계절차에서 징계사유로 삼지 않은 징계사유를 재심절차에 추가하는 경우, 추가된 징계사유에 대한 재심의 기회를 따로 보장해야 한다. 사용자는 근로자를 해고하게 되는 경우, 해고일로부터 14일 이내 퇴직금 등 근로관계로 인한 금품 청산을 해야 한다.

132 부당노동행위는 어떠한 경우에 성립하나요?

사용자가 부당노동행위 의사를 가지고 노조법 제81조 각 호의 행위를 하는 경우 부당노동행위가 성립한다.

A 부당노동행위는 노동행위 중 부당한 것일까? 아니다. 노동조합의 조직·활동에 대응하여 사용자측에서 노동조합 결성을 주도한 근로자를 해고하는 등 불이익을 주거나 반조합적 선전, 단체교섭의 거부·해태 등 정상적인 노조활동을 방해하는 등 자주적 방어가 어려운 경우 국가의 개입의 한 방편이 부당노동행위 규정이다. 우리나라는 노동조합은 부당노동행위의 주체가 되지 않기 때문에 회사가 부당노동행위 구제신청은 할 수 없고, 부당노동행위에 대한 사실의 주장 및 입증책임은 부당노동행위임을 주장하는 노동조합 또는 근로자 측에 있다. 또한 구체적인 결과나 손해의 발생을 필요로 하지 않는다.

우선, 부당노동행위는 사용자에 대하여 금지되는 행위이므로, 부당노동행위의 성립을 위해서는 그 행위가 사용자의 행위일 것이 요구된다. 행위의 주체로서 사용자는 노조법 제2조 제2호의 '사업주, 사업경영담당자, 근로자에 관한 사항에 대하여 사업주를 위하여 행동하는 자'를 말한다. 둘째, 부당노동행위가 성립되기 위해서는 사용자의 행위가 노조법 제81조 각 호에 해당되어야 한다. 셋째, 부당노동행위는 사용자의 반조합적 의도 내지는 동기라는 '부당노동행위 의사'를 필요로 한다.

이러한 사용자의 내심의 문제를 입증하는 것은 사실상 불가능하므로 여러 가지 객관적·외형적인 정황을 종합하여 그 의사를 추정하는데, 부당노동행위 의사의 존재 여부는 ① 피해자의 노동조합에서의 지위, ② 조합활동 내용, ③ 처분내용·사유·시기, ④ 사용자가 주장하는 사유의 합리성, ⑤ 종래 관행, ⑥ 처분 당시 노사관계 및 처분 후의 노동조합 활동 등을 종합하여 판단한다. 법원은 불이익 취급의 정당한 사유가 인정되면 비록 부당노동행위 의사가 추정되더라도 부당노동행위의 성립을 부정하고 있다(대법원 2004. 6. 10. 선고 2004두2882 판결).

[지배·개입 사유]

① 노동조합의 결성방해 또는 조합원의 노조탈퇴를 종용하거나 제2단체를 통한 조직의 와해 및 조합활동의 방해하는 행위
② 조합에 가입할 수 없는 직위로 승진시키는 행위
③ 조합비 일괄공제(Check-off)를 일방적으로 중단하는 행위
④ 정직, 출근정지 등 징계에 의해 사업장 출입이 금지된 기간이라도 정당한 조합활동을 위한 사업장 내 노조사무실 출입을 금지하는 행위
⑤ 노사합의로 전기료, 수도료, 통신비 등 노조 운영에 필요한 노조운영비를 지원하는 행위
⑥ 사업장 내 자판기운영권, 식당운영권, 매점운영권 등 수익사업권을 노동조합에 제공하는 행위가 있다. 다만, 이러한 수익사업 운영에 소요되는 제반 비용 및 운영상 발생되는 경영상 위험을 스스로 부담하는 경우에는 예외적으로 허용 가능한 경우도 있다(노사관계법제과-1351, 2010. 11. 25.).

[부당노동행위 구제신청사건 진행절차]

피해 당사자
(근로자, 노동조합)

○ 3개월 이내에 구제신청[노조법 제82조]

↓

지방노동위원회

위원구성 : 5인
– 공익위원 3인
– 근로자측 위원
– 사용자측 위원

○ 인정(구제) 또는 기각 판정(공익위원)
○ 인정(구제)판정 시 관할노동관서에 통보 및 사용자 이행 촉구
○ 쌍방 화해 시 사건 종결
○ 중노위 재심신청 시에도 판정 효력발생[노조법 제86조]

↓ ○ 지노위 판정 불복 시 10일 이내에 재심 신청 [노조법 제85조]

중앙노동위원회

위원구성 : 5인
– 공익위원 3인
– 근로자측 위원
– 사용자측 위원

○ 초심명령 취소 또는 기각 판정(공익위원)
○ 구제(복직)판정 시 관할노동관서에 통보 및 사용자 이행 촉구
○ 쌍방 화해 시 사건 종결
○ 행정소송 신청 시에도 판정 효력발생[노조법 제86조]
○ 접수일로부터 60일 이내 심판위원회 개최 원칙
○ 구제가 안 되면 조합원 자격 없음[노조법 제2조]

↓ ○ 중노위 판정 불복 시 15일 이내에 행정소송 제기 [노조법 제85조]

행정소송

○ 행정법원
○ 고등법원
○ 대법원

○ 소송 진행 중에 쌍방 화해 시 사건 종결
○ 변호사가 사건대리인 업무수행
○ 통상적으로 행정법원 6개월, 고등법원 1년, 대법원 2년 정도의 소송기간 소요

133 사용자가 근로자들에게 훈시 중 노동조합에 대해 부정적인 이야기를 하면 부당노동행위인가요?

사용자가 연설, 사내방송 등을 통하여 의견을 표명하는 경우 그 내용 및 당시 상황 등을 종합하여 노동조합의 조직이나 운영 및 활동을 지배하거나 이에 개입하는 의사가 인정된다면 부당노동행위에 해당할 수 있다.

A 사용자는 헌법상 언론의 자유가 있어서 연설, 사내방송, 게시문, 서한 등을 통해 의견을 표명할 수 있고, 특히 근로자들을 대상으로 경영목표나 사업장의 상황에 대해서 훈시하거나 게시물을 작성할 수 있다. 그러나 그 표명된 의견의 내용과 함께 그것이 행하여진 상황, 시점, 장소, 방법 및 그것이 노동조합의 운영이나 활동에 미치거나 미칠 수 있는 영향 등을 종합하여 노동조합의 조직이나 운영 및 활동을 지배하거나 이에 개입하는 의사가 인정된다면 노조법 제81조 제4호에 규정된 '근로자가 노동조합을 조직 또는 운영하는 것을 지배하거나 이에 개입하는 행위'로서 부당노동행위가 성립할 수 있다. 이 때 사용자의 언론활동이 반드시 근로자의 단결권의 침해라는 결과의 발생까지 요하는 것은 아니다.

판례 역시 "회사대표가 종무식장에서 전 직원을 상대로 원고 조직의 성질상 태어나지 말아야 할 노동조합이 생겼으며, 계속하여 분쟁이 야기되어 전 직원으로부터 사표를 받고 공개 채용으로 다시 충원해야 하는 일이 없길 바란다는 취지로 발언한 것은, 이 사건조합을 부인하는 태도를 명백히 함과 동시에 조합활동이 계속되는 경우 직원의 신분이 박탈될 수도 있다는 신분상의 불안감을 느끼게 하여 조합활동을 위축시킴으로써 조합의 조직과 활동에 영향을 미치고자 하는 의도임이 충분히 인정"된다고 판단하여 부당노동행위로 인정한 사례가 있다(대법원 1998. 5. 22. 선고 97누8076 판결).

종합하면, 사용자가 부당노동행위 의사를 가지고 언론행위를 통해 노동조합에 위압을 표시하거나 반대급부를 명시·암시하는 등 노동조합의 자주성을 저해하면 부당노동행위에 해당할 수 있으며, 사용자가 단순히 노동조합의 주장에 대해 반론을 제기하거나 그 잘못을 지적·비판하는 행위나 회사의 사정에 대해 입장표명하는 것만으로는 부당노동행위로 보기 어렵다.

판례 | **사용자 입장에서 근로자를 상대로 순회설명회를 개최하여 노동조합이 예정한 파업방침에 대해 비판적 견해를 표명하는 행위는 부당노동행위가 아니다.**

사용자 또한 자신의 의견을 표명할 수 있는 자유를 가지고 있으므로, 사용자가 노동조합의 활동에 대하여 단순히 비판적 견해를 표명하거나 근로자를 상대로 집단적인 설명회 등을 개최하여 회사의 경영상황 및 정책방향 등 입장을 설명하고 이해를 구하는 행위 또는 비록 파업이 예정된 상황이라 하더라도 그 파업의 정당성과 적법성 여부 및 파업이 회사나 근로자에 미치는 영향 등을 설명하는 행위는 거기에 징계 등 불이익의 위협 또는 이익제공의 약속 등이 포함되어 있거나 다른 지배·개입의 정황 등 노동조합의 자주성을 해칠 수 있는 요소가 연관되어 있지 않는 한, 사용자에게 노동조합의 조직이나 운영 및 활동을 지배하거나 이에 개입하는 의사가 있다고 가볍게 단정할 것은 아니라 할 것이다(대법원 2013. 1. 10. 선고 2011도15497 판결).

134 조합원인데 비조합원에 비해 성과급을 적게 받았으면, 부당노동행위에 해당할까요?

조합원 집단과 비조합원 집단이 서로 동질의 균등한 근로자 집단임에도 불구하고, 인사고과에 있어서 양 집단 사이에 통계적으로 유의미한 격차가 있고 그러한 격차가 조합원임을 이유로 사용자의 반조합적 의사에 기인하면 부당노동행위일 수 있다.

A 사용자가 근로자의 성과 및 업적을 평가하여 성과급을 지급하거나 승진하는 것은 사용자의 인사 및 경영권과 밀접한 관련이 있기 때문에 사용자의 재량이 인정된다. 그러나 사용자가 노동조합을 혐오하여 부당노동행위 의사를 가지고 조합원과 비조합원을 차별하여 성과급을 지급하는 경우 부당노동행위에 해당할 수 있다.

노조법 제81조 제1호는 '근로자가 노동조합에 가입 또는 가입하려고 하였거나 노동조합을 조직하려고 하였거나 기타 노동조합의 업무를 위한 정당한 행위를 한 것을 이유로 그 근로자를 해고하거나 그 근로자에게 불이익을 주는 행위'를 사용자의 부당노동행위의 한 유형으로 규정하고 있다. 이를 '불이익 취급'이라 하며, 근로자가 '노동조합의 업무를 위한 정당한 행위'를 하고 사용자가 이를 이유로 근로자에 대하여 해고 등의 불이익을 주는 차별적 취급행위를 한 경우에 해당하면 부당노동행위가 될 수 있다. 그 사실의 주장 및 증명책임은 부당노동행위임을 주장하는 측인 근로자 또는 노동조합에 있다.

판례는 "사용자가 어느 근로자에 대하여 노동조합의 조합원이라는 이유로 비조합원보다 불리하게 인사고과를 하고 그 인사고과가 근로자에 대한 임금, 상여금 등의 차등대우의 근거로 사용되어 그러한 사용자의 행위를 부당노동행위라고 주장하는 경우, 그것이 부당노동행위에 해당하는지 여부는, 조합원 집단과 비조합원 집단을 전체적으로 비교하여 양 집단이 서로 동질의 균등한 근로자 집단임에도 불구하고, 인사고과에 있어서 양 집단 사이에 통계적으로 유의미한 격차가 있었는지, 인사고과에 있어서의 그러한 격차가 노동조합의 조합원임을 이유로 하여 비조합원에 비하여 불이익 취급을 하려는 사용자의 반조합적 의사에 기인하는 것, 즉 사용자의 부당노동행위 의사의 존재를 추정할 수 있는 객관적인 사정이 있었는지, 인사고과에 있어서의 그러한 차별이 없었더라면 차등 대우가 없게 되는지 등을 심리하여 판단하여야 한다"라는 입장이다(대법원 2009. 3. 26. 선고 2007두25695 판결).

고용세습 단협 무효 판결…해묵은 특채 관행 개선될까?

항소심 법원이 산재 사망자 자녀의 특별채용을 규정한 단체협약 규정은 무효라고 첫 판결을 내리면서 이제 남은 관심은 대법원으로 향하게 됐다. 특히 상당수 사업장에서 세습고용 조항이 단협에 규정돼 있는 만큼 이번 판결이 노사문화에서 균등한 취업기회를 가로막는다는 비판이 제기된 '우선·특별채용' 조항을 정비하는 계기로 작용할지 주목된다. 하지만 대법원이 항소심 판결을 받아들이더라도 고용세습 위반에 따른 처벌이 근로기준법 등 관련법에 비해 상대적으로 약하다는 점에서 법 개정 등이 필요하다는 목소리도 나온다.

23일 법조계에 따르면 이번 사건 이전에도 하급심 법원은 근로자나 정년퇴직자의 가족이 일자리를 물려받는 내용의 단체협약은 무효라는 입장을 취해왔다.

2009년 12월 정년퇴직한 후 폐암에 걸려 2011년 사망한 현대차 직원 A씨의 유족은 근로복지공단이 2012년 폐암을 산재로 인정하자 "산재로 사망한 조합원의 직계가족에 대해 결격사유가 없는 한 요청일로부터 6개월 내 특별채용하도록 한다"는 단협 규정을 근거로 고용의무이행 소송을 냈다. 하지만 2013년 법원은 "사용자의 인사권을 본질적으로 침해하는 내용으로 무효"라고 판결했다. 고용세습 단협을 무효로 본 1심 법원의 첫 판단이었다. A씨 유족이 항소를 포기하면서 판결은 그대로 확정됐다. 그러나 대법원 판단이 정립되지 않으면서 이 문제를 둘러싼 정부와 노동계의 시각은 극명하게 갈렸다.

올 3월 고용노동부가 근로자 100인 이상 노조가 있는 전국 2769곳 사업장의 단체협약 실태를 전수조사한 결과에 따르면 전체 사업장 중 4분의 1에 해당하는 694곳이 노조원 자녀의 우선·특별 채용을 보장하는 고용 세습 조항을 두고 있었다. 특히 근로자 1000명 이상 대기업의 경우 35.1%가 단협에 고용 세습을 명기했다. 이는 100인 이상~300인 미만 사업장(20.4%)에 비해 높은 수준이다. 노조원의 고용 세습 보장 비율은 민주노총 사업장이 750곳 가운데 278곳(37.1%)으로, 한국노총 사업장(19.7%)이나 상급단체가 없는 사업장(24.4%)보다 높았다.

고용부는 고용세습 등 위법한 단협의 시정을 강력히 추진하겠다는 방침이다. 현재 고용부는 우선·특별채용과 과도한 인사·경영권 제한 규정 등 위법·불합리한 사항에 대해서는 노사가 자율적으로 개선하도록 시정기회를 부여하고 있다. 그러나 자율적으로 개선하지 않을 경우 노동위원회 의결을 얻어 시정명령을 하고 불이행 시 사법조치를 하고 있다. 반면 노동계는 "사회안전망이 취약한 한국 사회에서 산재를 입은 노동자의 가족이 우선·특별채용되는 것을 문제 삼을 수는 없다"며 이같은 조항에 문제가 없다는 입장을 취하고 있다.

파이낸셜뉴스
입력 : 2016.08.23 15:56 | 수정 : 2016.08.23 15:56
mountjo@fnnews.com 조상희 기자
http://www.fnnews.com/news/201608231030300127

Q 135 노사 당사자가 단체협약의 해지권을 행사하지 못하도록 단체협약으로 정할 수 있나요?

당사자 간의 합의로 노조법 제32조 제3항 단서의 적용을 배제할 수는 없으며, 단체협약에 해지권을 제한하는 내용이 들어있더라도 이는 효력이 없다.

A 단체협약은 2년을 초과하는 유효기간을 정할 수 없다. 단체협약에 그 유효기간을 정하지 아니한 경우 또는 2년의 기간을 초과하는 유효기간을 정한 경우에 그 유효기간은 2년으로 한다(노조법 제32조 제1항, 제2항). 노조법이 단체협약의 유효기간을 2년으로 제한한 것은 단체협약의 내용을 시의에 맞고 구체적인 타당성이 있게 조정해 나가도록 하자는 데에 그 뜻이 있다(대법원 2015. 10. 29. 선고 2012다71138 판결).

단체협약의 유효기간이 만료되는 때를 전후하여 당사자 쌍방이 새로운 단체협약을 체결하고자 단체교섭을 계속하였음에도 불구하고 새로운 단체협약이 체결되지 않은 경우에는 별도의 약정이 있는 경우를 제외하고는 종전의 단체협약은 그 효력만료일부터 3월까지 계속 효력을 갖는다. 다만, 단체협약에 그 유효기간이 경과한 후에도 새로운 단체협약이 체결되지 아니한 때에는 새로운 단체협약이 체결될 때까지 종전 단체협약의 효력을 존속시킨다는 취지의 별도의 약정이 있는 경우에는 그에 따르되, 당사자 일방은 해지하고자 하는 날의 6월전까지 상대방에게 통고함으로써 종전의 단체협약을 해지할 수 있다(노조법 제32조 제3항).

단체협약은 언제든지 해지할 수 있는 것은 아니며, 원칙적으로 유효기간 중에는 해지가 불가능하다. 단체협약에 자동연장협정을 두고 있는 경우 유효기간이 만료된 이후 당사자 일방은 단체협약을 해지할 수 있는데 해지하고자 하는 날의 6월 전까지 상대방에게 통고하면 된다(노동조합과-1340, 2008. 6. 20.). 법원은 이러한 입법 취지를 고려하여 자동효력 연장 조항에 대한 일방의 해지통고가 가능하도록 한 노조법 제32조 제3항 단서가 강행규정에 해당한다고 판단하고 있다. 즉, 당사자 간의 합의로 노조법 제32조 제3항 단서의 적용을 배제할 수는 없으며, 단체협약에 해지권을 제한하는 내용이 들어있더라도 이는 효력이 인정될 수 없다(대법원 2016. 3. 10. 선고 2013두3160 판결).

136 단체협약 유효기간이 끝나면 노조 사무실을 사용자에게 반환해야 하나요?

단체협약이 실효되었어도 노조 사무실을 반드시 반환해야 하는 것은 아니다.

A 단체협약의 유효기간이 만료되고 노조법 제32조 제3항에 따라 연장되는 3개월이 지나면 단체협약의 효력도 종료되는 것이 원칙이다. 당사자의 권리의무관계를 정한 '채무적 부분'은 계약적 효력을 가질 뿐이므로 단체협약의 실효에 따라 종료된다. 반면, 단체협약이 실효되었다고 하더라도 임금, 퇴직금이나 노동시간, 그 밖에 개별적인 노동조건에 관한 부분은 그 단체협약의 적용을 받고 있던 근로자의 근로계약의 내용이 되어 그것을 변경하는 새로운 단체협약, 취업규칙이 체결·작성되거나 또는 개별적인 근로자의 동의를 얻지 아니하는 한 개별적인 근로자의 근로계약의 내용으로서 여전히 남아 있어 사용자와 근로자를 규율하게 된다(대법원 2007. 12. 27. 선고 2007다51758 판결). 이른바 단체협약의 '여후효'라고 한다.

사안에서 노동조합 사무실 사용에 관한 사항은 단체협약의 채무적 부분이므로 계약법리에 따라 단체협약 유효기간 만료로 종료한다. 다만, 단협 상 사용자가 노동조합에 사무실을 제공하는 민법 제609조 상 사용대차에 해당한다. 사용대차의 경우 민법 제613조에 따라 목적물 반환시기를 정하지 않은 경우에는 목적물의 성질에 의한 사용 및 수익이 종료했을 때 반환할 의무가 발생한다. 특히 단체협약 유효기간을 목적물 반환시기로 볼 수 없다. 그러므로 노조가 조합 활동을 하지 않는 등 특별한 사정이 없는 한 단체협약이 실효되었어도 노조 사무실을 반드시 반환해야 하는 것은 아니다. 따라서 단체협약 유효기간 만료를 원인으로 한 사용자의 노동조합 사무실 반환요구는 노동조합에 지배·개입하는 부당노동행위가 될 수 있어 주의를 요한다. 한편, 노조법 제35조 상의 단체협약의 '일반적 구속력'이 적용되는 부분은 단체협약 내용 중 규범적 부분만이 확장 적용된다.

[단체협약의 채무적 부분과 규범적 부분의 예시]

채무적 부분	사업장 내의 조합활동에 관한 사항, **사업장 내의 노동조합 사무실 이용**이나 조합게시판의 설치에 관한 사항, 유니온 숍에 관한 사항, 조합비일괄공제에 관한 사항, 단체교섭 및 쟁의에 관한 사항, 유일교섭단체 인정, 평화조항, 근로시간면제제도(Time-off)
규범적 부분	임금, 퇴직금, 근로시간, 휴일, 휴가, 안전, 재해보상, 징계, 해고사유 및 해고절차, 복무규율

판 례	단체협약 유효기간은 목적물 반환시기를 정한 것으로 볼 수 없다는 사례

사용자가 노동조합에게 단체협약에 따라 무상 제공하여 온 노동조합의 사무실의 사용관계는 민법상 사용대차에 해당한다고 할 것이고 사용대차 목적물은 그 반환 시기에 관한 약정이 없는 한 계약이나 목적물의 성질에 의한 사용 수익이 종료한 때 또는 사용 수익에 족한 기간이 경과하여 대주(貸主)가 계약을 해지한 때에 반환하도록 되어 있는 것(민법 제613조)에 비추어 보면, 앞서 본 바와 같이 **노조사무실 제공을 포함하는 단체협약 전체가 해지된 지 6월이 경과되어 소멸하였다 하더라도 그 사유만으로 당연히 위와 같은 사용대차 목적물의 반환 사유인 사용수익의 종료 또는 사용수익에 족한 기간의 경과가 있다고 할 것은 아니어서** 특히 그 반환을 허용할 특별한 사정(예컨대 기존 사무실의 면적이 과대하여 다른 공간으로 대체할 필요가 있다든지 사용자가 이를 다른 용도로 사용할 합리적인 사유가 생겼다는 등)이 있어야만 그 사무실의 명도를 구할 수 있다고 보는 것이 상당하다(대법원 2002. 3. 26. 선고 2000다3347 판결).

137 경영권, 인사권 사항들이 단체교섭의 대상이 되는지요?

경영권, 인사권 사항들은 원칙적으로 교섭 대상이 아니지만, 개별 사례마다 달라질 수 있다.

A 경영권이란 회사의 조직변경, 사업확장, 공장이전, 하도급·용역전환, 신기술 도입, 생산계획의 결정 등에 관한 사용자의 제반 권한을 의미하고, 인사권이란 근로자의 채용, 전보, 승진, 해고 등의 사항에 대한 사용자의 권한을 의미한다. 예컨대, 운영비 예산안 편성 및 집행, 임금인상률 반영방법과 같은 예산권 사항은 의무적 교섭대상은 아니다. 모든 기업은 그가 선택한 사업 또는 영업을 자유롭게 경영하고 이를 위한 의사결정의 자유를 가지며, 사업 또는 영업을 변경(확장·축소·전환)하거나 처분(폐지·양도)할 수 있는 자유를 가지고 있다. 따라서 예산의 편성 및 집행은 경영권 집행의 일환으로 사용자가 자율적으로 정하는 것이 원칙이다.

또한, 청사이전추진위원회 구성, 임금피크제 대상자 감액 처리 방법과 같은 경영권 사항과 연구직 신규채용 방식 개선, 비정규직 정규직화 방안 등과 같은 인사권 사항은 의무적 교섭대상이 아니다. 인사권은 헌법상 보장된 재산권의 관리·행사를 위하여 사용자의 권한으로 인정되고 있어, 해고자의 원직복직 요구와 같이 '경영상 의사결정 자체'나 '인사결정권 자체'는 원칙적으로 교섭사항이 아니다.

[단체협약 교섭사항의 구별]

구 분	내 용
의무적 교섭사항	사용자가 노조의 단체교섭 요구에 응할 의무가 있는 사항으로, 정당한 이유 없는 교섭 거부 시 부당노동행위가 되며, 그 사항에 대하여 단체교섭이 결렬되는 경우 노동쟁의 조정신청 및 쟁의행위의 대상이 되는 사항을 말한다. 구체적으로 임금, 근로시간, 휴일, 휴가, 재해보상, 안전보건 등 근로조건의 결정에 관한 사항이 이에 해당한다.
임의적 교섭사항	사용자에게 교섭의무가 없으나, 임의로 교섭에 응하여 단체협약의 내용으로 할 수 있는 사항이지만, 교섭을 거부하거나 해태하더라도 부당노동행위가 되지 아니하며, 그 사항에 대하여 단체교섭이 결렬되어도 노동쟁의 조정신청 및 쟁의행위를 할 수 없는 사항을 말한다. 구체적으로 노동조합 활동에 관한 사항, 조합비 공제 및 무급 노조전임자에 관한 사항 등이 이에 해당한다.
교섭 금지사항	사용자가 처리할 수 없는 사항, 강행법규나 공서양속에 위반하는 사항 등 단체협약을 체결하였더라도 그 부분이 무효가 되는 사항을 말한다. 구체적으로 유급 노조전임자, 일반적 구속력의 적용 배제, 갑근세의 감면, 구속자의 석방, 퇴직금 제도의 폐지, 특정 종교의 강제, 노동조합에 대한 경비원조, 사용자의 인사·경영권을 본질적으로 침해하는 사항 등이 이에 해당한다.

138 해고된 근로자들의 원직 복직을 단체교섭의 대상으로 정할 수 있는지요?

해고자의 원직 복직은 단체협약의 교섭대상이 될 수 없다.

A 노동관계법상 단체교섭의 대상에 대해 명시적 규정은 없으나, 판례와 행정해석에 의하면 단체교섭의 대상과 관련하여 의무적 교섭사항, 임의적 교섭사항, 교섭 금지사항 등으로 구분할 수 있다. 의무적 교섭대상이 되기 위해서는 (ⅰ) 사용자가 처분할 수 있는 사항으로서, (ⅱ) 모든 조합원에게 적용될 수 있는 공통적 근로조건에 관한 것이어야 하며, (ⅲ) 사용자의 인사·경영권 등의 사항과 관련이 없는 것이어야 한다. 예를 들면, 구속된 조합원 석방, 역사교과서의 국정화, 개별 해고 조합원 복직은 교섭대상이 아니다.

단체교섭은 모든 조합원에게 적용될 수 있는 공통적 근로조건에 관한 것이어야 하므로 어느 특정 근로자에게 국한된 사항은 단체교섭 대상이 될 수 없다. 따라서 개별근로자와 관련된 권리분쟁 등 개별사안은 단체교섭이 아니라, 노사협의회나 고충처리절차를 활용할 수 있다. 그러나 실무상 교섭사항과 비교섭사항의 구별이 어렵다. 실제로 기업 경영권의 본질적 사항은 임의적 교섭대상이므로 사용자가 노조와 교섭할 의무는 없으나, 경영권을 근본적으로 제한하지 않는 범위 내에서 근로조건과 밀접한 관련이 있는 사항은 교섭대상에 해당하기도 한다.

[법원이 단체교섭 대상이 아니라고 본 사례]

- 기구 통·폐합에 따른 조직변경 및 업무분장 등에 관한 결정권(대법원 2002. 1. 11. 선고 2001도1687 판결)
- 구조조정, 사업 축소·확장, 인수·합병·양도, 용역전환과 같은 고도의 경영상 결단에 속하는 사항, 정리해고 등 구조조정의 실시여부(대법원 2003. 7. 22. 선고 2002도7225 판결; 대법원 2001. 4. 24. 선고 99도4893 판결 등) 다만, 회사 이전 시 이사비용 요구, 배치전환기준 등 일정한 '인사기준'의 설정 요구 및 징계해고 시 노조의견 청취 요구의 경우 등(대법원 1994. 8. 26. 선고 93누8993 판결 등)은 교섭대상에 해당함.
- 정리해고나 사업조직의 통폐합, 공기업의 민영화 등 기업의 구조조정(대법원 2006. 5. 12. 선고 2002도3450 판결)
- 체불임금 지급 등 법령·단체협약·취업규칙 등에 정해진 근로자의 권리에 관한 해석·적용에 관한 사항을 주장하는 권리분쟁 사항(서울행정법원 2006. 10. 26. 선고 2005구합33388 판결)
- 공기업 선진화 방안 반대, 해고자 복직 요구(대법원 2014. 8. 20. 선고 2013두802 판결)
- 시설관리사업부 폐지 결정 그 자체와 같은 경영조직의 변경(대법원 1994. 3. 25. 선고 93다30242 판결).

행정해석	경영권 사항에 대한 단체교섭에 대한 사례

경영권이 본질적 내용을 침해하는 "근로자 사주 갖기 및 증자문제, 인사위원회 노사동수 구성, 공장 통폐합 및 이전 시 노조와의 사전합의, 회사이전 시 이전에 관한 판단 등은 단체교섭 및 쟁의행위의 대상이 될 수 없는 것임. 다만, 인사경영권에 관한 사항일지라도 근로자의 근로조건에 직접적으로 관련되거나, 중대한 영향을 미치는 경우, 즉 사용자의 인사권을 인정하는 범위 내의 참여, 배치전환 기준 및 이사비용 등에 관한 사항은 쟁의행위의 대상이 된다고 할 것임(협력 68140-151, 1997. 4. 19.)

139

단체협약에 회사가 노조에게 조합사무실 및 책상, 의자, 복사용지 등 비품을 제공하는 규정이 있으면 제공해도 되는지요?

단체협약에 규정이 있다면 노조사무실 및 책상, 의자 등 고정 비품을 제공하는 것은 가능할 것으로 보이나, 복사용지, 선기료 등 소모성 비품 지원은 부당노동행위에 해당할 것이다.

A 노조법 제81조 제4호에서 노조에 대한 원조행위를 금지하면서도, '최소한 규모의 조합사무실 제공'은 예외적으로 허용하고 있다(대구지법 2011. 9. 28. 선고 2011구합1544 판결). 사용자가 노조사무실을 제공하면서 그에 따른 필요적 시설(책상, 의자, 전기시설, 통신시설 등) 및 조합활동을 위한 최소한의 사무실 임차료 지원은 부당노동행위가 아니다. 또한 단체협약에 조합사무실을 제공하는 합의가 있다고 하더라도 조합원 수 변동에 따른 조합사무실 축소 이전은 단체협약 불이행이 아니다. 반면에 소모성 집기나 비품 또는 그 비용을 지속적·반복적으로 지원하거나 전기료, 통신비 등을 지원하는 행위는 동법 제81조 제4호 단서에서 정하고 있는 예외사항으로 볼 수 없어 부당노동행위에 해당된다.

[참조 법령]

- 노동조합및노동관계조정법 제81조 (부당노동행위) 사용자는 다음 각 호의 어느 하나에 해당하는 행위(이하 "부당노동행위"라 한다)를 할 수 없다. (중략)
  4. 근로자가 노동조합을 조직 또는 운영하는 것을 지배하거나 이에 개입하는 행위와 노동조합의 전임자에게 급여를 지원하거나 노동조합의 운영비를 원조하는 행위. 다만, 근로자가 근로시간 중에 제24조제4항에 따른 활동을 하는 것을 사용자가 허용함은 무방하며, 또한 근로자의 후생자금 또는 경제상의 불행 기타 재액의 방지와 구제 등을 위한 기금의 기부와 최소한의 규모의 노동조합사무소의 제공은 예외로 한다.

판례 | 비품구입비 지원은 법 위반이라고 판단한 사례

이 사건 단체협약에서 규정하는 '사무실 임차료, 비품구입비 및 사무실 이전비(부대시설비 포함)' 중 '사무실 임차료' 부분은 노동조합법 제81조제4호 단서에서 허용되는 '최소한 규모의 노동조합 사무소' 대신에 이에 상응하는 사무실 임차료를 제공하는 것으로서 경비원조 금지 예외사유에 해당한다. 그러나 '비품구입비'는 문언 자체로 사무실에 통상 비치되는 물품에 한정되지 않고 조합활동에 일상적으로 필요한 물품 구입비를 포괄하는 의미로 해석되므로 '최소한 규모의 노동조합 사무소'에 포함되지 않는다(서울고법 2011. 12. 7. 선고 2011누12520 판결).

판례 | 매월 상당한 사무보조비는 부당노동행위에 해당된다는 사례

단체협약 중 이 사건 사무보조비 조항은 노동조합이 사용자로부터 최소한의 규모의 노동조합사무소와 함께 통상 비치되어야 할 책상, 의자, 전기시설 등의 비품과 시설을 제공받는 것을 넘어 매월 상당한 금액의 돈을 지급받는 것을 내용으로 하고 있으므로, 그로 인하여 노동조합의 자주성을 침해할 현저한 위험성이 없다고 보기 어려워 노동조합법 제81조 제4호 본문에서 정한 부당노동행위에 해당한다(대법원 2016. 1. 28. 선고 2012두12457 판결).

Q 140

단체협약에 근로자 채용 및 징계와 관련하여 노사 '합의' 조항이 있는데, 반드시 노사 합의를 거쳐야 할까요?

'합의'와 '협의'는 구별되는 개념이므로 특별한 사정이 없는 한 노사 간에 사전합의를 통해 채용 및 징계를 행사해야 한다.

A

노사는 인사권에 대해서도 단체협약에 달리 정할 수 있고, 단체협약 등에 '사전합의'를 규정할 경우 원칙적으로 사용자는 노조와 '의견합치'가 있어야만 유효하게 인사권을 행사할 수 있다. 그러나 경영권 및 인사권은 사용자의 고유의 권한이 있기 때문에, 이러한 경영권의 본질에 관한 사항에 대한 단체협약의 '합의'의 의미는 제한적으로 볼 수 있다.

판례는 사용자가 경영권의 본질에 속하여 단체교섭의 대상이 될 수 없는 사항에 관하여 노동조합과 합의하여 시행하기로 하는 단체협약의 일부 조항이 있는 경우, 그 조항 하나만을 주목하여 쉽게 사용자의 경영권의 일부포기나 중대한 제한을 인정하여서는 안 되고, 그와 같은 단체협약을 체결하게 된 경위와 당시의 상황, 단체협약의 다른 조항과의 관계, 권한에는 책임이 따른다는 원칙에 입각하여 노동조합이 경영에 대한 책임까지도 분담하고 있는지 여부 등을 종합적으로 검토하여 그 조항에 기재된 '합의'의 의미를 해석하여야 한다고 판시하였다(대법원 2002. 2. 26. 선고 99도5380 판결).

예외적으로 노조가 사전합의권을 남용하거나 포기한 것으로 인정되는 경우 등 정당한 이유가 있으면, 노사 간 사전합의를 거치지 않은 인사명령도 유효할 수 있다. 예컨대, 단체협약 등에 '사전합의' 조항을 둔 경우라도 사용자가 노조와 성실히 협의하였고 인사권 행사 사유가 합리적이라면 노조의 합의 거부는 '권리남용'에 해당하여 사전협의를 거치지 않은 인사명령도 유효하다.

판 례	인사권행사에 있어 사전합의 규정의 의미

단체협약의 인사협의(합의)조항에 노동조합간부의 인사에 대하여는 사전 '합의'를, 조합원의 인사에 대하여는 사전 '협의'를 하도록 용어를 구분하여 사용하고 있다면, 교섭 당시 사용자의 인사권에 대하여 노동조합간부와 조합원을 구분하여 제한의 정도를 달리 정한 것으로 보아야 하고, (중략) 회사가 노조측과 정리해고에 관한 합의 도출을 위하여 성실하고 진지한 노력을 다하였는데도 노동조합측이 합리적 근거나 이유제시 없이 정리해고 자체를 반대하고 불법적인 쟁의행위에 나아감으로써 합의에 이르지 못하였다고 할 것이므로, 이는 노동조합이 사전합의권을 남용하거나 스스로 사전합의권의 행사를 포기한 경우에 해당한다고 봄이 상당하다(대법원 2012. 6. 28. 선고 2010다38007 판결).

141 단일노조사업장인데도 반드시 교섭창구단일화절차를 거쳐야 되나요?

상급노조에 가입되어 있는 경우 복수노조인지 불분명할 수 있으므로 반드시 교섭창구단일화절차를 거치는 것이 바람직하다.

A 복수노조제도가 도입된 2011.7.1.이후 단일 노동조합이 명백한 경우에는 노조법 제29조제1항에 따라 교섭창구단일화 절차 없이 교섭을 진행하는 것은 가능하나, 교섭 중에 복수노조가 설립되거나 기존 노조가 단체협약을 체결한 이후라도 교섭 당시 복수노조가 존재하였던 것이 확인될 경우 새로이 교섭창구단일화 절차를 진행하여야 하는 위험이 있으므로 단일노조라 하더라도 교섭창구단일화 절차를 거쳐 교섭하는 것이 바람직하다(노사관계법제과-1838, 2012. 6. 15.).

회사는 노동조합으로부터 교섭요구를 받은 때에는 그 요구를 받은 날부터 7일간 그 교섭을 요구한 노동조합의 명칭 등 다음의 사항을 해당 사업 또는 사업장의 게시판 등에 공고하여 다른 노동조합과 근로자가 알 수 있도록 해야 한다(노조법 시행령 제14조의3). 공고사항은「1. 노조법 시행령 제14조의2에 따라 교섭을 요구한 노동조합의 명칭과 대표자의 성명, 2. 교섭을 요구한 일자, 3. 교섭을 하려는 다른 노동조합이 교섭을 요구할 수 있는 기한」이다.

회사는 교섭요구 사실의 공고기간이 끝난 다음 날에 교섭을 요구한 노동조합을 확정하여 통지하고, 그 교섭을 요구한 노동조합의 명칭, 그 교섭을 요구한 날 현재의 조합원 수 등 다음의 사항을 5일간 공고해야 한다(노조법 시행령 제14조의5). 공고 사항은「1. 노조법 시행령 제14조의2 및 제14조의4에 따라 교섭을 요구한 노동조합의 명칭과 대표자의 성명, 2. 노조법 시행령 제14조의2 및 제14조의4에 따라 교섭을 요구한 일자, 3. 교섭을 요구한 날 현재의 조합원(노조법 제29조의2에 따른 교섭대표노동조합 결정 절차에 참여한 노동조합에 소속된 조합원을 말한다)의 수, 4. 공고 내용이 노동조합이 제출한 내용과 다르게 공고되거나 공고되지 아니한 경우에는 공고기간 중에 사용자에게 이의를 신청할 수 있다는 사실」이다.

기한 내에 자율적으로 교섭대표노동조합을 정하지 못하거나 사용자의 동의를 얻지 못한 경우에는 교섭창구 단일화 절차에 참여한 노동조합의 전체 조합원 과반수로 조직된 노동조합(2개 이상의 노동조합이 위임 또는 연합 등의 방법으로 교섭창구 단일화 절차에 참여한 노동조합 전체 조합원의 과반수가 되는 경우 포함)이 교섭대표노동조합이 된다(노조법 시행령 제14조의6 제3항). 예를 들어, 100인 규모의 사업장에서 A노조 40명, B노조 30명, C노조 20명인 경우 과반수 노조는 없으나, C노조가 A노조에 교섭권을 위임할 경우 A노조와 C노조의 연합체의 조합원은 60명으로 전체 조합원 90명의 과반수가 되므로 A노조가 교섭대표노조이다. 이 경우 14일 기한이 만료된 날부터 5일 이내에 사용자에게 노동조합의 명칭, 대표자 및 과반수 노동조합이라는 사실 등을 통지해야 한다(노조법 시행령 제14조의7).

[특정 노조가 사용자에게 2016. 3. 11. 오후 4시 최초 교섭요구를 한 경우]

(사) 교섭요구사실 공고 : 교섭요구 받은 날부터 7일간 공고
- 교섭요구사실의 공고기간 : 3/11~3/18 24시, [요구일부터 공고, 기간은 초일불산입]

(사) 교섭요구 노동조합 확정공고 : 공고기간 끝난 다음 날부터 5일간 공고
- 교섭요구 노조 확정 공고기간 : 3/19~3/24 24시, [확정시점 : 3/24 24시]
  단, 3/19 00시에 사측이 확정공고를 하면 3/23 24시에 확정될 수 있음.

(노) 자율적 교섭대표노동조합 결정기한 : 교섭요구 노조 확정된 날로부터 14일 이내
- 자율적 교섭대표노조 결정기한 : 4/7 24시까지

(노) 과반수 노동조합이 사용자에게 통지할 수 있는 기한 : 자율적 단일화 결정 기한이 만료된 날부터 5일 이내
- 과반수 노조의 통지기한 : 4/12 24시까지

〈기간의 기산점, 만료점 관련 법률〉

- 민법 제157조 : 기간을 일, 주, 월 또는 연으로 정한 때에는 기간의 초일은 산입하지 아니한다. 그러나 그 기간이 오전 영시로부터 시작하는 때에는 그러하지 아니하다.
- 민법 제159조 : 기간을 일, 주, 월 또는 연으로 정한 때에는 기간말일의 종료로 기간이 만료한다.
- 민법 제161조 : 기간의 말일이 토요일 또는 공휴일에 해당한 때에는 기간은 그 익일로 만료한다.

헌법재판소	하나의 사업 또는 사업장에 복수의 노동조합을 허용하면서도 그 교섭에 있어서는 창구를 단일화하도록 하고 있는 노조법 조항은 단체교섭권과 단체행동권을 침해하는 것이라고 볼 수 없다는 사례

교섭창구단일화제도는 근로조건의 결정권이 있는 사업 또는 사업장 단위에서 복수 노동조합과 사용자 사이의 교섭절차를 일원화하여 효율적이고 안정적인 교섭체계를 구축하고 소속 노동조합과 관계없이 조합원들의 근로조건을 통일하기 위한 것으로, 교섭대표노동조합이 되지 못한 소수 노동조합의 단체교섭권을 제한하고 있지만, 소수 노동조합도 교섭대표노동조합을 정하는 절차에 참여하게 하여 교섭대표노동조합이 사용자와 대등한 입장에 설 수 있는 기반이 되도록 하고 있으며, 그러한 실질적 대등성의 토대 위에서 이뤄낸 결과를 함께 향유하는 주체가 될 수 있도록 하고 있으므로 노사대등의 원리 하에 적정한 근로조건의 구현이라는 단체교섭권의 실질적인 보장을 위한 불가피한 제도라고 볼 수 있다(헌법재판소 2012. 4. 24. 선고 2011헌마338).

[교섭창구 단일화 진행절차]

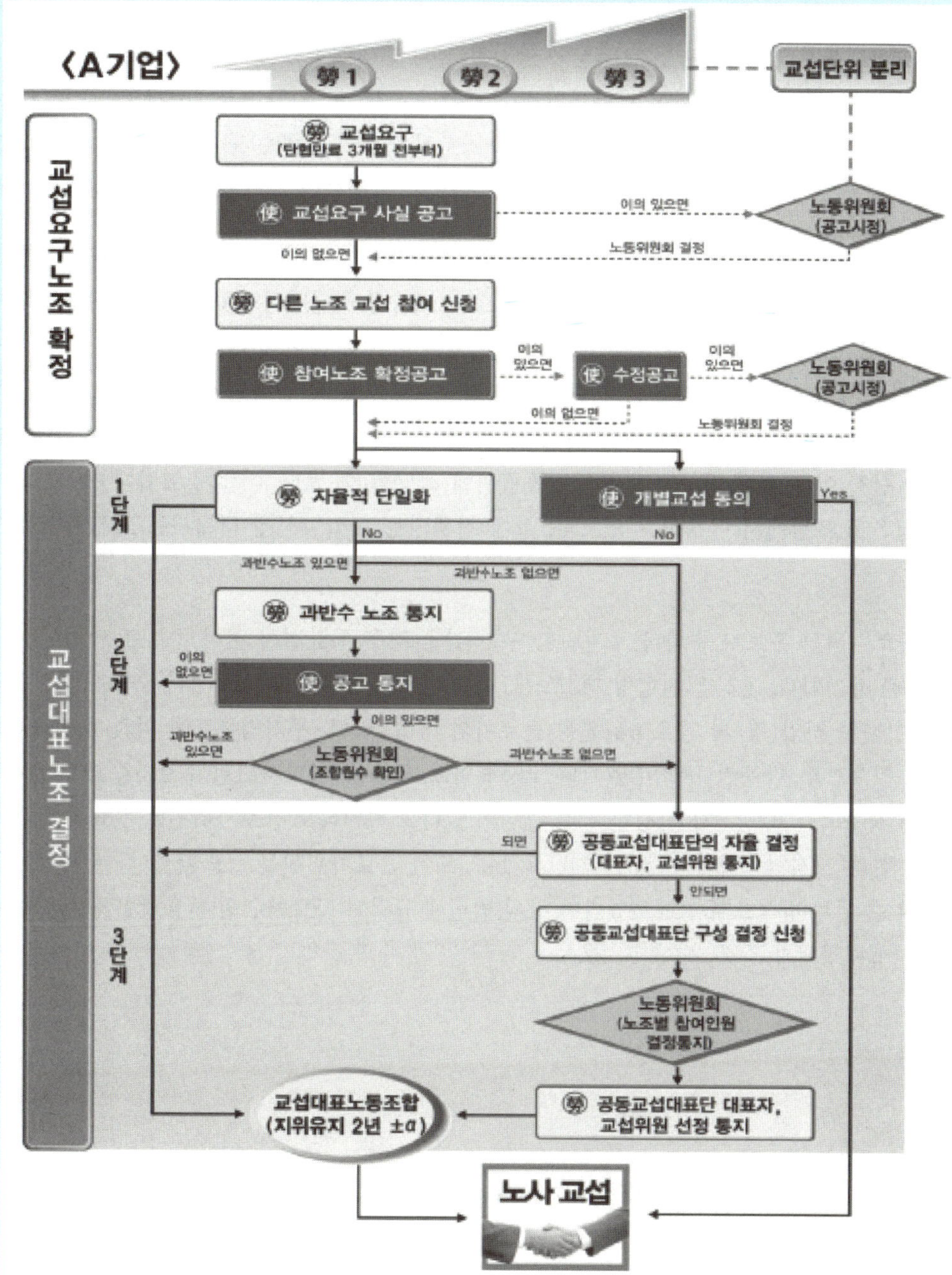

Q 142 노조 간 연합을 통해 교섭대표노조(과반수 노조)가 된 경우 취업규칙 변경의 동의주체가 되나요?

교섭창구단일화를 통한 노조는 임금 및 단체교섭과 관련해서만 권한이 있는 것이며, 노조법이 아닌 기타 법률에 정한 근로자 과반수 노조 또는 근로자 대표가 되는 것은 아니다.

A 고용노동부, 법제처 모두 교섭창구 단일화 절차에 참여한 노동조합의 근로자 숫자가 전체 근로자의 과반수라 하더라도 이를 과반수 노동조합이라고 볼 수 없다(근로개선정책과 - 3008, 2012. 6. 8, 법제처 14-0346, 2014. 8. 21.). 따라서 단일노조로서 근로자 과반수 노조가 있어야 하며 두 노조 간 연합을 통한 교섭대표노조는 권한이 없으므로, 근로자 과반수의 동의를 받거나 근로자 과반수를 대표하는 자를 선출하여야 한다.

이와 별개로 단체교섭상황은 다르다. 2개의 노조가 교섭창구 단일화절차에서 공동교섭대표단 형태로 교섭대표노조를 구성해 교섭을 요구하면 회사는 이에 응해야 한다. 교섭대표노조는 자율적 결정, 과반수 노조, 공동교섭대표단의 순서로 결정되므로 자율적 결정단계에서 각 노조가 공동교섭대표단을 교섭대표노조로 결정하는 것이 가능하다. 그러므로 회사는 이러한 공동교섭대표단의 요구를 정당한 이유 없이 거부하면 부당노동행위에 해당할 수 있다. 이렇게 교섭대표노조 결정에 대한 사항은 노조법에서 규정하고 있으나, 실제 진행되는 교섭방식에 대해서는 노사합의로 정할 수 있다.

만약 근로자위원 후보자 수와 근로자위원 수가 같을 경우 투표절차 없이 무투표 당선이 가능할까? 결론은 불가하다. 근참법 시행령 제3조 제1항은 근로자의 과반수로 구성된 노동조합이 조직되어 있지 아니한 사업(장)의 근로자위원은 근로자의 직접·비밀·무기명투표에 의하여 선출한다고 규정하고 있으므로, 아무런 규정이 없거나 노사협의회 규정에 "근로자위원 후보자수와 근로자위원 수가 같은 경우 무투표 당선을 인정한다"는 규정이 있다고 하더라도 근로자위원은 투표에 의하여 선출하여야 한다(노사협력정책과-2672, 2009. 7. 14.). 또한 근로자위원을 선출할 때 다른 사람이 투표 내용을 알 수 있는 방식으로 진행하였다면 위의 법령에 규정된 근로자위원 선출방법에 부합하지 않는다(노사협력정책과-3795, 2009. 10. 22.).

대법 "실제 위험발생 안됐으면 '필수유지업무 방해죄' 성립 안돼"

파업이 금지된 필수유지업무 종사자라고 해도 실제 위험이 발생한 것이 아니라면 파업가담 행위를 처벌할 수 없다는 대법원 판결이 나왔다.

대법원 2부(주심 이상훈 대법관)는 '노동조합 및 노동관계조정법' 위반 혐의로 기소된 김모 씨에 대한 상고심에서 무죄를 선고한 원심을 확정했다고 2일 밝혔다.

대법원은 "김씨가 필수유지업무의 정당한 유지·운영을 정지·폐지하는 쟁의행위를 하지 않았다고 본 원심은 정당하다"라고 판시했다.

필수유지업무란 공항, 수도, 전기, 가스 등 국민들의 생활이나 경제전반에 큰 영향을 미치는 업무를 말하며 현행 노동법에서는 필수유지업무에 종사하는 사람들에 대해 파업 등 쟁의행위를 할 수 없도록 규정하고 있다.

김씨는 인천국제공항에서 탑승교 운영업무를 담당하는 A사 소속으로 필수유지업무자로 지정된 상태에서 2013년 12월 파업에 참가해 각각 2시간~7시간가량 근무지를 이탈했다.

법원은 김씨가 필수유지업무 대상자로 지정됐고 파업을 위해 근무지를 이탈했지만 실질적인 위험이나 업무상 지장이 발생하지 않았다는 점을 들어 무죄를 선고했다.

1심 법원은 "필수유지업무방해죄가 성립하려면 사업장 이탈로 공중의 생명·건강·신체상 안전·일상생활의 현저한 위험이 발생해야 한다"면서 당시 인천공항 탑승교 운영에 별다른 위험이나 지연이 발생하지 않았던 만큼 처벌할 수 없다고 판시했다.

2심 역시 필수업무 지정 대상이 필요 최소한의 인력을 초과해 지정됐고 실제운영에서 별다른 문제가 생기지 않았기 때문에 정당한 유지·운영업무에 제한을 받았다고 보기 어렵다고 밝혔다.

파이낸셜뉴스 장용진 기자 ohngbear@fnnews.com
입력 : 2016.05.02 09:57
출처 : http://www.fnnews.com/news/201605020954588467

143 쟁의행위에 대한 정당성 판단기준은?

쟁의행위가 정당하기 위해서는 그 주체, 목적, 시기, 절차, 수단과 방법이 모두 정당하여야 한다.

A 대법원은 노조법 제1조, 제4조, 제37조, 제38조, 제41조의 규정들을 들어 쟁의행위가 정당하기 위해서는 그 주체, 목적, 시기, 절차, 수단과 방법이 모두 정당하여야 한다는 입장이다.

근로자의 쟁의행위가 형법상 정당행위가 되기 위해서는 첫째 그 주체가 단체교섭의 주체로 될 수 있는 자이어야 하고, 둘째 그 목적이 근로조건의 향상을 위한 노사 간의 자치적 교섭을 조성하는 데에 있어야 하며, 셋째 사용자가 근로자의 근로조건 개선에 관한 구체적인 요구에 대하여 단체교섭을 거부하였을 때 개시하되 특별한 사정이 없는 한 조합원의 찬성결정 등 법령이 규정한 절차를 거쳐야 하고, 넷째 그 수단과 방법이 사용자의 재산권과 조화를 이루어야 함은 물론 폭력의 행사에 해당되지 아니하여야 한다는 여러 조건을 모두 구비하여야 하는바, 특히 그 절차에 관하여 쟁의행위를 함에 있어 조합원의 직접·비밀·무기명투표에 의한 찬성결정이라는 절차를 거쳐야 한다는 노조법 제41조 제1항의 규정은 노동조합의 자주적이고 민주적인 운영을 도모함과 아울러 쟁의행위에 참가한 근로자들이 사후에 그 쟁의행위의 정당성 유무와 관련하여 어떠한 불이익을 당하지 않도록 그 개시에 관한 조합의사의 결정에 보다 신중을 기하기 위하여 마련된 규정이므로 위의 절차를 위반한 쟁의행위는 그 절차를 따를 수 없는 객관적인 사정이 인정되지 아니하는 한 정당성이 상실된다(대법원 2001. 10. 25. 선고 99도4837 전원합의체 판결).

쟁의행위가 정당한 경우 노조법 제3조 및 제4조의 규정에 따라 민·형사상 책임이 면제된다. 또한 정당한 쟁의행위에 참가한 것을 이유로 한 해고 등 불이익 취급이 금지되고, 정당한 쟁의행위로 인하여 다른 기업이나 제3자가 손해를 입은 경우에도 그 기업이나 제3자는 근로자 측에 손해배상을 청구할 수 없다. 그러나 노동조합에 의해 주도되지 아니한 즉, 일부 조합원 등에 의해 업무를 저해하는 집단행동은 정당성이 인정되지 않는다(대법원 1999. 9. 17. 선고 99두5740 판결).

판 례	회사의 매각에 따른 고용안정이나 임금인상 등 근로조건의 유지와 향상에 목적이 있는 쟁의행위는 그 정당성이 인정된다는 사례

쟁의행위에서 추구하는 목적이 여러 가지이고 그 중 일부가 정당하지 못한 경우에는 주된 목적 내지 진정한 목적의 당부에 의하여 그 쟁의목적의 당부를 판단하여야 한다. 이 사건 쟁의행위의 진정한 목적은 회사의 매각에 따른 고용안정이나 임금인상 등 근로조건의 유지와 향상에 있었다고 할 것이고, 이 사건 쟁의행위가 회사의 매각 금지 등을 주된 목적으로 하여 개시되었다거나 다른 쟁의행위의 목적이 모두 소멸되었음에도 오로지 회사의 매각 금지 등을 목적으로 하여 계속된 것으로 볼 수 없으므로 이 사건 쟁의행위의 목적의 정당성이 인정된다. 근로조건에 관한 주장의 불일치로 노동쟁의상태가 발생하여 근로자들이 노동쟁의발생신고를 하고 냉각기간을 거쳐 정당한 쟁의행위를 계속하고 있는 도중에 새로운 쟁의사항이 부가되었다 하더라도, 다시 그 사항에 관하여 별도의 노동쟁의발생신고를 하고 냉각기간을 거쳐야 할 의무는 없다(대법원 2013. 2. 14. 선고 2010두17601 판결).

Q 144

쟁의행위를 하려면 조정을 거쳐야 되는데, 조정을 거치지 않은 쟁의행위는 불법인가요?

쟁의행위가 조정전치의 규정에 따른 절차를 거치지 않았다고 하여 무조건 정당성이 결여된 쟁의행위는 아니지만, 통상적인 경우 정당성을 인정받기 어렵다.

A 노동쟁의의 조정이란 노사관계 당사자 간에 근로조건의 결정에 관한 주장의 불일치로 노동쟁의가 발생한 경우 당해 노동쟁의를 신속·공정하게 해결하여 쟁의행위로 인한 노사관계 당사자의 손실을 방지하고 국민경제의 안정과 발전에 기여하기 위해 행해지는 일련의 절차를 의미한다. 우리나라는 조정전치주의를 취하고 있어, 노사 당사자는 노동쟁의가 발생한 때에는 상대방에게 서면으로 통보하고 노동위원회에 조정을 신청하여야 한다. 조정을 거치지 않은 쟁의행위에 대해서는 불법쟁의행위에 대한 책임을 부담하므로 쟁의행위에 들어가기 위해서는 반드시 노동쟁의 조정절차를 거쳐야 한다.

노사관계 당사자가 조정신청을 한 경우 노동위원회는 조정기간 내에 일반적으로 2~3회의 사전조정을 실시하여 당사자의 주장을 청취하고 관련 사실을 조사한 후, 본 조정을 개최하여 조정안을 당사자에게 제시하고, 그 수락을 권고한다. 노사 간 모두 조정안을 수락하면 조정이 성립되고, 한쪽이라도 거부하여 조정이 이루어지지 않을 경우 노동조합은 쟁의행위에 들어갈 수 있다.

조정절차를 거치지 않은 쟁의행위에 대해서는 1년 이하의 징역 또는 1천만 원 이하의 벌금에 처할 수 있다(노조법 제91조). 다만, 노조법의 조정전치주의의 취지는 분쟁을 사전적으로 조정하여 쟁의행위 발생을 회피하는 기회를 주려는데 있는 것이지 쟁의행위 자체를 금지하려는 데에 있는 것은 아니다. 다시 말해서 쟁의행위가 조정전치의 규정에 따른 절차를 거치지 않았다고 하여 무조건 정당성이 결여된 쟁의행위라고 볼 것은 아니라는 것이 판례의 입장이다(대법원 2001. 6. 26. 선고 2000도2871 판결; 대법원 2003. 4. 25. 선고 2003도1378 판결 등 참조). 조정전치주의를 위반한 경우 노조법상의 벌칙규정이 정해져 있으나, 판례는 그 위반행위로 인하여 사회·경제적 안정이나 사용자의 사업운영에 예기치 않은 혼란 또는 손해를 끼치는 등 부당한 결과를 초래할 우려가 있는지 여부 등 구체적 사정을 살펴서 그 정당성 유무를 가려 형사상 죄책 유무를 판단하고 있다(서울지방법원 2001. 2. 14. 선고 99가합42563 판결).

[조정신청에 대해 노동위원회가 내릴 수 있는 결정 유형]

구 분	내 용
조정안 제시	노사 쌍방의 의견이 어느 정도 접근해 조정안 제시 시 양측이 수락할 가능성이 있거나 자율적 타결에 도움이 된다고 조정위원들이 판단하는 경우
조정중지	노사 당사자 간의 주장에 현격한 차이가 있어 조정안 제시가 불가능하거나 조정안을 제시하는 것이 앞으로 노사관계에 나쁜 영향을 미치게 될 것이 우려되는 경우, 당사자가 조정안 제시를 원하지 않는 경우
행정지도	조정당사자 부적격, 근로조건의 결정에 관한 사항이 아닌 경우, 조정신청 당시 교섭이 미진한 경우, 조정을 신청한 자의 주장이 없거나 불분명한 경우, 노동쟁의가 아니라고 인정할 만한 명백한 사유가 있는 경우
조정기간 연장	조정기간 동안 합의에 이르지 못했으나 좀 더 조정을 하면 합의타결의 가능성이 높은 경우, 당사자 합의로 조정기간 연장을 요청하는 경우

[쟁의행위 흐름도]

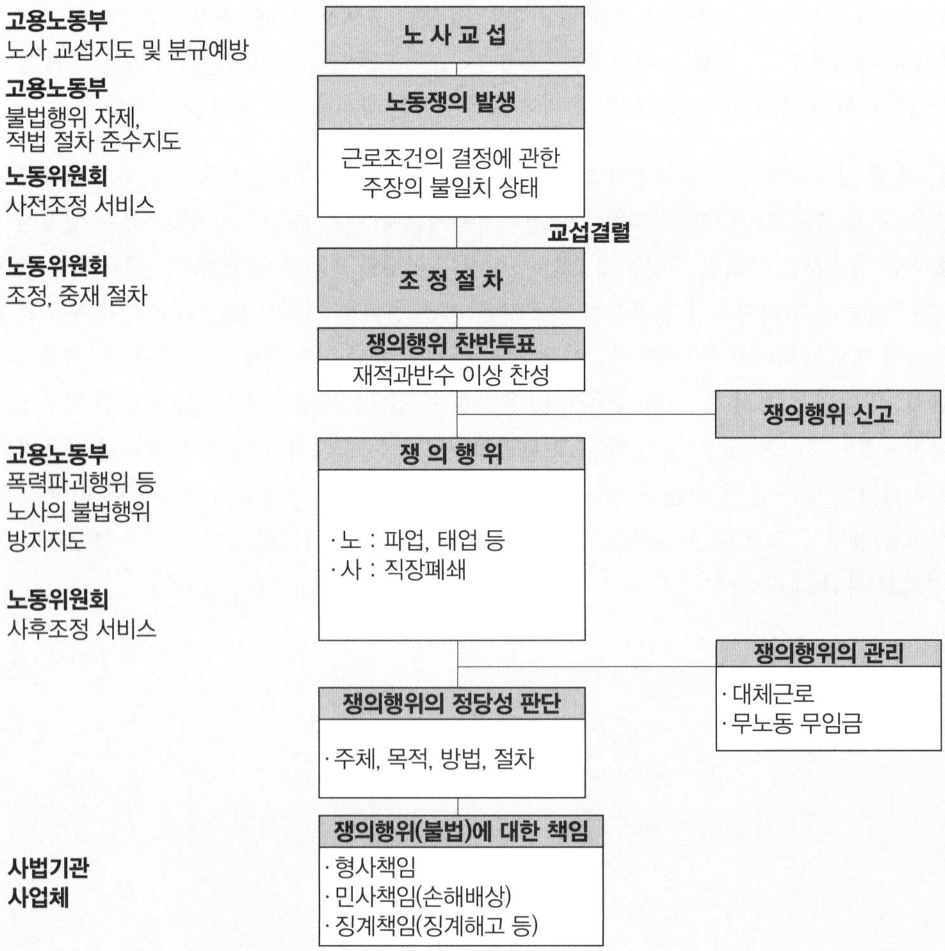

[노동쟁의 조정제도]

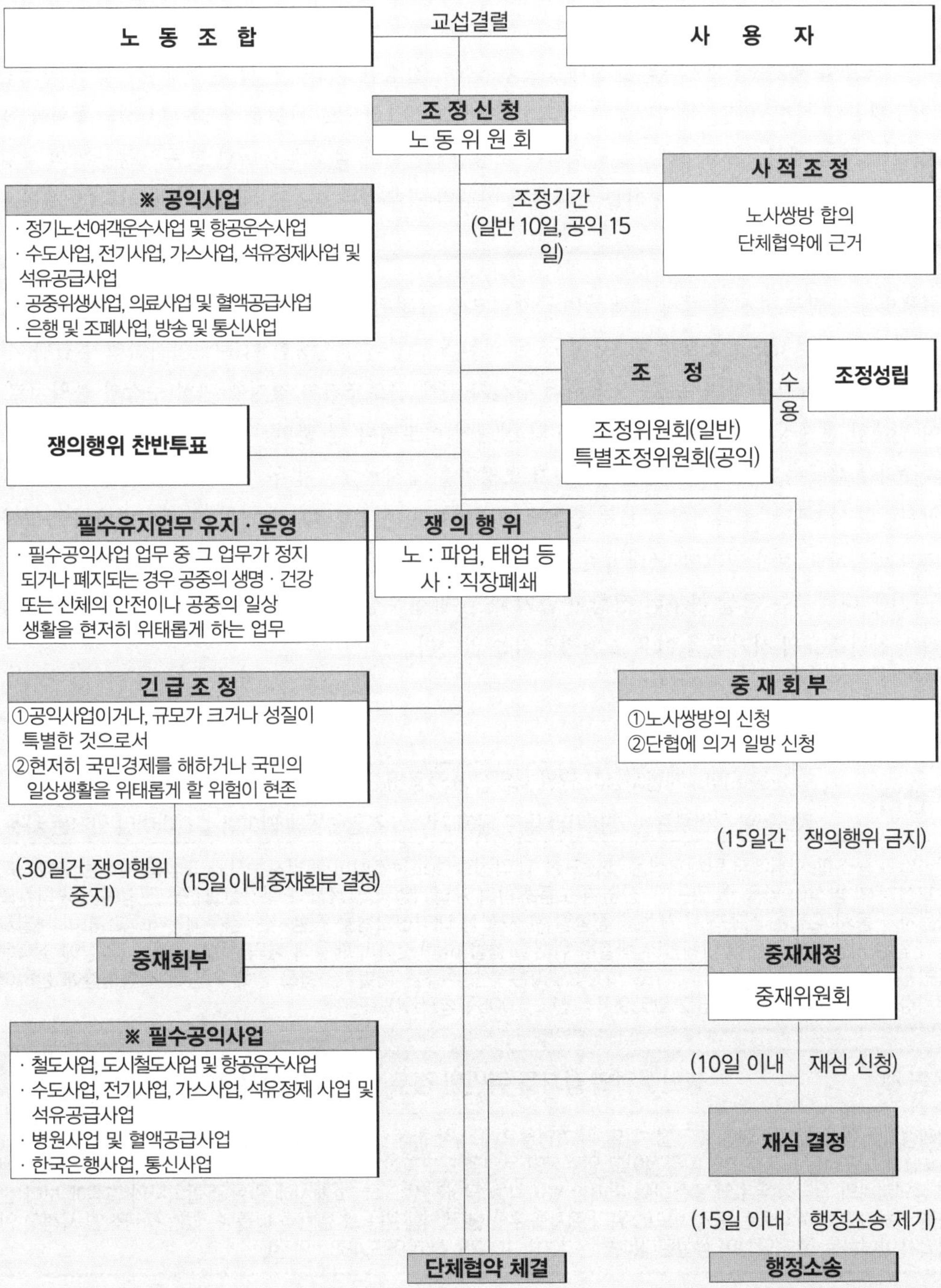
노 동 조 합
교섭결렬
사 용 자
조 정 신 청
노 동 위 원 회
사 적 조 정
노사쌍방 합의
단체협약에 근거
※ 공익사업
· 정기노선여객운수사업 및 항공운수사업
· 수도사업, 전기사업, 가스사업, 석유정제사업 및 석유공급사업
· 공중위생사업, 의료사업 및 혈액공급사업
· 은행 및 조폐사업, 방송 및 통신사업
조정기간
(일반 10일, 공익 15일)
조 정
조정위원회(일반)
특별조정위원회(공익)
수용
조정성립
쟁의행위 찬반투표
필수유지업무 유지 · 운영
· 필수공익사업 업무 중 그 업무가 정지되거나 폐지되는 경우 공중의 생명 · 건강 또는 신체의 안전이나 공중의 일상생활을 현저히 위태롭게 하는 업무
쟁 의 행 위
노 : 파업, 태업 등
사 : 직장폐쇄
긴 급 조 정
①공익사업이거나, 규모가 크거나 성질이 특별한 것으로서
②현저히 국민경제를 해하거나 국민의 일상생활을 위태롭게 할 위험이 현존
중 재 회 부
①노사쌍방의 신청
②단협에 의거 일방 신청
(15일간 쟁의행위 금지)
(30일간 쟁의행위 중지)
(15일 이내 중재회부 결정)
중재회부
중재재정
중재위원회
※ 필수공익사업
· 철도사업, 도시철도사업 및 항공운수사업
· 수도사업, 전기사업, 가스사업, 석유정제 사업 및 석유공급사업
· 병원사업 및 혈액공급사업
· 한국은행사업, 통신사업
(10일 이내 재심 신청)
재심 결정
(15일 이내 행정소송 제기)
단체협약 체결
행정소송

145 쟁의행위를 위한 찬반투표 시기 및 절차는?

쟁의행위는 노동쟁의 상태를 전제로 하는 것이므로 찬반투표는 노동쟁의가 발생한 이후와 쟁의행위 사이에 실시하여야 한다.

A 노조법 제29조의2에 따라 교섭대표노동조합이 결정된 경우에는 그 절차에 참여한 노동조합의 전체 조합원의 직접·비밀·무기명투표에 의한 과반수의 찬성으로 결정하지 않으면 쟁의행위를 행할 수 없다(노조법 제41조). 교섭대표노동조합은 교섭창구단일화 절차에 참여한 모든 노동조합의 조합원에게 투표권을 부여하여야 하며, 이를 부여하지 아니한 경우에는 노조법 제41조 위반이다(노사관계법제과-909, 2012. 3. 16.).

현행법상 찬반투표 시기 등에 대해서는 구체적으로 규정된 바는 없으나, 쟁의행위는 노동쟁의 상태를 전제로 하는 것이므로 노조법 제2조 제5호에 의한 노동쟁의가 발생한 이후에 실시하여야 한다. 쟁의행위에 대한 조합원의 찬반투표는 노동관계 당사자 간에 근로조건의 결정에 관한 주장의 불일치로 인하여 발생한 분쟁상태인 이른바 '노동쟁의'의 상태에 이르러야 할 뿐만 아니라 우리나라의 경우 조정전치주의를 채택하고 있으므로 노동위원회가 조정안을 제시하였을 경우 그 조정안의 수용여부에 관한 조합원들의 의사도 반영되어야 하므로 쟁의행위 찬반투표는 조정절차를 거친 후 쟁의행위에 돌입하기 전까지 실시하는 것이 원칙이다(대법원 2001. 9. 14. 선고 2001도53 판결). 그러나 쟁의행위 찬반투표의 시기에 대해서는 법상 아무런 정함이 없기 때문에 실무상으로 쟁의행위의 목적, 수단 등이 정당하다면 찬반투표의 시기만을 이유로 처벌하지는 않는다.

판례	노동조합이 개별사용자 단위 사업장에 적용될 단체협약 체결을 위해 교섭을 하는 경우 쟁의행위 찬반투표는 개별기업 별로 당해 기업의 조합원들에 한하여 실시하여야 한다는 사례

산업별 노동조합 체제에서 단체교섭은 집단교섭, 대각선교섭(노동조합이 개별사용자와 교섭을 행하는 형태), 지부교섭 등의 방식이 있을 수 있는데, 산업별 노동조합이 개별기업의 사용자와 대각선교섭을 진행하거나 다수의 사용자가 동시에 같은 장소에서 교섭을 진행할 뿐 사실상 대각선교섭을 진행하는 경우에는 노동조합이 개별사용자 단위 사업장에 적용될 단체협약 체결을 위해 교섭을 하는 것이기 때문에 쟁의행위는 해당 사업장에 소속된 조합원들이 주체가 되므로 법 제41조 제1항에 따른 찬반투표는 개별기업별로 당해 기업의 조합원들에 한하여 실시하여야 한다(서울행정법원 2006. 9. 14. 선고 2005구합35902 판결).

판례	쟁의행위의 절차를 위반한 경우 정당성이 상실된다는 사례

쟁의행위를 함에 있어 조합원의 직접·비밀·무기명투표에 의한 찬성 결정이라는 절차를 거쳐야 한다는 노조법 제41조 제1항의 규정은 노동조합의 자주적이고 민주적인 운영을 도모함과 아울러 쟁의행위에 참가한 근로자들이 사후에 그 쟁의행위의 정당성 유무와 관련하여 어떠한 불이익을 당하지 않도록 그 개시에 관한 조합의사의 결정에 보다 신중을 기하기 위하여 마련된 규정이므로 위의 절차를 위반한 쟁의행위는 그 절차를 따를 수 없는 객관적인 사정이 인정되지 아니하는 한 정당성이 상실된다(대법원 2001. 10. 25. 선고 99도4837 판결).

146 쟁의행위 시 점거가 금지되는 시설도 있나요?

생산 기타 주요 업무시설은 점거가 불가하나, 그 외의 시설에 대해서는 부분적·병존적인 점거는 가능하다.

A 쟁의행위는 근로제공을 소극적으로 거부함으로써 정상적인 업무의 운영을 저해하는 수준에 그쳐야 한다. 따라서 사용자의 조업계속의 자유를 침해하거나 기업시설에 대한 권리를 침해하여서는 안 된다. 직장점거란 근로자들이 일정한 목적을 관철하기 위하여 사용자의 의사에 반하여 사업장, 공장 등 회사 내에서 퇴거하지 않고 장시간 체류하는 쟁의수단인데, 점거가 금지되는 노조법 제42조 제1항 규정의 '생산 기타 주요업무에 관련되는 시설'의 범위는 개별 사업장의 업무 종류, 쟁의행위 당시의 생산 또는 업무 형태에 따라 판단하여야 한다. 일반적으로 노동조합에 의해 점거될 경우 사용자 또는 다른 근로자의 조업의 중단 또는 방해를 가져올 수 있는 시설이 이에 해당한다. 생산 기타 주요업무시설과 노조법 시행령 제21조에서 정하는 시설의 점거는 부분적·병존적일 경우에도 정당하지 않고, 형법상 업무방해죄, 건조물침입죄, 퇴거불응죄에 해당되는지 여부와 관계없이 노조법 제42조 제1항에 위반이다.

반면에 생산 기타 주요업무시설 등 이외의 시설에 대한 일반적인 점거의 경우 사용자의 점유를 배제하지 아니하고 조업도 방해하지 않는 범위 내에서의 부분적·병존적 점거는 허용되어 업무방해죄가 성립하지 않는다. 즉, 점거범위가 일부분이고 사용자측의 출입이나 관리·지배를 배제하지 않는 병존적인 경우에는 합법이고, 조합원 이외의 자에 대해 출입을 저지하고 또는 사용자측의 관리·지배를 배제하여 조업을 방해하는 경우에는 불법이다. 특히 생산 기타 주요업무시설 여부를 불문하고 어떠한 경우에도 전면적·배타적 점거는 정당하지 않다.

판 례	회의실을 전면적·배타적으로 점거하고, 쟁의행위의 일시·장소 등을 미리 서면으로 신고하지 않은 쟁의행위는 그 정당성을 벗어났다는 사례

근로자의 쟁의행위가 형법상 정당행위가 되기 위해서는 첫째 그 주체가 단체교섭의 주체로 될 수 있는 자이어야 하고, 둘째 그 목적이 근로조건의 향상을 위한 노사간의 자치적 교섭을 조성하는 데에 있어야 하며, 셋째 사용자가 근로자의 근로조건 개선에 관한 구체적인 요구에 대하여 단체교섭을 거부하였을 때 개시하되 특별한 사정이 없는 한 조합원의 찬성결정 및 노동쟁의 발생신고 등 절차를 거쳐야 하고, 넷째 그 수단과 방법이 사용자의 재산권과 조화를 이루어야 함은 물론 폭력의 행사에 해당되지 아니하여야 한다는 여러 조건을 모두 구비하여야 하는 것이고, 또한 직장 또는 사업장시설의 점거는 적극적인 쟁의행위의 한 형태로서 그 점거의 범위가 직장 또는 사업장시설의 일부분이고 사용자측의 출입이나 관리지배를 배제하지 않는 병존적인 점거에 지나지 않을 때에는 정당한 쟁의행위로 볼 수 있지만, 이와 달리 직장 또는 사업장시설을 전면적, 배타적으로 점거하여 조합원 이외의 자의 출입을 저지하거나 사용자측의 관리지배를 배제하여 업무의 중단 또는 혼란을 야기케 하는 것과 같은 행위는 이미 정당성의 한계를 벗어난 것이라고 볼 것이다(서울중앙지법 2007. 6. 20. 선고 2006노2979 판결).

147 쟁의행위 기간 중에 신입사원을 채용할 수 있나요?

적법한 쟁의행위로 중단된 업무의 수행을 위하여 당해 사업과 관계없는 자를 채용 또는 대체할 수 없으나, 쟁의행위와 무관한 업무영역에 대한 신규채용, 쟁의행위 이전부터 추진되어 오던 채용계획에 의한 인력충원은 가능하다.

A 노조법 제43조 제1항은 사용자는 쟁의행위 기간 중 그 쟁의행위로 중단된 업무의 수행을 위하여 당해 사업과 관계없는 자를 채용 또는 대체할 수 없도록 규정하고 있다. 쟁의행위에 대비하여 쟁의행위 전에 신규채용을 하여 쟁의행위로 중단된 업무에 투입하는 것도 대체근로 위반이다. 그러나 사용자에게는 노동조합의 쟁의행위기간 중 조업을 중단하여야 할 의무는 없으므로 파업 불참자, 비조합원 등을 대상으로 조업을 계속하는 것은 가능하다.

또한 노조법 규정은 노동관계 당사자 일방인 사용자에 대한 제한이므로 원·하청, 도급관계 등에서 원청업체가 하청업체 또는 수급 사업장의 쟁의행위로 중단된 업무를 직접 수행하는 것은 대체근로금지 위반의 문제는 아니다(협력 68140-283, 2000. 7. 5.).

특히 노조법 규정은 쟁의권 침해를 목적으로 하지 않는 사용자의 정당한 인사권 행사까지 제한하는 것은 아니므로, 쟁의행위와 무관하게 이루어지는 신규채용은 가능하다. 자연감소에 따른 인력충원, 사업 확장 등에 따른 신규채용, 수습근로자의 정식채용, 쟁의행위와 무관한 업무영역에 대한 신규채용, 쟁의행위 이전부터 추진되어 오던 채용계획에 의한 인력충원 등은 법 위반이 아니다.

판 례	쟁의기간 중 결원충원을 위한 신규채용이 노조법 위반죄 여부의 판단 기준

노동조합 및 노동관계조정법 제43조 제1항은 노동조합의 쟁의행위권을 보장하기 위한 것으로서 쟁의행위권의 침해를 목적으로 하지 않는 사용자의 정당한 인사권 행사까지 제한하는 것은 아니므로, 자연감소에 따른 인원충원 등 쟁의행위와 무관하게 이루어지는 신규채용은 쟁의행위 기간 중이라 하더라도 가능하다. 결원충원을 위한 신규채용 등이 위 조항 위반인지 여부는 표면상의 이유만으로 판단할 것이 아니라 종래의 인력충원 과정 · 절차 및 시기, 인력부족 규모, 결원 발생시기 및 그 이후 조치내용, 쟁의행위기간 중 채용의 필요성, 신규채용 인력의 투입시기 등을 종합적으로 고려하여 판단하여야 한다. 사용자가 쟁의기간 중 쟁의행위로 중단된 업무를 수행하기 위해 당해 사업과 관계있는 자인 비노동조합원이나 쟁의행위에 참가하지 아니한 노동조합원 등 당해 사업의 근로자로 대체하였는데 대체한 근로자마저 사직함에 따라 사용자가 신규채용하게 되었다면, 이는 사용자의 정당한 인사권 행사에 속하는 자연감소에 따른 인원충원에 불과하고 노동조합 및 노동관계조정법 제43조 제1항 위반죄를 구성하지 않는다(대법원 2008. 11. 13. 선고 2008도4831 판결).

판 례	쟁의행위로 중단된 업무의 수행을 위하여 사업과 무관한 자를 채용 및 대체근로는 불가하다는 사례

사용자가 노동조합이 쟁의행위에 들어가기 전에 근로자를 새로 채용하였다 하더라도 쟁의행위기간 중 쟁의행위에 참가한 근로자들의 업무를 수행케 하기 위하여 그 채용이 이루어졌고 그 채용한 근로자들로 하여금 쟁의행위기간 중 쟁의행위에 참가한 근로자들의 업무를 수행케 하였다면 위 조항 위반죄를 구성하게 된다(대법원 2000. 11. 28. 선고 99도317 판결).

148 쟁의행위 기간 중에 있는 약정휴일도 임금을 지급해야 하나요?

쟁의행위 기간 중에는 무노동 무임금을 적용해야 하므로 약정휴일에 대해서도 달리 정함이 없는 한 임금지급의무가 없다.

A 적법한 쟁의행위 기간 중의 주휴일에 대해서는 무노동 무임금을 적용할 수 있으나, 설 연휴, 삼일절 등의 경우에는 근로의무가 면제되는 약정휴일로서 임금을 지급할 의무가 있는 지가 문제된다.

행정해석은 "쟁의행위 기간에 포함된 약정휴일 등의 임금지급과 관련, 단체협약이나 취업규칙 등에서 그 지급을 강제하는 반대의 특약이나 관행이 없는 이상 사용자는 약정휴일 등에 대한 임금을 지급할 의무가 없다."라는 입장이다(협력 68101-200, 2001. 5. 2.). 따라서 쟁의행위 기간에 포함된 약정휴일 등의 임금지급과 관련, 단체협약이나 취업규칙 등에서 그 지급을 강제하는 특약이나 관행이 없는 이상 사용자는 약정휴일 등에 대해 노조법 제44조 제1항에 따라 임금을 지급할 의무가 없다.

직장폐쇄의 경우에는 ① 정당한 직장폐쇄라면 사용자의 임금지급의무 뿐만 아니라 휴업수당지급의무도 면제되는 것이 당연하며, ② 부당한 직장폐쇄라면 사용자가 민법상 수령지체책임을 면할 수 없기 때문에 휴업수당이 아닌 임금전액의 지급의무를 부담하게 된다.

만약 근로자가 교대제근무라면 비번일은 소정근로일에 정상적인 근무가 이루어진 경우 인정되는 휴무일이므로, 전날의 정상적인 근무여부와 관계없이 인정되는 휴일과는 그 성격이 다르다. 파업참가로 정상적인 근무를 하지 않았다면, 비번일은 결근처리가 가능하다(근기 68207-880, 1997. 7. 4.). 따라서 불법파업에 참가하여 소정근로시간에 개근하지 않았다면 주휴일을 지급하지 않아도 된다. 다만, 사용자가 단체협약이나 취업규칙에서 정한 휴일에 대해서는 정상적인 근무 여부와 상관없이 휴일을 부여해야 한다.

한편, 불법쟁의행위에 대해서 사용자는 ① 근로자에 대한 사내 징계가 가능하고, ② 업무방해죄, 주거침입죄, 퇴거불응죄 등 형사고소도 가능하며, ③ 불법행위에 따른 민사상 손해배상청구도 가능하고, ④ 불법쟁의행위에 대한 대체근로가 전면적으로 가능하며, ⑤ 직장폐쇄를 진행할 수 있다.

Q 149 근로자가 집단의 실력행사를 통하여 회사 업무의 정상적인 운영을 저해하는 쟁의행위 시 형법상 업무방해죄가 성립하는지요?

불법한 쟁의행위라도 언제나 업무방해죄를 구성하는 것은 아니고, 쟁의행위가 전격적으로 이루어져 사용자의 사업운용에 막대한 손해를 초래한 경우에 성립한다.

A 형법상 업무방해죄는 ① 허위사실을 유포하거나, ② 위계 또는 위력으로써 사람의 업무를 방해함으로써 성립하는 범죄이다. 근로자의 쟁의행위에 대하여 종전의 대법원은 근로자들이 집단적으로 근로의 제공을 거부하여 사용자의 정상적인 업무운영을 저해하고 손해를 발생하게 한 행위는 당연히 업무방해죄에 있어서 '위력'에 해당한다는 것을 전제로 노동관계법령에 따른 정당한 쟁의행위로서 위법성이 조각되는 경우가 아닌 한 업무방해죄를 구성한다는 취지로 판단해왔다(대법원 1991. 4. 23. 선고 90도2771 판결 등 참조).

그러나 대법원은 2011. 3. 17. 전원합의체 판결에서 종래의 입장을 변경하여 ① 파업 등과 같은 쟁의행위를 당연히 업무방해죄의 구성요건에 해당하는 것으로 볼 수는 없으나, ② 사용자가 예측할 수 없는 시기에 전격적으로 이루어져 사용자의 사업운영에 심대한 혼란 내지 막대한 손해를 초래하는 등으로 사용자의 사업계속에 관한 자유의사가 제압·혼란될 수 있다고 평가될 수 있는 경우에는 업무방해죄를 구성한다는 취지로 판시하였다(대법원 2011. 3. 17. 선고 2007도482 판결). 판례 변경으로 불법적 쟁의행위의 경우라도 바로 업무방해죄가 성립하는 것은 아니고, 예외적인 경우에만 업무방해죄가 성립할 수 있게 되었다.

예를 들면, 집단적인 연차휴가 사용은 쟁의행위에 해당할 수 있으나 노동위원회 조정 등 쟁의행위의 정당성 요건을 충족하지 못한다면 불법쟁의행위가 된다. 단체협약 갱신과정에서 유리한 지위를 차지하기 위해서 실시한 집단적 연차휴가는 그 목적이 근기법상 정당한 연차휴가 사용이라기보다 회사의 정상적인 운영을 저해함으로써 그 주장을 관철하기 위한 쟁의행위이다(대법원 1993. 4. 23. 선고 92다34940 판결).

판 례	파업 등 집단적 노무제공거부에 의한 쟁의행위에 절차상 하자가 있는 경우, 업무방해죄의 '위력'에 해당하는지 판단하는 방법

근로자의 단체행동권이 헌법상 기본권으로 보장되고 있는 점을 고려할 때, 파업 등 쟁의행위가 통상적인 쟁의행위 상황, 즉 노동조합이 사용자 측과 단체교섭을 하였으나 결렬되어 쟁의행위로 나아가게 되는 일련의 과정을 거치는 일반적인 경우에 해당한다면, 쟁의행위의 목적과 관련하여 사용자에게 처분권이 없어 단체교섭 등이 전제될 여지가 없는 순수한 정치적 목적의 파업과는 달리, 설령 쟁의행위 찬반투표 등의 과정에서 절차상 일부 하자가 있다거나, 사용자의 경영권에 관한 사항을 목적으로 하는 등 쟁의행위의 목적이 정당하다고 볼 수 없는 경우에도 전격성을 부정하는 것이 타당하다. 또 '막대한 손해'는 쟁의행위가 사용자가 예측할 수 없는 시기에 전격적으로 이루어짐으로써 초래된 손해만을 의미하며 단순히 사업장의 성격으로 인하여 발생한 손해는 여기에 포함되지 않으므로, 설령 집단적 노무 부제공 등의 방법에 의한 쟁의행위로 막대한 손해 내지 심대한 혼란이라는 중대한 결과가 발생하였더라도 그것이 '전격성'에 의한 것이 아니라면 집단적 노무제공거부 등의 행위는 위력에 해당된다고 볼 수 없으므로 업무방해죄가 성립할 수 없다고 보아야 한다(대전지방법원 2012. 11. 8. 선고 2011노369 판결).

150 노조가 필수유지업무협정 체결 전에 소속 조합원이 쟁의행위를 할 수 있나요?

필수유지업무에 해당한다면 필수유지업무협정을 체결 전이라도 보호되고, 노사 간 필수유지업무협정을 반드시 체결하거나 적어도 노동위원회의 결정을 받고서 적법한 쟁의행위를 해야 한다.

A 필수유지업무협정은 노동조합이 쟁의행위 시 유지하여야 할 필수유지업무의 유지·운영 수준, 대상직무 및 필요인원 등을 정하는 것인 바, 필수유지업무협정 미체결 상황에서 쟁의행위가 발생할 경우 유지·운영 수준을 준수하지 못하거나 필수유지업무 조합원이 지명되지 못함으로써 공익 침해 뿐 아니라 쟁의행위의 기준이 불분명하여 노동조합 및 조합원이 예측하지 못하는 불법 쟁의행위의 책임을 지게 될 수 있다(노사관계법제과-779, 2008. 10. 15.).

즉, 노조법에 노사 간 필수유지업무협정을 체결하지 않았다고 처벌하는 규정은 없으나, 협정의 유무에도 불구하고 필수유지업무는 정당하게 유지·운영해야 한다. 따라서 노조의 파업으로 필수유지업무에 해당하는 업무의 정당한 운영이 방해를 받았다면, 노조법상 처벌대상이다. 따라서 노사 간 필수유지업무협정을 반드시 체결하거나 적어도 노동위원회의 결정을 받고서 적법한 쟁의행위를 해야 한다.

한편, 노동위원회는 필수유지업무인지, 노조법 시행령 제22조의2 [별표1]에 포섭될 수 있는지 여부를 ① 업무의 정지·폐지 시 영향(업무가 공익에 미치는 영향 및 긴급성 정도), ② 대체서비스 공급 가능성(당해 업무를 통한 노무의 공급이 독과점 성격인지 경쟁적 상황인지를 고려), ③ 대체인력 확보 가능성(당해 업무의 전문성, 숙련도 등이 높은 수준인지 여부 및 외부 대체인력 확보의 용이성 등을 고려), ④ 근무형태의 특성(업무의 독립성, 연관성 등)을 고려하여 판단하고 있다.

[참조 법령]

- 노조법 제42조의2 (필수유지업무에 대한 쟁의행위의 제한) ② 필수유지업무의 정당한 유지·운영을 정지·폐지 또는 방해하는 행위는 쟁의행위로서 이를 행할 수 없다.
- 노조법 제42조의5(노동위원회의 결정에 따른 쟁의행위) 제42조의4제2항의 규정에 따라 노동위원회의 결정이 있는 경우 그 결정에 따라 쟁의행위를 한 때에는 필수유지업무를 정당하게 유지·운영하면서 쟁의행위를 한 것으로 본다.
- 노조법 제89조 (벌칙) 다음 각 호의 어느 하나에 해당하는 자는 3년 이하의 징역 또는 3천만원 이하의 벌금에 처한다.

1. 제42조의2제2항의 규정에 위반한 자

151 쟁의행위에 해당하는 시점은 언제인가요?

단체협약 상 쟁의기간에 해당하기 위해서는 적법한 쟁의행위일 것이 전제되어야 하므로, 노조가 '조합원 투표로 과반수 찬성을 한 때'이다.

A 쟁의행위의 시점을 '조합원 투표로 과반수 찬성을 한 때'라고 보아야 하는 논거는 ① 구 노동조합법 제19조의 제8호에는 '노동쟁의에 관한 사항'을 총회의 의결사항으로 정하고 있었으나 현행 노조법 제16조는 명시적 총회의결사항에서 삭제한 점, ② 현행 노조법 제41조에는 쟁의행위는 조합원의 직접·비밀·무기명투표를 한 점, ③ 조합원 찬반투표 절차를 위반한 쟁의행위는 그 절차를 따를 수 없는 객관적인 사정이 인정되지 아니하는 한 정당성이 상실된다는 점이다. 특히 조합원의 민주적 의사결정이 실질적으로 확보된 경우라도 쟁의행위 개시 전에 조합원 찬반투표를 거치지 않았다면 정당한 쟁의행위가 아니다.

또한 규약 상 '규약 개정에 관한 사항'을 대의원회 의결사항으로 하고 있음에도 총회에서 '규약 개정에 관한 사항'을 의결할 수 있는지 문제되나, 총회가 여전히 노조법 제16조에 정해진 바에 따라 '규약의 개정에 관한 사항'을 의결할 수 있다(대법원 2014. 8. 26. 선고 2012두6063 판결). 대의원회는 노조법 제17조 상 그 규약에 의해 비로소 설립되는 것으로서 대의원회의 존재와 권한은 총회의 규약에 관한 결의로부터 유래하므로 총회의 규약 개정에 대한 권한은 유지된다.

[참조 법령]

- 노조법 제16조 (총회의 의결사항) ① 다음 각호의 사항은 총회의 의결을 거쳐야 한다.
1. 규약의 제정과 변경에 관한 사항, 2. 임원의 선거와 해임에 관한 사항, 3. 단체협약에 관한 사항, 4. 예산·결산에 관한 사항, 5. 기금의 설치·관리 또는 처분에 관한 사항, 6. 연합단체의 설립·가입 또는 탈퇴에 관한 사항, 7. 합병·분할 또는 해산에 관한 사항, 8. 조직형태의 변경에 관한 사항, 9. 기타 중요한 사항.
제17조 (대의원회) ① 노동조합은 규약으로 총회에 갈음할 대의원회를 둘 수 있다.

판 례	조합원 찬 · 반투표 절차를 거치지 아니한 쟁의행위의 정당성을 부정한 사례

근로자의 쟁의행위가 형법상 정당행위가 되기 위하여는 첫째 그 주체가 단체교섭의 주체로 될 수 있는 자이어야 하고, 둘째 그 목적이 근로조건의 향상을 위한 노사간의 자치적 교섭을 조성하는 데에 있어야 하며, 셋째 사용자가 근로자의 근로조건 개선에 관한 구체적인 요구에 대하여 단체교섭을 거부하였을 때 개시하되 특별한 사정이 없는 한 조합원의 찬성결정 등 법령이 규정한 절차를 거쳐야 하고, 넷째 그 수단과 방법이 사용자의 재산권과 조화를 이루어야 함은 물론 폭력의 행사에 해당되지 아니하여야 한다는 여러 조건을 모두 구비하여야 하는바, 특히 그 절차에 관하여 **쟁의행위를 함에 있어 조합원의 직접 · 비밀 · 무기명투표에 의한 찬성결정이라는 절차를 거쳐야 한다**는 노동조합및노동관계조정법 제41조 제1항의 규정은 노동조합의 자주적이고 민주적인 운영을 도모함과 아울러 쟁의행위에 참가한 근로자들이 사후에 그 쟁의행위의 정당성 유무와 관련하여 어떠한 불이익을 당하지 않도록 그 개시에 관한 조합의사의 결정에 보다 신중을 기하기 위하여 마련된 규정이므로 **위의 절차를 위반한 쟁의행위는 그 절차를 따를 수 없는 객관적인 사정이 인정되지 아니하는 한 정당성이 상실된다.** 이와 달리 쟁의행위의 개시에 앞서 노동조합및노동관계조정법 제41조 제1항에 의한 투표절차를 거치지 아니한 경우에도 조합원의 민주적 의사결정이 실질적으로 확보된 때에는 단지 노동조합 내부의 의사형성 과정에 결함이 있는 정도에 불과하다고 하여 쟁의행위의 정당성이 상실되지 않는 것으로 해석한다면 위임에 의한 대리투표, 공개결의나 사후결의, 사실상의 찬성간주 등의 방법이 용인되는 결과, 그와 같은 견해는 위의 관계 규정과 대법원의 판례취지에 반하는 것이 된다(대법원 2001. 10. 25. 선고 99도4837 전원합의체 판결).

Q 152

산별노조와 임금협상 진행 중 협상이 뜻대로 되지 않을 때, 모든 근로자들이 일괄적으로 사표를 제출하는 것이 가능한지요?

일괄사표제출이 집단 노무제공의 거부로 판명될 경우 쟁의행위의 정당성이 없어 징계책임, 민·형사책임은 질 수 있다.

A 노조법 제81조에는 사용자의 부당노동행위만을 규정하고 있고, 노동조합의 행위에 대해서는 별도의 규정을 두고 있지 않기 때문에, 근로자들은 부당노동행위의 주체가 되지 않는다. 사안에 따라서는 근로자들이 일괄사표를 제출한 과정을 보아 집단 노무제공의 거부로 판단될 수 있고, 쟁의권이 확보되지 않는 단계에서 일괄사표제출로 집단적인 노무제공 거부는 근로자의 불법쟁의행위에 해당할 뿐이지 부당노동행위는 성립할 수 없다. 특히 집단 노무제공 거부 주도, 출입로 봉쇄 등 업무방해, 폭력이나 파괴행위를 수반한 사장실 무단 점거 등은 불법쟁의행위에 해당한다(서울행법 2005. 8. 11. 선고 2005구합9392 판결). 다만 위법한 쟁의행위의 민사책임으로서 손해배상의 범위는 쟁의기간 중 발생한 전 손해가 아니라 당해 위법한 쟁의행위와 상당인과관계가 있는 손해에 국한된다(대법원 2015. 8. 27. 선고 2015다268 판결).

따라서 사용자가 불법쟁의기간동안 대체근로를 하여 생산량이 감소하지 않고, 무노동 무임금 원칙에 따라 불법파업 참가자에 지급하지 않은 비용보다 대체한 투입비용이 적었다면 영업손실금은 상당인과관계가 없어 인정되지 않는다. 사용자에 대한 위자료는 불법쟁의행위로 인해 사용자가 상당한 정신적 고통을 받았을 것이 경험칙 상 당연히 인정되나 그 액수는 크지 않다. 쟁의행위의 동기 및 진행경과, 기간과 정도, 쟁의행위로 입은 고통의 정도, 생산액 변동 추이, 조합원들의 쟁의행위에서의 역할 및 재산상태, 직업 등을 고려한다.

특히 부당한 사직서 제출이라도 근로자의 퇴직의 자유가 사용자의 수락 의사에 따라 제한되는 것은 예외적인 경우이므로 일반적인 사직서 제출은 특별한 사정이 없는 한 해지통고로 본다. 통상적으로 사직원(해지통고)은 "사직코자 하오니 수리하여 주시기 바랍니다"라는 형식을 취하고, 사직서(합의해지의 청약)는 "~ 사직합니다"라는 형식을 취하나, 문구표현의 형식에도 불구하고 표의자의 진의가 판단기준이 된다. 근로자가 한 해지통고(사직)은 사용자가 통고를 받은 날부터 1개월(월급제 근로자는 통고한 달의 다음 달)이 지나면 근로관계가 종료되고(민법 제660조), 근기법 제36조에 따른 금품 청산이 이루어져야 한다.

153 사업장 내에서 확성기 등을 사용하는 경우 처벌하는 소음의 기준은 구체적으로 어떻게 되나요?

노조법상 구체적인 쟁의행위의 정당성 여부는 쟁의행위의 주체·목적·방법 및 절차 등 제요소를 종합적으로 검토하여 판단하여야 할 것인 바, 일반적으로 사업장 내에서 구호를 외치거나 노조원의 파업참여를 설득하기 위하여 구내를 순회하는 등 다소간의 소란행위만으로는 쟁의행위의 정당성을 잃지 않는다.

A 노동조합이 근로자들의 작업장소와 인접한 장소에서 확성기를 사용하여 노동가를 고음으로 방송하는 등 소란행위를 통하여 비조합원 및 파업불참 조합원들의 업무수행을 적극적으로 방해하는 정도에 이르는 경우라면 정당한 쟁의행위의 보호범위를 벗어나는 것이다.

집시법 제14조 제1항은 집회 또는 시위의 주최자는 확성기, 북, 징, 꽹과리 등의 기계·기구를 사용하여 타인에게 심각한 피해를 주는 소음으로서 동법 시행령 제14조에 정한 기준을 위반하는 소음을 제한하고 있다. 이 기준을 초과하는 소음을 발생시키는 경우에는 확성기의 사용 중지 또는 확성기의 일시보관을 시킬 수 있다. 이를 거부·방해한 자는 6개월 이하의 징역 또는 50만원 이하의 벌금·구류 또는 과료에 처한다.

[확성기 등의 소음기준]

[단위: Leq dB(A)]

시간대 / 대상 지역	주간(해뜬 후~해지기 전)	야간(해진 후~해뜨기 전)
주거지역, 학교, 종합병원, 공공도서관	65 이하	60 이하
그 밖의 지역	75 이하	65 이하

비 고

1. 확성기 등의 소음은 관할 경찰서장(현장 경찰공무원)이 측정한다.
2. 소음 측정 장소는 피해자가 위치한 건물의 외벽에서 소음원 방향으로 1 ~ 3.5m 떨어진 지점으로 하되, 소음도가 높을 것으로 예상되는 지점의 지면 위 1.2 ~ 1.5m 높이에서 측정한다. 다만, 주된 건물의 경비 등을 위하여 사용되는 부속 건물, 광장 · 공원이나 도로상의 영업시설물, 공원의 관리사무소 등은 소음 측정 장소에서 제외한다.
3. 제2호의 장소에서 확성기 등의 대상소음이 있을 때 10분간(소음 발생 시간이 10분 이내인 경우에는 그 발생 시간 동안을 말한다) 측정한 소음도를 측정소음도로 하고, 같은 장소에서 확성기 등의 대상소음이 없을 때 5분간 측정한 소음도를 배경소음도로 한다.
4. 측정소음도가 배경소음도보다 10dB 이상 크면 배경소음의 보정 없이 측정소음도를 대상소음도로 하고, 측정소음도가 배경소음도보다 3.0 ~ 9.9dB 차이로 크면 아래 표의 보정치에 따라 측정소음도에서 배경소음을 보정한 소음도를 대상소음도로 하며, 측정소음도가 배경소음도보다 3dB 미만으로 크면 다시 한 번 측정소음도를 측정하고, 다시 측정하여도 3dB 미만으로 크면 확성기 등의 소음으로 보지 아니한다.
5. 그 밖의 소음의 측정방법 및 평가단위 등에 관한 사항은 「환경분야 시험 · 검사 등에 관한 법률」 제6조 제1항 제2호에 따른 소음 및 진동 분야 환경오염공정시험기준 중 생활소음 기준에 따른다.

154 태업을 하는 경우 임금을 감액할 수 있나요?

태업의 경우에도 당연히 무노동 무임금 원칙이 적용되므로 태업 비율에 따라 임금을 삭감할 수 있다.

A 근로를 불완전하게 제공하는 쟁의행위인 태업의 경우에도 당연히 근로제공이 일부 정지되는 것이므로 무노동 무임금 원칙이 적용되어 임금을 삭감할 수 있다. 이때 임금의 삭감범위는 근로계약 등에 의하여 평상 시 행할 노무 중 거부업무의 비중 등 '노무를 제공하지 않은 비율'에 따라 임금을 삭감하게 된다. 노무를 제공하지 않은 비율에 대해서는 근무내용, 작업형태 등을 종합적으로 고려하여 개별적 · 구체적으로 산정하여야 한다.

근로자가 작업을 태만하게 하거나 작업장을 조기 이탈하고, 사용자의 시정지시를 무시하는 등의 행위는 생산성을 저하시켜 태업이 될 수 있다. 고의로 불량품을 생산하는 것은 당연히 쟁의행위의 한계를 일탈한 것이며, 적극적 · 의도적으로 회사의 경영을 방해하거나 피해를 유발한 경우에도 쟁의권의 남용이 될 수 있다.

판례는 택시회사의 근로조합의 간부들이 운영위원회의 결의를 거쳐 준법운행(당시까지 관행화 되어 있던 과속, 부당요금징수, 합승행위 등 불법적 운행의 중지)을 주도하여 시행하면서 그 준법운행사항 외에 수입금의 상한선까지 손해를 입히고, 일부 조합원들은 이에 맞추기 위하여 파행적인 운행까지 하게 된 경우, 이는 쟁의행위(태업 또는 부분파업)에 해당한다고 본 사례가 있다(대법원 1991. 12. 10. 선고 91누636 판결).

휴일 및 유급휴일 제도를 근로기준법에 규정한 목적에 비추어 보면, 근로의 제공 없이도 근로자에게 임금을 지급하도록 한 유급휴일의 특별규정이 적용되기 위해서는 평상적인 근로관계, 즉 근로자가 근로를 제공하여 왔고, 또한 계속적인 근로제공이 예정되어 있는 상태가 당연히 전제되어 있다. 이러한 유급휴일에 대한 법리는 휴직 등과 동일하게 근로자의 근로제공의무 등의 주된 권리 · 의무가 정지되어 근로자의 임금청구권이 발생하지 아니하는 쟁의행위인 파업에도 적용된다 할 것이므로 근로자는 파업기간 중에 포함된 유급휴일에 대한 임금의 지급 역시 구할 수 없다. 따라서 근로자는 무노동 무임금 원칙이 그대로 적용되는 태업기간에 상응하는 유급휴일에 대한 임금의 지급을 구할 수 없다(대법원 2013. 11. 28. 선고 2011다39946 판결).

행정해석	태업과 같은 쟁의행위에도 무노동 무임금이 적용된다는 사례

1. 노동조합 및 노동관계조정법 제44조제1항의 규정에 의하면 사용자는 쟁의행위에 참가하여 근로를 제공하지 아니한 근로자에 대하여는 그 기간 중의 임금을 지급할 의무가 없음.
2. 태업은 쟁의행위 수단 중 하나로, 근로계약으로 약정된 노무를 불안전하게 제공한 것이므로 그 부분만큼의 임금을 지급하지 않을 수 있으며, 감액수준을 결정함에 있어 단체협약 및 취업규칙에 정한 바가 없다면 근로제공의 불완전 정도, 생산량 감소정도 및 당해 사업장의 임금 계산방법 등을 종합적으로 고려하여 결정할 수 있을 것임(노조 68110-40, 2003. 2. 4.)

155 사업장에서 해오던 연장근로의 집단적인 거부도 쟁의행위인가요?

사실상 관행으로 이루어지고 있는 연장근로·휴일근로를 집단적으로 거부하여 업무의 정상적인 운영을 저해하는 것은 쟁의행위이다.

A 단체협약·취업규칙·근로계약 및 사실상 관행으로 이루어지고 있는 연장근로·휴일근로 등을 그 주장을 관철하기 위해 집단적으로 거부하여 업무의 정상적인 운영을 저해하는 것은 쟁의행위에 해당한다. 이때 관행이라 함은 매일, 격주 등 주기적으로 실시되는 것은 물론이고 사유가 발생할 때마다 실시해온 관행도 해당된다.

다만, 사실상 행해지고 있는 연장근로가 근로기준법 상의 강제규정을 명백히 위반하고 있을 때 이를 법에 따라 시정토록 요구하는 행위의 경우에는 쟁의행위로 볼 수 없다(협력 68140-208, 1997. 5. 29.). 노동조합의 농성이 정당한 조합활동인지 여부와 관련하여 리본 패용 행위, 현수막 게시, 출근시간 이전 및 휴게시간의 조합활동은 업무의 정상적인 운영을 방해하는 것으로 볼 수 없어 쟁의행위로 볼 수 없을 것이다. 따라서 쟁의행위 자체가 아니라면 노동위원회의 조정과 노동조합의 조합원 찬반투표 등 법정절차를 거칠 필요가 없어서 이러한 절차를 거치지 않았다고 사용자가 이를 제한할 수는 없다.

특히 1인 시위 관련하여 회사 소속 근로자들 중 1인이 고용보장이라는 목적 달성을 위하여 회사 앞에서 한 소위 '1인 시위'는 집회 및 시위에 관한 법률에서 신고 대상으로 규정하는 '시위'에 해당하지 않으며, 위 신고 대상인 시위는 '불특정 다수인의 의견에 영향을 주거나 제압을 가하는 행위'이어야 하는데 위 근로자 1인이 자신의 의사를 전달하고자 하는 상대방은 불특정 다수인이 아닌 회사의 경영진에 제한되므로 위 '1인 시위'가 위 법률상 '시위'에 해당한다고 볼 수 없다(울산지법 2008. 6. 10. 선고 2008고정204 판결). 노동부 공무원이 피켓을 들고 1인 시위를 하면서 노동부에서 실시하는 정책에 대하여 비판한 행위는 품위유지의무를 위반한 것으로 이에 대한 징계 처분은 부당노동행위가 아니다(서울행법 2009. 4. 8. 선고 2008구합15282 판결).

판 례	통상적으로 시행해오던 시간외근로를 거부한 것이 쟁의행위에 해당된다는 사례

노사 간에 체결된 단체협약에 작업상 부득이한 사정이 있거나 생산계획상 차질이 있는 등 업무상 필요가 있을 때에는 사용자인 회사가 휴일근로를 시킬 수 있도록 정하여져 있어서 회사가 이에 따라 관행적으로 휴일근로를 시켜 왔음에도 불구하고 근로자들이 자신들의 주장을 관철할 목적으로 정당한 이유도 없이 집단적으로 회사가 지시한 휴일근로를 거부한 것은 회사업무의 정상적인 운영을 저해하는 것으로서 노동쟁의조정법 제3조 소정의 쟁의행위에 해당한다고 할 것이다(대법원 1991. 7. 9. 선고 91도1051 판결).

156 해고된 자가 사업장 출입을 요청하면 어떻게 해야 할까요?

해고된 근로자라도 부당노동행위의 구제신청을 한 경우에는 중노위 재심판정이 있을 때까지는 조합원 지위에서 노조사무실에 출입은 허용된다.

A 해당 사업장의 근로자가 아닌 자는 원칙적으로 단체협약 등에 근거가 있는 경우가 아니라면, 사용자의 승인이 없으면 사업장 출입이 허용되지 않는다. 그러나 해고된 근로자라도 노조법 제2조 제4호 라목에 해당하는 경우에는 노조법상 지위가 인정된다. 다만, 이 규정은 노동조합의 조합원으로서의 지위와 관련하여서만 적용이 있을 뿐 근로자와 사용자와의 개별적인 근로계약 일반의 효력에 확대적용 될 수 없다(대법원 1993. 6. 8. 선고 92다42354 판결).

따라서 조합원 접견 등을 위한 노동조합 사무실 출입, 사용자의 장소사용 승인을 받은 회의참석을 위한 회의장 출입, 단체교섭 및 협약체결을 위임받은 자가 단체교섭을 목적으로 하여 교섭 장소를 출입하는 행위 등과 같이 업무에 지장을 초래하지 않는 범위 내에서 정당한 노조활동을 위하여 필요한 범위 내에서 사업장 출입은 허용된다(대법원 1992. 6. 23. 선고 92누4253 판결). 다만, 사용자의 승인을 받아 출입한 경우라도 당초 허용된 출입목적을 위반하여 허용장소 이외의 장소를 출입하는 등 시설관리권을 침해하는 경우 이용금지·퇴거요구 등을 할 수 있다.

사용자가 직장폐쇄를 하는 경우에 사업장 내에 노조사무실이 있고, 대부분의 교섭 및 노동조합 활동이 주로 사업장 내에서 이루어지는 현실에서 직장폐쇄를 하였다는 이유만으로 조합원의 사업장 출입을 전면 제한하는 것은 곤란하다. 따라서 직장폐쇄를 하였더라도 정상적인 조합 활동을 위한 노조사무실 출입을 정당한 이유 없이 금지할 수 없다. 그러나 노조사무실의 위치, 출입인원 등 제반 사정을 고려하여 볼 때 다른 시설의 점거 및 생산 활동의 저해가 우려되는 상황이라면 출입을 제한할 수 있다(협력 68140-409, 1998. 10. 30.).

판례	해고되어 노조법상의 효력을 다투는 자의 건조물침입죄가 성립가능성을 인정한 사례

해고된 근로자라도 노조법상 상당한 기간 내에 그 해고의 효력을 다투는 자가 18회에 걸쳐 회사 내 노동조합 사무실에서 출근투쟁을 한 사실을 인정한 후 위의 법리에 따라 피고인이 조합원의 자격으로 노조사무실에 들어가는 것은 정당한 행위로서 회사측에서 이를 제지할 수 없을 것이고, 따라서 노조사무실 출입목적으로 경비원의 제지를 뿌리치고 회사내로 들어가는 것은 건조물침입죄로 벌할 수 없다 할 것이나, 경비원의 제지를 뿌리치고 사내로 들어가고, 식당에서 유인물을 배포한 것은 단지 노동조합 사무실에 가기 위하여 회사 내에 들어갔다고 볼 수 없을 것이므로 건조물침입죄가 성립되지 아니한다는 판단은 위법하다(대법원 1991. 11. 8. 선고 91도326 판결).

[쟁의행위에 대한 회사의 대응방법]

쟁의행위가 노조법상 「합법」인 경우에 회사의 대응방법은?

① 파업참여자에 대한 무노동 무임금 원칙을 적용
노조법 제44조 제1항은 "사용자는 쟁의행위에 참가하여 근로를 제공하지 아니한 근로자에 대하여는 그 기간 중의 임금을 지급할 의무가 없다"고 규정하고 있다. 따라서 쟁의행위의 합법·불법 여부를 불문하고 파업참가자 전원에 대해서는 '무노동 무임금' 원칙을 준수하여야 한다.

② 필수유지업무 지명자가 파업에 참여 제한
노조법 제42조의2 제2항에서는 "필수유지업무의 정당한 유지 · 운영을 정지 · 폐지 또는 방해하는 행위는 쟁의행위로서 이를 행할 수 없다"고 규정하고 있다. 따라서 합법적인 파업이라고 하더라도 필수유지업무 지명자는 계속하여 필수유지업무의 정상적 업무를 수행하여야 한다. 회사는 필수유지업무 지명자에 대해 파업기간 중 이탈을 금지시키고, 이탈 시 관련법에 의한 형사조치는 물론이고 징계처분도 가능하다.

③ 개별 조합원의 불법행위 증거 확보 및 법적 조치
노조법 제42조는 쟁의행위는 폭력이나 파괴행위를 행할 수 없다고 규정하고 있으며, 합법적인 파업이라고 하더라도 개별 조합원이 폭력, 파괴행위를 행할 경우에는 당해 행위에 대해서는 형사고소 및 징계처분을 행할 수 있다. 따라서 각 현장에서는 파업 참가자들의 개별적인 이탈행위가 발생하는지 여부를 감독하여, 불법행위 발생 시 즉시 증거를 수집하고, 관련자에 대한 형사고소 등의 법적 조치를 취하여야 한다.

쟁의행위가 노조법상 「불법」인 경우에 회사의 대응방법은?

① 민사상 손해배상 청구
노조법 제3조(손해배상 청구제한)에 의하여 노동조합의 쟁의행위가 민사상 손해배상책임이 면제되는 경우는 '정당한 쟁의행위'에 한정되므로, 정당하지 않은 쟁의행위의 경우에는 손해배상 청구가 가능하다.

② 형사상 조치
노조법 제42조는 쟁의행위는 폭력이나 파괴행위를 행할 수 없다고 규정하고 있으며, 조합간부를 포함한 개별 조합원이 폭력, 파괴행위를 행할 경우에는 당해 행위에 대해서는 형사고소가 가능하다.

③ 무노동 무임금에 따른 급여감액 처리
노조법에 의거 쟁의행위 참가 직원에 대해서는 무노동 무임금을 적용할 수 있다.

④ 회사 내 인사 상 징계조치
노조의 불법적인 쟁의행위에 참가한 조합간부, 조합원에 대해서 사안에 따라 취업규칙에 따른 인사 상 징계처분(정직, 감봉, 견책)을 할 수 있다.

[노동위원회의 구제명령을 담보하기 위한 가처분]

노동위원회의 구제명령은 사용자에 대하여 이를 이행해야 할 공법상의 의무를 부담시킬 뿐 근로자와 사용자 사이의 사법상의 법률관계에 직접 영향을 미치는 것은 아니다. 따라서 부당노동행위로 인해 권리를 침해당하거나 피해를 입은 근로자 또는 노동조합은 별도로 민사소송을 제기하여 사용자의 행위가 부당노동행위임을 이유로 해고무효확인소송, 손해배상청구소송 등의 본안소송과 본안소송이 확정될 때까지의 가처분 제도에 의해 구제받을 수 있다. '가처분'이란 금전채권 이외의 특정의 지급을 목적으로 하는 청구권을 보전하기 위하거나, 다툼이 있는 권리관계에 관하여 임시의 지위를 정함을 목적으로 하는 재판이다.

① '계쟁물에 관한 가처분'은 채권자가 금전 이외의 물건이나 권리를 대상으로 하는 청구권을 가지고 있을 때 그 강제집행 시까지 다툼의 대상이 처분·멸실되는 등 법률적·사실적 변경이 생기는 것을 방지하고자 다툼의 대상의 현상을 동결시키는 보전처분이다(민사집행법 제300조 제1항). 이러한 가처분에는 여러 가지 형식이 가능하나, 주로 처분금지 가처분이나 점유이전금지 가처분, 방해배제의 가처분이 이용되고 있다. 가처분 후 본안에 관한 확정판결이 있게 되면 그대로 본집행으로 이전되는 것은 아니고 가처분된 상태에서 따로 청구권 실현을 위한 강제집행을 하여야 한다.

② '임시의 지위를 정하는 가처분'은 당사자 사이에 현재 다툼이 있는 권리 또는 법률관계가 존재하고 그에 대한 확정판결이 있기까지 현상의 진행을 그대로 방치한다면 권리자에게 현저한 손해를 입게 하거나 급박한 위험에 처하는 등 소송의 목적을 달성하기 어려운 경우에 그로 인한 위험을 방지하기 위해 잠정적으로 하는 보전처분이다(민사집행법 제300조 제2항). 이러한 가처분은 본안판결을 통하여 얻고자 하는 내용과 실질적으로 동일한 내용의 권리 또는 법률관계를 형성하는 경우가 있다. 이에 속하는 것에는 건축공사금지 가처분, 출입금지 가처분, 직무집행정지 가처분 및 직무대행자 선임 가처분, 건축공사방해금지 가처분, 친권행사정지 가처분 등이 있으며, 취업규칙변경절차중지 가처분도 임시의 지위를 정하는 가처분의 하나다.

Ⅳ. 기간제 등 기타

기간제, 정규직 전환 합리적 기대 있을땐 함부로 해고 못한다.

기간제 근로자라도 정규직으로 전환될 것이라는 '정당한 기대권'이 인정된다면 함부로 해고할 수 없다는 대법원 첫 판례가 나왔다. 정규직이 되리라 믿을 충분한 사정이 있는 비정규직 근로자와의 고용 계약을 합리적 이유 없이 종료하는 것은 '부당해고'라는 의미다.

10일 대법원 3부(주심 권순일 대법관)는 비영리재단 '함께일하는재단'이 중앙노동위원회를 상대로 낸 부당해고 구제 재심판정 취소소송 상고심에서 원고 패소 판결한 원심을 확정했다. 재판부는 "기간이 정해진 근로계약을 체결했더라도 정규직 전환에 대한 정당한 기대권이 있으면 기간 만료 전 계약 종료를 통보해도 효력이 없다"며 "계약 종료 이후의 근로관계는 사실상 정규직이 된 것과 같다"고 밝혔다.

과거에도 계약 갱신에 대한 기대권을 인정한 대법원 판결은 있었으나, 정규직 전환에 대한 기대권을 보장해야 한다는 취지를 명시한 것은 이번이 처음이다. 과거에는 기대권에 따라 계약이 연장되는 경우였지만, 이번 판결은 근로자 지위가 사실상 '무기계약직'으로 바뀐다고 본 것이어서 고용시장에 미치는 파장이 크다는 평가다. 재판부는 다만 정규직 전환 기대권이 인정되더라도 '합리적 이유'가 있다면 계약을 종료할 수 있다고 봤다. 대법원 관계자는 "합리적 이유가 있다면 기대권을 부인할 수 있기 때문에 사용자에게 가혹한 결과를 초래하는 것은 아니다"고 설명했다.

매일경제 김윤진 기자
입력 : 2016.11.10 17:45:33
출처 : http://news.mk.co.kr/newsRead.php?no=784847&year=2016

157 기간제 근로자를 재계약하면 무조건 정규직이 되나요?

원칙적으로 2년 이상 기간제 근로자로 사용하면 기간의 정함이 없는 근로자가 되나, 법률상 예외에 해당하는지 검토해보아야 한다. 또한 형식적으로 반복하여 기간제 근로계약을 체결 시 갱신기대권이 인정될 수 있다.

A 기간제법 입법취지는 사용자가 경기 변동에 따라 고용량을 조절할 수 있는 '노동시장의 유연성 제고'라는 목표를 조화롭게 추구하기 위함이다(서울고법 2011.08.18.선고 2011누9821 판결). 근로계약서는 '처분문서'로서 근로계약상 기간을 정하여 근로계약을 체결한 근로자의 경우 그 기간이 만료됨으로써 근로관계는 당연히 종료되는 것이 원칙이다.

기간제법 제4조 제1항 본문은 사용자는 2년을 초과하지 아니하는 범위 안에서 기간제 근로자를 사용할 수 있다고 규정하고 있으나, 같은 항 단서는 2년을 초과하여 기간제 근로자를 사용할 수 있는 예외를 규정하고 있다. 이는 사용자가 기간제 근로자를 2년을 초과하여 사용하는 것을 억제하여 이들의 고용불안을 해소하고 그 근로조건을 개선하기 위한 것인 바, 실무담당자는 기간제 근로자가 사용기간 제한의 예외에 해당하는지 꼼꼼하게 살펴야 한다.

기간제법이 기간제 근로자의 사용기간의 '상한'에 관해 정할 뿐 그 '하한'에 관하여는 아무런 정함이 없음을 밝히고 있는 바와 같이(대법원 2011. 11. 10. 선고 2010두7628 판결), 기간제 근로계약의 반복체결 가능횟수에 법적 제한은 없다. 따라서 기간제 근로계약이 수차례 반복된 것이 당연히 갱신기대권을 형성시키는 것이라 할 수 없다. 최근 '日 단위'로 84회 계약을 갱신한 롯데호텔사건(서울고법 2015. 11. 19. 선고 2015누49605 판결)에서는 기간제 근로계약의 반복 체결 가능 횟수에 제한이 없다고 보면서 갱신기대권을 인정하지 않았다.

그 동안 기간제 근로자의 갱신기대권의 인정 여부에 대하여 판결이 엇갈렸으나, 최근 대법원은 근로계약, 취업규칙, 단체협약 등에서 기간이 만료되더라도 일정한 요건이 충족되면 근로계약이 갱신된다는 취지의 규정을 두고 있거나, 그러한 규정이 없더라도 근로자가 수행하는 업무의 내용 등 근로관계를 둘러싼 여러 사정을 종합할 때, 갱신기대권이 인정되면 사용자가 부당하게 근로계약의 갱신을 거절하는 것은 부당해고와 마찬가지로 아무런 효력이 없다고 판시하여 기간제 근로자의 '정규직 전환에 대한 기대권'을 인정한 사례로 볼 수 있다.

판례	기간제 근로자도 인사평가를 거쳐 정규직 전환에 대한 기대권을 인정한 사례

기간제법의 시행만으로 그 시행 전에 이미 형성된 기간제근로자의 갱신에 대한 정당한 기대권이 배제 또는 제한된다고 볼 수는 없으며(대법원 2014. 2. 13. 선고 2011두12528 판결 참조), 참가인에게 정당한 인사평가를 거쳐 정규직으로 전환될 수 있으리라는 기대권이 인정되고, 원고가 합리적이고 공정한 평가를 거쳐 근로계약 기간 종료통보를 하였다고 볼 수 없어 이 사건 근로계약 기간 종료통보는 정당한 이유가 없어 아무런 효력이 없다(대법원 2016. 11. 10. 선고 2014두45765 판결).

[갱신기대권 관련 실무상 주의사항]

갱신기대권이란 근로계약상의 기간이 만료됨에도 불구하고 근로자가 '일정한 요건'을 충족하면 당해 근로계약이 갱신될 것이라는 기대가 형성되고, 이 경우 사용자는 '합리적인 이유'가 있어야만 근로계약의 갱신을 거부할 수 있다는 법리이다. 실무상 채용공고를 하면서 전체 계약기간이 도래하는 시점에서 업무성과 등을 종합적으로 심사하여 정규직으로 전환한다고 명시하는 것은 갱신에 대한 기대가 높아진다. 특히 해당 사업장 기간제 근로자 대부분이 정규직으로 전환된 경우에는 사실상의 무기계약직으로 볼 수 있다. 인사관리규정, 인력운영기준 등에 정규직 전환이 가능하다고 하면서 '구체적인 평가 요건'을 규정을 두는 것은 갱신기대권이 높아진다. 또한 해당 사업장의 중요하고 본질적인 상시업무에 기간제 근로자를 근무하게 하는 것은 갱신에 대한 신뢰를 부여하게 된다. 반면 내규 운영기준이나 지침에 계약기간이 만료된 때 고용계약이 당연 종료됨을 규정하는 경우에는 갱신기대권이 낮아진다.

갱신기대권 판단 지표는, ① 단체협약, 취업규칙, 근로계약서 등에 갱신기대권이 존재한다고 볼 수 있는 근거조항이 있는지, 갱신 재계약 절차나 요건이 따로 마련되어 있는지, ② 해당 업무의 특성상 갱신기대권을 예정하고 있는지, 업무의 전문성 여부, 상시업무에 해당하는지 여부, ③ 근로계약이 체결된 동기, 경위 및 기간을 정한 목적과 당사자의 진의는 무엇인지, 정규직으로의 채용과정 일부인지, 경영상, 현실상 필요성 정도, ④ 동종업계 근로계약 체결의 관행은 어떠한지, 근로계약의 갱신이 실제 이루어져 왔는지, 동종업계의 채용 관행 등을 확인한다.

[기간제 근로계약 판단순서]

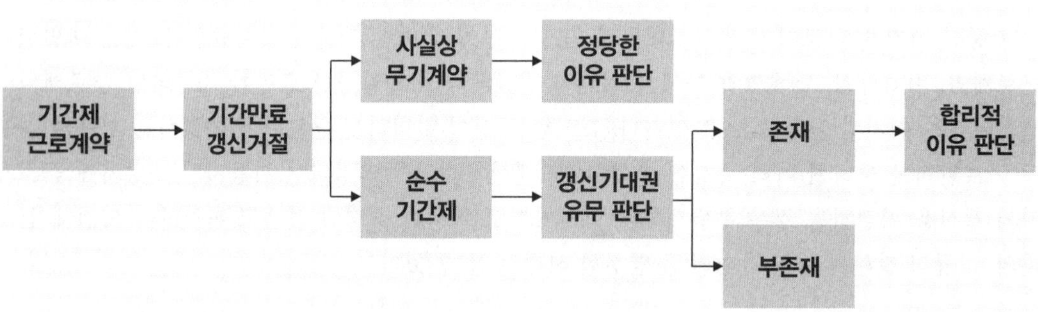

※합리적 이유는 정당한 이유보다 넓은 개념

158 촉탁직 근로자에게도 정년 60세 제도가 적용될까요?

촉탁직 만 55세 이상의 근로자와 기간을 정하여 재고용하였다면 해당기간 만료로 근로관계가 종료하는 것이지, 법정 정년 60세 규정이 적용되는 것은 아니다.

A 근로기간을 정한 촉탁직에 대해서는 계약기간 만료에 따라 근로관계가 종료되는 바, 정규직 근로자와 근로관계 종료사유가 다르다. 만 55세 이상 근로자는 근무기간이 2년을 초과하는 경우에도 기간제법의 예외에 해당하여 2년을 초과하여 기간을 정한 근로자로 사용할 수 있다(서울행정 2002. 5. 14. 선고 2001구1080 판결). 다만, 주의할 점은 최초 근로계약을 체결하거나 갱신하는 시점에서는 고령자에 해당하지 않았으나 근로계약기간 중에 비로소 만 55세가 된 근로자의 경우에는 기간제근로자의 사용기간 제한의 예외가 아니다(고용차별개선과-1482, 2013. 7. 25.).

2017. 1. 1.부터 모든 사업장의 정년이 60세가 되었더라도 기간만료에 따른 고용관계 종료를 배제하는 것은 아니며, 취업규칙 상의 정년이 60세 미만일 때 연장되는 것이지 60세 이상의 정년이 단축되는 것은 아니다. 정규직 근로자는 정년제도에 따라 근로관계가 종료되는 반면 기간제 근로자는 계약기간 만료에 따라 근로관계가 종료된다. 또한 정년연장 시행에 관해 소급적용을 규정하고 있지 않고 있어 이미 퇴직한 근로자의 복직을 보장하는 것도 아니다(헌법재판소 2015. 6. 25. 선고 2014헌마674 결정). 법원은 촉탁직 근로자에 대해서도 정년을 이미 경과한 상태에서 기간제 근로계약을 체결한 경우에는 직무 성격에 따라 요구되는 직무수행 능력과 근로자의 업무수행 적격성, 연령에 따른 작업능률 저하나 위험성 증대의 정도, 사업장에서 정년을 경과한 고령자가 근무하는 실태 및 계약이 갱신되어 온 사례 등을 종합적으로 고려해 근로계약 갱신에 관한 정당한 기대권이 인정되는지 여부를 판단한다(대법원 2017. 2. 23. 선고 2016두50563 판결)면서 기간제법 시행 후에도 촉탁직 근로자에게 갱신기대권 법리를 적용하고 있다.

[참조 법령]

- 기간제 및 단시간근로자 보호 등에 관한 법률 제4조 (기간제근로자의 사용) ① 사용자는 2년을 초과하지 아니하는 범위 안에서(기간제 근로계약의 반복갱신 등의 경우에는 그 계속근로한 총기간이 2년을 초과하지 아니하는 범위 안에서) 기간제 근로자를 사용할 수 있다. 다만, 다음 각 호의 어느 하나에 해당하는 경우에는 2년을 초과하여 기간제근로자로 사용할 수 있다.
  4.「고령자고용촉진법」제2조제1호의 고령자와 근로계약을 체결하는 경우
- 고용상 연령차별금지 및 고령자고용촉진에 관한 법 시행령 제2조 (고령자 및 준고령자의 정의) ①「고용상 연령차별금지 및 고령자고용촉진에 관한 법률」(이하 "법"이라 한다) 제2조제1호에 따른 고령자는 55세 이상인 사람으로 한다.

판 례	근로계약 체결 시 당시에 고령자(만55세)여야 기간제 사용기간 제한의 예외에 해당한다는 사례

사용자가 기간제 근로계약을 최초로 체결할 당시 근로자가 만55세 이상인 경우 또는 계속근로기간이 2년을 초과하지 아니한 때에 기간제 근로계약을 갱신하면서 당시 근로자의 연령이 만55세 이상인 경우에 한하여 기간제법 제4조 제1항 제4호에 해당된다고 보아야 할 것으로 판단된다(대법원 2013. 5. 23. 선고 2012두18967 판결 참조).

159

초단시간근로자, 고소득근로자는 기간제한 없이 기간을 정해 근무하게 할 수 있는지요?

사업 특성상 1주 소정근로시간이 15시간 미만인 근로자와 한국표준직업분류의 대분류 1, 2에 속하고 연봉이 5,600만 원을 넘는 근로자라면 기간제법 상 2년 제한 없이 기간을 정하여 근로계약을 할 수 있다.

A 1주 동안의 소정근로시간이 뚜렷하게 짧은 초단시간근로자(4주 동안을 평균하여 1주 동안의 소정근로시간이 15시간 미만인 근로자)를 사용하는 경우, 기간제근로자 사용기간 제한의 예외에 해당하여 2년 이상 기간제근로자로 활용할 수 있다(기간제법 시행령 제3조 제1항 제6호). 참고로 초단시간근로자에게 근기법상 주휴일과 연차유급휴가을 부여하지 않아도 된다(근기법 제18조 제3항).

연봉이 6,000만 원을 넘는 근로자는 한국표준직업분류의 대분류 1·2 속하고 최근 2년간 연평균 근로소득이 상위소득 25%이내(현재 고용형태별근로실태조사의 한국표준직업분류 대분류 2 직업 종사자[전문가 및 관련 종사자]의 근로소득 상위 100분의 25에 해당하는 금액 : 56,000,000원)라면, 기간제법 사용기간 제한의 예외에 해당한다. 통계청에서 고시한 한국표준직업분류를 참고하여 대분류 2의 '전문가 및 관련 종사자'와 대분류 3의 '사무 종사자'의 분류 기준 등 차이를 확인해야 한다. 전문직이 담당하는 업무를 대략 구분하면 '자산 운용가(2722)', '보험 및 금융 상품 개발자(2723)', '기타 금융 및 보험 관련 전문가(2729)', '컴퓨터시스템 설계 및 분석가(2221)', '회계사(2712)', '세무사(2713)', '상품기획전문가(2731)'로서 대분류 2에 속하는 직업과 '기획 및 마케팅 사무원(3121)', '보험 심사원 및 사무원(3202)', '회계 사무원(3131)', '경리 사무원(3132)'로서 대분류 3에 속하는 직업이 구별됨을 주의해야 한다. 전문계약직 담당 업무가 어떤 직업에 해당하는지 판단이 어려운 경우는 통계청 통계정책과로 문의하면 도움을 받으실 수 있다.

사용자는 근로자의 최초입사일 기준으로 정규직 전환시점인 2년 단위로 새롭게 판단하여 연평균 근로소득이 상위 25%내이면 2년 이상 기간제로 활용할 수 있다. 예를 들어, 6개월 단위로 4번 계약(1차 계약 5천만 원, 2차 계약 5천만 원, 3차 계약 1천만 원, 4차 계약 1천만 원)하여 2년간 연평균 연봉이 6,000만 원이 된 경우 기간의 정함이 없는 근로자로 전환되지 않는다.

행정해석	기간제법 예외인 고소득자의 최근 2년간의 연평균 소득에 대한 계산

최근 2년간의 연평균 근로소득이 기간제법 시행령에 따른 공고금액보다 높으므로 기간제법상 사용기간 제한의 예외에 해당하여 2년을 초과하여 사용하더라도 무기계약근로자로 간주되지 않음. 다만, **연평균 근로소득이 공고금액보다 높은 2년 간에 대하여 사용기간 제한의 예외가 인정되는 것이며, 그 이후 사용기간에 대하여는 2년 단위로 새로이 판단해야 함**(고용차별개선정책과-309, 2009. 6. 2.).

160 연구조교도 기간제법의 적용을 받아 정규직 전환의무를 부담하나요?

학업과 업무를 병행하면서 교수의 연구 및 학사에 관한 사무를 보조한 경우에는 2년 이상 기간제 근로자로 근무하게 할 수 있다.

A 고등교육법상 조교는 "교육·연구 및 학사에 관한 사무를 보조한다."로 규정하고 있고, '대학교원 자격기준 등에 관한 규정'도 조교의 자격기준을 "근무하려는 학교와 동등 이상의 학교를 졸업한 학력이 있는 사람"이라고 규정하고 있다. 연구조교가 고등교육법 제2조에 따른 학교에서 근무하는 '고등교육법 제14조의 조교'에 해당할 경우, 기간제법 시행령 제3조 제3항 4호에 따라 기간제근로자 사용기간 제한의 예외에 해당하고 계속 사용기간이 2년을 넘어서도 기간제 근로자로 사용할 수 있다. 따라서 연구조교 중 ① 학업을 병행하고 있는 경우는 고등교육법상 '조교'에 해당하여 기간제한 없이 근무케 할 수 있고, ② 학업을 마친 경우에도 ㉠ 고등교육법 제15조 제4항에서 정한 교육·연구·학사 업무를 담당하는 한 '조교'에 해당하여 기간제한 없이 근무하게 할 수 있으나, ㉡ 담당업무가 행정사무인 경우는 그 실질이 '직원'이므로 사용기간에 제한이 있다.

행정해석	기간제 사용기간의 예외로서 조교는 기본적으로 학업과 업무를 병행하는 조교를 의미한다는 사례

고등교육법의 '조교'를 「기간제법」제4조제1항 각호에서 정하고 있는 사용기간 제한의 예외에 '준하는' 합리적인 사유가 있는 경우로 보고 시행령 제3조제3항 제4호에서 기간제한의 예외로 규정한 취지는 조교 업무 종사자들이 일정기간 학업 과정을 이수하고 있는 경우가 많고, 학술·연구조교의 경우 2년을 초과하여 근무하는 경우가 적지 않은 점을 고려한 것이다. 따라서 조교가 「고등교육법」제14조에 따른 조교에 해당하는지 여부는 위 기준에 따르면 될 것으로 판단되나, 기본적으로는 학업과 업무를 병행하는 조교를 의미한다고 판단된다(고용평등정책과-58, 2010. 3. 4.).

[참조 법령]

· 고등교육법 제14조 (교직원의 구분) ④ 각종학교에는 제1항부터 제3항까지의 규정에 준하여 필요한 교원, 직원 및 조교(이하 "교직원"이라 한다)를 둔다.

· 고등교육법 제15조 (교직원의 임무) ② 교원은 학생을 교육·지도하고 학문을 연구하되, 필요한 경우 학칙 또는 정관으로 정하는 바에 따라 교육·지도, 학문연구 또는 「산업교육진흥 및 산학협력촉진에 관한 법률」 제2조제5호에 따른 산학협력만을 전담할 수 있다.

③ 행정직원 등 직원은 학교의 행정사무와 그 밖의 사무를 담당한다.

④ 조교는 교육·연구 및 학사에 관한 사무를 보조한다.

· 대학교원 자격기준 등에 관한 규정 제2조 (교원 및 조교의 자격) 교수·부교수·조교수(이하 "교원"이라 한다) 또는 조교가 될 수 있는 사람은 다음 각 호의 어느 하나에 해당하는 사람으로 한다.

1. 별표의 자격기준에 해당하는 사람 **〈별표〉 조교 : 근무하려는 학교와 동등 이상의 학교를 졸업한 학력이 있는 사람**

· 기간제법 시행령 제3조 (기간제근로자 사용기간 제한의 예외) ③법 제4조 제1항 제6호에서 "대통령령이 정하는 경우"란 다음 각 호의 어느 하나에 해당하는 경우를 말한다.

1. 다른 법령에서 기간제근로자의 사용 기간을 법 제4조 제1항과 달리 정하거나 별도의 기간을 정하여 근로계약을 체결할 수 있도록 한 경우

4. 「고등교육법」 제2조에 따른 학교(같은 법 제30조에 따른 대학원대학을 포함한다)에서 다음 각 목의 업무에 종사하는 경우 가. 「고등교육법」 제14조에 따른 조교의 업무

· 사립학교법 제54조의4 (기간제교원) ③ 기간제교원의 임용기간은 1년 이내로 하되, 필요한 경우 3년의 범위내에서 그 기간을 연장할 수 있다.

161 기간제 근로자로 2년 이상 사용 시 바로 정규직이 되나요?

원칙적으로 기간제로 근로한 기간의 총합이 2년 이상 되는 즉시 정년이 보장되는 근로자로 볼 수 있다.

A 사용자가 2년을 초과하여 기간제 근로자로 사용하는 경우에는 그 기간제 근로자는 기간의 정함이 없는 근로계약을 체결한 근로자로 본다. 즉, 기간을 정하여 사용한 기간제 근로자라 하더라도 2년을 초과하여 사용하였을 때 예외사유(기간제법 시행령 제3조)가 인정되지 아니한 경우에는 근로계약기간의 정함이 없는 즉, 정년이 보장되는 근로자로 간주된다.

2년이 초과되어 정년이 보장되는 근로자가 되었음에도 불구하고 사용자가 종전에 체결한 근로계약기간의 만료를 이유로 고용을 종료하면 해고에 해당하므로, 해고 시에는 정당한 이유가 존재해야 해야 하고, 해고예고를 하며 서면으로 해고사유와 해고시기를 근로자에게 통지하여야 한다. 근로자가 ① 2009. 9. 15.~12. 31, ② 2010. 1. 1.~12. 31, ③ 2011. 1. 1.~12. 31. 세 번의 근로계약을 반복·갱신했다면 특별한 사정이 없는 한, 이 근로자는 2011. 9. 15.부터 기간의 정함이 없는 근로자로 볼 수 있다. 즉, 사용자가 다시 계약을 체결하는 2012. 1. 1. 무기계약으로 전환되는 것이 아니라 사용자의 아무런 조치가 없어도 2년 초과되는 날에 정년이 보장되는 근로자로 간주된다.

판례	기간제법의 시행이 곧 재계약의 정당한 기대권의 형성을 막는다거나 이미 형성된 재계약의 기대권을 소멸시키는 사유라고 보기는 어렵다는 사례

사용자는 기간제법 시행 후에 기간제 근로자들의 근로계약 체결에 관한 정당한 기대권을 배제 또는 제한하기 위해 근로자 평가요건과 절차 등을 취업규칙이나 별도의 규정 등에 마련하여 그 평가결과에 따라 근로계약 갱신을 거절할 수 있지만, 그러한 요건과 절차 및 평가 등이 객관성, 합리성 및 공정성이 없는 때에는 그러한 근로계약갱신 거절은 여전히 부당해고와 마찬가지로 아무런 효력이 없다(서울고법 2014. 11. 6. 선고 2013누53679 판결)

[2년을 초과하여 사용하더라도 무기계약근로자로 전환되지 않는 사례]

1. 사업의 완료 또는 특정한 업무의 완성에 필요한 기간을 정한 경우
2. 휴직, 파견 등에 의한 결원 보충
3. 근로자의 학업·직업훈련 등에 의한 결원보충
4. 고령자(55세 이상)와 근로계약 체결하는 경우
5. 전문적 지식·기술의 활용이 필요한 경우
6. 정부의 복지정책·실업정책 등에 의해 일자리 제공하는 경우
7. 다른 법령에서 사용기간을 달리 정하거나 별도로 정한 경우
8. 고등교육법 제14조에 따른 조교, 고등교육법 시행령에 따른 겸임교원, 명예교수, 시간강사, 초빙교원
9. 근기법 제18조 제3항에 따른 1주 동안의 소정근로시간이 뚜렷하게 짧은 단시간근로자를 사용하는 경우
10. 국민체육진흥법에 의한 선수와 지도자
11. 연구기관에서 연구업무에 직접 종사하는 경우 또는 실험·조사 등을 수행하는 등 연구업무에 직접 관여하여 지원하는 업무에 종사하는 경우

162 파견과 도급은 무엇이 다른가요?

근로자파견과 도급을 구별하는 결정적인 기준은 결국 "지휘·명령권을 누가 행사하는가"에 달려 있다

A '파견'이라 함은 파견사업주가 근로자를 고용한 후 그 고용관계를 유지하면서 파견사업주와 사용사업주 사이의 근로자파견계약에 따라 사용사업주의 지휘·명령을 받으며 사용사업주를 위한 근로에 종사하는 것을 말한다(파견법 제2조 제1호). '도급'은 당사자 일방(수급인)이 어떤 일을 완성할 것을 약정하고, 상대방(도급인)은 그 일의 결과에 대하여 보수를 지급할 것을 약정함으로써 성립하는 계약(민법 제664조)이다. '근로자파견'은 사용사업주가 직접 그 사업을 수행하면서 파견사업주가 고용한 근로자를 파견 받아 해당 업무에 투입하고, 그 근로자를 지휘·명령하여 노동력을 제공받는 것이라면 '도급'은 수급사업자(하청업체)가 원사업자로부터 위탁 받은 업무를 수행하기 위해 근로자를 직접 고용하고 그 근로자를 해당 업무에 투입, 지휘·명령함으로써 노동력을 제공받은 것이다.

따라서 원칙적으로 도급에서는 원사업자가 수급사업자의 근로자에 대하여 업무상의 지휘·명령권을 행사할 수 없다. 만약 원사업자가 수급사업자의 근로자에 대하여 업무상의 지휘·명령권을 행사한다면, 이는 그 계약의 명칭·형식 등이 도급계약으로 되어 있다고 하더라도 사실상의 운영이 파견법상 근로자파견(사용사업주가 파견근로자를 지휘·명령하는 것)과 같은 것이 되어 파견법의 규율을 받게 된다. 즉, 도급계약이라 하여도 파견법의 적용을 받기 때문에 불법파견에 해당하거나 2년을 초과하는 경우 직접 고용의무를 부담하고 처벌조항의 적용도 받을 수 있다.

실무에서 근로자파견법 상의 근로자파견에 해당하는지 여부 판단을 하려면 파견사업주 등이 실체를 갖추고 있는지 우선 판단해야 되는데, ① 채용·해고 등의 결정, ② 소요자금조달 및 지급, ③ 법률상 사업주 책임 등으로 고려해야 한다. 그리고 사업주로서 지휘·명령을 누가했는지 판단하게 되는데, ① 작업 배치·변경 결정권, ② 업무지시·감독권, ③ 휴가·병가의 근태관리 및 징계권 등을 종합하여 사용사업주의 지휘·명령을 받는다면 근로자파견에 해당한다.

주의할 점은 도급에서도 원사업자는 도급계약의 이행을 확보하기 위해 수급사업자와 함께 그 이행보조자인 수급사업자의 근로자에 대하여 일정한 '지시권'을 행사할 수 있어서 원사업자가 수급사업자의 근로자에 대하여 단순히 업무지시를 한 번 한 것을 두고 근로자파견으로 인정되는 지휘·명령권을 행사하였다고 볼 수는 없다.

[파견과 도급의 비교]

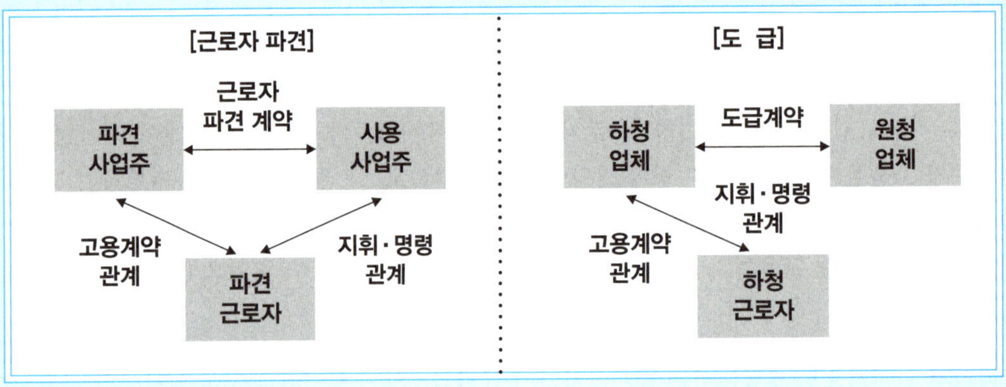

[유사개념 비교]

구 분	내 용
근로자 공급	ㅇ 공급계약에 의하여 근로자를 타인에게 사용하게 하는 것. 다, 파견법에 의한 근로자파견 제외(직업안정법 제4조 제7호) - 따라서 근로자공급은 사실상 지배 하에 있는 근로자를 타인에게 공급하여 사용하게 하는 것에 한정되고, 고용계약 관계에 있는 근로자를 타인이 사용하게 하는 근로자파견과는 구별 - 노조법에 의한 노동조합만이 국내 근로자공급사업 가능(직업안정법 제33조) - 항운노조가 유일하게 근로자공급사업 허가를 받아 선주에게 소속 조합원들을 공급하여 하역작업에 종사토록 하고 있음
위 임	ㅇ 당사자 일방이 상대방에 대해 사무처리를 위탁하고 상대방이 이를 승낙함으로써 성립하는 계약(민법 제680조) - 위임인과 수임인근로자 간 지휘·명령 관계를 상정할 수 없다는 점에서 근로자파견과 구별되고, 일의 완성을 목적으로 하지 않고 위임 사무의 처리활동 그 자체를 목적으로 한다는 점에서 도급과 구별
용 역	ㅇ 거래의 대상이 상품이 아닌 서비스(용역)인 계약으로서 용역업체에 일정한 업무를 맡겨 수행하도록 하는 형태이며 계약내용에 따라 도급, 위임 등에 해당될 수 있음 - 경비용역사업(경비업법) , 청소용역사업(공중위생관리법) , 기술용역사업(엔지니어링기술진흥법)
사내 하도급 (사내하청)	ㅇ 하청업체의 주된 작업이 원청업체 사업장에서 이루어지고 원청업체의 생산시설을 이용하여 수행하는 도급의 유형으로 하청업체가 자체 생산한 물품을 원청업체에 납품하는 사외하청과 구분

163 운전기사는 근로자 파견을 받을 수 없나요?

여객자동차운송사업의 운전업무는 근로자 파견을 절대적으로 금지하는 업무로 규정되어 있어 근로자 파견으로 사업을 운영할 수 없다.

A 파견법에서는 ① 상시적 허용 업무, ② 일시적 허용 업무, ③ 절대 금지 업무로 분류하여 규정하고 있다.

① 상시적 허용 업무

우선, 근로자파견을 상시적으로 허용하는 업무는 파견사업주가 상시적으로 근로자파견사업을 행할 수 있고, 사용사업주 역시 제한된 기간 범위 내에서 파견근로자를 상시 사용할 수 있다. 제조업의 직접 생산공정업무를 제외하고 전문지식과 기술, 경험 또는 업무의 성질 등을 고려하려 대통령령에서 정한 업무는 파견이 상시적으로 허용된다.

② 일시적 허용 업무

반면, 출산·부상·질병 등으로 결원이 생긴 경우 또는 일시적·간헐적으로 인력을 확보해야 할 필요가 있는 경우에는 근로자파견사업을 행할 수 있다(파견법 제5조 제2항). 출산·질병 등의 사유로 재직근로자의 결원이 생기거나 여름 성수기를 앞둔 빙과류 제조업체의 경우처럼 일시적으로 인력 보강이 필요한 경우에는 노동조합 또는 근로자 대표와 협의한 후 일정기간(출산·질병·부상의 경우 그 사유해소에 필요한 기간, 일시적·간헐적으로 인력이 필요한 경우 최장 6개월) 파견근로자를 사용할 수 있다. 이는 인력관리의 유연성 제고를 위해 출산·부상·질병 등으로 정규직원의 결원 시 업무 공백이 있는 경우나 계절적 요인 등 일시적으로 업무가 증가하여 인력보강이 필요한 경우에 건설현장업무 등 절대금지업무를 제외하고 파견근로자를 사용할 수 있다.

③ 절대 금지 업무

한편, 파견법에서는 근로자파견을 허용하는 업무를 제한적으로 규정하고 있고, 근로자파견을 절대적으로 금지하는 업무를 규정하고 있다. 파견금지 대상업무란 어떠한 사유로도 당해업무에 관하여 근로자를 파견할 수 없는 업무를 말하며 파견법 제5조 제3항이 규정하고 있다(파견법 제5조 제3항). 파견법 시행령 제2조 제2항 5호는 '여객자동차 운수사업법 제2조 제3호에 따른 여객자동차운송사업의 운전업무'를 절대적 파견 금지 업무로 규정하고 있다.

[근로자 파견 대상 업무]

(파견법 시행령 제2조 제1항 관련)

한국표준직업분류 (통계청고시 제2000-2호)	대 상 업 무	비 고
120	컴퓨터관련 전문가의 업무	
16	행정, 경영 및 재정 전문가의 업무	행정 전문가(161)의 업무를 제외한다.
17131	특허 전문가의 업무	
181	기록 보관원, 사서 및 관련 전문가의 업무	사서(18120)의 업무를 제외한다.
1822	번역가 및 통역가의 업무	
183	창작 및 공연예술가의 업무	
184	영화, 연극 및 방송관련 전문가의 업무	
220	컴퓨터관련 준전문가의 업무	
23219	기타 전기공학 기술공의 업무	
23221	통신 기술공의 업무	
234	제도 기술 종사자, 캐드 포함의 업무	
235	광학 및 전자장비 기술 종사자의 업무	보조업무에 한한다. 임상병리사(23531), 방사선사(23532), 기타 의료장비 기사(23539)의 업무를 제외한다.
252	정규교육이외 교육 준전문가의 업무	
253	기타 교육 준전문가의 업무	
28	예술, 연예 및 경기 준전문가의 업무	
291	관리 준전문가의 업무	
317	사무 지원 종사자의 업무	
318	도서, 우편 및 관련 사무 종사자의 업무	
3213	수금 및 관련 사무 종사자의 업무	
3222	전화교환 및 번호안내 사무 종사자의 업무	전화교환 및 번호안내 사무 종사자의 업무가 당해 사업의 핵심 업무인 경우를 제외한다.
323	고객 관련 사무 종사자의 업무	
411	개인보호 및 관련 종사자의 업무	
421	음식 조리 종사자의 업무	「관광진흥법」 제3조에 따른 관광 숙박업의 조리사 업무를 제외한다.
432	여행안내 종사자의 업무	
51206	주유원의 업무	
51209	기타 소매업체 판매원의 업무	
521	전화통신 판매 종사자의 업무	
842	자동차 운전 종사자의 업무	
9112	건물 청소 종사자의 업무	
91221	수위 및 경비원의 업무	「경비업법」 제2조 제1호에 따른 경비업무를 제외한다.
91225	주차장 관리원의 업무	
913	배달, 운반 및 검침 관련 종사자의 업무	

164 연체 채무자에 대한 전화상 납입 고지 업무를 파견근로자로 근무하게 할 수 있나요?

연체 채무자에 대한 전화상 납입 고지 업무는 한국표준직업분류상 '3213 수금 및 관련 사무 종사자'에 해당할 것이므로 파견근로자로 하여금 근무하게 할 수 있다.

A 파견법상 불법파견이 되는 경우는 (ⅰ) 무허가 파견(파견법 제7조 제3항), (ⅱ) 파견기간 초과(파견법 제6조), (ⅲ) 파견대상업무 위반(파견법 제5조)이다. 반면, 근로자파견은 '대통령령이 규정하는 업무'에 한해 가능(파견법 제5조 제1항)하고, 파견법 시행령에서는 32개의 파견대상업무를 정하고 있으며, 이에 따른 세부적인 직업은 '한국표준직업분류(통계청고시 제2000-2호)'에서 특정 대상업무를 규정하고 있다.

예컨대, 대출고객에게 전화해 대출금 납일일 고지와 납입을 촉구하는 회수 업무의 경우에는 파견근로자를 사용할 수 있는 '3213 수금 및 관련 사무 종사자'에 해당한다. 또한 고객의 추가대출 문의에 대해 응대하는 등 문의사항에 대해 유관 팀으로 전화를 연결시켜주는 업무는 '323 고객 관련 사무 종사자의 업무'에 포함될 것이다. 반면, 대출 한도 등 추가 대출 여부의 확인 등 심사업무의 경우에는 금융사무원의 업무에 해당하여 파견대상업무에 포함된다고 보기 어려워 파견근로자를 사용할 수 없다.

[한국표준직업분류]

3213 수금 및 관련 사무 종사자 : 수금과 이에 수반된 사무적 업무를 수행하는 자로 고객에게 수금사항을 전화 또는 서신으로 통지하고 수금과 관련한 활동을 하는 자를 말한다.
32130 수금 및 관련 사무원 : 수금과 이에 수반된 사무적 업무를 수행하는 자로서 고객에게 수금사항을 전화 또는 서신으로 통지하고 수금을 위하여 고객의 주소를 추적·방문한다. 수금이 불가능한 경우 법적 조치를 권고한다. 〈 예 시 〉 · 부채 수금원 · 임대료 수금원 · 기금 수금원
3230 고객 관련 사무 종사자 : 고객의 각종 문의사항 및 상품에 대한 불만 등에 대해 필요한 조치를 취하고 안내장 등의 발송 업무를 수행한다.
317 사무 지원 종사자 : 일반사무직원을 보조하여 문서정리 및 수발, 워드프로세싱, 자료집계, 자료복사 등의 일을 수행한다.
3171 일반사무 지원 종사자 : 문서정리 및 수발, 자료 집계, 자료 복사 등 사무기록의 유지와 컴퓨터를 이용한 각종 서류를 편집하고 사무용 기기를 조작한다.
31711 일반사무 보조원 : 일반 사무직원의 업무를 지원하는 자로 문서정리 및 수발, 자료집계, 자료복사 등 사무기록의 유지와 관련된 일반적인 업무를 수행한다.
31712 워드프로세서 조작원
31713 사무용 기기 조작원
3172 자료입력 사무 종사자

행정해석	대출심사업무가 파견대상업무에 해당하지 않는다는 사례

파견법 시행령 별표1에는 한국표준직업분류(제2000-2호)상 "수금 및 관련 사무원(32130)"의 업무를 근로자파견 대상업무로 규정하고 있는 바, 귀하께서 제시한 '채권추심업무'의 경우, "수금 및 관련 사무원"의 업무를 수행하는 한 근로자파견 대상업무에 해당하는 것으로 사료됨. 그러나 '각 지점 창구에서 대출을 받으러 오는 고객들을 상담하는 업무', '대출이 가능한지 여부를 심사하는 업무' 등은 상기 직업분류상 "금융사무원(31521 : 금융거래에 관련된 사무업무를 수행하는 자를 말한다)"의 업무에 해당하는 것으로 사료되며, 동 금융사무원은 파견대상업무가 아님(차별개선과-2036, 2008. 10. 28.).

Q&A

부 록

각종 인사서식

근로기준법위반범죄 양형기준표

노동관계법 자율점검표

표준근로계약서(기간의 정함이 없는 경우)

_____(이하 "사업주"라 함)과(와) _____(이하 "근로자"라 함)은 다음과 같이 근로계약을 체결한다.

1. 근로개시일 :　　년　월　일부터

2. 근 무 장 소 :

3. 업무의 내용 :

4. 소정근로시간 : _시_분부터 _시_분까지 (휴게시간 : 시 분~ 시 분)

5. 근무일/휴일 : 매주 _일(또는 매일단위)근무, 주휴일 매주 _요일

6. 임 금

- 월(일, 시간)급 : __________원
- 상여금 : 있음 (　) ____________원, 없음 (　)
- 기타급여(제수당 등) : 있음 (　), 없음 (　)
  · ____________원, ____________원
  · ____________원, ____________원
- 임금지급일 : 매월(매주 또는 매일) __일(휴일의 경우는 전일 지급)
  - 지급방법 : 근로자에게 직접지급(　), 근로자 명의 예금통장에 입금(　)

7. 연차유급휴가

- 연차유급휴가는 근로기준법에서 정하는 바에 따라 부여함

8. 사회보험 적용여부(해당란에 체크)

☐ 고용보험 ☐ 산재보험 ☐ 국민연금 ☐ 건강보험

9. 근로계약서 교부

- 사업주는 근로계약을 체결함과 동시에 본 계약서를 사본하여 근로자의 교부요구와 관계없이 근로자에게 교부함(근로기준법 제17조 이행)

10. 기 타

- 이 계약에 정함이 없는 사항은 근로기준법령에 의함

년　　월　　일

(사업주) 사업체명 :　　　　(전화 :　　　　)
　　주　　소 :
　　대 표 자 :　　　　(서명)

(근로자) 주　　소 :
　　연 락 처 :
　　성　　명 :　　　　(서명)

※ 연차휴가 대체사용합의서

연차유급휴가 대체사용 합의서

(주)○○ 대표이사(이하 '갑'이라 한다)과 근로자대표 ○○○(이하 '을'이라 한다)는 근로기준법 제60조에 의한 연차유급휴가를 부여함에 있어, 근로기준법 제62조에 의거하여 연차유급휴가일에 갈음하여 아래와 같이 특정근로일에 휴무할 수 있으며 이에 대하여 이의가 없음을 합의합니다.

- 아 래 -

제 1 조【연차유급휴가 대체일】

다음 각 호의 해당하는 날에 휴무하는 경우 연차유급휴가를 사용한 것으로 한다.

1. 설날 전날, 설날, 설날 다음날
2. 추석 전날, 추석, 추석 다음날
3. '갑'이 실시하는 하계휴가 3일
4. '갑'의 취업규칙상 유급휴일로 지정된 휴일을 제외한 기타 일반 공휴일 중 휴무하는 기간

제 2 조【초과 및 미달 일수의 처리】

1. 전조와 같이 연차유급휴가를 대체하기로 하되, 당해 연도의 휴가일수를 초과하여 휴가를 실시하게 되는 사원은 추가로 휴가를 부여한 것으로 간주한다.
2. 전조의 휴가일수를 초과하여 연차유급휴가가 발생하는 사원은 취업규칙이 정한 바에 따라 잔여휴가를 사용한다.

제 3 조【유효기간】

20○○년 ○○월 ○○일부터 20○○년 ○○월 ○○일까지로 한다.

제 4 조【시행시기】

20○○년 ○○월 ○○일부터 시행한다.

20 년 월 일

(주) 대 표 이 사 : (인)
(주) 근로자 대표 : (인)

(주) ○ ○ ○

근로시간 및 휴게시간의 특례 적용 합의서

(주) ○○○ 대표_____와 근로자대표 _____는 근로기준법 제59조 규정에 따라 근로시간 및 휴게시간의 특례를 적용함에 대해 다음과 같이 합의한다.

— 다 음 —

1. 특례적용대상사업 : 근로기준법(이하 "법"이라한다) 제59조(근로시간 및 휴게시간의 특례)의 다음 각 호의 어느 하나에 해당하는 사업
   - □ 1.운수업, 물품판매업 및 보관업, 금융보험업
   - □ 2.영화제작 및 흥행업, 통신업, 교육연구 및 조사사업, 광고업
   - □ 3.의료 및 위생사업, 접객업, 소각 및 청소업, 이용업
   - □ 4.기타 공중의 편의 또는 업무의 특성상 필요한 경우로서 대통령령이 정하 는 사업(법 시행령 제32조 사회복지사업)

2. 합의사항 : 법 제53조 제1항의 규정에 의한 주 12시간을 초과하여 연장근로하게 하거나 법 제54조의 규정에 의한 휴게시간을 변경할 수 있다.

3. 특례적용의 한계 : 법 제69조에 따른 연소근로자의 연장근로제한, 법 제71조 및 제74조에 따른 임산부의 연장근로제한에 대하여는 특례가 인정되지 않는다.

4. 유효기간 : 이 합의서의 유효기간은 체결일로부터 ○년간으로 하되, 유효기간 만료 전까지 당사자 간에 별도 이견이 없는 경우 그 후 ○년간 자동 갱신되는 것으로 한다.

20 년 월 일

(주) ○○○ 대표_____ (인) 근로자 대표 ______ (인)

근로자대표 선정서

1. 근로자대표 인적사항

성 명		생년월일	
부서 및 직책		입 사 일	

2. 대표 선정 내용

(주) ○○○ 에 근무하는 근로자들의 근로시간 및 휴게시간의 특례 적용과 관련하여 근로기준법 제59조에서 정한 바에 따라 사업주와 서면합의를 위해 ____________ 을(를) (주) ○○○ 의 근로자대표로 선임하며, 아래 근로자들은 이에 동의함.

20 년 월 일

연 번	근로자성명	서명날인	연 번	근로자성명	서명날인
1			11		
2			12		
3			13		
4			14		
5			15		
6			16		
7			17		
8			18		
9			19		
10			20		

▶ (주) ○○○ 총 근로자 수 ___명, 동의근로자수 ___명

연차휴가미사용일수통보서
(연차휴가 사용촉진)

수신 : 님

성 명	부 서	직 위	입사일

■ 연차유급휴가일수 내역(20 년 월 일 현재)

연차유급휴가 발생기간	연차유급휴가 사용기간	발생일수	사용일수	미사용일수

1. 귀하의 20 년 월 일 현재 사용 가능한 미사용 연차유급휴가일수는 ○○일입니다.

2. 20 년 월 일까지 『미사용 연차유급휴가 사용 신청서』를 작성하여 인사관리부로 제출바랍니다.

3. 동 기한 내에 제출하지 아니하면 회사가 미사용 연차유급휴가 사용시기를 임의로 지정 통보하며, 그럼에도 불구하고 사용하지 아니한 연차유급휴가는 근로기준법 제61조에 근거하여 보상하지 아니합니다.

20 년 월 일

㈜○○

민 원 서 류
접수번호 :
접수일자 :
처리기한 :
처리과 기록물 등록번호

진 정 서

처리기간 25일(사건에 따라 연장가능)

진정인 (근로자)	성명 외(명)	주민등록번호
	전화번호	휴대전화번호
	주소	
	근무기간 : . . . ~ . . .	재직여부 :재직[ ], 퇴직[ ]
①피진정인 (사용자)	성명	주민등록번호
	주소 (전화번호: 휴대전화번호:)	
②피진정인 (직상·상위 수급인)	성명	주민등록번호
	주소 (전화번호: 휴대전화번호:)	
사업장 개 요	사업장명	사업의 종류
	대표자 성명	가동여부 :가동[ ], 휴·폐업[ ]
	연락처	상시근로자수 : ( )명
	사업장 소재지	
	③근무지(소재지와 다른 경우 작성)	
	④직상·상위 수급인 회사명 : 대 표 : 주 소 : 전화번호 :	
진정 내용	(임금체불 진정의 경우 못 받은 임금액, 기간, 미지급사유 등을 자세하게 기재해 주시기 바라며, 별지 작성이 가능합니다.)	

「근로기준법」 제104조 및 「근로감독관 집무규정」제33조에 따라 진정하오니, 조치하여 주시기 바랍니다.

년 월 일

진정인(대표) (서명 또는 인)

OO고용노동청장 귀하

첨부서류	1. 진정 내용을 확인할 수 있는 증빙자료(자료가 있는 경우에 한함) 2. 진정인이 여러 명인 경우 진정인 연명부 작성	수수료 없음

선 결	청 장			결 재 · 공 람	과 장	
접수일시		번호				
처 리 과	근로개선지도 과	담당				

210mm ┌ mm[일반용지 60g/㎡(재활용품)]

(뒤쪽)

작 성 방 법

①란에는 대리인에 의한 고소(고발)장 제출 시, 미성년자의 친권자 등 법정대리인 또는 변호사임을 적습니다.

②란에는 피고소(고발)인 인적사항 등에 대해 알고 있는 내용에 한해서 최대한 구체적으로 작성하시기 바랍니다.

③란에는 사업장 소재지와 근무지가 다른 경우 근무지의 소재지를 적습니다.

※피고소(고발)인이 여러 명일 경우 피고소(고발)인별로 고소(고발)장을 작성·제출하시기 바랍니다.

※주민등록번호 등 개인정보 수집근거 : 근로기준법 제104조제1항 및 근로기준법 시행령 제59조의2제8호

처 리 절 차

※ 이 고소(고발)장은 아래와 같이 처리됩니다.

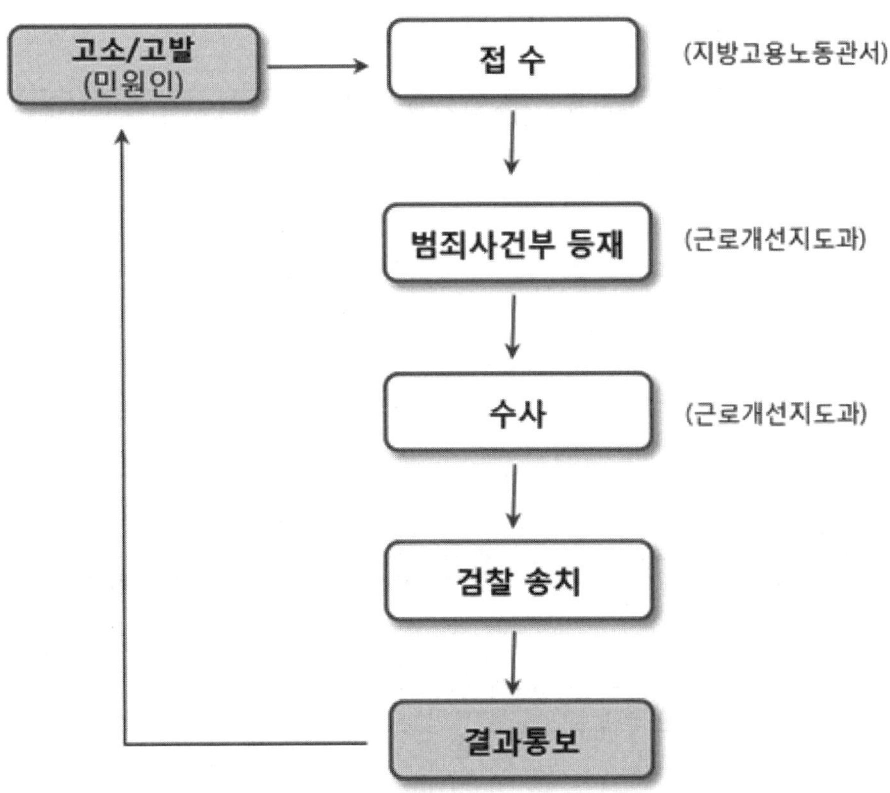

민 원 서 류
접수번호 :
접수일자 :
처리기한 :
처리과 기록물 등록번호

고소(고발)장

처리기간 2월(사건에 따라 연장가능))

고소(고발)인 (근로자)	성명 외 (명)	주민등록번호
	전화번호	휴대전화번호
	주소	
	근무기간 : . . . ~ . . .	재직여부 : 재직[ ], 퇴직[ ]
	①대리인에 의한 고소 [ ]법정대리인 (성명: , 연락처:) [ ]고소대리인 (성명: 변호사 , 연락처:)	
② 피고소(고발)인 (사용자)	성명	주민등록번호
	전화번호	휴대전화번호
	주소	

사업장 개 요	사업장명	사업의 종류
	대표자 성명	가동여부 : 가동[ ], 휴·폐업[ ]
	연락처	상시근로자수 : ( )명
	사업장 소재지	
	③근무지(소재지와 다른 경우 작성)	
고소 ·고발 내용	(고소·고발 내용을 자세하게 작성하여 주시기 바라며, 별지 작성이 가능합니다.)	

「근로기준법」 제104조 및 「근로감독관 집무규정」제33조에 따라 고소하오니 처벌하여 주시기 바랍니다.

년 월 일

고소·고발인(대표) (서명 또는 인)

OO고용노동청장 귀하

첨부서류	1. 고소(고발) 내용을 확인할 수 있는 증빙자료(자료가 있는 경우에 한함) 2. 고소(고발)인이 여러 명인 경우 고소┌고발인 연명부 작성 3. 대리에 의한 고소(고발)장 제출 시, 친권자 등 법정대리인 또는 변호사임을 확인할 수 있는 자료	수수료 없음

선 결	청 장			결재·공람	과 장	
접수일시		번호				
처 리 과	근로개선지도 과	담당				

210mm┌mm[일반용지 60g/㎡(재활용품)]

(뒤쪽)

작 성 방 법

①란에는 대리인에 의한 고소(고발)장 제출 시, 미성년자의 친권자 등 법정대리인 또는 변호사임을 적습니다.

②란에는 피고소(고발)인 인적사항 등에 대해 알고 있는 내용에 한해서 최대한 구체적으로 작성하시기 바랍니다.

③란에는 사업장 소재지와 근무지가 다른 경우 근무지의 소재지를 적습니다.

※ 피고소(고발)인이 여러 명일 경우 피고소(고발)인별로 고소(고발)장을 작성·제출하시기 바랍니다.

※ 주민등록번호 등 개인정보 수집근거 : 근로기준법 제104조제1항 및 근로기준법 시행령 제59조의2제8호

처 리 절 차

※ 이 고소(고발)장은 아래와 같이 처리됩니다.

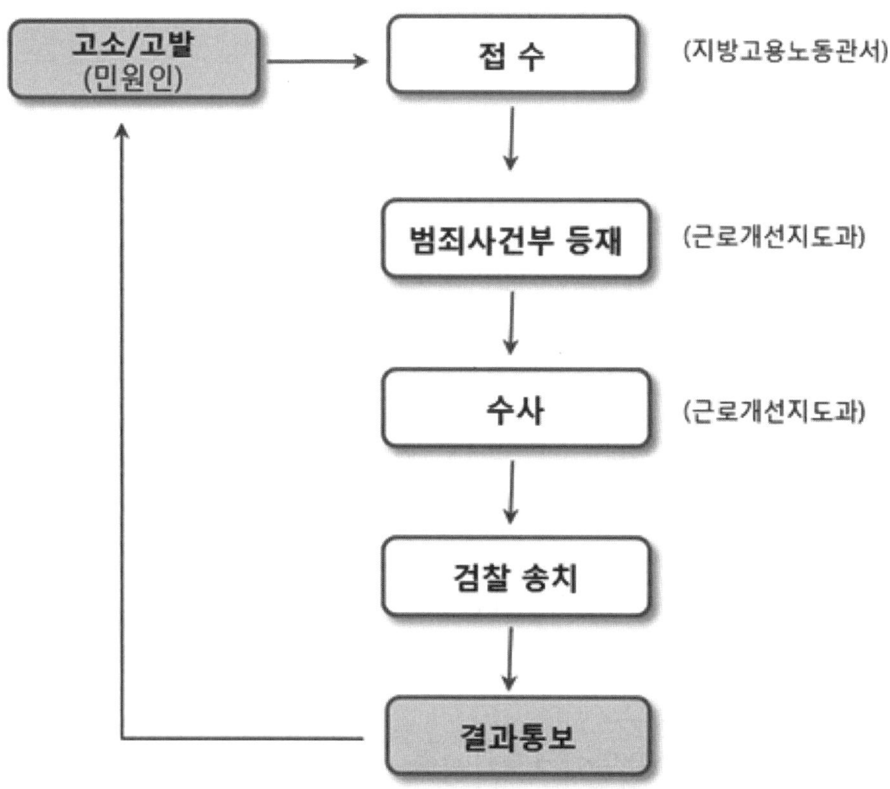

2016. 3. 28. 의결, 2016. 7. 1. 시행

근로기준법위반범죄 양형기준

〈출처 : 대법원 양형위원회〉

근로기준법위반범죄의 양형기준은 근로기준법 제107조, 제7조(강제근로의 금지), 근로기준법 제107조, 제8조(폭행의 금지), 직업안정법 제46조 제1항 제1호(강제근로), 선원법 제167조 제3호, 제25조의2(강제근로의 금지), 근로기준법 제107조, 제9조(중간착취의 배제), 직업안정법 제47조 제5호, 제32조(금품 등의 수령 금지), 선원법 제168조 제1항 제5호, 제111조(금품 등의 수령 금지), 근로기준법 제109조, 제36조(금품청산), 제43조(임금지급), 제44조, 제44조의2(도급·건설사업에서 직상수급인의 연대책임), 제46조(휴업수당), 제56조(연장야간휴일근로수당), 퇴직급여법 제44조 제1, 2호(퇴직급여 미지급), 파견법 제43조 제3호, 제34조 제2항(사용사업주의 연대책임), 최저임금법 제28조 제1항(최저임금미달), 선원법 제168조 제1항 제1, 2, 3호(선박소유자의 임금 미지급),제170조 제3호(선박소유자의 퇴직금 미지급)에 해당하는 범죄를 저지른 성인(19세 이상) 피고인에 대하여 적용한다.

◈ 약어표 ◈

□ 퇴직급여법 : 근로자퇴직급여 보장법

□ 파견법 : 파견근로자보호 등에 관한 법률

I. 형종 및 형량의 기준

1. 강제근로·중간착취 등

유형	감경	기본	가중
강제근로·중간착취 등	- 8월 6월	- 1년 10월	- 2년6월

구분		감경요소	가중요소
특별 양형 인자	행위	ㅇ 범행가담에 특히 참작할 사유가 있는 경우 ㅇ 폭행 등의 정도가 극히 경미한 경우(강제근로 등) ㅇ 수수한 금품이 극히 경미한 경우(중간착취)	ㅇ 피해자의 신체 또는 정신에 심각한 피해를 야기한 경우 (강제근로 등) ㅇ 불특정 또는 다수의 피해자를 대상으로 하거나 상당한 기간에 걸쳐 반복적으로 범행한 경우 ㅇ 범행에 취약한 피해자 ㅇ 피지휘자에 대한 교사
	행위자/기타	ㅇ 농아자 ㅇ 심신미약(본인 책임 없음) ㅇ 자수 또는 내부고발 ㅇ 처벌불원(피해 회복을 위한 진지한 노력 포함)	ㅇ 동종 누범

<table>
<tr><td rowspan="2">일반
양형
인자</td><td>행위</td><td>○ 소극 가담
○ 범죄수익의 대부분을 소비하지못하고 보유하지도 못한 경우 (중간착취)
○ 피해자에게도 범행의 발생 또는 피해의 확대에 상당한 책임이 있는 경우</td><td>○ 계획적인 범행
○ 범행수법이 불량한 경우
○ 취득한 이익이 다액인 경우(중간착취)</td></tr>
<tr><td>행위자
/기타</td><td>○ 심신미약(본인 책임 있음)
○ 진지한 반성
○ 형사처벌 전력 없음</td><td>○ 범행 후 증거은폐 또는 은폐 시도
○ 이종 누범, 누범에 해당하지 않는 동종 전과</td></tr>
</table>

[유형의 정의]

1. 강제근로·중간착취 등

○ 아래 구성요건 및 적용법조에 해당하는 행위를 의미한다.

가. 강제근로 등

구성요건	적용법조	법정형
사용자가 폭행, 협박 등으로 근로자의 자유의사에 어긋나는 근로를 강요	근로기준법 제107조, 제7조	5년 이하의 징역 또는 3천만 원 이하의 벌금
사용자가 근로자를 폭행	근로기준법 제107조, 제8조	5년 이하의 징역 또는 3천만 원 이하의 벌금
폭행, 협박 등으로 직업소개, 근로자 모집·공급	직업안정법 제46조 제1항 제1호	7년 이하의 징역 또는 7천만 원 이하의 벌금
선박소유자 또는 선원이 폭행, 협박 등으로 선원의 자유의사에 어긋나는 근로를 강요	선원법 제167조 제3호, 제25조의2	5년 이하의 징역 또는 5천만 원 이하의 벌금

나. 중간착취

구성요건	적용법조	법정형
영리로 다른 사람의 취업에 개입하거나 중간인으로서 이익을 취득	근로기준법 제107조, 제9조	5년 이하의 징역 또는 3천만 원 이하의 벌금
근로자를 모집하려는 자, 모집업무에 종사하는 자가 모집과 관련하여 응모자로부터 금품, 이익을 취득	직업안정법 제47조 제5호, 제32조	5년 이하의 징역 또는 5천만 원 이하의 벌금

선원을 고용하려는 자, 직업 소개 등에 종사하는 자, 노무·인사 관리업무에 종사하는 자가 선원 모집, 채용과 관련하여 선원 또는 선원이 되려는 사람으로부터 직업 소개, 모집, 채용과 관련하여 금품, 이익을 취득	선원법 제168조 제1항 제5호, 제111조	3년 이하의 징역 또는 3천만 원 이하의 벌금

2. 임금 등 미지급

○ 아래 구성요건 및 적용법조에 해당하는 행위를 의미한다.

구성요건	적용법조	법정형
금품청산 위반	근로기준법 제109조, 제36조	3년 이하의 징역 또는 2천만 원 이하의 벌금
임금지급 위반	근로기준법 제109조, 제43조	3년 이하의 징역 또는 2천만 원 이하의 벌금
도급사업에서 직상 수급인의 임금지급 연대책임 위반	근로기준법 제109조, 제44조	3년 이하의 징역 또는 2천만 원 이하의 벌금
건설업에서 직상 수급인의 임금지급 연대책임 위반	근로기준법 제109조, 제44조의2	3년 이하의 징역 또는 2천만 원 이하의 벌금
휴업수당 미지급	근로기준법 제109조, 제46조	3년 이하의 징역 또는 2천만 원 이하의 벌금
연장야간휴일근로수당 미지급	근로기준법 제109조, 제56조	3년 이하의 징역 또는 2천만 원 이하의 벌금
퇴직금 미지급, 퇴직연금 급여 내지 부담금 등 미지급	퇴직급여법 제44조 제1호, 제2호	3년 이하의 징역 또는 2천만 원 이하의 벌금

사용사업주의 임금지급 연대책임 위반	파견법 제43조 제3호, 제34조 제2항	3년 이하의 징역 또는 3천만 원 이하의 벌금
최저임금보다 적은 임금 지급	최저임금법 제28조 제1항	3년 이하의 징역 또는 2천만 원 이하의 벌금
병과 가능 선박소유자의 임금 등 미지급	선원법 제168조 제1항 제1, 2,3호	3년 이하의 징역 또는 3천만 원 이하의 벌금
선박소유자의 퇴직금 미지급	선원법 제170조 제3호	2년 이하의 징역 또는 2천만 원 이하의 벌금

가. 제1유형

○ 임금 등 미지급 금액이 5,000만 원 미만인 경우를 의미한다.

○ 위 미지급 금액은 1인 또는 수인의 근로자에 대한 미지급 임금, 퇴직금, 휴업수당 등을 합산한 금액을 의미한다(이하 같음).

나. 제2유형

○ 임금 등 미지급 금액이 5,000만 원 이상, 1억 원 미만인 경우를 의미한다.

다. 제3유형

○ 임금 등 미지급 금액이 1억 원 이상인 경우를 의미한다.

[양형인자의 정의]

가. 범행가담에 특히 참작할 사유가 있는 경우

○ 다음 요소 중 하나 이상에 해당하는 경우를 의미한다.

- 고용관계에 의한 지시 등을 사실상 거절할 수 없는 상태에서 범행에 이르게 된 경우
- 타인의 강압이나 위협 등에 의하여 강요된 상태에서 범행에 가담한 경우(형법 제12조에 해당하는 경우는 제외)
- 범행을 단순 공모하였을 뿐 범행을 주도하지 아니하고, 실행행위를 분담하지도 아니한 경우
- 그 밖에 이에 준하는 경우

나. 폭행 등의 정도가 극히 경미한 경우(강제근로 등)
○ 다음 요소 중 하나 이상에 해당하는 경우를 의미한다.
- 폭행, 협박 등의 정도가 극히 경미하여 근로자의 자유의사를 침해한 정도가 가벼운 경우(범행에 취약한 피해자를 대상으로 삼은 경우는 제외)
- 피해가 극히 경미한 경우
- 그 밖에 이에 준하는 경우다.

다. 수수한 금품이 극히 경미한 경우(중간착취)
○ 피고인과 피해자의 관계, 피해자의 임금, 경제적 상황 등에 비추어,수수한 금품이 사회통념상 극히 적은 액수인 경우를 의미한다.

라. 처벌불원(피해 회복을 위한 진지한 노력 포함)
○ 피고인이 자신의 범행에 대하여 뉘우치고, 피해자 또는 유족이 이를 받아들여 피고인의 처벌을 원하지 않는 경우를 의미한다.
○ 피해 회복을 위한 진지한 노력 끝에 피해자 또는 유족과의 합의에 준할 정도의 상당한 금액을 공탁한 경우도 포함한다.

마. 불특정 또는 다수의 피해자를 대상으로 하거나 상당한 기간에 걸쳐 반복적으로 범행한 경우
○ 동종의 강제근로·중간착취의 경합범으로 기소된 경우에는 다수범죄로 취급하지 아니하고 양형인자로만 취급한다.

바. 범행에 취약한 피해자
○ 범행 당시 피해자가 신체 또는 정신장애, 국적, 연령 등으로 인하여 범행에 취약하였고, 피고인이 이러한 사정을 알았거나 알 수 있었던 경우를 의미한다.

사. 피해자에게도 범행의 발생 또는 피해의 확대에 상당한 책임이 있는 경우
○ 다음 요소 중 하나 이상에 해당하는 경우를 의미한다.
- 근로자가 사용자의 정당한 업무지시를 거부하거나 위법한 직무수행으로 사용자에게 손해를 가하는 등 근로자의 귀책사유가 범행 발생의 한 원인이 된 경우 또는 피고인이 범죄를 저지르는 과정에서 또는 저지른 후에 피해자에게 책임 있는 사유로 그 피해가 상당히 확대된 경우
- 피고인이 불법적인 청탁, 알선으로 취업, 모집, 채용을 하려 한다는 정을 잘 알면서도 피해자가 금품을 교부한 경우
- 그 밖에 이에 준하는 경우

아. 범행수법이 불량한 경우
○ 다음 요소 중 하나 이상에 해당하는 경우를 의미한다.
- 허위 또는 위조 서류를 작성하거나 기망행위 등 부정한 수단을 사용하여 근로를 강요한 경우
- 취업, 근로자 모집, 채용에 관하여 영향력 있는 지위를 가장하거나 사칭하여 금품을 수수한 경우
- 인적 신뢰관계를 이용하여 범행한 경우
- 그 밖에 이에 준하는 경우

자. 미지급 경위에 특히 참작할 사유가 있는 경우
○ 다음 요소 중 하나 이상에 해당하는 경우를 의미한다.
- 거래처의 도산, 발주자 또는 직상수급인의 대금 미지급 등 외부적 요인에 의한 재정 악화로 임금 등을 지급하지 못하게 된 경우
- 이미 경영이 악화된 상태의 사업체를 인수한 경우
- 그 밖에 이에 준하는 경우

차. 상당부분 피해 회복된 경우
○ 미지급액의 약 2/3 이상이 지급되거나 지급될 것이 확실시되는 경우를 의미한다.

카. 악의적인 미지급
○ 다음 요소 중 하나 이상에 해당하는 경우를 의미한다.
- 임금 등 지급의무가 명백함에도 부당한 이유를 들어 지급을 거절하는 경우
- 발주자 또는 상급수급인으로부터 도급대금을 지급받고도 근로자에게 우선지급을 하지 않는 경우
- 지급의무를 면탈하기 위해 책임재산을 은닉하거나, 가장폐업 또는 명의상 업주를 내세워 동종 또는 유사 업체를 운영한 경우
- 그 밖에 이에 준하는 경우

[양형인자의 평가원칙]

1. 형량범위의 결정방법

○ 형량범위는 특별양형인자를 고려하여 결정한다.
○ 다만, 복수의 특별양형인자가 있는 경우에는 아래와 같은 원칙에 따라 평가한 후 그 평가 결과에 따라 형량범위의 변동 여부를 결정한다.
① 같은 숫자의 행위인자는 같은 숫자의 행위자/기타인자보다 중하게 고려한다. 다만, 처벌을 원하지 않는 피해자의 의사는 행위인자와 동등하게 평가할 수 있다.
② 같은 숫자의 행위인자 상호간 또는 행위자/기타인자 상호간은 동등한 것으로 본다.
③ 위 ①, ② 원칙에 의하여도 형량범위가 확정되지 않는 사건에 대하여는 법관이 위 ①, ② 원칙에 기초하여 특별양형인자를 종합적으로 비교 평가함으로써 형량범위의 변동 여부를 결정한다.
○ 양형인자에 대한 평가 결과 가중요소가 큰 경우에는 가중적 형량 범위를, 감경요소가 큰 경우에는 감경적 형량범위를, 그 밖의 경우에는 기본적 형량범위를 선택할 것을 권고한다.

2. 선고형의 결정방법

○ 선고형은 위 1항에 의하여 결정된 형량범위 내에서 일반양형인자와 특별양형인자를 종합적으로 고려하여 결정한다.

[공통원칙]

1. 양형기준상 권고 형량범위의 특별 조정

① 특별양형인자에 대한 평가 결과 가중영역에 해당하는 사건에서 특별가중인자만 2개 이상 존재하거나 특별가중인자가 특별감경 인자보다 2개 이상 많을 경우에는 양형기준에서 권고하는 형량 범위 상한을 1/2까지 가중한다.

② 특별양형인자에 대한 평가 결과 감경영역에 해당하는 사건에서 특별감경인자만 2개 이상 존재하거나 특별감경인자가 특별가중 인자보다 2개 이상 많을 경우에는 양형기준에서 권고하는 형량 범위 하한을 1/2까지 감경한다.

2. 양형기준상 권고 형량범위와 법률상 처단형 범위와의 관계

○ 양형기준에서 권고하는 형량범위가 법률상 가중/감경에 의한 처단형 범위와 불일치하는 경우에는 법률상 처단형의 상한 또는 하한에 따른다.

3. 법률상 임의적 감경사유의 처리방법

○ 양형기준의 양형인자표에 포함된 법률상 임의적 감경사유에 대하여 법관이 법률상 감경을 하지 않기로 하는 경우에는 작량감경 사유로 고려한다.

[다수범죄 처리기준]

1. 적용범위

○ 양형기준이 설정된 범죄 사이의 형법 제37조 전단 경합범에 대하여 적용한다. 다만, 양형기준이 설정된 범죄와 양형기준이 설정되지 아니한 범죄 사이의 형법 제37조 전단 경합범에 관하여는 그 하한은 양형기준이 설정된 범죄의 양형기준상 형량범위의 하한에 따른다.

2. 기본범죄 결정

○ 기본범죄는 형종 선택 및 법률상 가중/감경을 거친 후 형이 가장 중한 범죄를 의미한다. 다만, 위 범죄의 양형기준상 형량범위 상한이 이와 경합되는 범죄의 양형기준상 형량범위 상한보다 낮은 경우에는 경합되는 범죄를 기본범죄로 한다.

3. 동종경합범의 처리방법

○ 임금 등 미지급 유형의 동종경합범에 대하여는 아래의 처리방법을 적용한다.

① 미지급액을 합산한 금액을 기준으로 유형을 결정하되, 그 유형 중에서 제반 사정을 고려하여 적정하다고 판단되는 형량 범위 영역을 선택한다.

② 다만, 합산 결과 가장 중한 단일범죄보다 유형이 1단계 높아지는 경우에는 형량범위 하한의 1/3을 감경하고, 가장 중한 단일범죄보다 유형이 2단계 이상 높아지는 경우에는 형량범위 하한의 1/2을 감경하되, 가장 중한 단일범죄에 적용되는 유형의 형량범위 하한을 한도로 한다.

○ 강제근로·중간착취 등 유형과 임금 등 미지급 유형 사이의 경합범에 관하여는, 아래의 '이종경합범 처리방법'의 예에 따른다.

4. 이종경합범의 처리방법

○ 이종경합범에 대하여는 양형기준상 하나의 범죄로 취급되는 경우 외에는 아래의 다수범죄 가중방법을 적용한다.

① 2개의 다수범에 있어서는, 기본범죄의 형량범위 상한에 다른 범죄의 형량범위 상한의 1/2을 합산하여 형량범위를 정한다.

② 3개 이상의 다수범에 있어서는, 기본범죄의 형량범위 상한에다른 범죄 중 형량범위 상한이 가장 높은 범죄의 형량범위 상한의 1/2, 두 번째로 높은 범죄의 형량범위 상한의 1/3을 합산하여 형량범위를 정한다.

③ 기본범죄의 형량범위 하한보다 다른 범죄의 형량범위 하한이 높은 경우에는 다수범죄 처리 결과로 인한 형량범위 하한은 다른 범죄의 형량범위 하한으로 한다.

○ 다만, 임금 등 미지급 유형의 동종경합범이 포함되어 있는 경우에는 먼저 임금 등 미지급 유형의 동종경합범에 대한 처리방법을 적용하여 산출한 형량범위를 기준으로 위 다수범죄 가중방법을 적용한다.

II. 집행유예 기준

1. 강제근로·중간착취 등

구 분	부정적	긍정적
주요 참작 사유	ㅇ 피해자의 신체 또는 정신에 심각한 피해를 야기한 경우(강제근로 등) ㅇ 불특정 또는 다수의 피해자를 대상으로 하거나 상당한 기간에 걸쳐 반복적으로 범행한 경우 ㅇ 범행에 취약한 피해자 ㅇ 동종 전과(5년 이내, 집행유예 이상 또는 3회 이상 벌금)	ㅇ 범행가담에 특히 참작할 사유가 있는 경우 ㅇ 폭행 등의 정도가 극히 경미한 경우(강제근로 등) ㅇ 수수한 금품이 극히 경미한 경우(중간착취) ㅇ 자수 또는 내부고발 ㅇ 형사처벌 전력 없음 ㅇ 처벌불원(피해 회복을 위한 진지한 노력 포함)
일반 참작 사유	ㅇ 취득한 이익이 다액인 경우(중간착취) ㅇ 범행수법이 불량한 경우 ㅇ 2회 이상 집행유예 이상 전과 ㅇ 계획적인 범행 ㅇ 사회적 유대관계 결여 ㅇ 진지한 반성 없음 ㅇ 공범으로서 주도적 역할 ㅇ 범행 후 증거은폐 또는 은폐 시도 ㅇ 피해 회복 노력 없음	ㅇ 범죄수익의 대부분을 소비하지 못하고 보유하지도 못한 경우(중간착취) ㅇ 공범으로서 소극가담 ㅇ 집행유예 이상의 전과가 없음 ㅇ 피고인이 고령 ㅇ 피고인의 건강상태가 매우 좋지 않음 ㅇ 피고인의 구금이 부양가족에게 과도한 곤경을 수반하는 경우 ㅇ 진지한 반성 ㅇ 상당금액 공탁 또는 피해 회복

2. 임금 등 미지급

구 분	부정적	긍정적
주요 참작 사유	ㅇ 근로자에게 심각한 피해를 야기한 경우 ㅇ 범행에 취약한 피해자 ㅇ 동종 전과(5년 이내, 집행유예 이상 또는 3회 이상 벌금)	ㅇ 악의적인 미지급 체불인 경우 ㅇ 미지급 경위에 특히 참작할 사유가 있는 경우 ㅇ 상당부분 피해 회복된 경우 ㅇ 자수 또는 내부고발 ㅇ 형사처벌 전력 없음
일반 참작 사유	ㅇ 2회 이상 집행유예 이상 전과 ㅇ 사회적 유대관계 결여 ㅇ 진지한 반성 없음 ㅇ 피해 회복 노력 없음	ㅇ 임금 등 지급의무의 존부나 범위의 다툼에 참작할 사유가 있는 경우 ㅇ 진지한 반성 ㅇ 일부 피해 회복 ㅇ 집행유예 이상의 전과가 없음 ㅇ 사회적 유대관계 분명 ㅇ 피고인이 고령 ㅇ 피고인의 건강상태가 매우 좋지 않음 ㅇ 피고인의 구금이 부양가족에게 과도한 곤경을 수반하는 경우

[집행유예 참작사유의 정의]

○ 양형인자와 동일한 집행유예 참작사유 양형인자의 정의 부분과 같다.

○ 전과의 기간 계산 전과의 기간은 집행유예 및 벌금은 판결 확정일, 실형은 집행 종료일로부터 범행시까지로 계산한다.

[집행유예 참작사유의 평가원칙]

○ 권고되는 형이 징역형인 경우 그 집행 여부를 판단함에 있어 주요 참작사유는 일반참작사유보다 중하게 고려함을 원칙으로 하되, 권고 기준은 아래와 같다.

① 주요긍정사유만 2개 이상 존재하거나 주요긍정사유가 주요부정사유보다 2개 이상 많을 경우에는 집행유예를 권고한다.

② 주요부정사유만 2개 이상 존재하거나 주요부정사유가 주요긍정사유보다 2개 이상 많을 경우에는 실형을 권고한다.

③ 위 ① 또는 ②에 해당하나 일반부정(긍정)사유와 일반긍정(부정)사유의 개수 차이가 주요긍정(부정)사유와 주요부정(긍정)사유의 개수 차이보다 많은 경우이거나, 위 ① 또는 ②에 해당하지 않는 경우에는 집행유예 참작사유를 종합적으로 비교·평가하여 집행유예 여부를 결정한다.

[노동관계법 자율점검표]

<table>
<tr><th>구분</th><th>점 검 내 용</th><th>점검결과</th><th>위반내용</th></tr>
<tr><td rowspan="3">근로기준법</td><td>❶ (서면근로계약)근로계약 체결 시 임금의 구성항목 · 계산방법 · 지급방법 · 소정근로시간 · 휴일 및 연차유급휴가는 서면으로 명시한다.
〈법 제17조〉
※ 500만원 이하 벌금</td><td>※ 모든 근로자에 대해 아래 항목을 서면으로 명시한 경우 체크 표시
① 임금의 구성항목
② 임금계산 방법
③ 임금지급 방법
④ 소정근로시간
⑤ 휴일에 관한 사항
⑥ 연차유급휴가</td><td></td></tr>
<tr><td>❷ (서면근로계약)사용자는 임금의 구성항목 · 계산방법 · 지급방법, 소정근로시간, 휴일, 연차유급휴가에 관한 사항이 명시된 서면을 근로자에게 교부하여야 한다.
〈법 제17조〉
※ 500만원 이하 벌금</td><td>※ 2012.1.1.이후 채용된 모든 근로자에게 근로계약서를 교부했는지 체크한다.
① 교부
② 미교부
③ 근로자의 요구에 따른 교부
* 단체협약 취업규칙 변경 등 대통령령으로 정하는 사유로 인해 변경되는 경우</td><td></td></tr>
<tr><td>❸ (근로시간)근로자의 소정근로시간은 휴게시간을 제외하고 1주 40시간, 1일 8시간을 초과하지 않는다.(연소근로자는 1일 7시간, 1주 40시간)
〈법 제50조, 제69조〉
※ 2년 이하 징역 또는 1천만원 이하 벌금</td><td>① 소정근로시간이 1주 40 시간, 1일 8시간을 초과하지 않는다.
② 소정근로시간이 1주 40 시간, 1일 8시간을 초과한다.</td><td></td></tr>
<tr><td></td><td>❹ (연장)연장근로는 근로자와 합의하여 실시하며, 연장근로시간은 1주에 12시간(연소근로자, 출산 후 1년이 지나지 않은 여성은 1주에 6시간)을 초과하지 않는다.
〈법 제53조, 법 제69조,법 제71조〉
※ 2년 이하 징역 또는 1천만원 이하 벌금</td><td>① 연장근로는 근로자와 합의하며 1주 12시간을 넘지 않는다.
② 연장근로는 근로자와 합의하나 1주 12시간을 넘는 경우가 있다.
③ 근로자 합의 없이 1주 12시간 이내에서 연장근로를 실시한다.
④ 근로자와 합의없이 1주 12시간을 초과하여 연장근로를 실시한다.
⑤ 주40시간제 시행일로부터 3년간 16시간 연장근로 실시 중이다.</td><td></td></tr>
</table>

<table>
<tr><th>구분</th><th>점 검 내 용</th><th>점 검 결 과</th><th>위 반 내 용</th></tr>
<tr><td rowspan="11">근로기준법</td><td rowspan="2">❺ (야간·휴일)18세 이상 여성근로자를 야간 또는 휴일에 근로시키는 경우에는 그 근로자의 동의를 받는다.
〈법 제70조〉
※ 2년 이하 징역 또는 1천만원 이하 벌금</td><td>① 근로자의 동의를 받아 야간 또는 휴일근로를 실시한다.</td><td rowspan="2"></td></tr>
<tr><td>② 근로자의 동의를 받지 않고 야간 또는 휴일근로를 실시한다.</td></tr>
<tr><td rowspan="2">❻ (야간·휴일)임산부와 18세미만자를 야간 및 휴일에 근로시키지 아니한다.
〈법 제70조〉
▶ 18세 미만자 : 동의 + 인가
▶ 산후 1년 미경과 여성 : 동의 + 인가
▶ 임신중 여성 : 명시적청구 + 인가
※ 2년 이하 징역 또는 1천만원 이하 벌금</td><td>① 임산부와 18세 미만자는 야간 및 휴일에 근로시키지 않으며, 근로를 시키는 경우 근로자의 동의, 명시적 청구 및 고용노동부장관의 인가 등 법령에 정한 절차에 따른다.</td><td rowspan="2"></td></tr>
<tr><td>② 고용노동부장관의 인가 등 법령에 정한 절차에 따르지 않고 임산부 및 18세 미만자를 야간이나 휴일에 근로시킨다.</td></tr>
<tr><td rowspan="7">❼ (임산부의 보호) 임신 중의 여성에게 출산 전후휴가(유사산 경우 포함)를 주어야 하고, 출산전후휴가 종료 후에는 휴가 전과 동일한 업무 또는 동등한 수준의 임금을 지급하는 직무에 복귀시켜야 하며, 근로시간 단축을 신청하는 경우 허용하여야 한다.
〈법 제74조〉

※ 2년 이하 징역 또는1천만원 이하 벌금
※ 500만원 이하 벌금
※ 500만원 이하 과태료</td><td>① 임신 중의 여성에게 출산 전과 출산 후를 통하여 90일(다태아의 경우 120일)의 출산전후휴가를 주어야 하고, 휴가 기간의 배정은 출산 후에 45일(다태아 60일) 이상이 되어야 한다.</td><td rowspan="7"></td></tr>
<tr><td>② 여성 근로자가 유산의 경험 등 대통령령으로 정하는 사유에 해당하는 경우 출산 전 어느 때 라도 휴가를 나누어 사용할 수 있도록 하여야 한다.(출산후의 휴가기간은 연속하여 45일(다태아 60일) 이상이 되어야 한다.)</td></tr>
<tr><td>③ 임신 중인 여성이 유산 또는 사산한 경우로서 근로자가 청구하면 유산·사산 휴가를 주어야 한다.</td></tr>
<tr><td>④ 휴가 중 최초 60일(다태아 75일)은 유급으로 한다. 다만, 출산전후휴가 급여 등이 지급된 경웅는 그 금액의 한도에서 지급의 책임으 면한다.</td></tr>
<tr><td>⑤ 출산전후휴가 종료 후에는 휴가 전과 동일한 업무 또는 동등한 수준의 임금을 지급하는 직무에 복귀시켜야 한다.</td></tr>
<tr><td>⑥ 임신 후 12주 이내 또는 36주 이후에 있는 여성 근로자가 1일 2시간의 근로시간 단축을 신청하는 경우 이를 허용하여야 한다. 다만, 1일 근로시간이 8시간 미만인 근로자에 대하여 1일 근로시간이 6시간이 되도록 근로시간 단축을 허용 할 수 있다.</td></tr>
<tr><td>⑦ 근로시간 단축을 이유로 해당 근로자의 임금을 삭감하여서는 아니 된다</td></tr>
</table>

구분	점 검 내 용	점검결과	위반내용
근로기준법	❽(금품) 연장 · 야간 · 휴일근로에 대하여는 통상임금의 100분의 50 이상을 가산하여 지급한다. 〈법 제56조〉 ※ 3년 이하 징역 또는 2천만원 이하 벌금	① 통상임금의 100분의 50이상을 가산하여 지급한다. ② 통상임금의 100분의 50미만으로 가산하여 지급한다. ③ 가산하지 않고 통상임금만 지급한다.	
	❾(금품) 임금은 매월 1회 이상 일정한 날짜를 정하여 통화로 직접 그 전액을 지급한다. 〈법 제43조〉 ※ 3년 이하 징역 또는 2천만원 이하 벌금	① 월 1회 이상 일정한 날짜를 정해, 통화로, 근로자에게 직접, 그 전액을 지급한다. ② 월 1회 이상 정기적으로 지급하지 않거나 통화로 지급하지 않는 경우가 있다.	
	❿(금품) 근로자가 퇴직하면 14일 이내에 임금 등 일체의 금품을 지급하며, 특별한 사정이 있는 경우 근로자와 합의하여 지급기일을 연장한다. 〈법 제36조〉 ※ 3년 이하 징역 또는 2천만원 이하 벌금	① 퇴직일로부터 14일 이내에 일체의 금품을 지급한다. ② 퇴직일로부터 14일 이내에 금품을 지급하지 않는 경우가 있다.	
	⓫(주휴) 1주 동안의 소정근로일을 개근한 근로자에게 1주일에 평균 1회 이상 유급휴일을 준다. 〈법 55조〉 ※ 2년 이하 징역 또는 1천만원 이하 벌금	① 1주일에 평균 1회 이상 유급휴일을 부여한다. ② 1주일에 평균 1회 이상 유급휴일을 부여하지 않는 경우가 있다.	
	⓬(금품) 유급 휴일에 근로를 하면 기본일급과 휴일근로에 대한 임금 및 가산수당을 모두 지급한다. 〈법 제56조〉 ※ 3년 이하 징역 또는 2천만원 이하 벌금	① 기본일급과 함께 휴일근로 시간에 대한 임금을 통상임금의 100분의 50이상 가산하여 지급한다. ② 기본일급만 지급하고, 휴일근로시간에 대한 임금과 가산수당을 지급하지 않는다.	
	⓭(휴가) 1년간 80퍼센트 이상 출근한 근로자에게 15일의 연차유급휴가를 주고, 계속근로연수 매 2년에 대해 1일을 가산하여 휴가를 준다. 〈법 제60조〉 ※ 2년 이하 징역 또는 1천만원 이하 벌금	① 1년간 80퍼센트 이상 출근한 근로자에게 최초 15일의 연차유급휴가를 부여하고 계속근로연수에 따라 가산하여 부여한다. ② 연차유급휴가를 부여하지 않거나 부적정 하게 부여한다.	

구분	점 검 내 용	점검결과	위반내용
근로기준법	⑭(휴가) 근속기간이 1년 미만인 근로자 또는 1년간 80퍼센트 미만 출근한 근로자에게 1개월 개근 시 1일의 연차유급휴가를 준다. 〈법 제60조〉 ※ 2년 이하 징역 또는 1천만원 이하 벌금	①근속기간 1년 미만인 근로자 또는 1년간 80퍼센트 미만 출근한 근로자에게 1개월 개근 시마다 1일의 연차유급휴가를 부여한다. ② 근속기간 1년 미만인 근로자 또는 1년간 80퍼센트 미만 출근한 근로자에게 휴가를 부여하지 않는다.	
	⑮(휴가)연차유급휴가의 사용을 촉진하기 위하여 법령에 정한 조치를 하지 않은 경우는 미사용 휴가에 대해 보상을 한다. 〈법 제61조〉	① 휴가의 사용을 촉진하지 않은 경우는 미사용한 휴가에 대해 수당을 지급한다. ② 휴가의 사용을 촉진하지 않고, 미사용한 휴가에 대해 수당도 지급하지 않는다.	
	⑯(취업규칙)취업규칙을 작성하여 관할 지방고용노동관서에 신고하였다. 〈법 제93조〉 ※ 500만원 이하 과태료	① 취업규칙을 작성하여 관할 고용노동관서에 신고하였다. ② 취업규칙을 신고하지 않았다. ③ 취업규칙 작성대상 사업장이 아니다.	
	⑰(취업규칙)취업규칙을 변경하여 관할 지방고용노동관서에 신고 하였다. 〈법 제93조〉 ※ 500만원 이하 과태료	① 변경된 취업규칙을 관할 고용노동관서에 신고하였다. ②변경된 취업규칙을 신고하지 않았다. ③ 취업규칙 작성대상 사업장이 아니다.	

구분	점 검 내 용	점검결과	위반내용
근로자퇴직급보장법	⑱ (퇴직급여)근로자가 퇴직한 경우에는14일 이내에 계속근로기간 1년에 대하여 30일분 이상의 평균임금을 퇴직금으로 지급한다. 〈법 제9조〉 ※ 3년 이하 징역 또는 2천만원 이하 벌금	①계속근로기간 1년에 대해 30일분 이상의 평균임금을 퇴직금으로 지급기일 내에 지급한다. ②법정 퇴직금 이상을 지급하지만 법정기일 경과 후 지급한다. ③퇴직금을 지급하지 아니하거나 법정 퇴직금에 미치지 못하는 금액을 지급한다.	
	⑲ (퇴직급여) 확정기여형 퇴직연금제도(10인 미만 특례 IRP제도)의 가입자가 퇴직한 경우에는 14일 이내에 미납부담금과 지연이자를 가입자의 계정에 납입하여야 한다. 〈법 제20조, 제25조〉 ※ 3년 이하 징역 또는 2천만원 이하 벌금	① 미납부담금(지연이자 있는 경우 포함)을 법정 기일 내에 지급(납입)한다. ② 미납부담금(지연이자 있는 경우 포함)을 법정 기일 경과 후 지급(납입)한다. ③미납부담금(지연이자 있는 경우 포함)을 지급(납입)하지 아니한다. ④급여의 지급은 IRP로 이전하는 방법으로 한다. ⑤급여의 지급은 현금 또는 일반 계좌로 지급한다. (단, 55세 이후 퇴직, 담보대출금 상환, 퇴직급여가 300만원 이하인 경우IRP로 이전하지 않을 수 있음)	
	⑳ (퇴직급여)확정급여형 퇴직연금제도의 가입자가 퇴직한 경우에는 퇴직연금사업자로 하여금 적립금에서 14일 이내에 급여를 지급하도록 한다. (적립금만으로 규약에서 정한 급여수준에 미치지 못할 때에는 그 부족한 금액은 별도 지급한다.) 급여의 지급은 가입자가 지정한 개인형 퇴직연금제도(IRP)의 계정으로 이전하는 방법으로 한다. 〈법 제17조〉 ※ 3년 이하 징역 또는 2천만원 이하 벌금	①퇴직연금제도의 급여를 법정 기일 내에 지급한다. ②퇴직연금제도의 급여를 법정 기일 경과 후 지급한다. ③퇴직연금제도의 급여를 지급하지 아니하거나 규약으로 정한 수준에 미치지 못하는 금액을 지급한다. ④급여의 지급은 IRP로 이전하는 방법으로 한다. ⑤ 급여의 지급은 현금 또는 일반 계좌로 지급한다. (단, 55세 이후 퇴직, 담보대출금 상환, 퇴직급여가 300만원 이하인 경우IRP로 이전하지 않을 수 있음)	
	㉑ (퇴직급여) 매년 1회 이상 가입자에게 해당 사업의 퇴직연금제도 운영 상황 등에 관한 교육을 하여야 한다. 〈법 제32조〉 ※ 1천만원 이하 과태료	① 전 직원을 대상으로 1년에 1회 이상 퇴직연금제도 운영 상황 등에 관한 교육을 실시한다. ② 교육을 실시하지 않거나 부적정하게 실시한다	
	㉒ (퇴직급여) 퇴직급여제도 설정 시 하나의 사업에서 급여 및 부담금 산정방법의 차등을 두어서는 아니 된다. 〈법 제4조제2항〉 ※ 2년 이하 징역 또는 1천만원 이하 벌금	① 하나의 사업에서 퇴직급여 및 부담금 산정방법을 동일하게 적용한다. ② 하나의 사업에서 퇴직급여 및 부담금 산정방법을 단순히 직위, 직종, 직급 등을 기준으로 차등 적용한다.	

구분	점검내용	점검결과	위반내용
최저임금법	㉓ (최저임금)근로자에게 최저임금액('15년 5,580원,'16년 6,030원)이상의 임금을 지급한다. 〈법 제6조〉 ※ 3년 이하 징역 또는 2천만원 이하 벌금	① 최저임금액 이상의 임금을 지급한다. ② 최저임금액 미만의 임금을 지급한 경우가 있다.	
	㉔ (최저임금)최저임금을 근로자가 쉽게 볼 수 있는 장소에 게시하거나 적당한 방법으로 근로자에게 주지시킨다. 〈법 제11조〉 ※ 100만원 이하 과태료	① 최저임금을 근로자에게 주지시킨다. ② 최저임금을 근로자에게 주지시키지 않는다.	
남녀고용평등과 일·가정 양립 지원에 관한 법률	㉕ (직장내 성희롱 예방)직장내 성희롱 예방교육을 법령에 정하여진 방식에 따라 1년에 1회 이상 실시하고, 사업주 및 근로자는 동 교육을 받아야 한다. 〈법 제13조〉 ※ 300만원 이하 과태료	① 전 직원을 대상으로 1년에 1회 이상 직장내성희롱 예방교육을 실시한다. ② 직장내 성희롱 예방교육을 실시하지 않거나 부적정하게 실시한다.	
	㉖ (직장내 성희롱 예방) 사업주는 직장내 성희롱 예방교육을 실시하고 관련 서류를 3년간 보존하여야 한다. 〈법 제33조〉 ※ 300만원 이하 과태료	① 직장내 성희롱 예방교육관련 서류를 3년간 보존하고 있다. ② 직장내 성희롱 예방교육관련 서류를 3년간 보존하고 있지 않다.	
	㉗ (직장내 성희롱 예방)직장내 성희롱 발생이 확인된 경우 지체없이 행위자에 대하여 징계나 그밖에 이에 준하는 조치를 하여야 한다. 〈법 제14조 제1항〉 ※ 500만원 이하 과태료	① 직장내 성희롱이 발생한 사실이 없음 ② 직장내 성희롱 발생이 확인된 경우 지체없이 행위자에 대한 징계나 그밖에 이에 준하는 조치를 취하였다 ③ 직장내 성희롱 발생이 확인되었으나 지체없이 행위자에 대한 징계나 그밖에 이에 준하는 조치를 취하지 않았다.	
	㉘ (직장내 성희롱 예방)직장내 성희롱과 관련하여 피해를 입은 근로자 또는 성희롱 피해발생을 주장하는 근로자에게 해고나 그 밖의 불리한 조치를 하여서는 안된다. 〈법 제14조 제2항〉 ※ 3년 이하의 징역 또는 2천만원 이하의 벌금	① 직장내 성희롱 피해 근로자 또는 피해 발생을 주장하는 근로자에게 해고 등 불이익한 조치를 하지 않았다. ② 직장내 성희롱 피해 근로자 또는 피해 발생을 주장하는 근로자에게 해고 등 불이익한 조치를 하였다.	

구분	점 검 내 용	점 검 결 과	위 반 내 용
남녀고용평등법률	㉙(**직장내 성희롱 예방**) 고객 등에 의한 성희롱이 발생하여 근로자의 근무장소 변경, 배치전환 등 가능한 조치를 취하도록 노력하고, 피해를 주장하거나 고객 등으로 부터의 성적 요구 등에 불응한 것을 이유로 해고나 그 밖의 불이익한 조치를 하여서는 아니된다. 〈법 제14조의2〉 ※ 500만원 이하 과태료	① 고객에 의한 성희롱 발생으로 인해 근무장소 변경, 배치전환 등을 가능한 조치를 취하였다. ② 고객에 의한 성희롱 발생이 있었으나, 근로자의 요구가 없어근무장소 변경, 배치전환 등의 조치를 취하지 않았다. ③ 고객에 의한 성희롱이 발생하여 근로자가 근무장소변경, 배치전환 등의 요구가 있었으나 조치를 취하지 않았다. ④ 고객에 의한 성희롱 피해를 주장하는 근로자 또는 고객 등으로부터 성적 요구 등에 불응한 근로자에 대해 해고 등 불이익한 조치를 하였다.	

변호사 배수득

학력
한양대학교 법학과 졸업
영남대학교 법학전문대학원 졸업
서울시립대학교 대학원 법학박사수료

경력
(전) 고려대학교 법학연구소 연구원
(전) 한국경영자총협회 노사대책팀
(현) 서울시 공익변호사단
(현) 서울남부지방법원 국선변호인
(현) 대한변호사협회 일과가정양립을위한위원회 위원
(현) 법무경영교육원 노동법전임
(현) 톰슨로이터 로앤비 노동법전임
(현) 고용노동부 근로기준법 실무연구회 회원
(현) 고용노동부 노동변호사

상훈
서울시장 표창(2017)

공인노무사 김담희

학력
숙명여자대학교 행정학과 졸업

경력
(전) 공인노무법인 공인노무사
(현) 고용노동부 근로기준법 실무연구회 회원
(현) 고용노동부 공인노무사

변호사와 노무사가 콕 집어준 노동실무

초 판 인 쇄 2017년 8월 7일
초 판 발 행 2017년 8월 21일

공 저 자 배 수 득 김 담 희
디 자 인 신 아 름
발 행 인 鄭 相 薰
발 행 처 考試界社

서울특별시 관악구 봉천로 472
코업레지던스 B1층 102호 고시계사

대 표 817-2400 팩 스 817-8998
考試界 · 고시계사 · 미디어북 817-0418~9
E-mail : goshigye@chollian.net www.gosi-law.com

정가 18,000원 ISBN 978-89-5822-551-5 13300